U1005547

教育部人文社会科学研究青年基金项目
“中国援建坦赞铁路研究”结项成果
（11YJC770048）

国家社会科学基金一般项目
“新发现的坦赞铁路资料整理与研究”阶段性成果
（16BSS005）

白人殖民统治当局的封锁，毅然担起了援建连接坦桑尼
亚铁路的重任。坦赞铁路建成后，连接了赞比亚和坦桑
最落后的地区，使得赞比亚丰富的铜矿等资源直接经坦
部港口输往世界各地，打破了某些西方势力和白人种族
在经济上对中部非洲新兴独立国家的围堵，坦赞铁路因
“自由之路”。

铁路也是一条“友谊之路”，是中、坦、赞三国人民共同努
结果，凝聚了三国人民的情谊。在勘探和修建的十年间，
次的中国铁路工作者先后告别亲人，远赴非洲，同坦桑尼
比亚人民并肩劳作，在茫茫非洲草原和丛林中披荆斩棘，克
疾病和地形复杂、缺少机械设备等困难因素，以人海战术和
山的精神，用汗水、鲜血乃至生命筑成了这条铁路。先后有
中国工程技术人员永远长眠在那片远离故乡的土地上。坦
也有 100 多位工作人员不幸殉职。他们用生命诠释了伟大
主义精神，是铸就现代中非友谊丰碑的英雄，他们的名字和
路一样，永远铭记在中国人民和坦赞两国人民心中。1976
，在坦赞铁路建成后的交接仪式上，时任坦桑尼亚总统尼雷
地表示：“我们永远都不会忘记他们。我们要将他们的名字
‘荣誉名册’上，并让所有的中国人、赞比亚人和坦桑尼亚人
他们。因为他们是为了我们国家的建设付出生命，是为了
进步和兄弟情义献出了生命。”[①]时任赞比亚总统的卡翁达
了很高的评价：“英雄的胜利只有英勇的人们才能取得。巨

---

①尼雷尔：《尼雷尔文选：自由与解放 1974—1999》（第四卷），沐涛译校，上海：
范大学出版社，2015 年，第 89 页。

东非史研究丛书　沐涛　主编

中国援建坦赞铁路研究

沈喜彭　著

黄山书社

图书在版编目(CIP)数据

中国援建坦赞铁路研究 / 沈喜彭著. —合肥：黄山书社，2017.11

(东非史研究丛书)

ISBN 978-7-5461-6921-7

Ⅰ. ①中… Ⅱ. ①沈… Ⅲ. ①铁路工程-建设-史料-研究-坦桑尼亚 ②铁路工程-建设-史料-研究-赞比亚 ③铁路工程-建设-对外援助-史料-研究-中国 Ⅳ. ①F534.259 ②F534.739

中国版本图书馆 CIP 数据核字(2017)第 273075 号

中国援建坦赞铁路研究 沈喜彭 著

ZHONGGUO YUANJIAN TANZAN TIELU YANJIU

出品人 王晓光

特约编辑 王舒彦

责任编辑 秦矿玲 章锐华

装帧设计 钱志刚

出版发行 时代出版传媒股份有限公司(http://www.press-mart.com)

黄山书社(http://www.hspress.cn)

地址邮编 安徽省合肥市蜀山区翡翠路 1118 号出版传媒广场 7 层 230071

印 刷 安徽新华印刷股份有限公司

版 次 2018 年 1 月第 1 版

印 次 2018 年 1 月第 1 次印刷

开 本 880mm × 1230mm 1/16

字 数 400 000

印 张 33.75

书 号 ISBN 978-7-5461-6921-7

定 价 98.00 元

服务热线 0551-63533706

销售热线 0551-63533761

官方直营书店(http://hsssbook.taobao.com)

版权所有 侵权必究

凡本社图书出现印装质量问题，请与印制科联系。

联系电话 0551-64653738

序 一

从 1965 年中国援建坦赞
赞三国正式签订修建协议，距
记忆，是中非友谊的重要象征。
有重要意义。

半个世纪前的 20 世纪 60
取得重大进展，大部分国家获得
至南部非洲，今日的莫桑比克、
比亚和南非等国当时都还处在
赞比亚是一个铜蕴藏量非常丰
传统路径是经铁路分别从莫桑
1964 年成立的坦桑尼亚联合共和
带丛林的影响也极为落后，没有
都想建造一条连接两国，打通前往
独立初期都极为贫困，心有余而力
及世界银行等国际组织请求援建
了中国。在这样的大背景下，同为
洲的民族解放运动，支持坦桑尼亚、

大的成就需要巨大的努力才能完成。坦赞铁路就是这样一项巨大工程,后代将永远感谢它的建造者。它将永远是中、非团结的一个里程碑。"①

但是,进入20世纪90年代后,随着非洲大陆和国际形势的变化,坦赞铁路的运行也面临着严峻的考验。由于设备老化、体制不畅、运力不足、成本偏高、效率太低等众多因素,坦赞铁路难以良性运转,在来自公路的竞争面前节节退缩。如何使这条功勋铁路重新焕发生机成为迫切需要解决的问题。中、坦、赞三国政府和铁路部门多次协商解决的办法,中国国家最高领导人江泽民、胡锦涛和习近平主席也给予高度关注。2013年3月,习近平就任中国国家主席后,把非洲作为首访地,坦桑尼亚成为其访问非洲的第一站。他在坦桑尼亚发表的演讲中表示:坦赞铁路是中坦友谊的重要象征和中坦合作的重要成果。中方一直关注坦赞铁路发展,愿积极参与坦赞铁路改造和运营。2015年3月,习近平主席在会见到访的赞比亚总统伦古时再次表示,中方愿同赞比亚、坦桑尼亚一道努力,把坦赞铁路建设成发展之路、繁荣之路。2017年1月9日,坦桑尼亚总理马贾利瓦在达累斯萨拉姆总理府会见应邀到访的中国外交部部长王毅时也表示:坦方对中国半个世纪前在自身并不富裕时仍毅然援建坦赞铁路心存感激,新形势下愿与中方及赞方一道重振坦赞铁路活力,使其为促进坦赞两国及其他沿线国家的发展发挥更大作用。坦桑尼亚现在已是中国在非洲产业转移的"先行先试国家"之一,中国政府进一步加大了对坦桑尼亚基础设施的

①《庆祝坦赞铁路胜利竣工和正式运营》,《人民日报》,1976年7月16日,第4版。

援建，在“一带一路”国际倡议的大背景下，坦赞铁路必将焕发出新的生机。

基于坦赞铁路在中非关系史上的重要地位，国外学界一直都比较重视坦赞铁路的研究，已有相关的著作和论文发表。国内学界虽然也有专题论文以及对坦赞铁路修建的回忆录，但是一直缺少对它系统深入的研究。2006 年，沈喜彭同志在博士论文选题时，根据自己的学习兴趣选择了研究坦赞铁路修建史。在当时的条件下，写作的难度很大，主要是可利用的资料缺乏，特别是原始档案资料。因为条件所限，他不能前往坦桑尼亚和赞比亚实地收集资料，只能依据国外一些媒体当时的报道、国外同行的研究成果以及相关中文资料和对当年中方参建人员的采访，最终于 2009 年 5 月写成了 17 万字的博士论文《中国援建坦赞铁路：决策、实施与影响》，从中国的视角，探究当年援建坦赞铁路的前前后后，受到了答辩委员会的一致好评。但是，沈喜彭同志并不以此为满足，在此后的 7 年时间里，继续埋头收集资料，特别是注重从坦赞两国收集第一手资料，并与国内外学术同行广泛交流坦赞铁路的研究情况，广搜博采，终于拿出了现在的近 40 万字的专著《中国援建坦赞铁路研究》，真可谓“十年磨一剑”。这本著作依然以“中国”为主线串联起坦赞铁路从无到有的全过程，研究成果具有很高的学术价值，是中国与非洲学界在该问题上的最新研究成果。

我本人从事中非关系史研究已近三十年，1991 年带着研究中非关系史的课题赴坦桑尼亚达累斯萨拉姆大学进修访学，期间也对坦赞铁路做了实地考察和初步研究，后来在 1996 年与我的恩师艾周昌教授合著出版了《中非关系史》一书，当时限于篇幅和研究程度，对坦赞铁路只作了约3,000字的论述。

综合国内外已有的研究成果，个人认为本书的特色主要有以下四个方面：

第一是史料丰富、内容翔实。作者对坦赞铁路有关资料的收集、梳理和分析工作做得十分扎实，不但查阅、利用了中国外交部最新解密档案资料，收集、整理了有关中国公司（如中土公司）和相关铁路分局的档案资料，而且还参考了国外（坦桑尼亚、赞比亚和美国等）的解密档案。尤值一提的是，作者还走访了许多当年援建坦赞铁路的亲历者，记录、整理了十分宝贵的口述资料。这些亲历者现在年事已高，有的已经离世，作者的工作实际上也为国家抢救了宝贵的历史资料。丰富而又可靠的历史资料，一方面帮助作者有效地梳理了中国援建坦赞铁路的历史原貌，另一方面也充实了研究内容。多方资料的引用与诸多档案资料的应用既充实了本书内容，也增强了论著的可信度。

第二是善于借鉴、勇于出新。作者在写作过程中不但借鉴了国内外既有的研究成果，而且有很大的提升。从绪论部分可以看出，作者在前期做了大量的调研工作，比如了解国内外现有的研究成果、与国内外相关学者进行交流等。这种前期的调研工作，为全书的研究框架、写作提纲的设计打下了坚实基础。作者并没有完全将既有研究成果弃之不顾，也没有迷信档案资料，而是较为妥善地处理了新旧资料之间的关系。国内外已有的坦赞铁路出版物，多为宣传册、回忆录，或者对局部问题的分析，本研究成果却对中国援建坦赞铁路有着完整的阐述和研究，即中国援建坦赞铁路的缘起、过程和影响，对于中国援建坦赞铁路的各个阶段都作了合理的分析，通过阅读有关章节内容，读者可以了解中国援建坦赞铁路的全过程。

第三是观点鲜明、叙论结合。其一，作者对中国政府在援建坦赞铁路的决策过程与援建经过方面作了细致还原，纠正了过去的一些传统看法；其二，现有成果将坦赞铁路的援建放到20世纪60、70年代国际冷战的大背景下，考察了国际冷战格局对坦赞铁路修建的影响以及中国政府在援建坦赞铁路方面存在的经验与教训，作了较为恰当的评价；其三，中方在援建过程中的死亡人数，作者没有人云亦云，而是根据有关资料，提出了自己的看法。在叙论结合方面，作者也表现出了较强学术潜力，书中虽然征引了大量史料，但是没有给人堆砌资料之感。这一方面是因为资料的选择较为审慎，另一方面也因为作者注意到了述评之间的关系。

第四是结构完整、详略有当。本书以时间为序，将中国援建坦赞铁路的历程细分为援建决策、考察与勘测设计、施工建设以及技术合作四大阶段，并且对各个阶段划分的依据及重要事件进行了交代，这种做法是较为合理的。在内容详略方面，作者也作了允当处理。例如，对中国援建坦赞铁路的历史着墨较多，而对坦赞铁路建成移交以来的内容介绍较少；对修筑坦赞铁路的经验与教训探讨较多，而对坦赞铁路具体的修建细节则大多一笔带过。

除以上四大特色外，规范性与严谨性也是本书的重要特色。书中，作者对一些重要引文和观点均有出处交代，体现出了严谨的治学精神与研究态度，对一些有争议的问题没有回避，而是提出了自己的看法。如对赞比亚在初始阶段不愿意接受中国政府提供的经济援助以及“中美大战”发生的原因与评价等。

总的说来，这部著作推陈出新，集前沿、全面、深刻于一身，在中国铁路“走出去”战略和“一带一路”呼声日高的新时代背景下，本研究成果的完成有利于澄清一些历史问题，对中非关系的进一步发展也具有重要参考价值。当然，本书尚存有一些不足，还可进一步增加坦桑尼亚和赞比亚两国的档案文献，补充国外媒体及坦赞两国铁路参与者的看法以及这条铁路的修建对沿线社会经济发展的影响，以更加客观地评价坦赞铁路修建的价值所在。

沈喜彭同志现为安徽师范大学历史与社会学院副教授，近年来学术研究进步明显，在中非关系史，特别是中坦关系的研究上成果不断，独立承担了教育部人文社科基金青年项目以及国家社科基金一般项目等，并参加了由我主持的国家社科基金重大项目“中非关系历史文献和口述史料整理与研究”，负责坦赞铁路相关资料的收集整理与研究。现在，他请我为序，既推辞不得，也是我的荣幸，特略陈浅见。

沐涛

2017年1月于华东师范大学非洲研究所

序　二

当今中国，经济发展的洪流奔腾不息，社会进步锐不可当，综合国力迅速攀升，浴火重生后的中华民族正以开拓创新、意气风发的精神面貌而傲视全球。在现今世界整体经济发展动能不足，情态萎靡的国际大环境下，我国的前进步伐虽然随之有所放缓，但是在国际社会中，经济增速仍然一枝独秀，领跑世界，继续坚守并加力推展业已开创的中华民族历史上空前兴盛的大好局面。以经济繁荣、财力殷实以及社会稳定为保障前提的我国社会科学研究亦同步跟进，呈现出高歌猛进，一路飘红的可喜景象。与此同时，在世界历史研究领域，“长江后浪推前浪”，一代学历高层次、研究高起点、思想前卫、目光敏锐、敢于担当、奋力进取、学术素养良好的青年学者脱颖而出，正阔步跻身科研一线。

现阶段，中国正处于和平崛起、实现民族伟大复兴的关键时期，在世界多极化、经济全球化急速推进的背景下，国际体系处于重要转型期，各国外交异常活跃，多领域竞争短兵相接。我国外交必须在世界舞台上大展拳脚，广结善友，开拓更加广阔的生存与发展空间，为我国的现代化建设保驾护航。

由于历史和现实的多重原因，非洲过去在世界上是被长期边缘化的大陆,也是社会文明演进极不平衡的地区。如今的非洲随着经济的逐步发展,各民族自立自强意识的觉醒,已起步融入全球一体化的浪潮之中,特别是在中国加快与非洲国家的外交、安全联络以及经贸、科技、军事、教育等交往合作的进程之时,西方发达国家为了遏制中国外交的影响力和国际话语权的扩展,开始把视线转向脱离西方殖民统治后它们曾经不屑一顾的非洲,非洲大有可能成为域外国家竞相争夺的热点地区。非洲与我国具有传统友谊,在国际舞台上,非洲许多国家是我们的坚定支持者,密切同非洲国家的关系是我国外交既定的优先方向之一,决不能让某些强权国家挤压中国在非洲的外交空间或离间、破坏我们与非洲一些国家的友好伙伴关系。在这种情势下,我国更要不失时机,加速推进与非洲久已存在的良好关系。

如上所述,非洲正日益受到国际社会的普遍关注,如要巩固和增进中国与非洲的友好合作,从国际关系的视角把握非洲未来的发展趋向,为我国对非外交政策的选择、调整提供参考依据,那么加强对非洲问题的深入研究,就具有不可忽视的重要性和紧迫性,同时也是学术界和知识界尤其是史学工作者义不容辞的责任。沈喜彭所著《中国援建坦赞铁路研究》一书的出版,恰逢其时,正顺应了我国对非交往的现实需求,为发挥我国在国际活动中的软实力效应做出了有益的贡献。20 世纪 70 年代坦赞铁路的援建,成为中国向非洲展示真诚友好的一个窗口,是一条发展对非友好关系的纽带,也成为今天中国高铁走向世界的先驱工程。因此,该研究对于进一步密切中国同非洲诸国的友好关系,使更多的中国人了解非洲,也使更多的非洲人熟悉中国,对于推动我国非洲史的研究和学科建设，繁荣我国社会科学，具有重要的学术价值和理论意义。

沈喜彭为我校历史学专业出身，历经我国名校硕士、博士阶段的刻苦修炼与锻造，专业功底扎实，学术素养上乘。他科研态度端正，为人低调，做学问沉心聚力，能抗斥诱惑，愿坐冷板凳。同众多严肃的学术著作一样，《中国援建坦赞铁路研究》一书并非一蹴而就，成书之前作者进行了长时间相关问题的专题研究，先后发表学术论文多篇，然后在其博士学位论文的基础上进一步深研、扩容、精雕细刻而成，前后历经九个春秋，其中甘苦作者自知。

通览《中国援建坦赞铁路研究》全书可知，作者研究视野宽阔，立意新颖，运用历史学、社会学、文献学等交叉学科的研究方法，多视角、全方位展开探究。研究内容缜密系统，从中国政府援建坦赞铁路的背景起因、科学决策、双方磋商、技术合作、勘测设计、建设历程、外交博弈、项目效益、经验教训等侧面层层解析，在宏观驾驭与微观求证上相互契合，思路清晰，逻辑严密。全书观点稳妥，证据充分，论证较为有力，引文出处交代明确，且文笔流畅，注释、数字以及图表格式使用符合学术规范。这是目前为止中国学者研究坦赞铁路建设最为系统全面、严谨厚实的学术专著。

此外，与学术界已有的相关研究成果相比，本书在创新方面亦有建树。论著的创新或突破，若能在相近研究成果的基础上提出全新的论点，或者填补某一研究侧面的空白，那是值得称道的。但学术研究的创新或突破不一定完全局限于观点的创新。如原始资料的发掘、对问题分析角度的转变、拓展同一研究领域的薄弱环节、凸显自我研究的特色、运用新的研究方法和手段、对别人研究成果的错讹加以甄别修正等亦可视为创新的范畴。

沈喜彭充分利用我国外交部和国外最新解密的档案资料，以及第一手外文原始资料，查阅了我国援外部门和地方铁路局的大量有关档案资料，并收集相关影视作品和采访参与坦赞铁路建设亲历者的口述记录，从中披沙沥金、集腋成裘，用于研究之中。史料的收集、挖掘乃历史研究的前提性与基础性工作，是一项既费时又劳神的累活，需要特别的耐力和韧劲。如果这一环节做不到位，历史研究要么是“巧妇难为无米之炊”，要么写出的东西是“大白话”而已，这一点应该是从事历史研究同仁们的一致共识。著者正是在这一方面发扬了坚忍不拔的精神，对此付出巨大的努力，使之成为本书的突破与特色。再者，某些西方国家对中国援建坦赞铁路暗中干涉、阻挠，具有相当的隐秘性和危害性，如何揭示其真相，还大白于天下，是本书撰写的一个难点。还有，坦赞铁路援建落成运行之后，如何客观公正评价坦赞铁路对中非、中外关系的真实影响，是本研究的又一个难点。作者克难攻坚，均作出了深度阐释，超出了原来人们对这一问题的认知层次，由此也构成本书的两大亮点。

总之，沈喜彭不畏艰难，敢于挑战，咬定青山，孜孜以求，以铁杵磨针的毅力，推出这样一部厚重、系统，深入探讨坦赞铁路建设的学术专著，实属不易，相信会拥有较为广泛的读者。

应该指出的是，中国人研究世界历史难，研究非洲问题则更难。理由是过去我国世界史研究长期重欧美、轻亚非，导致中国史学界全面研究非洲起步晚，学术积累有限，研究基础薄弱。极少研究者能通非洲国家当地母语，加之资料缺乏以及研究者不具有在非洲的生活背景，研究存在较大难度毋庸置疑。尽管本书作者主动性强,不畏艰难,全力挖掘了自己的潜力,但用更高标准考量,《中国援建坦赞铁路研究》一书仍存在美中不足之处。其一,坦赞铁路投入使用后,社会效益、经济效益、国际影响、时代意义如何,是检验该工程的最终目标,书中对此虽有提及,但论述过于分散,着墨不多,在全书构架上,应设专章加以集中论述。其二,研究的理论深度尚需用力,减少叙述性,加强学术性。中国援建坦赞铁路,具有世界性质,不可避免地会与国际关系发生牵连,若能从国际关系的理论角度展开对某些问题解析,无疑能增强问题论述的深度和有助于抓住问题的实质。其三,作为一本涉及中外的40万言的学术专著,外文资料体量似乎偏少,虽然作者在这方面已作出最大限度的努力,但外文资料仍有潜力可挖。另外,除了英文论著,若还有能力阅读其他语种的外文资料,佐证则更加有力,内容会更显丰实。

对一位年轻学者提出上述要求也许过于苛刻,"海纳百川,有容乃大",我深信这是作者所乐意倾听的意见,并能领悟其中所蕴含的殷切期待。从另一个角度说,给作者这样学术潜质高、科研后劲足的年轻学者压担子、提出高要求,可促使其早日修成大器。因为学术研究水平的提升,是沿着螺旋形轨迹发展的,有新标杆才能有新动力,才能有新突破。沈喜彭本身就拥有务实沉稳、虚心好学的优秀品质,少有当下某些年轻学人心浮气躁、急功近利之毛病。相信他一定会再接再厉、砥砺前行,其著作以后若修订再版,奉献给读者的将会是一部"真金白银"式的精品之作。

安徽师范大学历史与社会学院教授施兴和

2016年12月于芜湖

目　录

绪 论

坦赞铁路是迄今为止中国最大的援外项目之一，它横跨东非坦桑尼亚与非洲中南部的赞比亚两国，线路全长 1,860.5 千米，其中坦境段长 977.3 千米，赞境段长 883.2 千米，由中国政府提供贷款并组织铁路专家和工程技术人员进行考察、勘测设计并帮助坦赞两国施工建设。坦赞铁路于 1970 年 10 月正式开工兴建，1975 年 8 月全线建成通车，1976 年 7 月试运营结束后正式移交给坦赞两国政府，前后历时 5 年 8 个月。为顺利建成这条距中国万里之遥的非洲铁路，中国政府累计向坦赞两国提供了逾 10 亿元人民币的长期无息贷款，发运各种设备、材料 100 余万吨，先后派遣援外专家及工程技术人员 5 万余人次，施工高峰时期有 1.6 万余人同时在施工现场，其中，70 多名①中国援外人员和 100 余名坦赞两国工人在坦赞铁路建设中不幸罹难。② 中国政府为什么要援建这条铁路？这

---

①一说是 64 人，实际牺牲人数不止于此。例如，仅铁道部第二工程局（铁二局）便有 40 人在坦赞铁路建设时牺牲，其中有 9 人在国外患病回国医治无效去世，这 9 名援外人员被安葬在国内，未被列入“64 人”之中。参见铁道部第二工程局局史编辑研究室：《铁二局史志：援建坦赞铁路资料专集》，内部资料，1995 年，第 17 页；“70 人”之说，参见石广生：《中国对外经济贸易改革和发展史》，北京：人民出版社，2013 年，第 384 页。

②周伯萍：《非常时期的外交生涯》，北京：世界知识出版社，2003 年，第 129 页。

条铁路在工程建设上有何困难之处？国内外学者对中国援建坦赞铁路作何评价？笔者在绪论中将扼要回答这些问题。

一、坦赞铁路的项目由来

中国政府在坦赞两国急需铁路时向其伸出了友谊之手。赞比亚是以产铜著称的非洲内陆国家，铜的生产与出口为其国民经济支柱。20世纪60年代，赞比亚的出海口主要依靠其东面莫桑比克的贝拉（Beira）港口、西面安哥拉的洛比托（Lobito）港口以及南面的南非开普敦（Cape Town）港口。由于政治立场的分歧，赞比亚独立后，其上述三个外运通道均为葡萄牙殖民者和白人种族主义统治者所完全封锁或半封锁，赞比亚的铜产品运输受到严重威胁。

坦赞两国国土相邻，两国元首为了在反帝、反殖和发展民族经济的事业中加强联合，互相支持，积极支援南部非洲的民族解放运动，均迫切希望修建这条铁路。① 但是，两国当时并无修建坦赞铁路的经济与技术能力。20世纪60年代初，坦赞两国总统曾向英、美等多个国家试探提出援建坦赞铁路问题，但均被拒绝，世界银行也拒绝贷款修建这条铁路。

1965年2月，在坦桑尼亚总统朱利叶斯·坎巴拉吉·尼雷尔（Julius Kambarage Nyerere）初访中国时，中国政府主动提出将根据考察情况帮助坦桑尼亚修建坦境段铁路，并原则上也愿意帮助赞比亚修建其境内拟建铁路，为此，中坦两国领导人达成了修建坦赞

---

①《当代中国》丛书编辑委员会：《当代中国的对外经济合作》，北京：中国社会科学出版社，1989年，第47~48页。

铁路坦境段的"原则协定"。是年6月,当周恩来总理访问坦桑尼亚时,两国领导人又再次晤谈了坦赞铁路建设问题。鉴于乌干达、肯尼亚、坦桑尼亚、赞比亚四国意见不一,周恩来答应先派出考察组对坦境线路进行考察。是年8月,中国政府派出了以黄悦平为组长的12人铁路考察组对坦境铁路线路进行了考察。与此同时,英国和加拿大两国政府也联合对整条拟建坦赞铁路线路进行了考察,但只是虚张声势而已。

1967年6月,赞比亚总统肯尼思·D.卡翁达(Kenneth D. Kaunda)出访中国,毛泽东主席在接见他时说:"你们修建这条铁路只有一千七百公里,投资也只有一亿英镑,没有什么了不起嘛。""要下决心干,开始干就好了。"经过磋商,同年9月5日,中、坦、赞三国政府代表在北京签订了《关于修建坦桑尼亚—赞比亚铁路的协定》。周恩来总理允诺说,"既然签了字就负责到底","技术上出了毛病、失败要改,哪一段坏了就重修,责任由我们负责","要善始善终","要搞好这个项目,要搞好这个样板"。[①] 不久,1967年12月,中国政府又派出了以刘继初为组长的铁路考察组对赞境拟建铁路线路进行了考察。两次考察形成的报告,不但从技术上肯定了修建坦赞铁路的可行性,而且提出了坦赞铁路全线的基本走向和主要技术条件等问题。

1968年4月,中、坦、赞三国政府代表在坦桑尼亚首都达累斯萨拉姆进行了第二次会谈,共同商定坦赞铁路全线的勘测设计工作将于同年5月开始。此后,勘测设计工作随之展开。自1969年

①新辉:《当代中国铁路对外经济技术援助》,北京:中国铁道出版社,1996年,第38~39页。

下半年起,中国政府即派出了第一批施工队伍,他们先后修建了达累斯萨拉姆材料仓库、接待站、工地医院和基沙瓦地区混凝土成品预制厂、工程机械大修厂、木材加工厂等临时工程项目,并在建设中采取了边勘测、边设计、边施工的"三边"程序。

1970年7月,在接见坦赞两国政府代表时,毛泽东发出了"这条铁路……一定要修起来"的号召。周恩来对坦赞铁路的设计工作作出了"略高于周围国家标准进行设计"的指示,对于铁路的建设工期提出了"计划六年,希望能够缩短"的要求,并向坦赞两国领导人表示:"一定按你们的要求修,只许好,不许差。"①

1970年10月,坦赞铁路正式宣布开工。尼雷尔、卡翁达和方毅率领的中国政府代表团参加了分别在坦赞两国举行的开工典礼,卡翁达亲自驾驶第一台铲运机为坦赞铁路破土动工。

以上便是中国援建坦赞铁路项目的主要由来,具体情况将在正文部分进一步论述。

二、坦赞铁路的工程概况

与国内多条铁路相比,坦赞铁路具有地形条件复杂、气候状况迥异等特点。从总体上看,坦赞铁路线路经由印度洋海滨到达赞比亚内陆海拔约1,500米的高原。细言之,该线路自达累斯萨拉姆至姆林巴约502千米,地势较为平缓,间有部分丘陵,线路设计标高起伏在15米至330米之间,工程难度尚可。姆林巴至马坎巴科

---

①铁道部第二工程局局史编辑研究室:《铁二局史志:援建坦赞铁路资料专集》,内部资料,1995年,第3页。

约180千米地处东非大裂谷,地形十分复杂,地质不良,沟谷纵横,交通困难,线路标高由300米急剧上升至1,650米,延展线较多,桥隧集中,高填深挖多,土石方工程量大。该路段500米以上的长隧道8座,高桥梁与长隧道相连,是全线施工最困难地段。自马坎巴科至坦桑尼亚国境段为高原丘陵区,此段地势起伏较大,其中姆贝亚垭口标高1,790米,为全线最高点。此外,该段地震烈度相当于9度,是全线地震最强烈地段,隧道及土石方也较集中,部分地区交通不便。赞比亚境内除国境附近外,大都行经地势起伏较小的平缓慢坡地区,线路基本沿公路而行,工程难度较坦境为易。然而,线路沿线地区人烟稀少,仅有少量垦殖地,交通不便,大部分土地为丛林和茅草所覆盖。居民大都住茅草屋,生活设施简单,施工时没有民房可资利用,也无砖瓦、蔬菜供应,电力供应更为缺乏。①

气候方面,坦赞铁路线路位于南回归线与赤道之间,地处热带,日照长、温差大。坦境年平均气温在16℃~25℃,其中河谷平原区最高温度可达40余℃,高原地区最高为32℃左右,最低为-1.1℃,但雨季较长,11月至次年5月为雨季,年降雨量在750至2,000毫米之间。11月至12月为小雨季,有少量降雨;3月至5月为大雨季,多为暴雨,一日数次下雨,年平均降雨天数在120天左右。5月至10月风速较大。赞境沿线通过中非高原台地,气候比较凉爽,常年平均气温为18℃~21℃。12月至次年4月为雨季,5月至8月为干冷季,9月至11月为干热季。铁路沿线卡沙玛至姆比卡段雨量较大,年平均降雨量为1,250毫米左右,其余地区雨量

①《中铁二局集团有限公司史志》编纂委员会编:《铁道部第二工程局志》(1950—1995),西安:西安地图出版社,2000年,第434页。

较小,年降雨量在900至1,200毫米之间。全年降雨天数为100天左右。风向多为东南风,7月风速最大。①

坦赞铁路自身便是一项庞杂、艰巨的系统工程。它不但包括修筑铁路线路所必需的路基、桥梁、隧道等土建工程任务,而且包括铁路运营所常需的通信信号、客货站台、房建以及与之配套的机车车辆修理厂、材料厂、采石厂和铁路技术培训学校等方面的建设工作。根据《坦桑尼亚—赞比亚铁路勘测设计报告》,坦赞铁路起自坦桑尼亚的首都达累斯萨拉姆,走向由东北向西南,经过坦桑尼亚的滨海省、莫罗戈罗省、伊林加省、姆贝亚省和赞比亚的北方省、中央省,在新卡比里姆博希与赞比亚原有铁路接轨,全长1,859千米。② 我国援建的这条铁路所采用的技术标准,一般高于坦赞两国既有铁路的技术标准。线路按单线设计,轨距为1.067米。采用每米45千克的钢轨。设计坡度为10‰和20‰两种。通车时全线共配备液力传动内燃机车102台,货车2,100辆,客车100辆。在达累斯萨拉姆和赞比亚境内的姆比卡,各建机车车辆修理厂1座。铁路输送能力在通车时为每年200万吨(每个方向100万吨),远期为每年500万吨(每个方向250万吨)。经过勘测设计,全线主要工程量约为:土石方8,881万立方米;铺轨总长2,042千米;路基加固及防护工程,计74,200延长米;桥梁300座,计14,250延长米;涵洞2,197座,计39,600延长米;隧道19座,计7,850延长米;房屋建筑32万平方米。主要工程材料约计:钢材31万吨,木材15

①中华人民共和国铁路考察组:《坦桑尼亚—赞比亚铁路考察报告》,内部资料,1969年12月,第11页;铁道部第二工程局局史编辑研究室编:《铁二局史志:援建坦赞铁路资料专集》,第2页。

②实际长度为1,860.5千米。

万立方米,水泥33万吨,砂石料600万立方米。全线使用机械施工,约需4,450万工日。修建坦赞铁路的总投资估算为人民币9.88亿元(约合4亿美元),其中当地费用约为人民币5亿元。①

坦赞铁路的实际工程数量虽然与上述评估数据略有出入,但是差别不大。据有关资料,建成后的坦赞铁路的主要工程和设备情况如下:铁路正线全长1,860.5千米,其中,坦境段长977.3千米,赞境段长883.2千米;铁路为单线,轨距为1.067米,采用每米45千克的钢轨;铺轨总长2,044.7千米;车站146个,其中预留缓建车站56个;土石方工程8,887万立方米;桥梁321座,计16,301延长米;涵洞2,237座,计37,481延长米;隧道22座,计8,698延长米;立交明洞4座,计385.6延长米;路基挡土墙、防护与加固工程549处,计61,204延长米;各种水沟、排水沟加固铺砌共82.22万延长米;通信电线路1,941千米;房屋建筑37.82万平方米;全线共有液力传动机车102台,其中二千马力的干线机车85台,一千马力的调车机车17台;各种客车100辆;各种货车2,100辆;机车车辆修理厂2座;全线共配备各种设备5,097台(套);仪器仪表674台(件);工具75,483件;家具9,267件;器材23,753件;备件156,745件;备品8,249件;工艺装备5,576件;随机车工具7,600件,救援列车器材2,067件。②

为援助修建坦赞铁路,中国工程技术人员还完成了大量的临

①《坦桑尼亚—赞比亚铁路勘测设计报告》,内部资料,1974年,第93~95页;《坦赞铁路概况》,《党的文献》,2012年第3期,第13页;铁道部第二工程局局史编辑研究室编:《铁二局史志:援建坦赞铁路资料专集》,内部资料,1995年,第14页。

②铁道部第二工程局局史编辑研究室:《铁二局史志:援建坦赞铁路资料专集》,第14页。

时工程,主要有:临时房屋 76 万平方米;临时便桥(涵)431 座;临时公路 1,874 千米;临时通信 2,197 千米;临时大型电站 4 座,高压线 107 千米。此外,还包括 2 个机械修理厂,1 个混凝土制品厂,3 个木材加工厂,11 个采石场以及下属单位的修理点等临时工程。这些附属单位在配合施工中,先后生产钢筋混凝土轨枕 321 万根,钢筋混凝土电杆 47,000 根,制木材 97,000 立方米,石料 313 万立方米;修理工厂完成土石方机械大、中修 700 多台,汽车大、中修2,000 多台,其他机械大、中修 1,000 多台;机车车辆组装、落装和修理 2,000多台,配件制造 20 多万件。① 可见,坦赞铁路是一项十分复杂、庞大的海外工程,修筑难度巨大。无怪乎会有一位西方国家的工程师曾这样赞誉道:"只有修建过万里长城的人,才能修出这样高质量的铁路。"②

三、坦赞铁路的研究概况

时光荏苒,须臾已是坦赞铁路运营通车 40 周年。如果从 1965 年中国允诺帮助坦方修建铁路或派遣铁路专家进行铁路考察之日算起,时间跨度则已逾半个世纪之久。50 余年来,国内外有关坦赞铁路的研究取得了丰硕成果③,现梳理如下。需要说明的是,囿于

---

①靳辉:《当代中国铁路对外经济技术援助》,第 70 页;罗维一:《坦赞铁路运营管理》,北京:中国铁道出版社,2010 年,第 33~34 页;《当代中国》丛书编辑委员会:《当代中国的铁道事业》(下),北京:中国社会科学出版社,第 429 页。

②《人民日报》,2015 年 7 月 24 日,第 3 版。

③J.Briggs, *The Tanzania-Zambia Railway: Review and Prospects*, *Geography*, 1992, 77(3):264~268;沈喜彭:《国内外有关坦赞铁路研究综述》,《中国非洲研究评论 2011》,北京:北京大学出版社,2012 年。

见闻与能力，其中难免会有挂一漏万之情况与评论失当之处。

(一)国内研究成果

1.调研报告

在坦赞铁路建成前，国内有关坦赞铁路的研究主要服务于援建坦赞铁路的现实需要，不是学术层面上的研究。中国驻坦赞两国大使何英与秦力真较早致力于坦赞铁路方方面面的工作。1965年1月，在电文《关于坦桑尼亚尼雷尔总统访华先遣组人员接待计划的请示》中，何英大使最早向中国政府报告了尼雷尔总统访华期间可能向中方请求经济技术援助等问题；同年5月，在《坦桑尼亚总统尼雷尔同中国驻坦桑大使何英谈修建坦桑尼亚—赞比亚铁路等问题》的电文中，何英针对坦桑尼亚政府在坦赞铁路方面的态度分析指出："尼(雷尔)出自各种考虑，对此亦有一定动摇，但总的来讲目前尼对我的信任仍超过西方。"①是年11月，何英还参与了一部名为《拟议中的赞比亚—坦桑尼亚铁路问题》的外事调研报告，该报告系统论述了坦赞铁路问题的由来与近况，并指出："铁路建成，可加强赞坦联合，促使赞采取同坦桑政府同样的政策。"②除外交电文与分析报告外，何英大使还撰写过《对援建坦赞铁路决策的

①"此"指修建坦赞铁路，此时，尼雷尔仍寄望西方国家修建坦赞铁路。《坦桑尼亚总统尼雷尔同中国驻坦桑大使何英谈修建坦桑尼亚—赞比亚铁路等问题》，外交部档案馆档案(档号:108-00585-01)，1965年5月10日，第4页。

②《外交部非洲司关于拟议中的赞比亚—坦桑尼亚铁路问题的外事调研文章》，外交部档案馆档案(档号:108-00649-03)，1965年11月3日，第3页。

回顾》等多篇专题论文。[①] 秦力真大使在中国援建坦赞铁路问题上也做出了卓著贡献。在《驻赞比亚使馆谈话记录》《赞比亚总统卡翁达对修建赞至坦桑尼亚铁路的态度》[②]等电文中，秦大使多次指出，赞比亚政府倾向于选择西方国家而非中国来援建坦赞铁路。此不展开论述。

1965 年至 1970 年，为援建坦赞铁路工作做准备，中国政府除多次组织水利、地震等专业考察外，还先后分三次对拟援建的坦赞铁路进行综合考察，共总结写出了三部综合调研报告：《考察报告》《坦桑尼亚—赞比亚铁路考察报告》与《坦赞铁路勘测设计报告》。《考察报告》[③]系中国政府选派的 12 名考察人员赴坦桑尼亚考察 4 个月后写成的有关坦赞铁路的调研报告。该报告从技术上肯定了修建坦境段坦赞铁路的可行性。与《考察报告》相比，《坦桑尼亚—赞比亚铁路考察报告》[④]涉及坦、赞两个国家，在内容上也丰富许多。除前言与附录外，其内容主要包括 6 个方面：修建铁路的重要意义，铁路的运输规模与运输能力，铁路的大致走行路线，铁路沿

---

①何英撰写的相关论文有：《驻坦桑首任大使的追忆》，《我的大使生涯》，南京：江苏人民出版社，1993 年；《对援建坦赞铁路决策的回顾》，《新中国外交风云》（第三辑），北京：世界知识出版社，1994 年；《我在坦桑尼亚开展外交活动的片断回忆》，《当代中国使节外交生涯》（第二辑），北京：世界知识出版社，1995 年；《援建坦赞铁路的决策过程》，《共和国重大决策和事件述实》，北京：人民出版社，2005 年。

②《赞比亚总统卡翁达接见我驻赞比亚大使秦力真的谈话记录》，外交部档案馆档案（档号：108-00651-03），1965 年 5 月 28 日；《赞比亚总统卡翁达对修建赞至坦桑尼亚铁路的态度》，外交部档案馆档案（档号：108-00649-02），1965 年 8 月17 日。

③据国外学者的记述，《考察报告》只有 8 页内容，英文与中文各占一半。参见：Martin Bailey, *Freedom Railway*: *China and the Tanzania-Zambia Link*, London: Rex Collings, 1976.

④中华人民共和国铁路考察组：《坦桑尼亚—赞比亚铁路考察报告》，内部资料，1969 年 12 月。

线地区的地形、地质、地貌、气象及水文特点，线路的主要技术要求与投资预算。经过近两年的勘测设计，中国铁路考察组于1970年6月向坦赞两国提交了由陆大同领衔撰写的《坦赞铁路勘测设计报告》①。该报告分为上、下两册，除前言、附录外，正文共6章，内容涉及线路走向，车站及设备，机车、车辆及机车车辆修理厂，组织结构及定员，主要工程数量与施工程序的安排意见以及修建坦赞铁路总概算。上述外交电文及调研报告，是国内较早关注坦赞铁路所取得的重要成果。

2.纪实文学

自坦赞铁路建成通车以来，国内有关坦赞铁路的研究论著日益丰富，其中纪实文学作品所占比重最高。《友谊的彩虹：坦赞铁路工地诗歌选》《来自坦赞铁路的报告》②是国内早期记述坦赞铁路的两部图书。前者是由40余名我国援建坦赞铁路的员工所写的诗歌集，后者则汇编了30余名我国援外人员在修筑坦赞铁路的过程中发生的可歌可泣的故事。张铁珊在这方面的成绩最大。他不但参与了上述两部图书的编纂工作，而且编写了一部以建设坦赞铁路为题材的文学作品——《在非洲密林中》③。书中，作者塑造了许多人物形象，其中有工程师、分队长，也有翻译员、司机等，"它借描述友谊工程大队一个小分队，开进密林修筑铁路的劳动、

---

①张书舫、赵桂常：《中国土木工程集团公司大事记：铁道部援外办公室前期》，内部资料，2006年，第31页。

②《友谊的彩虹》编辑小组编：《友谊的彩虹：坦赞铁路工地诗歌选》，北京：人民文学出版社，1975年；《来自坦赞铁路的报告》编写组编：《来自坦赞铁路的报告》，北京：人民文学出版社，1976年。

③张铁珊：《在非洲密林中》，北京：人民文学出版社，1979年。

斗争生活，以小喻大，反映了援建坦赞铁路这一重大历史事件的概貌”。[①] 付梓于1999年的《友谊之路：援建坦赞铁路纪实》[②]一书是国内为数不多的系统介绍坦赞铁路的纪实文学作品之一。参与编纂此书者，除主编张铁珊外，还包括靳辉、陆大同等人。[③] 这些编写者不但大多亲身参与了坦赞铁路的建设，而且多是中国援建坦赞铁路工作组的领导或专家。全书共分两篇论述：上篇主要介绍中国援建坦赞铁路的历史背景，下篇着重论述坦赞铁路的考察、勘测设计、施工以及技术合作等内容。该书的部分章节内容，曾以“毛泽东、周恩来与坦赞铁路”为题在《中华儿女》杂志上发表，影响深远。[④] 虽然文学色彩较浓，但是该书对我们全面了解中国援建坦赞铁路的历史大有裨益，在史料辑存方面功莫大焉。

进入21世纪后，不少研究者利用去非洲工作或旅游之机，留

---

①引自秦牧在《在非洲密林中》中所写的序言，参见张铁珊：《在非洲密林中》，第91页。

②张铁珊：《友谊之路：援建坦赞铁路纪实》，北京：中国对外贸易出版社，1999年。李安山教授曾评介过此书，详见李安山：《中非关系研究三十年概论》，《西亚非洲》，2009年第4期，第5~15页。

③张铁珊于1971年9月—1974年12月间在修筑坦赞铁路期间负责宣传工作；靳辉在坦赞铁路勘测设计时期（1968年4月—1970年6月）任政委，在施工准备和修建时期（1967年7月—1976年7月）为工作组副组长，1983年8月—1986年8月任坦赞铁路专家组第四期技术合作组组长；陆大同在1969—1976年间为坦赞铁路副总工程师。

④该文虽参照档案资料写成，但有些观点值得商榷，此文被多次转载。详见尹家民、张铁珊：《毛泽东、周恩来与坦赞铁路》，《中华儿女》，1994年第6期；尹家民：《援建坦赞铁路内幕》，《党史博览》，1999年第12期；尹家民、张铁珊：《毛泽东、周恩来与坦赞铁路》，《中国外交官在非洲》，上海：上海人民出版社，2005年；尹家民、张铁珊：《中国援建坦赞铁路的缘由》，《中外书摘》，2006年第2期；尹家民、张铁珊：《中国援建坦赞铁路的缘由》，《党建文汇》，2007年第11期；尹家民：《援建坦赞铁路内幕》，《红墙见证录——共和国风云人物留给后世的真相》（中），北京：当代中国出版社，2009年。

心坦赞铁路问题,写下了不少纪实性文学论著。2006 年,《人民日报》原驻南非记者李新烽利用多次去坦赞两国采访之机,写下了《非洲踏寻郑和路》①一书。在该书的《铁路传友谊》章节里,作者不但扼要介绍了坦赞铁路的历史与现状,而且如实指出坦赞铁路在新时期面临的诸多问题,在观点及实证方面颇见学力。2008 年,翁维民与高旭利用工作及旅行之机,分别撰写了《纵贯非洲四万里》与《印象非洲》②。两书分别设有《坦赞铁路:中国在非洲树立的一座丰碑》以及《中非合作的典范:坦赞铁路》章节,论述了坦赞铁路在促进中非关系积极向前发展方面所起的作用,两书图文并茂,读来令人获益。2009 年,卞洪登出版了《卞侠客游记》③一书,该书也论及坦赞铁路,作者在书中称赞坦赞铁路为"致富路"。2013 年,商务部原副部长魏建国撰写了《此生难舍是非洲:我对非洲的情缘与认识》一书,在该书的第三篇("援助篇")中,作者专文论述了温家宝总理凭吊中国援坦专家公墓的有关情况。④ 该书有中文、英文、法文三种语言版本,社会影响力较大。2014 年,陈晓晨出版了《寻路非洲:铁轨上的中国记忆》一书,作者走访了坦赞铁路沿线地区,以游记体的形式客观记述了坦赞铁路面临的问题及原因,文笔流畅,言之有物。

以上所述纪实文学作品,从不同层面生动记述了坦赞铁路的历史或现状,是坦赞铁路研究成果的重要组成部分。

①李新烽:《非洲踏寻郑和路》,云南:晨光出版社,2005 年。

②翁维民:《纵贯非洲四万里》,上海:上海大学出版社,2008 年;高旭:《印象非洲》,郑州:河南人民出版社,2008 年。

③卞洪登:《卞侠客游记》,北京:中国经济出版社,2009 年。

④魏建国:《此生难舍是非洲:我对非洲的情缘与认识》,北京:中国商务出版社,2011 年。

3.回忆录

为援建坦赞铁路,中国政府先后向坦赞两国选派了五六万人次的援外专家及工程技术人员,半个世纪过后,这些援外人员已步入暮年或撒手人寰,他们中的少数人开始愿意撰文回顾自己在异国他乡修建铁路的有关经历。1991 年,邹明清在《坦赞援外追忆》①一文中较早记述了自己援建坦赞铁路的事迹。作者于 1972 年 5 月至 1974 年 6 月间在坦桑尼亚参加了坦赞铁路的建设工作,目睹了坦赞铁路重点线路段的修筑情况,“1972 年我来时,正遇上突击全线重点姆马段,亲眼见到,在这片沼泽密布区修建路基的困难情景”。1996 年,靳辉在《当代中国铁路对外经济技术援助》②一书中总结回顾了坦赞铁路从无到有的全过程。该书的第三章扼要记述了坦赞铁路的由来、考察及勘测设计、施工及技术合作等内容。作为中国援建坦赞铁路工作组原副组长,靳辉所回顾撰写的“坦赞铁路”,其史料价值、学术价值自然是毋庸置疑的。遗憾的是,该书关于坦赞铁路的论述略显单薄,且仅发行 550 本,因而并不为广大读者所见。1999 年,曾任坦赞铁路工作组政工组负责人的赵文兴撰写了《坦赞铁路片段追忆》③,文章内容涉及坦赞两国政府官员的友好、人民的友善、援外职工的生活、援外职工的葬礼等。在 1999—2000 年间,李本深、黄金如合写的《在坦赞铁路修建的日子里》与《续在坦赞铁路修建的日子里》先后在《郑州文史资

①四川省什邡县委员会编:《什邡文史资料》(第 7 辑),内部资料,1991 年。

②靳辉:《当代中国铁路对外经济技术援助》,北京:中国铁道出版社,1996 年。

③1971 年 4 月至 1973 年 1 月,赵文兴任坦赞铁路工作组政工组负责人。参见郑州市政协文史资料委员会:《郑州文史资料》(第 20 辑,铁路史料专辑),郑州:日兴印务有限公司,1999 年。

料》上发表[①]。两位作者均为坦赞铁路工程师。两篇回忆录虽然篇幅不长,内容却十分丰富,涉及援外职工的生活、自然奇观、施工指挥、大北公路、中非友谊等诸多方面。值得一提的是,近年来普通援外员工所撰写的有关坦赞铁路的回忆录数目开始与日俱增。[②]

21 世纪以来,越来越多的知情者与亲历者开始撰文追忆有关中国援建坦赞铁路的亲历与见闻。2001 年,曾任中国铁道部部长的吕正操撰写了一篇名为《我国援建坦赞铁路的背景》[③]的文章。文章除简短记述我国政府援建坦赞铁路的原因外,还重点回顾了作者与周恩来总理相见时的细节以及周恩来敦促他尽快派员工考察坦赞铁路一事。2003 年,曾任中国驻坦桑尼亚使馆参赞,并多次代表中国政府在中、坦、赞三国修建坦赞铁路协议上签字的周伯萍,出版了《非常时期的外交生涯》[④]一书。该书虽然是作者对自己在坦桑尼亚、希腊、阿尔及利亚以及刚果 18 年外交生涯的总结,但是作者着墨较多的还是坦桑尼亚部分。书中,周伯萍不仅追忆了坦方领导人对我国援外人员工作的支持,还记述了诸如中美援外职工之间的施工冲突等内容。尤值一提的是,该书还附有《周恩

①李本深,1970 年 9 月—1975 年 2 月间任坦赞铁路工程师;黄金如,1970 年 11 月—1975 年 6 月间任坦赞铁路工程师。参见郑州市政协文史资料委员会:《郑州文史资料》(第 20 辑,铁路史料专辑),郑州:日兴印务有限公司,1999 年;郑州市政协文史资料委员会:《郑州文史资料》(第 21 辑),郑州:日兴印务有限公司,2000 年。

②李秋保:《在援建坦赞铁路的岁月里》,《百年锤声》,2001 年;于国玉:《援建坦赞铁路的岁月》,《文史精华》,2001 年第 11 期;吴丕清:《在援建坦赞铁路的日子里》,《退休生活》,2007 年第 3 期;沈熙侏:《援建坦赞铁路历史背景》,《交通与运输》,2007 年第 6 期;张继学:《我的坦赞铁路情怀 1》,《国际援助》,2015 年第 2 期;张继学:《我的坦赞铁路情怀 2》,《国际援助》,2015 年第 5 期。

③外交部外交史研究室:《新中国外交风云》(第三辑),北京:世界知识出版社,1994 年;《纵横》编辑部编:《新中国外交大写意》,北京:中国文史出版社,2001 年。

④周伯萍:《非常时期的外交生涯》,北京:世界知识出版社,2003 年。

来与坦赞铁路》一文。2007年，曾在坦桑尼亚使馆工作过14年的黄权衡，在《外交纪实》①一书中写了《真诚友好的坦桑尼亚前总统尼雷尔》一文。该文内容涉及尼雷尔总统对"文革"中遭受不公的陈毅、何英的保护以及尼雷尔总统与仲曦东大使之间的私人情谊等。同年，曾任中国外交部部长及副总理的黄华，出版了《亲历与见闻：黄华回忆录》②一书。该书虽然对坦赞铁路着墨不多，但是作者对中国援非政策以及20世纪60年代初期中国同坦桑尼亚关系的论述，有助于我们对中国援建坦赞铁路历史背景的了解。2008年，武健华在《随周总理访非商建坦赞铁路》③一文中详细追忆了自己陪同周恩来总理赴坦桑尼亚同尼雷尔总统商谈援建坦赞铁路的前后经过。这些有关坦赞铁路的回忆录，都是极其宝贵的财富。

4.地方志书

为援建坦赞铁路，我国政府动用了国内大多数省市的力量参与了坦赞铁路的考察、设计、施工以及物资供应等方方面面的工作。据有关资料记载，参与坦赞铁路考察与勘测设计工作的员工多来自天津市的铁道部第三勘测设计学院，参与坦赞铁路路基建设的援外工人多来自位于太原市的铁道部第三工程局以及位于成都市的铁道部第二工程局，参与坦赞铁路建设的房建队、运输队、水电工、医疗队、翻译员等则来自全国各地。青岛以及武汉则分别在机车车辆以及钢材供应方面，为援建坦赞铁路出力较多。因此国内不少省市的地方志都多少论及它们援建坦赞铁路的情况。其中比较重要的志书有《天津通志》《山西通志》《成都市志》《黑龙江

①郑言：《外交纪实》，北京：世界知识出版社，2007年。

②黄华：《亲历与见闻：黄华回忆录》，北京：世界知识出版社，2007年。

③武健华：《随周总理访非商建坦赞铁路》，《百年潮》，2008年第5期。

省志》《青岛市志》《四方机车车辆厂志》《武钢志》等①。

20世纪90年代末开始,各省市铁道部门也开始编撰本铁路局或铁路处志。这些志书都或多或少论及他们参与援建坦赞铁路的工作概况。其中,有不少志书不但详细记述了援外人员的数额、伤亡情况以及施工细节,而且附加了援外工人的先进事迹或回忆性文章。这方面比较重要的志书有《铁道部第三勘测设计学院志》、《铁道部第二工程局志》、《铁二局史志:援建坦赞铁路资料专集》、《铁道部第三工程局志》、《铁道部第四工程局志》、《铁道部第五工程局志》、《机械筑路工程处志》、《铁道部建厂工程局志》(1953—1995)、《铁道部大连机车车辆工厂志》(1899—1987)等。② 这些省、市方志及铁道部工程局志,虽算不上是严格意义上的研究结

①《天津市地方志》编修委员会办公室编:《天津通志·铁路志》,天津:天津社会科学出版社,2006年;山西省史志研究院编:《山西通志·铁路志》,北京:中华书局,1997年;《成都市志》编纂委员会编:《成都市志·外事志》,北京:世纪知识出版社,1996年;《黑龙江省地方志》编纂委员会编:《黑龙江省志·外事卷》,黑龙江:黑龙江人民出版社,1993年;《青岛市志》办公室编:《青岛市志·外事志/侨务志》,北京:新华出版社,1995年;《四方机车车辆厂志》编纂委员会编:《四方机车车辆厂志》,海口:南方出版社,1996年;《武钢志》编纂委员会编:《武钢志》(1952—1981),武汉:武汉出版社,1988年。

②《铁道部第三勘测设计院志》编写委员会编:《铁道部第三勘测设计院志》(1953—1993),内部资料,1995年;《中铁二局集团有限公司史志》编纂委员会编:《铁道部第二工程局志》(1950—1995),西安:西安地图出版社,2000年;铁道部第二工程局局史编辑研究室编:《铁二局史志:援建坦赞铁路资料专集》,内部资料,1995年;《铁道部第三工程局志》编写委员会编:《铁道部第三工程局志》(1952—1996),太原:北岳文艺出版社,2002年;《中铁四局集团有限公司史志》编纂委员会编:《铁道部第四工程局志》(1950—1990),北京:中国铁道出版社,2001年;《中铁五局集团有限公司史志》编纂委员会编:铁道部第五工程局志(1950—1999),北京:中国铁道出版社,2002年;铁道部第五工程局机械筑路工程处史志编纂委员会编:《机械筑路工程处志》,贵州:贵州人民出版社,2001年;中铁建厂工程局史志编纂委员会:《铁道部建厂工程局志》(1953—1995),内部资料,2001年;大连机车车辆工厂厂志编纂委员会:《铁道部大连机车车辆工厂志》(1899—1987),大连:大连出版社,1993年。

果,但毕竟有别于零乱的档案资料了。

5.学术论著

20世纪90年代以降,随着有关资料的涌现以及中非关系的发展,越来越多的学者开始关注坦赞铁路问题。国内学者开始从对外援助、中非关系、国际政治等角度探讨坦赞铁路诸方面的问题。《当代中国的对外经济合作》与《当代中国的铁道事业》①两书较早从对外援助的角度来研究坦赞铁路。前者对坦赞铁路记述得略显松散,后者则相对集中。两套书的相同点是资料翔实、论证充分、可信度较高。

20世纪90年代中期,长期从事非洲史研究的学者陆庭恩教授以及沐涛教授开始从中非关系的角度撰文研究坦赞铁路。在《非洲通史》②一书中,陆庭恩详细论证了坦赞铁路在推动中非关系发展中的作用。此外,陆庭恩还于1997年发表了《坦赞铁路的修建与中非友谊》③一文。此文广征博引,是同类论文中不可多得的佳作。沐涛教授在《世界史画卷:非洲卷》④一书中,非常客观地梳理了坦赞铁路的历史与现状。在《非洲华侨华人社会史资料选辑》⑤一书中,北京大学的李安山教授则从史料的角度论证了华人于殖

---

①《当代中国》丛书编辑委员会:《当代中国的对外经济合作》,北京:中国社会科学出版社,1989年;《当代中国》丛书编辑委员会:《当代中国的铁道事业》(下),1989年。

②陆庭恩、彭坤元:《非洲通史》(现代卷),上海:华东师范大学出版社,1996年。

③陆庭恩:《坦赞铁路的修建与中非友谊》,《亚非研究》(第7辑),北京:北京大学出版社,1997年。此文后收录于《非洲问题论集》中。参见陆庭恩:《坦赞铁路与中非友谊》,《非洲问题论集》,北京:世界知识出版社,2005年。

④沐涛:《世界史画卷:非洲卷》,海口:海南国际新闻出版中心,1996年。

⑤李安山:《非洲华侨华人社会史资料选辑》,香港:香港社会科学出版社有限公司,2006年,第26页。

民时期在东非修筑铁路的早期历史,更加衬托出坦赞铁路在反帝反殖民方面的意义。2006年,在中非建交50周年之际,外交部前驻非大使汪勤梅主任先后撰写了多篇有关坦赞铁路的论文,如《坦赞铁路:中非关系史上一座永恒的丰碑》《汗水、鲜血和生命铸成的友谊永恒丰碑——坦赞铁路全线通车30年》等①,这些论文对我们了解坦赞铁路的历史与近况大有裨益。张勇在《对中国援助坦赞铁路的历史考察》②一文中,探讨了中国援建坦赞铁路的历史过程。张小瑜所写的《赞比亚经济与坦赞铁路未来的发展》③一文,则探讨了坦赞铁路的现实窘况与发展途径。2010年,陈则磊在《中非友谊的丰碑:援建坦赞铁路决策幕后》④中再次论及中国政府在援建坦赞铁路问题上的决策过程。

以上所述是近50年来国内有关坦赞铁路的主要研究成果,由于篇幅所限,尚有许多成果未能一一述及,如《人民日报》《新华月报》《铁道建设报》《铁三局战报》中关于坦赞铁路的报道与记述等。此外,在一些内部资料及尚未出版的研究生学位论文中也有

---

①汪勤梅:《坦赞铁路:中非关系史上一座永恒的丰碑》,《同心若金:中非友好关系的辉煌历程》,北京:世界知识出版社,2006年;汪勤梅:《中非共享坦赞铁路发展成果》,《中国经济时报》,2006年11月28日;汪勤梅:《汗水、鲜血和生命铸成的友谊永恒丰碑——坦赞铁路全线通车30年》,《友声》,2006年第140期。

②张勇:《对中国援助坦赞铁路的历史考察》,《聊城大学学报》,2007年第1期。

③张小瑜:《赞比亚经济与坦赞铁路未来的发展》,《国际经济合作》,2006年第3期。

④陈则磊:《中非友谊的丰碑:援建坦赞铁路决策幕后》,《党史文汇》,2010年第6期。

关于坦赞铁路的探讨。[①] 其中,刘平的硕士论文《坦赞铁路和中非关系》成文较早,资料翔实,视野宏阔,极具参考价值。

近年来,相关研究主要呈现三种动态:一是相关图书相继出版、发行。如:2014 年 4 月,李新烽等人主编的双语版的《50 年兄弟情谊:庆祝中坦建交 50 周年纪念册》(2014)在达累斯萨拉姆出版社出版、发行;2015 年 1 月,孟洁梅教授的《非洲自由铁路:中国发展项目如何改变坦桑尼亚人民的生活和谋生之计》(Jamie Monson,2015)在中国翻译出版。二是以"经济援助"为研究视角的研究生学位论文不断增多。如:《中国对外援助的政治目标和经济效益的关系:以坦赞铁路为例》(刘赫丹,2011)、《周恩来对外援助思想研究:以坦赞铁路和对非经济援助为中心》(薛琳,2011)、《中国援赞的历史反思与现实审视》(陈素娥,2012)、《冷战时期中国对非洲国家的援助研究》(蒋华杰,2014)等。三是以"中非关系"为研究视角的来华留学生的学位论文也与日俱增。如:《中非关系中的援助因素:坦桑尼亚坦赞铁路援助项目案例研究》(瑞海马,2011)、《历史视野下的中坦关系:1968 年到 1985 年间中国与坦桑尼亚的政治经济关系》(快思,2013)等。

---

①《坦桑尼亚设计基础资料汇编》编委会:《援外成套项目设计基础资料汇编:坦桑尼亚》,内部资料,1976 年;《赞比亚设计基础资料汇编》编委会:《援外成套项目设计基础资料汇编:赞比亚》,内部资料,1979 年;山东省卫生厅编:《中国医疗队在坦桑》,内部资料,1993 年;广东省交通厅编:《广东交通援外专家回忆录》,内部资料,2007 年。主要学位论文:张郁慧:《中国对外援助研究》,中共中央党校博士论文,2006 年;刘平:《坦赞铁路和中非关系》,浙江师范大学硕士论文,2007 年;刘赫丹:《中国对外援助的政治目标和经济效益的关系:以坦赞铁路为例》,北京大学硕士论文,2011 年。

坦赞铁路相关著作书目表

著者	书名	出版年份	出版社
图书编写组	友谊的彩虹:坦赞铁路工地诗歌选	1975	人民文学出版社
图书编写组	来自坦赞铁路的报告	1976	人民文学出版社
张铁珊	在非洲密林中	1979	人民文学出版社
图书编写组	当代中国的铁道事业	1990	中国社会科学出版社
靳辉	当代中国铁路对外经济技术援助	1996	中国铁道出版社
P.R.马森加	坦赞铁路坦桑尼亚分局车辆管理信息系统	1996	北方交通大学出版社
王俊彦	大外交家周恩来	1998	经济日报出版社
张铁珊	友谊之路:援建坦赞铁路纪实	1999	中国对外经济贸易出版社
熊向晖	我的情报与外交生涯	1999	中共党史出版社
杨明伟	走出困境:周恩来在1960—1965	2000	中央文献出版社
周伯萍	非常时期的外交生涯	2003	世界知识出版社
李新烽	非洲踏寻郑和路	2005	晨光出版社
罗维一	坦赞铁路运营管理	2007	中国铁道出版社
陈敦德	探路在1964:周恩来飞往非洲	2007	解放军文艺出版社
黄华	亲历与见闻:黄华回忆录	2008	世界知识出版社
叶如根	方毅传	2010	人民出版社
陈晓晨	寻路非洲:铁轨上的中国记忆	2014	浙江大学出版社

（续表）

著者	书名	出版年份	出版社
孟洁梅	非洲自由铁路：中国发展项目如何改变坦桑尼亚人民的生活和谋生之计	2015	民主与建设出版社
外交部政策规划司	中非关系史上的丰碑：援建坦赞铁路亲历者的讲述	2015	世界知识出版社

资料来源：系笔者根据有关资料整理而成。

（二）国外研究成果

在国际冷战正酣、中苏分歧严重以及国内“文化大革命”的特殊历史背景下，中国对坦赞铁路的援助修建便引发了一系列问题。国外学术界对坦赞铁路的研究，从一开始就超越纯史学研究的范畴，形成了政治学、经济学、历史学等多种学科共放异彩的局面。现根据所收集的有关资料，对部分重要论著进行认真梳理与评介。

1.调查报告

早在 20 世纪初，英国殖民主义者塞西尔·罗得斯（Cecil Rhodes）就计划修筑一条纵贯非洲大陆的“二 C 铁路”，联结坦赞两国的坦赞铁路是该计划的一部分。历史上，国外对于坦赞铁路线路的重要考察共有 4 次，前后写出了 4 部考察报告。第一次考察始于 1949 年，在英国资金的支持下，以亚历山大·格博（Alecander Gibb）以及帕特斯（Partners）为首的 6 人考察组用了近一年的时间完成了考察任务。考察报告于 1952 年刊出，共两卷，报告认为“铁路不值得耗资修建，最好代之以多条公路来促进两地的发展”。①20世纪60年代初，世界银行出资进行了第二次考察，考察工作以罗伯特·史蒂夫(Robert Sadove)为首进行。考察报告认为“东中非之间的贸易非常少，不值得修建该条铁路”。② 在投资估算方面，世界银行认为“修建这段铁路的投资估计是五千一百三十万英镑(其中坦境三千零五十万英镑)到一万万英镑”。③

1964年，一个由联合国组织的调查团完成了对坦赞铁路的第三次调查，调查报告《西尔斯报告》认为“铁路不值得修建，假如一意孤行的话，将是巨大的经济冒险”。④ 1965年11月，英国和加拿大共同出资15万英镑由马克斯韦尔·斯坦普(Maxwell Stamp)咨询公司完成了对坦赞铁路的第四次考察。⑤ 英、加考察组经过9个月的考察，总结写出了一部自1952年以来最为详尽的考察报告——《英加考察报告》。报告认为“修建坦赞铁路在技术上可行，

---

①另一说法与此相左，认为考察的结论是“经济上可以盈利”，参见 *The Tanzania-Zambia Railway: From Birth to Maturity*, Kapiri Mposhi: Tazara, 1976, p.3.

②*The Tanzania-Zambia Railway: From Birth to Maturity*, Kapiri Mposhi: Tazara, 1976, p.5.

③大连热力机车研究所：《关于援助坦桑尼亚、赞比亚修建铁路的参考资料》(一)，内部资料，1968年，第15页。

④Richard Hall & Hugh Peyman, *the Great Uhuru Railway: China's Showpiece in Africa*, London: Victor Gollancz LTD, 1976, pp.18~20.

⑤Henry Hall, *White Elephant or Freedom Railway: Britain, Zambia and the Political Economy of Tarara*, M.A. thesis, 2010, p.22；张铁珊：《友谊之路：援建坦赞铁路纪实》，第93页。

在经济上能够盈利”①,但之后他们什么也没有做。②

2.学术专著

在坦赞铁路建成前后,有三本专著相继出现。它们是理查德·霍尔、休·佩曼合著的《伟大的自由之路:中国在非洲的形象工程》(Richard Hall& Hugh Peyman,1976)马丁·贝利撰写的《自由之路:中国同坦赞两国的纽带》(Martin Bailey,1976)以及卡苏卡·穆图科瓦所著的《政治学视角下的坦赞铁路》(Kasuka Mutukwa,1976)。③《伟大的自由之路:中国在非洲的形象工程》一书是坦赞铁路研究领域的一部力作。该书不但资料翔实,而且注重细节方面的记述。根据作者自己的说法,他们在写作过程中,采访了坦桑尼亚、赞比亚、中国以及英国等几十位对坦赞铁路比较了解的政府官员与工作人员。在细节方面,作者不仅记述了我国首位在坦桑尼亚牺牲的援外人员被蜇致死的经过,还指出坦桑尼亚人对中国援外人员拒绝接受当地黑人的土法治疗而抱怨。此外,作者在文中还详述了中国援外人员如何经受住各种美色的诱惑等。这些细节的真实性在笔者的访谈中都一一得到证实。对于坦赞铁路的援建工作究竟是中方还是坦方最先提出之争论,作者也坦率地指出:

---

①*British-Canadian Report on an Engineering and Economic Feasibility Study of a Proposed Zambia-East Rail Link* 转引自 Martin Bailey, *Freedom Railway: China and the Tanzania-Zambia Link*, London: Rex Collings, 1976, pp.47~48.

②亨利·霍尔在硕士论文中详细探讨了英国不愿援建坦赞铁路的原因。参见 Henry Hall, *White Elephant or Freedom Railway: Britain, Zambia and the Political Economy of Tarara*, pp.24~33.

③Richard Hall & Hugh Peyman, *the Great Uhuru Railway: China's Showpiece in Africa*, London: Victor Gollancz LTD, 1976; Martin Bailey, *Freedom Railway: China and the Tanzania-Zambia Link*, London: Rex Collings, 1976; Kasuka Mutukwa, *Politics of Tanzania-Zambia Railway*, Washington: University Press of America, 1977.

“目前存在着两种矛盾的说法。”①虽然具有许多优点，该书的缺点也同样十分明显。首先，作者虽然查阅了大量资料，却没有交代相关出处；其次，书中出现了不太严谨甚至错误的说法②；再次，记述内容不够全面，书中对中国援建坦赞铁路的勘测设计阶段（1968—1970）几乎只字未提。

相比之下，马丁·贝利所著的《自由之路：中国同坦赞两国的纽带》一书在资料收集与规范性方面要好许多。为积累写作素材，作者曾亲赴坦桑尼亚、赞比亚及中国。书中绝大多数地方都交代了所引文献的出处。值得一提的是，作者在书中还详细考察了周恩来所提出的“援外八项原则”在坦赞铁路中的具体应用情况，这种论述方式高明而独特。该书的不足之处在于：一是全书内容略显单薄，正文部分仅有150余页；二是作者所收集到的资料，在书中并未标明出处；三是也出现了一些错误说法。③

《政治学视角下的坦赞铁路》出自赞比亚学者之手，该书系卡苏卡·穆图科瓦在美国哥伦比亚大学期间所撰写的博士论文。与前面两本著作不同的是，该书在写作过程中有不少有关援助理论方面的内容，而且该书对国家领导人在坦赞铁路建设方面的推动作用方面进行了专门论述。更可贵的是，该书作者在写作过程中

---

①Richard Hall & Hugh Peyman, *the Great Uhuru Railway: China's Showpiece in Africa*, p.72.

②如该书第39页，作者认为“高梁在《坦桑尼亚散记》所说的曾有华人参与德国殖民下的东非铁路的建设纯属虚构”；第86页，将中国考察队递交《考察报告》的时间说成是1966年10月（实为1966年6月）等。

③作者认为“在1964年的时候，坦桑尼亚政府就得知中国政府同意对坦赞铁路进行援建”，实际上中国在1965年2月才开始考虑是否予以援建问题。参见Kasuka Mutukwa, *Politics of Tanzania-Zambia Railway*, p.61.

不仅采用了大量内部资料，而且采访了好几位知情者和政府官员。在笔者看来，该论著的不足之处有两点：一是没有充分利用既有研究成果，上面所说的专著，作者均未加以引用；二是以专题的形式来组织行文，使得各章节的内容不够连贯。

2009年3月，美国学者孟洁梅①教授出版了《非洲的自由之路：一条中国援建的铁路如何改变了坦桑尼亚人的生活与生计》②(Jamie Monson, 2009)一书。该书是坦赞铁路研究领域的一部力作。全书图文并茂，语言凝练，资料翔实。综览全书，无论是其宏观的论述，还是其微观的个案分析，都表明它是一部成功之作。全书除致谢、引言与附录外共分两部分进行论述。第一部分主要论述坦赞两国修筑坦赞铁路的历史背景，中、坦、赞三国铁路协议的达成与建设以及坦桑尼亚人民沿铁路线居住的情况等内容；第二部分主要论述了坦赞铁路的线路走向、坦赞铁路给沿线居民的生活与生计带来的便利以及坦赞铁路给沿线地区带来了人口集聚及社会变迁等问题。该书的不足处为，作者过多注重一手资料与口述史料而忽视对既有资料的应用，研究对象局限于探讨坦赞铁路对坦桑尼亚的影响方面。

3.相关论著

研究坦赞铁路的相关论著大致可分为国际政治类与经援类。在国际政治研究领域，较早对坦赞铁路进行研究的当属美籍华人

---

①据笔者所知，孟洁梅(Jamie Monson)女士经常往返于美中两国，她和北京大学的李保平教授、刘海方教授一直合作进行坦赞铁路方面的研究工作。孟洁梅新作《赶在时间的前面：坦赞铁路修建期间的施工和现代化问题》(《冷战国际史研究》，2010年第1期)，由全克林翻译成中文后发表。

②Jamie Monson, *Tanzania: Africa's Freedom Railway-How a Chinese Development Project Changed Lives and Livelihoods in Tanzania*, Bloomington: Indiana University Press, 2009.

于子桥(George T.Yu)教授。于子桥早在20世纪60年代初就开始研究中非关系问题,除《北京与台湾在世界舞台上的较量:中国人在非洲》(1963)、《中非关系:一项调查》(1965)等诸多论文外,于子桥还出版了两本专著:《中国和坦桑尼亚:两国合作之研究》(1970)、《中国的非洲政策:坦桑尼亚个案研究》(1975)①。这两本专著都论及坦赞铁路问题,尤其是《中国的非洲政策:坦桑尼亚个案研究》,此书全文收录了作者于1971年在《亚洲观察》上发表的《铁路研究:中国和坦赞铁路》一文,从研究史的角度而言,该论文当属国内外学术界研究坦赞铁路的开山之作。

在布鲁斯D.拉金所写的《中国与非洲》②(1949—1970)一书中,坦赞铁路占据一小节的内容。在《坦赞铁路》这一节里,作者不仅详细探讨了中国对坦桑尼亚的经济援助,而且注重探讨周恩来总理在援建坦赞铁路工程中的作用。不过由于本书出版较早,作者对坦赞铁路的论述只局限于中国援建坦赞铁路的决策阶段。

在尼日利亚人阿拉巴·奥古桑沃所写的《中国的非洲政策:1958—1971》③(1974)一书中,有关坦赞铁路问题的内容所占篇幅不小。尽管作者对中国的对非援助政策一贯持批评的态度,但是,

---

①George T. Yu, *Peking versus Taipei in the World Area: Chinese Competition in Africa*, *Asian Survey*, Vol.3, No.9(Sep.2, 1963), pp.439~453.; George T.Yu, *Sino-African Relations: A Survey*, *Asian Survey*, Vol.5, No.7(Jul.1, 1965), pp.321~332.; George T. Yu, *China and Tanzania: A Study in Cooperative Interaction*, California University, 1970; George T.Yu, *China's African Policy: A Study of Tanzania*, New York: Praeger Publishers, 1975.

②Bruce D.Larkin, *China and Africa* 1949—1970: *the Foreign Policy of the People's Republic of China*, Berkeley :University of California Press, 1971.

③Alaba Ogunsanwo, *China's Policy in Africa* 1958—1971, London: Cambridge University Press, 1974.

我们绝不能因人废言。该书中,作者的观点大体上还是比较客观的,例如,作者提出,坦赞铁路虽说是一条"政治之路",但这不意味着中国不存在经济层面的考虑,并将赞比亚不积极地争取中国援建坦赞铁路归因于赞比亚不像坦桑尼亚那样有多次接受中国政府援助的经验等。

在经援类书籍方面,由于坦赞铁路是非洲为数不多的可以和苏联援建的阿斯旺大坝相媲美的援外工程,因此,大凡涉及非洲援助问题的论著总不免提及坦赞铁路。如尚塔亚南·德瓦拉贾恩主编的《非洲的援助与变革:10个国家的教训》、莱昂·戈登克所写的《国际援助与国家抉择:马拉维、坦桑尼亚、赞比亚的发展进程》(Leon Gordenker,1976)以及德博拉·布劳蒂甘所著的《中国的援助与非洲的发展:绿色革命的输出》(Deborah Brautigam,1998),等。[①] 在《非洲的援助与变革:10个国家的教训》一书所提到的10个国家中,坦赞两国都位列其间。该书关于坦赞铁路的内容,虽不是其论述的重点,但该书为我们了解坦赞两国接受其他国家援助的情况提供了重要数据资料。在《国际援助与国家抉择:马拉维、坦桑尼亚、赞比亚的发展进程》一书中,莱昂·戈登克重点探讨了坦赞两国对中国的不同态度。作者认为,坦桑尼亚在接受中方的援助时基本上不存在国际社会上的过大压力,因为尼雷尔总统正是把民族自决看成是真正独立的开始。而赞比亚则不同,赞比亚是个内陆国家,安全的出海口对赞比亚来说至关重要,要不是南罗

---

①Shantayanan Devarajan, *Aid and Reform in Africa: Lessons from Ten Case Studies*, Washington: the World Bank, 2001; Leon Gordenker, *International Aid and National Decisions*, Washington: Princeton University Press, 1976; Deborah Brautigam, *Chinese Aid and African Development: Exporting Green Revolution*, London: Macmillan Press, 1998.

得西亚的独立,赞比亚恐怕不会接受中国政府的援助。

《中国的援助与非洲的发展:绿色革命的输出》是一本系统研究中国对非洲国家进行援助的书籍。该书关于坦赞铁路的论述虽然比较零散,却也不乏独到的见解。

此外,达累斯萨拉姆大学的尼格拉·姆瓦希曾于1983年写了一篇《坦赞铁路:再探中国的贷款与投资》①(Nigla Mwase,1983)论文。尽管该篇文章对中国政府对坦赞铁路的贷款多有诋毁,甚至在结尾处还不忘重提铁路不值得修建的陈词滥调,但是看得出作者在对各种数据的收集方面下了一些功夫。

4.领导人论著

这类论著包括两个方面的内容:一是两国领导人自己所写的论著,二是他人所写的有关两国总统的论著。前者如尼雷尔所写的《自由与统一》(1952—1965)、《自由与发展:1968—1973年间著作与言论集》、《自由与社会主义:1965—1967年间著作与言论集》②以及卡翁达所写的《卡翁达自传:赞比亚必将获得自由》等。后者有威廉·埃杰特·史密斯的《坦桑尼亚的尼雷尔》(William Edgett Smith,1973);威廉·雷德曼·达根与约翰·R.西维尔合著的《坦桑尼亚与尼雷尔:乌贾马与国家》(William R. Duggan & John R. Civille,1976)以及约翰· 哈奇《两位非洲政治家:赞比亚的卡翁

---

①Nigla Mwase, *The Tanzania-Zambia Railway: The Chinese Loan and the Pre-Investment Analysis Revisited*, The Journal of Modern African Studies, Vol. 21, No. 3 (Sep., 1983), pp. 535~543.

②《尼雷尔文选》(全四册)于2014、2015年先后在华东师范大学出版社翻译出版,沐涛、张忠详等译。

达与坦桑尼亚的尼雷尔》(*John Hatch*,1976)等。[①] 上述论著,对我们了解两国总统本人和其治国政策及外交思想都十分重要。例如,《自由与发展:1968—1973年间著作与言论集》一书不仅全文刊载了尼雷尔总统在坦赞铁路开工典礼上发表的演说,而且刊载了尼雷尔总统对东非合作、国际团结以及社会主义等问题的看法等。

5.学位论文

一些尚未出版的研究生学位论文也专门探讨坦赞铁路。囿于见闻,目前所知的论文有以下几篇:尼特洛顿的《坦赞铁路:中美在非洲的利益之争》[②](J. G Nettleton,1974)、赛恩德罗的《工人的效率、动机及管理:以坦赞铁路为例》[③](A. M Sendaro,1987)、马赛·卡姆卡瓦巴所写的《坦赞铁路管理局劳资关系的发展》[④](Mwansa Kamukwamba,2007)以及亨利·霍尔所写的《废铜烂铁还是自由之路:英、赞两国政治经济视野中的坦赞铁路》[⑤](Henry Hall,2010)。这些论文从政治、经济以及管理的角度多方面探讨了

---

①Nyerere, *Freedom and Unity*, New York :Oxford University Press,1966;Nyerere, *Freedom and Socialism: A Selection from Writings and Speeches*, 1965—1967, New York : Oxford University Press, 1968; Nyerere, *Freedom and Development: A Selection from Writings and Speeches*, 1968—1973, New York : Oxford University Press, 1968;Willam Redman Duggan, John R. Civille, *Tanzania and Nyerere: A Study of Ujamma and Nationhood* , New York :Orbis Books, 1976;Willam Edgett Smith, *Nyerere of Tanzania*, London: Victor Gllancz LTD, 1973;John Hatch, *Two African Statesmen: Kaunda of Zambia and Nyerere of Tanzania*,London: Secker&Warburg, 1976.

②J. G Nettleton, *The Tanzam Railroad: the PRC in Africa versus United States interests*, M.A. thesis, Auburn University, 1974.

③A. M Sendaro, Workers' Efficiency, *Motivation and Management: the case of the Tanzania - Zambia railway construction*, Ph.D. thesis, University of Dar-es-Salaam, 1987.

④Mwansa Kamukwamba, *Development of Industrial Relations in the Tanzania Zambia Railway Authority*, PhD thesis, Manchester University, 2007.

⑤Henry Hall, *White Elephant or Freedom Railway: Britain, Zambia and the Political Economy of Tarara*, M.A. thesis, 2010.

坦赞铁路问题,选题、立意新颖而独特,颇值得借鉴。此外,一些在华非洲留学生也曾从各自专业的角度以坦赞铁路为选题撰写过研究论文。①

四、既有研究的成绩与缺憾

无论是从数量上还是从质量上来看,上述有关坦赞铁路的研究可谓蔚为大观。这些成果连同笔者查阅的档案资料一道构成了本书写作的重要基石。认真梳理相关研究成果,我们可以发现其中既取得了不少可喜的成绩,也存在着若干缺憾。

(一)研究成绩

1.大致厘清了中国援建坦赞铁路的决策过程。1965 年 1 月至 1967 年 9 月可以看作中国政府援建坦赞铁路的决策时期。多数研究成果表明,这一时期又可细分为前后两个阶段:第一阶段,周恩来总理主持做出了援建坦赞铁路的基本决策;第二阶段,在经过磋商和实地调研后,毛泽东、刘少奇主席做出了援建坦赞铁路的最终决策,并亲自批准援建这条铁路。张铁珊编著的《友谊之路:中国援建坦赞铁路纪实》以及周伯萍撰写的《非常时期的外交生涯》两书,均详尽记述了有关细节。何英、吕正操等相关知情者、亲历者

①夏巴尼:《坦赞铁路机车牵引运用科学管理微机系统》,北方交通大学硕士论文,1994 年;穆卡江嘎:《坦赞铁路工厂机车检修管理信息系统》,北方交通大学硕士论文,1994 年;P.R.马森加:《坦赞铁路坦桑尼亚分局车辆管理信息系统》,北方交通大学硕士论文,1996 年;瑞海马:《中非关系中的援助因素:坦桑尼亚坦赞铁路援助项目案例研究》,吉林大学硕士论文,2011 年。

的回忆性文字也佐证了有关内容。此外，随着外交部档案馆、中央档案馆等馆藏档案资料的不断解密以及更多援建坦赞铁路亲历者的亲口讲述[①]，毛泽东、刘少奇主席在援建坦赞铁路决策上的考虑与言论正变得日益清晰与丰盈。

2.大体阐明了中、坦、赞三国围绕坦赞铁路建设问题而进行的会谈情况。自1965年1月巴布(Babu)率坦桑尼亚代表团访华始至1976年7月孙健副总理率中国代表团参加坦赞铁路通车仪式时止，中、坦、赞三国政府先后举行了多次会谈。这些会谈又可分为两类：一是中、坦、赞三国领导人的直接会谈；二是中、坦、赞三国政府代表进行的三方会谈。前一类型的研究成果远远多于后者。直接会谈的研究成果主要有中国第一代领导人的年谱、外交文选、会谈录与讲话选；专题研究论著，如"毛泽东与坦赞铁路""周恩来与坦赞铁路"[②]；《人民日报》《解放军报》《红旗》等报刊文章。除一些内部资料外，三方会谈的研究成果主要有靳辉的《当代中国铁路对外经济技术援助》和张铁珊的《友谊之路：援建坦赞铁路纪实》两书。有关会谈记录及总结性文字，不但有利于我们了解中、坦、赞三国在建设坦赞铁路问题上的磋商过程，而且可以弥补有关档案资料尚未解密所带来的研究遗憾。

3.总结回顾了当年参与援建坦赞铁路的亲身经历。为援建这

①外交部政策规划司：《中非关系史上的丰碑：援建坦赞铁路亲历者的讲述》，北京：世界知识出版社，2015年。

②王泽军：《一条中非人民友谊之路：毛泽东与尼雷尔》，《毛泽东国际交往录》(增订本)，2003年；周伯萍：《周恩来与坦赞铁路》，《非常时期的外交生涯》；《毛泽东与外国首脑及记者会谈录》编辑部：《毛泽东与外国首脑及记者会谈录》，北京：台海出版社，2012年；《周恩来与外国首脑及政要会谈录》编辑部：《周恩来与外国首脑及政要会谈录》，北京：台海出版社，2012年。

条万里之遥的铁路,中国政府不惜人力、物力、财力,先后派出5万余人次的工程技术人员赴非洲帮助坦赞两国修建铁路。这些援外工程技术人员在非洲经受了各种考验,用青春和血汗谱写了许多难以忘怀的故事。1990年10月,在坦赞铁路开工建设20周年之际,“征集坦赞铁路史料座谈会”在北京召开,“陈慕华、吕学俭、孙永福、李轩、布克等同志与100多位当年亲身参加铁路建设的老战友欢聚一堂,抚今思昔,感慨万端”。[①] 此次会议以及1991年9月在成都召开的“坦赞铁路西南片区座谈会”(参见附录五)激励了坦赞铁路“援外战士”的写作热情,此后,有关坦赞铁路回忆性的文章便不时见诸报端。参与写作的,既有外交官员、坦赞铁路各工作组领导,也有普通的工程技术人员。他们选择的媒介也多种多样,有的选择广播电视,有的著书或发表报刊文章,还有的则将文稿刊布在博客[②]或社交网站中。近年来,随着中非关系的发展以及各种纪念活动的增多,有关回忆性论著正呈现出一种井喷之势,2015年2月出版的《中非关系史上的丰碑:援建坦赞铁路亲历者的讲述》一书,无疑是访谈类著述中的佼佼者。这些口述史料,既有利于我们了解老一辈援外人员建设坦赞铁路的艰辛,又可以弥补文献资料记录之不足,可谓弥足珍贵。

4.研究了英美等国对中国援建坦赞铁路的敌视态度。早在坦赞铁路建设期间,美籍华人于子桥教授即已撰文探讨英美等国对中国援建坦赞铁路敌视问题;孟洁梅教授也曾撰文探讨过相关问

①《征集坦赞铁路史料座谈会在京举行》,《国际经济合作》,1990年第11期,第50页。

②如万大林:《坦赞铁路竹枝词三百首》,网址:http://blog.sina.com.cn/u/3969510014。

题。国内较早探讨这一问题的论著当属上文多次提及的《友谊之路:援建坦赞铁路纪实》一书。20 世纪 90 年代末,美国解密档案参考系统(DDRS)及美国外交关系文件(FRUS)的不断解密并以数据库的形式授权华东师范大学图书馆等馆藏单位使用,为相关领域的研究提供了便利。笔者在撰写博士学位论文时就有幸参阅了这些英文资料,并借助这些资料探讨了英美等国对中国援建坦赞铁路的反应与敌对政策。① 近年来,张扬教授的《美国对中国援建坦赞铁路的阻挠》以及薛琳博士的《坦赞铁路的决策过程与理性反思》都是在参阅了这些资料的基础上探究了有关论题。②

5.剖析了坦赞铁路与中非关系发展之间的关系。早在坦赞铁路建成以前,高梁、于子桥等人就先后预言了坦赞铁路将有利于推动中非关系的向前发展。坦赞铁路建成通车后,非洲史研究专家艾周昌、沐涛、张象等教授先后从中非关系发展的视角来审视坦赞铁路的重要作用。外交部前驻非大使汪勤梅等多次撰文呼吁国人重视坦赞铁路在中非关系中的“丰碑”作用。海内外研究生也多次以“坦赞铁路与中非关系”为题撰写博、硕士学位论文。

6.探讨了坦赞铁路的运营现状。李新烽的《非洲踏寻郑和路》、罗维一的《坦赞铁路运营与管理》、陈晓晨的《寻路非洲:铁轨上的中国记忆》、毕淑敏的《非洲三万里》等论著都较为全面、客观地记述了坦赞铁路在运营方面遇到的问题,并分析了造成这些问

①沈喜彭:《中国援建坦赞铁路:决策、实施与影响》,华东师范大学博士论文,2009 年;沈喜彭:《援建坦赞铁路决策问题上的中美非外交博弈》,《安徽师范大学学报》(人文社会科学版),2015 年第 1 期。

②张扬:《美国对中国援建坦赞铁路的阻挠》,《当代中国史研究》,2012 年第 3 期;薛琳:《坦赞铁路的决策过程与理性反思》,《中非发展合作的多维视阈》,昆明:云南大学出版社,2012 年。

题的原因。

(二)研究缺憾

尽管取得了上述研究成绩,但是也存在着一些研究缺憾。

其一,在研究内容上,重复研究与不均衡研究现象十分明显。在重复研究方面,诸如“援建决策”“援建内幕”“中美大战”“援建见闻”等主题研究不但重复现象严重,而且在主要观点上多存有因袭相沿之弊。重复研究还表现在剽窃他人研究成果及一文多发等方面。在不均衡研究方面,现有的研究多少给人一种“虎头蛇尾”的感觉,即多着眼于坦赞铁路开工兴建前这一时段的研究,而忽视坦赞铁路建设过程及建成以来这一时段的研究。

其二,在研究方法上,不少研究者要么是人云亦云,要么纯靠记忆,谈不上注重考证与方法。总的说来,能够综合运用历史学、文献学、社会学等学科方法来研究坦赞铁路的学者目前还较为少见。

其三,在研究资料上,多数研究者对有关档案资料、影视资料、口述史料尚未给予足够重视。有些研究者在论著写作过程中虽然参阅了相关资料,但是疏于标注所征引资料的来源与出处,这为后续研究带来诸多不便。此外,除少数情况外,在对英、美、坦、赞等国外相关文献资料的查找与利用方面,国内研究人员尚未给予足够重视。

(三)继续研究的意义

笔者以为,无论是从情感还是从研究条件上,对坦赞铁路尤其是中国援建坦赞铁路进行进一步研究,仍十分必要,理由如下。

第一,坦赞铁路承载着国内外许多人的集体记忆,现有的研究仍有继续拓展的空间。在世界铁路史上,很少有哪条铁路能像坦赞铁路那样为世人所熟知。在中国,亲赴非洲修建坦赞铁路的工程技术人员达5万余人次,但是“国内后勤工作人员,远远超过在外的人员”,“国外一条线,国内一大片”。为了确保完成修筑坦赞铁路这一艰巨的援外任务,中国政府动员、组织了国内许多省市的力量参与了坦赞铁路的援建工作,并于1969年开始在许多地方组建了援外办公室,以负责包括坦赞铁路在内的援外物资的输出与归口管理工作。近年来,随着中非关系的发展,坦赞铁路越来越受到中国政府的重视,各种报道纷至沓来,经由报刊、电影以及亲历者的宣传或讲述,坦赞铁路在中国可谓是童叟皆知。

在非洲,坦赞铁路至今仍是一条连接中、南、东非的交通大动脉。在1968—1976年间,坦赞两国约有10余万人次的工人参与了坦赞铁路的建设工作,其中有100余名工人在筑路过程中牺牲。乘坐坦赞铁路上的列车出行已成为两国沿线人民主要的出行方式之一。坦赞两国人民一直视坦赞铁路为中、坦、赞三国友好关系的象征。在特殊的历史背景下,西方国家曾极力阻止中国政府对坦赞铁路的援建,它们对中国援建坦赞铁路的各种诋毁与敌视,加深了西方国家的民众对坦赞铁路的记忆,客观上起到宣传坦赞铁路的作用。总之,鲜有哪条铁路能像坦赞铁路那样能够引起如此多人的共鸣与回忆。随着岁月的流逝,当年奋战在坦赞铁路建设工作中的人们逐渐步入暮年,许多人已离世,能够趁他们健在时,问询事实的真相,当是一件十分紧迫之事。

《友谊之路:援建坦赞铁路纪实》《中非关系史上的丰碑:援建坦赞铁路亲历者的讲述》《非洲自由铁路:中国发展项目如何改变坦桑尼亚人民的生活和谋生之计》等著述虽然有助益我们弥补部分研究缺憾与情感上的共鸣,但是止步于这些似乎是不够的,人们期待着会有更多研究专著的出现。

第二,随着新资料的不断涌现,对坦赞铁路的修建情况,包括其决策过程以及影响进行探究,不但具备了研究条件,而且可以发掘出一些更加符合历史事实的新的说法。中国政府是在 1965 年 2 月开始商讨援建坦赞铁路的,有关这方面的部分资料现在已经解密。2008 年 11 月,外交部档案馆开放了 1961—1965 年的解密档案,这些档案资料对我们了解中国政府决定援建坦赞铁路的考虑大有裨益。近年来,铁道部及各地铁路局档案馆也逐步开始向公众开放,这为我们研究坦赞铁路的建设情况提供了便利。国外的一些档案资料也陆续解密或提供查阅服务。美国解密档案参考系统以及美国对外关系文件中收录有百余份坦赞铁路资料,在国内即可在网上查阅。坦赞两国国家档案馆有关坦赞铁路的部分资料,也可以凭证件进入馆内观览。新资料的出现必然会推翻旧有的一些不太严谨的说法。举例来说,绝大多数学者持这种观点,即坦赞铁路是坦赞两国总统访华时请求中国政府予以援建的,事实不然,与中国政府的积极支持相比,坦赞两国政府的态度最初显得顾虑重重、摇摆不定。其他不太准确的说法还包括援外工程技术人员的牺牲人数问题,华人在德属东非修建铁路问题,铁路施工过程中发生“中美大战”问题等。对于这些问题,本书都在新史料的支撑下进行了探讨。新资料的出现,确实有利于我们矫正某些被误解或歪曲的观点。

第三,坦赞铁路的修建史是研究20世纪60、70年代中非关系的一项重要内容。在中国政府提出的"三个世界"与"世界革命"理论的影响下,中非关系在20世纪60年代中后期出现过曲折。但是,随着我国"援外八项原则"的提出和实践,中非关系逐渐在20世纪60年代末出现了转机。中国政府对坦赞铁路的积极援建态度,一方面密切了中国同坦赞两国的关系,另一方面也促成更多的非洲国家接近中国、亲近中国。坦赞铁路的提前完成,不但戳穿了英美等国的谣言,而且削弱了它们在东、中非乃至整个非洲的影响。总之,中国对坦赞铁路的援建不仅顺应了非洲国家进行"民族解放运动"的需要,还将中非友好关系推升到一个新的高度。

第四,研究修建坦赞铁路的经验教训,对当今的中非关系有重要的借鉴意义。无论是坦赞铁路的决策过程,还是在修建中的各方面关系的处理,以及铁路建成后的管理等方面,都有许多经验教训值得认真总结,这有利于我们顺利开展对非洲各国的援助工作,在发展中非关系的各项工作中少走弯路。就铁路建设本身而言,坦赞铁路在修建过程中面临哪些困难?这些困难是如何克服的?有哪些成功的经验和失败的教训?这些问题均值得认真总结与反思。

需要说明的是,本书的研究还处于探索阶段,我们充其量只能算是做了一件抛砖引玉的工作,期待着更多坦赞铁路研究者与更好的研究成果的出现。此外,本书在后期修改时期,我参与申报的国家社科基金重大项目"中非关系历史文献和口述史料整理与研究"正式获批,项目号为:16ZDA142。本书也算是该项目第一批阶段性研究成果之一。

第一章　中国援建坦赞铁路的历史背景

坦赞铁路①的修筑计划最早可追溯至英国对南部非洲的殖民统治时期,是赫赫有名的“二C铁路”计划的重要组成部分。19世纪末至第一次世界大战结束,坦噶尼喀(独立后的“坦桑尼亚”大陆部分)与北罗得西亚(独立后的“赞比亚”)分别处于德英帝国的奴役之下,坦赞铁路的修筑终因“二C铁路”计划的失败而搁置。1917年德国败北后,坦噶尼喀以“委任统治”的名义落入英国之手。这样,直到20世纪60年代初,坦噶尼喀与北罗得西亚便处在同一个宗主国——英国的统治之下。德英两国的殖民统治对坦赞两国的交通运输尤其是铁路运输产生了深远影响,其中,坦赞铁路的不少问题,如线路走向、铁路轨距、经济贸易圈等都植根于这段殖民史中。坦赞两国独立后,为发展民族经济、摆脱对殖民势力的依

---

①这里所说的“坦赞铁路”指的是连接坦桑尼亚与赞比亚(反之亦然)之间的铁路。因为严格说来,作为专有名词的“坦赞铁路”,其内涵只有到1976年后才和我们今天见到的坦赞铁路相吻合。1969年前,中国拟援建的坦赞铁路是一条通向东非既有铁路而非达累斯萨拉姆的铁路(这与罗得斯的铁路计划相契合),在1970—1976年修筑过程中,铁路线路曾多次变更。坦赞铁路有多种称谓:“坦赞铁路”(Tan-Zam Railway)、“坦桑尼亚—赞比亚铁路”(Tanzania-Zambia Railway)、“赞比亚—坦桑尼亚铁路”(Zambia-Tanzania Railway)、“自由之路”(Freedom Railway; Uhuru Railway)以及“友谊之路”(Friendship Railway)等。

赖，同时为赞比亚铜产品的出口增添新的运输通道，修建坦赞铁路的计划被两国政府再次提上日程，但进程并不顺利。20 世纪 60 年代，在非洲民族独立运动不断高涨与殖民体系日趋瓦解的特殊历史时期，坦赞两国试图修筑跨国铁路的计划虽然不被西方各国看好，却得到了中国这一社会主义国家的坚定支持。本章内容主要探讨中国政府接手援建坦赞铁路的历史背景，该背景既包括坦赞铁路建设的由来与曲折历程，也包括各国在特定历史时期对修建坦赞铁路的相关态度及考量。

第一节　殖民统治与坦赞铁路建设的萌生

殖民统治与坦赞铁路的修筑休戚相关，许多论著①都注意并阐释了这一点，但多不详尽。19 世纪末，欧洲殖民列强妄图长期霸占非洲，他们蛮横地欺压非洲人民，粗暴地攫取非洲各地的资源。当火车在英国被发明、应用后不久，铁路即作为殖民掠夺的得力工具被应用到非洲。在殖民统治时期，非洲大陆的铁路是殖民主义者们根据所抢占地盘随心所欲地修建起来的。比利时、英国、法国和葡萄牙等国都在自己的非洲殖民地修筑了铁路。至 20 世纪 60 年

①张铁珊：《友谊之路：援建坦赞铁路纪实》，1999 年；靳辉：《当代中国铁路对外经济技术援助》，1996 年；［美］孟洁梅：《非洲自由铁路：中国发展项目如何改变坦桑尼亚人民的生活和谋生之计》，胡凌鹊译，北京：民主与建设出版社，2015 年；Kasuka Mutukwa，*Politics of Tanzania-Zambia Railway*；Martin Bailey，Freedom Railway：*China and the Tanzania-Zambia Link*。

代初，通过战争或谈判，欧洲列强们仅在非洲的中、南部就建立起了三个相对稳定的铁路运输系统，它们分别是，由南罗得西亚、南非、莫桑比克、马拉维组成的有着“罗得西亚铁路系统”之称的南部非洲铁路系统，由乌干达、肯尼亚、坦噶尼喀等组成的被非洲人称为“殖民者的附属物”的东非铁路系统以及由中非、刚果、安哥拉等组成的中部非洲铁路系统。显然，北罗得西亚与坦噶尼喀分属前两个不同的铁路系统。然而，欧洲列强们从一开始就不满足于仅仅建立区域性的铁路系统，正如卡翁达总统所言：“从历史上看，南、北罗得西亚就是按照旨在为英国和其他西方国家建立一个很大的势力范围的体制建立起来的。南非的野心是以比勒陀利亚为首都，在它的势力范围内建立一个更大的‘南部非洲国’。赞比亚及赞比西河以北的其他国家仍然是它们的目标。”①欧洲列强们都迫切希望通过铁路来建立自己在非洲大陆的霸权并掠夺财富，跨越东、中部非洲的坦赞铁路的修建计划不过是它们试图建立更大的铁路系统的重要例证之一而已。② 法国的“二S计划”亦是一证。然而，帝国主义之间存有竞争，这使得坦赞铁路注定要成为“自由”而非“奴役”的象征。

一、“二C计划”勾勒出坦赞铁路蓝图

追根溯源，一般认为“二C计划”最早勾勒出了坦赞铁路的建

①《卡翁达总统在坦赞铁路开工典礼上的讲话》，《新华月报》，1970年10月第10期，第20页。

②John Iliffe: *Tanganyika Under German Rule* 1905—1912, Nairobi: East African Publishing House, 1972, p.73.

造蓝图。[1]“二C计划”也称“开普—开罗计划”，这是一项试图在19世纪末联结南非开普与埃及开罗的纵贯非洲大陆的铁路建造计划，是英帝国为殖民非洲而制订的宏伟计划的一部分。该计划的提出、践行者是一位在历史上颇具争议的人物——塞西尔·罗得斯（Cecil Rhodes），也即是那位以自己的姓氏为南、北罗得西亚命名之人。[2]“二C计划”以失败而告终数十年后，人们惊讶地发现，当初罗得斯信手勾绘出的铁路营造蓝图，其部分线路的走向竟然和当今坦赞铁路的线路大致吻合。鉴于罗得斯在坦赞铁路方面的“设计”之功，论者认为有必要介绍一下此人的生平及其狂热的铁路梦。

罗得斯于1853年出生在英国的一个牧师家庭。据说，他18岁时离开英国前往非洲的原因是他的家人希望南非宜人的气候能医治好罗得斯的结核病。1870年，罗得斯最先到达南非的纳塔尔省，在他的一位兄长经营的棉花种植园里做活。第二年，罗得斯随其兄长离开种植园到了当时既已扬名的南非钻石矿业中心——金伯利。发觉有利可图后，罗得斯便不顾其兄长的反对执意做起了矿工份地的转手买卖工作，这是一项高风险高回报的工作。几年之内，他便凭借此项暴利工作发了一笔横财。利用这笔资金，罗得斯先是于1880年创建了经营钻石业务的德比尔斯（De Beers）公司，继而获取了对金伯利大部分钻石的经营控制权。

经济上富足之后，罗得斯又特别渴望获得正规的大学教育。于是，他冒着有损健康的风险以千万富翁的身份来到牛津大学求

---

①Kasuka Mutukwa, *Politics of Tanzania-Zambia Railway*, p.21；[美]孟洁梅：《非洲自由铁路：中国发展项目如何改变坦桑尼亚人民的生活和谋生之计》，第5页。

②南罗得西亚（South Rhodes）、北罗得西亚（North Rhodes）源于“罗得斯”（Rhodes）这一姓氏的音译。

学,并在学习之余有意接近那里的政界人士。在那特殊的历史年代里,英国政客们的殖民思想对罗得斯的影响极大。在获得经济学与哲学学位后,罗得斯又迫不及待地于 1881 年重返南非。此时的罗得斯已变成一位“公开鼓吹帝国主义,最无耻地实行帝国主义政策”[①]的人,他力促建立从开普到开罗的殖民帝国,先是如愿地被选为开普区的国会议员,继而成为开普殖民地的总理。[②]

赴德国参加柏林会议不久,罗得斯所代表的英国殖民主义者便给自己制订了占领下述领地的计划:两个布尔共和国,林波波河与赞比西河之间(后名“南罗得西亚”)、赞比西河与坦噶尼喀湖之间(后名“北罗得西亚”)那一片尚未被占的领土以及乌干达、东苏丹与埃塞俄比亚。[③] 后来的情况证明,罗得斯虽然在对付布尔人问题上显得束手无策,并为此丢掉了总理职务,但是他在对付非洲人的问题上却十分得心应手。[④] 1893 年,以罗得斯为首的德比尔斯公司在战胜了葡萄牙殖民者与洛本古拉(Lobengula)酋长后,先后获得了南罗得西亚与尼亚萨兰的大片地区。1899 年,北罗得西亚也落入了德比尔斯公司手中。有了土地,罗得斯便开始做起了“铁路梦”。在多个场合,暴富后的罗得斯都曾宣称,他将把自己全部的积蓄馈赠给英国殖民委员会,以便“将英国的制度带到全世界”。[⑤] 为此目标,罗得斯坚信,铁路是最好的方式之一。罗得斯既

---

①[匈]西克·安德烈:《黑非洲史》(下册),上海:上海人民出版社,1973 年,第 781 页。

②沐涛:《南非对外关系研究》,上海:华东师范大学出版社,2003 年,第 9 页。

③[匈]西克·安德烈:《黑非洲史》(下册),第 615 页。

④沐涛:《南非对外关系研究》,上海:华东师范大学出版社,2003 年,第 10 页。

⑤Richard Hall & Hugh Peyman, *the Great Uhuru Railway*: *China's Showpiece in Africa*, p.10.

是一名“土地狂”，也是一名“铁路狂”，两者并不矛盾：他希望看到白人处于一种优越的地位；他深信，沿着开普—开罗铁路，非洲丰富的矿藏资源将会源源不断地被运输出去；他坚信，由于铁路的贯通，南、北罗得西亚以及更北面的地方将会变得和南非一样富有。

正是在上述经济、政治背景下，罗得斯才决计实施“二 C 计划”。在罗得斯的推动下，1892 年，从金伯利和贝拉开始的两条铁路线开始动工兴建。① 1894 年前后，开普铁路开始大幅度向北延伸，到 1897 年时已蔓延至南罗得西亚境内的布拉瓦约（Bulawayo）。② 据记载，开普至布拉瓦约的铁路完工那天，在铁路竣工庆祝会上，英国政府代表在会上宣称：“我们英国人在尼罗河修建了一条铁路，我们英国人修建了通往布拉瓦约的铁路，我很想知道在这个世界上究竟还有什么力量能够阻止这两条铁路的连接！”③之后，当有人在一次狩猎中证实万基存有丰富的煤炭资源后，这条铁路又从布拉瓦约修筑到万基。多少对煤矿失望后，罗得斯决定将铁路向更北的地方延伸，直至维多利亚瀑布。传闻说，罗得斯本来计划将铁路大桥尽可能靠近约 1 英里宽的维多利亚瀑布，为的是当火车经过那里时，瀑布飞溅下来的水珠可以溅落在列车车厢上。但是罗得斯生前并未能亲身体验到这种浪漫，因为直到罗得斯辞世两年之后的 1904 年，横跨赞比西河的维多利亚铁路大桥才最终建成。1909 年，这条铁路在通过铅矿和锌矿丰富的布

---

①P.E.N.廷德尔：《中非史》，陆彤之译，上海：上海人民出版社，1974 年，第 281 页。

②Martin Bailey, *Freedom Railway: China and the Tanzania–Zambia Link*, pp.1～2.

③Richard Hall & Hugh Peyman, *the Great Uhuru Railway: China's Showpiece in Africa*, pp.11～12.

罗肯希尔之后，最终终结在了比属刚果的南部边界附近。[①]

从贝拉开始的另一条铁路运输线，在1898年方修通至马绍纳兰，进程缓慢是因为"在早先的年月里，人民必须依靠牛拉的货车和骡子拉的车辆维持交通，这也是铁路修建了六年的重要因素"。[②]

罗得斯的"二C计划"因铁路仅仅修筑至赞比亚的南部边境而败北。然而其筑路计划失败的原因，并不是非洲人的反抗或技术问题，而是殖民者之间的竞争。那时，一方面，比利时的利奥波得(Leopold)国王已经开创了自己的非洲地盘——刚果自由邦，这个地盘从大西洋沿岸一直延伸到坦噶尼喀湖。另一方面，德国在非洲的殖民地从印度洋一直延续到坦噶尼喀湖。[③] 德国、比利时殖民者终结了罗得斯继续北向修筑铁路的努力，即是说德国和比利时的非洲领地使得英国修建纵贯非洲铁路的计划无法实施。曾有段时间，罗得斯和他的同僚们试图将铁路修筑到坦噶尼喀湖的南岸，然后用船只将货物转运到北岸的乌干达境内，当时因为经费问题，这一计划也最终搁浅。罗得斯试图以武力迫使比利时允许其在刚果修建铁路的计划也未能成功。

在罗得斯进行铁路扩张的时候，德国殖民者也在东非疯狂地进行铁路建造，"自德国殖民统治伊始，各代规划者都对在坦桑尼亚南部建设一条横贯非洲的铁路念念不忘。德国人在规划东非殖民地开发时，考虑了三条路线。每条路线都反映了不同的发展宏

①P.E.N.廷德尔：《中非史》，第368页。

②P.E.N.廷德尔：《中非史》，第281页。

③John Iliffe: *Tanganyika Under German Rule* 1905—1912, pp.73~74.

图”。[①] 1886 年初至 1917 年 11 月,坦噶尼喀处于德国殖民者的统治之下。虽然统治时间不长,但是他们十分重视坦噶尼喀的铁路建设,“为了要控制贸易和交通……坦噶铁路早在 1891 年就开始修建了”。[②] 1893 年,德国开始修筑一条从坦噶通往北方的铁路,“这条铁路原来打算从杨加铺设到维多利亚湖,但这个计划由于乌干达铁路的抢先建成而告吹”。[③] 这条铁路现在已停止使用。当时,德国殖民者“曾考虑至少要造 8 条其他铁路,并已开始修筑从塔波拉至姆万扎和基伍湖的铁路”[④]。

德国殖民者在坦噶尼喀修建的铁路

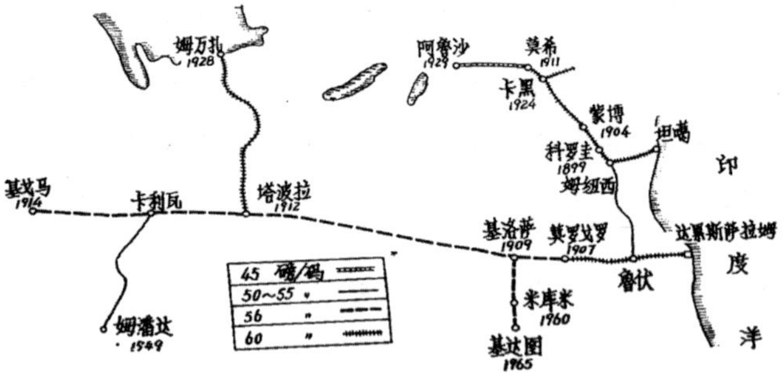

资料来源:《援外成套项目设计基础资料汇编:坦桑尼亚》(第三篇下册),第 11 页。

---

①[美]孟洁梅:《非洲自由铁路:中国发展项目如何改变坦桑尼亚人民的生活和谋生之计》,第 5 页。

②[坦]I.N.基曼博,[坦]A.J.特穆:《坦桑尼亚史》,钟丘译,北京:商务印书馆,1973 年,第 199 页。

③[英]Z.马什,[英]W.金斯诺思:《东非史简编》,伍彤之译,上海:上海人民出版社,1974 年,第 385 页。

④[英]莱恩·贝里:《坦桑尼亚图志》,南京大学地理系非洲地理组译,北京:商务印书馆,1975 年,第 149 页。

德国人在东非殖民时选择将达累斯萨拉姆作为殖民地的首府，这是一座由桑给巴尔素丹人最初作为堡垒而建造起来的城市，后来被废弃了。到1895年时，德国人曾想勘测一条通往现在赞比亚的铁路，他们因罗得斯正在修建一条从布拉瓦约到维多利亚湖的铁路而改向。1905年，德国人开始修建一条从达累斯萨拉姆至坦噶尼喀湖全长约1,100千米的铁路，亦称“中央铁路”。这条铁路基本上沿着18世纪奴隶贸易时所经常穿越的路线修建，1912年时向西修到塔波拉（Tobora），之后到达利文斯敦（Livingstone），最终在1914年延伸到了基戈马（Kigoma）。在此之前，卢库加铁路经过比属刚果修到了坦噶尼喀湖畔，这对中央铁路的扩建是一个强大的推动力。① 这条铁路直到现在还在坦桑尼亚境内使用着，它是一条很有特色的铁路，具有典型的巴伐利亚风格。

我国的青岛也曾是德国的殖民地。新华社前驻坦桑尼亚记者高粱曾在《坦桑尼亚散记》等著述中，记述了他所了解的华工在坦噶尼喀修筑铁路一事。② 高粱写道：“德国殖民主义者从青岛、上海、福建、广州运走大批华工到坦噶尼喀修筑铁路。华工们和非洲工人一起，开山劈岭，披荆斩棘，在炎热和疾病的袭击下，修筑由首都到姆万扎的铁路。”③为了证实华工参与了铁路修筑一事，高粱提供了两个证据：一是在坦桑尼亚扁善巴拉山脚下的一个小村落里曾有一个“上海村”，是当年筑路华工的聚居地，当高粱进行寻访

---

①John Iliffe: *Tanganyika Under German Rule* 1905—1912, pp.72~73.

②在高粱之前曾有学者提及华人筑路一事，参见 J. J. L. Duyvendak, *China's Discovery of Africa*, London, 1949.转引自 George T.Yu, *China's African Policy: A Study of Tanzania*, p.32.

③高粱、王冶：《坦桑尼亚散记》，北京：世界知识出版社，1965年，第9~10页。

时，一些当地的非洲人还记得他们的父辈谈到过这个村子；二是据在坦桑尼亚居住多年的几位华侨告诉高梁，他们曾从生活在达累斯萨拉姆的一位近70岁的中国老人那里得知，参与早期铁路建设的华工最多时有8,000多人。[①] 理查德·霍尔与休·佩曼认为高梁所说的华人在坦噶尼喀修建铁路一事“没有一句话是真的”，其理由是“那时德国人可以强制使用任何非洲人来修建铁路”。[②] 这种看法可能过于武断了，直接证据还有待进一步获取，但间接的证据还是存在的。曲拯民为我们提供了下面4个间接证据：

(1)年前，世居(甲)线铁路一带的非洲人道出：本世纪之初，有“大批”中国筑路工人，在乌森巴拉山下居住，教导他们一般农事，怎样种茶。

(2)山东高密人张书传，在光绪年间应聘到南非约堡附近的金矿区担任翻译和传教工作，德国在同一时期在胶州湾一带招募工人到非洲去。

(3)坦国独立时，留任铁路局的苏格兰人总工程师MURRY说：上千的中国工人给德政府筑铁路，有其事，可惜路局今无卷可查云云。

(4)老华侨数名，北伐初期到东非做木工，初来时，会过几位德治时代的“遗民”，都是铁路时期的工人和管工员，英治时代复被留用，亦有因与土著女成亲，无意返国而终老斯乡者。五四年我初抵东非时，尚余一名华侨，唯因年迈，记忆失，中国

①高梁：《中坦友谊源远流长》，《世界知识》，1965年第11期，第26~27页。

②Richard Hall & Hugh Peyman, *the Great Uhuru Railway: China's Showpiece in Africa*, p.39.

话不能多讲，中国文字更是忘记得一干二净。[①]

如果上述材料属实，那至少可以说明中国人在东非修筑铁路的历史，实际上要早于坦赞铁路的施工兴建。

二、"后罗得斯时代"坦赞铁路的修筑努力

1902年罗得斯去世后，东、南部非洲的铁路建设迈入了"后罗得斯时代"。德比尔斯公司逐渐衰微，没有谁会考虑花费巨额资金去实现公司前任经理的梦想。后来，当罗得斯修成的铁路被继续向前延伸时，它的方向却朝西折向了赞比亚铜矿带以及刚果的加丹加（Katanga）地区。数年后，这条铁路和从大西洋的洛比托（Lobito）港口向东延伸的葡属铁路连接在了一起，向北则成为现今坦赞铁路的南部起点。

1916年，在英国南非将军的率领下，英国军队占领了德国在东非的大部分地盘，其中就包括达累斯萨拉姆至坦噶尼喀湖铁路的沿线地区。不过，此时的德国人并不认为他们将会永远地失去东非殖民地。他们主动毁坏基戈马的蒸汽机车，并在铁路沿线的许多地方将车皮与机车深埋起来。若干年后，人们发现，这些被掩埋的车皮与机车，许多地方都被涂上了防止生锈的黄油。

英国控制了坦噶尼喀后，在莫希与后来被称为"肯尼亚—乌干

①曲拯民：《光绪年间中国人在东非洲造铁路》，《明报月刊》，1981年11月（总第191期），转引自李安山：《非洲华侨华人社会史资料选辑》，香港：香港社会科学出版社有限公司，2006年，第26页。

达铁路”之间修筑了一条铁路联络线。① （参见上图莫希—阿鲁沙段铁路）正是借由这条联络线，坦桑尼亚与肯尼亚、乌干达后来才共同成立了东非铁路公司。② 1919 年，国际联盟正式授权英国接收德国在坦噶尼喀的殖民地。此时，英国国内的许多人都热衷于修建一条 800 多千米的从达累斯萨拉姆通往尼亚萨湖的铁路，这正是 50 年后我国修建铁路大致的经由路线。早在 1876 年，一位很有魄力的英国商人威廉姆·麦奇诺恩（Willam Mackinon）在桑给巴尔素丹政府的鼓励下，就开始修建了一条从达累斯萨拉姆至尼亚萨湖的公路。这条公路前后耗时 5 年时间，只修建了 110 千米左右便不得不停止下来，因为麦奇诺恩缺乏修建公路所必需的资金。如前所述，德国人也曾考虑过修建这条铁路。1918 年后，英方铁路考察人员终于弄清德国人与桑给巴尔人都曾热衷于修建南向道路的真正原因，那便是这些人坚信在尼亚萨湖北部地区（今赞比亚、马拉维与坦桑尼亚交界处）存在着丰富的矿藏资源。1919 年后的若干年里，这种热忱在英国人那里依然不减。除了矿藏资源的诱惑外，坦噶尼喀高地周围的肥沃农田也是吸引白人不断移民到那里的原因。随着 20 世纪 30 年代初世界经济的不景气，坦噶尼喀被当作了一个“保养和维护”基地。在这种情况下，去修建一条长达数百千米的铁路来运输廉价的矿藏资源显得不太划算，“东非可以

---

①［英］Z.马什，［英］W.金斯诺思：《东非史简编》，上海：上海人民出版社，1974 年，第 298 页。

②公司成立于 1967 年，总部设在肯尼亚首都内罗毕，另外在三国各有其地区管理机构。东非铁路公司共经营 1,000 毫米规矩的铁路 5,894 千米，1970 年时总货运量为 580 万吨。参见交通部科学技术情报研究所：《非洲铁路概况》，内部资料，1972 年，第 107~110 页。

再沉睡10年”。①

南、北罗得西亚和坦噶尼喀之间本来有一条土路相通,也即是人们常说的“大北公路”(Great North Road)。大北公路的路况很差,一到雨季,道路一片泥泞,汽车根本无法通行。通常使用这条路的都是这么一些人:敢于让自己的汽车弹簧、引擎与道路较量的冒险家,满载着客人与堆积如山的廉价包裹的公共汽车,偶尔还能看见有骑单车的人和不得不外出活动的牧师们。② 直到1968年中国专家在坦境段对铁路路线进行勘察设计时,这条路也没有多少改观:“大北公路是从南非开普敦一直向北的一条公路,有一段与坦赞铁路几乎平行。当时这条路的路况非常差。有的路段坑坑洼洼,而且坑很深。有的路段我们叫它搓板路,在路上行车很是颠簸……因此路上到处可以看到运铜的大货车。因为路况差,铜锭散得到处都是,而且车祸多,前仰后翻的车也到处都是。”③

沿着大北公路,东非和南、北罗得西亚的贸易是微乎其微的。有一些非洲人用卡车从湖边向外运输干鱼,但绝对没有任何加工业。尼雷尔也不否认这一点,他说:“在殖民主义时代,赞比亚仅仅同南部非洲交往。尽管坦噶尼喀也和赞比亚一样同处于英国殖民当局的统治之下,我们两个国家间根本没什么联系,甚至连小吨位的公路运输也只能在旱季进行。”④可以说直到第二次世界大战前

①Martin Bailey, *Freedom Railway: China and the Tanzania-Zambia Link*, pp.13~14.

②Kasuka Mutukwa, *Politics of Tanzania-Zambia Railway*, p.15.

③马宛根:《援建坦赞铁路的难忘岁月》,《中非关系史上的丰碑:援建坦赞铁路亲历者的讲述》,北京:世界知识出版社,2014年,第165页。

④Nyerere, *Freedom and Development: A Selection from Writings and Speeches, 1968—1973*, p.233。

夕,北罗得西亚的铜矿才得以有限开采,被开采的铜矿产品完全可以经由南罗得西亚铁路将货物运输到莫桑比克的贝拉港口。铜矿带经理们从来没想过要经由达累斯萨拉姆来运输货物,除了运输干鱼以外,人们很难会想到为何要修建一条连接北罗得西亚与东非之间的铁路。

第二次世界大战期间,大北公路再次发挥了军事作用。南非的军队经由这条公路很快被派往埃塞俄比亚去与意大利的士兵作战。军事用途也迫使美国出资改善大北公路的运输条件。随着同盟军在 1945 年的胜利,这条公路逐渐变得繁忙起来。一方面,英国的工党决心恢复其在殖民地的活力,并且修改其在某些殖民地的政策。对位于印度洋这一边的坦噶尼喀,英国政府采取了一种积极主动的"刹车"措施,后来被证明同样是一种失策。这种失策突出表现在著名的"落花生计划"(Groundnuts Scheme)上。① "二战"结束不久,英国政府大量进行投资,以便提高南部非洲许多长期被忽略的国家或地区,提高它们的就业率,改善人们的生活水平,同时也为了解决英国的粮油不足及各种内需问题。实施"落花生计划"的重要内容之一还包括修建一条从姆特瓦拉到尼亚萨湖的铁路,为的是开垦荒地的机械可以方便地运输过去。② "落花生计划"收效甚微,当该计划被取消时,英国已经耗费了约 350 万英镑的资金,已建的铁路现在仅有某些路基存在。

姆特瓦拉—尼亚萨湖铁路修建计划的失败,并没有使英国当

---

①英国试图在坦噶尼喀种植 15 万英亩(约 607 平方千米)花生,以提炼花生油。该计划启动于 1946 年,结束于 1951 年。参见 Richard Hall & Hugh Peyman, *the Great Uhuru Railway: China's Showpiece in Africa*, pp.30~31.

②Kasuka Mutukwa, *Politics of Tanzania-Zambia Railway*, p.16.

局心灰意冷。新一届当局又开始计划修建连接北罗得西亚与坦噶尼喀的铁路,目的是发展坦噶尼喀南部高地的农业与北罗得西亚的北部省份。

1949 年 4 月,英国某铁路报曾勾勒了一张在非洲的既有铁路与拟建铁路的线路图。线路图上对未来修建的坦赞铁路是用虚点来表示的,较之罗得斯的筑路计划,该计划距离坦赞铁路实际的线路走向更为相近。这条虚线示意的铁路从卡比里姆博希一直延伸到达累斯萨拉姆附近区域。当年的报纸曾这样说道:“修建这条联结南北两地的铁路引起了军事上的争议,沿着大北公路,铁路将会抵达坦噶尼喀边界一个接近坦噶尼喀湖与尼亚萨湖中间的位置。”文章预言说,新建成的铁路线将会穿过德国人在莫洛戈罗附近修建的东西方向的铁路,离达累斯萨拉姆港大约 240 千米的地方,然后,在北部与东非既有的铁路线连接起来。这就是说,这条铁路将和乌干达、肯尼亚的既有铁路连接起来。铁路的造价当时估计将超过 200 万英镑。①

英国殖民者的铁路修筑计划公布后不久,以亚历山大·格博以及帕特斯为首的 6 人考察组便开始了筑路考察工作。考察经费由英国和美国共同提供,美国主要是技术投资。初步调查工作于 1949 年底启动,两年后,考察报告出炉,这是关于修建东非铁路和北罗得西亚铁路之间的连接线的第一份报告,其内容涉及修建工程所面对的技术问题以及坦噶尼喀、北罗得西亚经济发展潜力等。考察组在《初步考察报告》中称:“除非对铁路沿线地区采取必要发展的措施,否则将没有修建价值。”正式考察报告于 1952 年刊出,

---

①Martin Bailey, *Freedom Railway: China and the Tanzania-Zambia Link*, p.14.

共两卷。报告的主要结论是,"修建这条连接线的建议确实是可行的","铁路不值得耗资修建,最好代之以多条公路来促进两地的发展"。① 其理由是,非洲的农村极为落后,商品经济不发达,尤其是北罗得西亚地区,自南方到达累斯萨拉姆的交通运输量很低。报告预测在20年的时间里,从北罗得西亚运往达累斯萨拉姆的铜矿产品每年平均不会超过2万吨,认为没有理由相信北罗得西亚的铜矿非得从达累斯萨拉姆港口运出,通过莫桑比克以及安哥拉的铁路完全可以满足当年50万吨铜矿产品的运量。②

虽然考察报告对修建铁路充满了消极色彩,但是它也肯定了铁路在某些方面的特殊作用,"过去,战争、饥荒、疾病总是不断,人们都在忙着找寻这种邪恶的根源所在。然而,现在邪恶已经升级,人类开始关注营养和饥饿问题,食物成了一种重要的武器"。报告指出,"世界上仅有五分之一的人能够勉强填饱肚子,非洲一定要对政局的稳定做出贡献。值得一提的是,几年前印度就被允许独立出去,苏联与西方国家的冷战正方兴未艾,毛泽东领导的中国正在共产主义道路上衰亡"。③ 这里,该报告在"二战"后第一次将铁路的修建和政治因素联系在了一起。在扩张领土的作用消失殆尽以后,修筑铁路可以为西方国家提供粮食资源及防御"其他国家"。

同年,东非铁路海港总管理处也公布了修建通往赞比亚的铁路考察报告。根据报告内容,要完成这段铁路将需要20年的时

---

①*The Tanzania-Zambia Railway*: *From Birth to Maturity*, p.3.

②Richard Hall & Hugh Peyman, *the Great Uhuru Railway*: *China's Showpiece in Africa*, pp.18~20.

③Richard Hall & Hugh Peyman, *the Great Uhuru Railway*: *China's Showpiece in Africa*, p.20.

间，因为他们只打算动用2,000人进行施工。报告指出最难的一段工程将是从坦噶尼喀南部马坎巴科至姆林巴一带。在那段长达60多千米的大鲁阿哈河区域将有大量的土方及桥梁工程需要完成。仅马坎巴科至姆林巴那段约165千米的路段就需要耗资60万英镑，用5年的时间才能完成。报告预计总的投资花费为3,300万英镑。①

英国殖民发展与合作组织在勘测铁路的同时曾对坦噶尼喀南部地区的煤矿资源进行过多次勘测。这项工作历时3年，耗资近50万英镑，得出的结论是那里至少有2.16亿吨原煤可以开发，当正式开采时，估计能进一步勘测出2倍左右上述数量的煤炭。现有的煤矿开发只占极少一部分，并声称煤炭质量很好。但是在1954年时，英国殖民发展与合作组织悲观地指出："除非铁路运输网能够建立起来，否则对这些重要的资源开发将无能为力。"②

然而，南部非洲当时的发展形势，使得在短时期内建设成完善的铁路运输线十分困难。1953年，在英国殖民者的摆布下，南、北罗得西亚与马拉维一起组成了"中非联邦"③，联邦的首都设在南罗得西亚的索尔兹伯里（Sabisbury）。中非联邦紧紧地控制在白人政客手中。在这些政客中，最具实权的当属罗伊·韦伦斯基（Roy Welensky），他对联结罗得西亚与坦噶尼喀那个被他称为"黑色北方"的地区不感兴趣，自罗得斯在世时就已经建立的中非联邦的运

---

①Richard Hall & Hugh Peyman, *the Great Uhuru Railway*: *China's Showpiece in Africa*, p.21.一说是6,000万英镑。

②Martin Bailey, *Freedom Railway*: *China and the Tanzania-Zambia Link*, p.15.

③又称"罗得西亚与尼亚萨兰"联邦，是一个英国统治下的自治领地，其范围大概包括今日的津巴布韦、赞比亚及马拉维三国。由于三国人民的反对，英属"中非联邦"仅维持了10年，于1963年12月31日解散。

输线和南非运输线，使中非联邦当局颇为知足，因此，上述历次的铁路考察报告都被束之高阁。

在殖民统治时期，罗得西亚铁路运输系统本身就是一个明显的对非洲人“歧视”的标签。非洲人不能乘坐列车的头等车厢，所能乘坐的常常是那些挂在客车尾部的简易车厢，不仅如此，他们在铁路部门所能从事的只能是技术含量低的工作，更不允许他们驾驶列车。这令他们非常不满，因为此时，在同南罗得西亚铁路联运的邻国刚果那里，就有黑人火车司机，并且也没有让运营的火车出现重大交通事故。[①] 卡翁达总统在《卡翁达自传：赞比亚必将获得自由》一书中对自己在殖民时期乘坐火车出行的情景有过多次痛苦的回忆。殖民统治虽然令人唾弃，却也并非一无是处，例如，在激发坦赞两国人民修筑坦赞铁路的热情方面曾起到一定的作用，诚如马克思所言：“但是，只要你把机器应用到一个有煤有铁的国家的交通上，你就无法阻止这个国家自己去制造这些机器了。”[②]

第二节　坦赞两国合作的加强

20 世纪 60 年代，非洲各国的民族解放运动空前高涨，仅 1960 年就有 17 个非洲国家取得独立，这一年被称为“非洲独立年”。1961—1968 年，非洲又有 15 个国家获得独立。[③] 然而一直到 20 世

①Kasuka Mutukwa, *Politics of Tanzania-Zambia Railway*, p.20.

②中共中央马克思恩格斯列宁斯大林著作编译局编：《马克思恩格斯选集》（第二卷），北京：人民出版社，1972 年，第 72 页。

③陆庭恩、彭坤元：《非洲通史》（现代卷），第 602 页。

纪70年代初,南部非洲仍有不少非洲国家和地区未能独立,如现在的安哥拉、莫桑比克、津巴布韦、纳米比亚、南非等。坦桑尼亚与赞比亚先后于1961年12月9日与1964年10月24日以和平方式获得独立,由于两国主张彻底结束殖民统治、反对南部非洲的种族主义,因而成为“前线国家”。

一、坦赞两国修建铁路的考虑与磋商

根据国外学者的说法,早在1962年,赞比亚未来的执政党联合民族独立党(UNIP)就已经有修建通往北部地区的铁路营造计划,“在联合独立党的选举宣言的小册子中,就已经勾画出了修建一条连接坦赞两国铁路的草图”。① 1963年,时任部长职务的卡翁达曾在一次演讲中提及未来将努力建设国内铁路的设想。② 卡翁达明确提出修建通往坦桑尼亚方向的铁路的最早记录是1964年7月,地点是在开罗举行的非洲统一组织首脑会议上。卡翁达当时在发言中说:“非洲各国必须建设运输低廉的交通线,我希望能在我的有生之年看到帝国主义者的梦想能够为非洲国家服务——我这里说的帝国主义者指的是那个试图修建开普—开罗铁路的塞西尔·罗得斯。”③3个月后,以卡翁达为首的联合民族独立党在其竞选宣言中明确写出,如果该党成为执政党的话,他们将优先考虑修建一

①Kasuka Mutukwa, *Politics of the Tanzania-Zambia Railway*, p.45.

②*Legislative Council Debates*, Jun. 20, 1963, Col, pp.131~132, 转引自 Kasuka Mutukwa, *Politics of the Tanzania-Zambia Railway*, p.46.

③Richard Hall & Hugh Peyman, *the Great Uhuru Railway: China's Showpiece in Africa*, p.37; Kasuka Mutukwa, *Politics of the Tanzania-Zambia Railway*, p.21.

条通往北部坦桑尼亚方向的铁路。①

赞比亚周围有 8 个邻国，卡翁达等人之所以看重坦桑尼亚及其他东非国家，这与 20 世纪 60 年代中期南部非洲的地缘政治有莫大关系。在坦赞铁路建成通车前，赞比亚共有三条铁路运输线和多个出海口：西北方向经由刚果（金）的本格拉铁路抵达安哥拉的洛比托港，向东经由罗得西亚铁路、贝拉—马维纳兰等铁路抵达莫桑比克的贝拉港或马普托港，向南经过罗得西亚铁路、南非铁路可达开普敦、德班等港口。从运程上来看，假如从赞比亚的中央省计算，无论是选择安哥拉的铁路，还是莫桑比克的铁路，其运程均在 2,000千米上下。因此从经济角度考虑，经由全长 1,860.5 千米的坦赞铁路来运输货物并不能大量节省开支。然而运输费用并不是赞比亚唯一要考虑的事情。

事实上，坦赞两国修建坦赞铁路的目的，虽然主要是为赞比亚的物资运输尤其是铜产品的运输开辟新的运输通道，但是坦赞两国修建坦赞铁路的目的不尽相同，很难用几句话进行简单概括。

一种观点认为，赞比亚倾向于修建新的通往东非的铁路，主要有四个方面的原因：一是出于支持南部非洲民族解放运动的需要；二是渴望经济独立，不想在铁路运输上受制于当时还是殖民主义者或白人政权统治的国家。这两点将在下文详述。

三是出于发展北方省的需要。赞比亚北部常常被看作发展潜力很小的地区，其原因至少部分是赞比亚既有的“一线铁路”造成的。由于铁路沿线来去方便，就出现了经济和开发都集中在利文

---

①*When UNIP Become Governmemt* (Lusaka: UNIP, 1964), 转引自 Kasuka Mutukwa, *Politics of the Tanzania-Zambia Railway*, p.45.

斯顿—卢萨卡—铜带地区的现象。尤其在赞比亚独立前,北罗得西亚离索尔兹伯里很远,这种畸形发展的结果使本来比较落后的北罗得西亚更加落后,从而证明了北罗得西亚没有发展潜力。研究表明,对赞比亚北部发展农业和畜牧业的潜力被低估了,发展农业、畜牧业对发展粮食加工业、肉类加工工业和为满足赞比亚北方省地方市场而兴建的工业提供了基础。把该省的生产设施纳入坦赞两国的市场范围后,这些潜力将为赞比亚北部地区的经济多样化、使该地区的经济纳入国家生产体系打下一个坚实的基础。此外,由于联合民族独立党的许多重要成员都出生在赞比亚的北方省,因此,在他们看来在北方修建一条铁路便显得十分必要。

四是希望同东非各国开展经济贸易,加强坦赞两国间的经济合作。赞比亚历来强调要有计划地发展生产,因此促进了它同东非、特别是同坦桑尼亚的贸易。实际上,赞比亚加入东非共同体市场的条件之一就是它被要求在制订共同的工业布局方面达成一致。虽然赞比亚向东非的出口并不多,但是它在某些方面还是能出口物资的,如炸药、电线、电缆、人造纤维以及某些木材制品,这些都是经济意义较大,而当时坦桑尼亚、肯尼亚和乌干达三国都还不具备综合生产能力的东西。坦赞两国之间以及东非地区的经济合作是不可能一下子就实现的。在坦赞铁路运营方面能较快地实现合作,将在促进贸易方面能较快地产生影响。

在赞比亚看来,坦赞两国间的经济合作在三个方面会因铁路而得到发展。第一,显而易见,两国共有坦赞铁路这样一个价值9.88亿人民币的工程,这就要求两国在铁路运营以及发挥其潜力方面进行真诚合作。坦桑尼亚尚没有这么大的生产单位,赞比亚只有两家采矿公司能同它平起平坐。第二，由于运费降低，时间缩短，该铁路将促进坦赞两国之间贸易的发展，特别是促进制成品以及某些农产品和畜产品的贸易。第三，最重要的是，有了这条新的运输线及其带来的国内生产发展的可能性，赞比亚就可以集中力量有计划地去发展生产。①

另一种观点认为，相比之下，选择坦桑尼亚等东非国家的铁路系统来运输赞比亚货物有许多优势。原因是多方面的：一是坦桑尼亚与赞比亚同属前英国殖民地，语言易通，而且达累斯萨拉姆港可以为赞比亚提供较好的出海口，也有利于加强同东非各国的商贸往来；二是坦桑尼亚已经和赞比亚有了重要联系，其中之一便是石油管道合作；三是坦赞铁路的建设还可以为赞比亚缓解国内工人的就业问题，在赞比亚的五年计划中，有一万人的就业问题未能有效解决，而且在乡村就业比在城市创造就业机会要廉价一些。此外，“自南罗得西亚宣布独立后，坦桑尼亚与赞比亚的联系已经迅速扩大，从达累斯萨拉姆和姆特瓦拉至赞比亚的货运已成为赞比亚经济上重新面向北方的一个重要部分。在政治上，这两个国家联系十分密切，各阶层的接触可望继续增进”。②

围绕上述问题尽管存在着诸多争议，但是论者大都赞同这样一种观点：即坦赞两国领导人的个人因素对推动坦赞铁路的建设起着十分重要的作用。事实确实如此。

卡翁达与尼雷尔友好的私人关系由来已久，卡翁达总统和尼

---

①Henry Hall, *White Elephant or Freedom Railway: Britain, Zambia and the Political Economy of Tarara*, p.28.

②[英]莱恩·贝里：《坦桑尼亚图志》，第15页。

雷尔总统是亲密的朋友,他们不是亲戚胜似亲戚。[①] 两国元首间的友谊当时已经扩展到几乎每个领域。卡翁达总统曾多次呼吁两国人民间的团结而不仅仅只是两国政府间通过互派代表团的方式进行合作。赞比亚人同其他所有国家人民一样,每次前往坦桑尼亚都能感受到坦桑尼亚人民的热情。[②] 坦噶尼喀非洲联合党以及赞比亚的联合民族独立党都是“东、中非独立运动之友”组织的重要成员。不过,早在两党加入该组织之前,两党领导人便有了惺惺相惜之心。早在卡翁达走上政治道路的时候,他就去过坦噶尼喀。尼雷尔早在1952年就开始关注北罗得西亚问题。当尼雷尔还是苏格兰的一名学生时,他就加入了那里的一个反中非联邦的组织。[③] 1954年,卡翁达在一位英国人的帮助下,曾策划在卢萨卡主持召开一次“全非朋友大会”。在被邀请的名单中,包括肯尼亚、乌干达以及坦噶尼喀的一些重要政治领导人,如在英国爱丁堡大学获得学位刚刚回国的尼雷尔。此时的尼雷尔是坦噶尼喀非洲国家联盟的创始人,达累斯萨拉姆的行政官员对这一组织十分恐慌。卡翁达准备召开的全非朋友大会最后夭折了,原因是英殖民当局拒绝所有的被邀请者进入北罗得西亚。虽然在政治交往上受到了阻拦,但卡翁达和尼雷尔似乎是天然的同盟军。他们都热爱文学作品,都视英国的工党为他们学习的楷模。卡翁达经常和英国工党时任殖民事务喉舌的詹姆斯·卡拉翰(James Callaghan)相互通信,而尼

①John Hatch, *Two African Statesmen: Kaunda of Zambia and Nyerere of Tanzania*, pp.234~235.

②Republic of Zambia, *About Jumbe Speaks to Zambia: Speeches Made During His Official to Zambia*, 9th to 12th Apr. 1973(Zambia Information Services), p.3.转引自Kasuka Mutukwa, *Politics of the Tanzania-Zambia Railway*, p.76.

③Kasuka Mutukwa, *Politics of the Tanzania-Zambia Railway*, p.76.

雷尔一直和左派政党交往密切。他们都认为工党代表英国被压迫者的利益，并且都希望保守党从国家政党的地位上败下阵来。尽管英国殖民当局对非洲政治领导者心存畏惧与敌意，但他们不得不承认，像尼雷尔、卡翁达那样的政治领导者，汲取了诸多英国文化的精华。①

尼雷尔在回国创立了坦噶尼喀非洲人国民联盟党（TANU）之后，在宣传与经济方面都大力支持卡翁达所在的党。在 1962 年北罗得西亚的大选中，联合民族独立党的宣言小册子便是在达累斯萨拉姆印制的，而且坦噶尼喀党还慷慨地为联合民族独立党提供足以覆盖北罗得西亚全境的广播电台，以供其进行宣传使用。② 在 1964 年赞比亚独立庆典大会上，尼雷尔总统是唯一一位参加庆典活动的外国国家元首。在 1964 年至 1973 年间，两国元首差不多每隔半个月就会晤一次，这还不包括两国总统在非洲国家首脑峰会与东、中非国家首脑会议的例行会议。以后者为例，据统计，从 1966 年 4 月在内罗毕召开第一次会议到 1972 年 9 月在达累斯萨拉姆召开的第八次会议，卡翁达总统只缺席过一次，尼雷尔总统参加了 6 次，这与马拉维总统的零次出席形成了十分鲜明的对比。③ 在其中一次会议上，尼雷尔说："赞比亚的敌人也就是坦桑尼亚的敌人……我们希望我们能够给赞比亚提供可靠且强有力的后盾。"

①Richard Hall & Hugh Peyman, *the Great Uhuru Railway: China's Showpiece in Africa*, p.36.

②*African Report*, "*News in Brief*", August 1962, p.20. 转引自 Kasuka Mutukwa, *Politics of the Tanzania-Zambia Railway*, p.76.

③Kasuka Mutukwa, *Politics of the Tanzania-Zambia Railway*, p.77.

“坦赞两国同呼吸、共命运。”①这些会议为各种各样的问题提供了讨论的平台，这也部分解释了为什么与会的“前线国家”领导人在政治问题上总是能够用同一种声音说话。

在内政和外交方面，坦赞两国政府也有许多相似之处。例如，两国领导人都倾向于选择社会主义的发展道路以及实行不结盟的外交政策。他们在南罗得西亚问题上都坚决主张应该实行多数黑人而非少数白人执政的政治制度。在许多事务方面，两国领导人的观点都很接近，以至于很难说到底是谁影响了谁。这可以举出很多例子。1967 年 1 月，尼雷尔总统发表了著名的《阿鲁沙宣言》，但是不久，卡翁达便于 1968 年 5 月宣布实行同样著名的《国有化经济改革》；当坦桑尼亚在 1968 年 4 月 13 日承认了比亚法（Biafra）后，赞比亚便于 5 月 20 日承认了比亚法；两国领导人都否认加纳政变上台的克瓦米・恩克鲁玛以及乌干达的阿明。当然，这不是说两国领导人在治国方略或外交政策上没有任何歧见。譬如，就经济发展道路而言，当尼雷尔总统于 1977 年在总结《阿鲁沙宣言》发表十周年的演讲中为未能消灭个体和私营企业而抱怨时，卡翁达总统却在同一年宣称赞比亚仍旧实行混合制经济，“我们所以宣称我们选择混合制经济的道路，是因为我们觉得私有制经济在我国仍有广泛的发展空间”。② 坦赞两国领导人之间的共同见解和私人交谊为两国的各方面合作铺平了道路，坦赞铁路只不过是其中的一个例子罢了。

①Nyerere, *Freedom and Socialism: A Selection from Writings and Speeches*, 1965—1967, pp.334~335.

②John Hatch, *Two African Statesmen: Kaunda of Zambia and Nyerere of Tanzania*, p.242.

早在1963年初,尼雷尔就开始同卡翁达在达累斯萨拉姆商谈修建跨国铁路问题。[①] 同年9月,联合民族独立党的领导者们仍然声称要修建坦桑尼亚的铁路,1964年1月东非发生的叛乱根本没有动摇到卡翁达修建坦赞铁路的决心。事实上,卡翁达在同年2月份去达累斯萨拉姆参加那里的非洲统一组织大会后,便安排随他一同前往的交通部部长去和尼雷尔在会后商谈坦赞铁路问题。不过到1964年8月,尼雷尔总统似乎觉得有些为难。因为他不得不考虑肯尼亚的态度。当被问及关于修建铁路的问题时,他只是含糊地说"修建铁路将是一个很好的主意"。[②] 须知,此时的东非联邦正处于活跃时期。不过,到1965年1月份的时候,尼雷尔的态度就比较明朗了,在致赞比亚官员的欢迎辞中,尼雷尔这样说道:"我们认为这条铁路应该修建而且必须修建,我们两方都应该不遗余力,直到一条可以经由乌干达、肯尼亚、坦桑尼亚、赞比亚以及更远方的铁路得以建成为止。"[③]在1965年1月召开的会议上,两国总统向世界宣布他们达成的修建铁路的共识将不会作任何的改变。随后,赞比亚交通部部长巴布与坦桑尼亚工程处A.J.E.斯麦尔(A.J.E. Small)拉开了两国多次会谈的序幕。当然,肯尼亚与乌干达的政府官员们有时也参与修建铁路的会议商谈,"东非三国领导人告诉卡翁达去寻找赞比亚境内的铁路援建方,坦桑尼亚境内的铁路将由他们自己负责"。[④]

---

①一说是在1961年,参见Philip Snow, *The Star Raft: China's Encounter with Africa*, New York :Weidenfeld &Nicolson, 1988, p.151.

②Kasuka Mutukwa, *Politics of the Tanzania-Zambia Railway*, p.87.

③Kasuka Mutukwa, *Politics of the Tanzania-Zambia Railway*, pp.87~88.

④Nyerere, *Freedom and Development: A Selection from Writings and Speeches, 1968—1973*, p.88.

坦桑尼亚在修建坦赞铁路方面的考虑也是多方面的。首先，坦赞铁路到达累斯萨拉姆的影响是很大的，直达货物将增加一倍。该港将主要用于吞吐赞比亚、布隆迪、卢旺达和刚果等国的货物。这几个国家通过该港的运量约相当于坦桑尼亚本国货物运输的运量。这不仅是个运输、存放和向批发商发运货物的问题，也是个加工和制造的问题。对某些工业来说，要有深水港才行。产生货源的地区越大越经济，这些工业同当地的进口单位和事业单位的关系也就更加密切。为使坦桑尼亚的经济进一步平衡发展，将继续把大型和小型的制造业分散到各地，这样，达累斯萨拉姆将逐步成为东非地区的运输、商业和工业中心。

其次，坦桑尼亚希望铁路的修建能带动南部地区农业经济的发展。基隆贝罗盆地和姆贝亚周围的高原丘陵地区都是坦桑尼亚发达的农业区。这两个地区之间交通不便，它们同其他地区之间交通也不便。基隆贝罗盆地水量丰富，有大片肥沃的土地，适宜于种植甘蔗、稻米、蔬菜，并可发展畜牧业。有了铁路不会一下子就使产量增加，必须一方面集中力量开发这一以前不大注意开发的地区，另一方面鼓励农民往那里迁移，鼓励发展这个地方的种植业。

再次，坦桑尼亚希望坦赞铁路能够对其南部的煤炭产业及制造业的发展起到助推作用。坦赞铁路在发展方面所起到的最引人注目的作用将是坦桑尼亚南部的大型煤铁工业。从尼亚萨湖畔的埃利马修建一条 300 千米长的支线至姆贝亚西北方的朱妮亚，把坦桑尼亚北边的几个煤矿同一个大铁矿连接起来。这条支线当时正在进行工程设计。在这条支线上将兴建一座 50 万吨的综合性钢厂，作为建设一座100万吨联合企业的第一期工程。坦桑尼亚和中国已达成协议，在修建铁路支线、建设煤矿和炼钢厂方面进行合作。煤矿除了用于冶金工业以外，还可以用作煤炭化学工业的原料，并为姆贝亚—基隆贝罗的工业发展提供动力。对于其他矿产，包括烧绿石、石棉、铀等，坦桑尼亚政府正在研究能否发展综合制造工业，如石棉、水泥工业。

坦桑尼亚南部发展制造业极具潜力，除了开矿以外，较大的工程有姆贝亚附近的水泥厂和基隆贝罗盆地的造纸厂等。这两个工厂当时快要开工了。农产品产量增加后，自然就要发展研磨、罐头食品和其他粮食加工业。此外，由于坦桑尼亚一再强调发展小型工业，鼓励生产价格低廉的产品，这条铁路，加上姆贝亚至伊林加的公路，对发展这两个省以及各县的贸易提供了很多方便。①

坦赞两国领导人曾在多个场合谈及修建坦赞铁路的动因，这对我们了解有关情况大有裨益。1970年10月，在坦赞铁路开工典礼大会上，卡翁达总统在总结修建坦赞铁路的意义时说："这条铁路建成后，对把赞比亚建成一个强大的、繁荣昌盛的和真正独立的国家，对坦桑尼亚和赞比亚的经济，对发展东非邻邦之间日益增进的兄弟关系，以及对增进我们这一地区的人民和中国人民之间的友好关系，都将具有十分重大的意义。"接着，他详细地解释了修建坦赞铁路的各种考虑：

这条铁路将对促进这一地区的未来产生巨大的影响。这

①Henry Hall, *White Elephant or Freedom Railway*: *Britain*, *Zambia and the Political Economy of Tarara*, p.29.

条铁路将促进我们经济和贸易的多样化。就凭达累斯萨拉姆港目前的吞吐量,我们已经通过它运输了很多货物。我们通过达累斯萨拉姆港出口的货物,一九六六年为三万九千吨,一九六七年为十八万九千吨,一九六八年为二十二万吨,一九六九年为二十三万一千吨,在四年内增加了百分之五百九十。因此,达累斯萨拉姆同赞比亚之间的运输量增加了。事实上,除了大北公路这条我们目前的生命线的运输量以外,还有许多货物要运来。虽然公路运输已经增加了这么多,但仍有大量货物可以通过最方便、最廉价的铁路运输,而且这些货物占我们贸易货物的大部分比重。坦赞铁路建成后,坦桑尼亚和赞比亚两国就会立即得到益处。这条铁路的双方向运输量为七百万吨以上。这个运输量将通过一个时期逐步实现。因此,这条铁路对坦桑尼亚和赞比亚都具有巨大的意义,因为它将促进这两个国家开发那些由于缺乏运输工具而迄今在发展方面还远远落在后面的地区。我们非常欢迎修建这条铁路,因为除了铁路施工和运营将提供就业机会外,这条铁路还为我们千百万人民改进经济和社会条件揭开了新的篇章。我们离自力更生的目标就更近了。这条铁路在政治方面的影响将表现出来。坦桑尼亚和赞比亚两国不仅有共同的边界,而且有共同的利益。两国共同主张强调非洲团结以及世界和平和安全的原则,并执行不结盟政策。坦桑尼亚和赞比亚将通过这条铁路加强两国之间的联系,这种联系已经使两国站在一起，并建立了对于两国人民的团结非常重要的伙伴关系。①

1976年7月，卡翁达在坦赞铁路移交仪式结束后的国宴上说：

> 1962年，联合民族独立党在宣言中就曾保证在该党组成赞比亚政府以后修建这条铁路。这是表达政治意志的重要决策，是一个立志争取自由的决策。这是一个决心巩固我们通过艰苦奋斗而获得的独立，坚决对抗帝国主义、新老殖民主义、种族主义和法西斯主义的决策。这是一个立志在非洲进行合作和实现统一、在非洲人民和世界人民之间进行合作和促进团结的决策。②

坦桑尼亚修建铁路的目的也可以从尼雷尔的言论中略见一斑。1965年，尼雷尔首次访华时，他曾和中国领导人详细谈及了这方面问题，详见下文。

1970年10月，当谈及修建铁路的原因时，尼雷尔在坦赞铁路开工典礼上说：第一，从长远目光来看，要实现非洲的统一，自北向南的铁路必不可少；第二，将赞比亚尤其是对坦赞这两个处于前线的国家和非洲北部连接起来对保障非洲的安全有利；第三，南罗得西亚的片面独立使得修建铁路变得十分迫切。③ 尼雷尔认为，当铁

---

①《卡翁达总统在坦赞铁路开工典礼上的讲话》，《新华月报》，1970年10月第10期，第20页。

②《卡翁达总统在国宴上的讲话》，中土公司档案馆档案，1976年7月16日，第2页。

③Nyerere, *Freedom and Development: A Selection from Writings and Speeches, 1968—1973*, pp.232~233.

路建成后，受益的不只是赞比亚，坦桑尼亚也能直接或间接地获益。坦桑尼亚获益是因为可能增长的贸易。因为赞比亚将货物运往达累斯萨拉姆港口而非葡萄牙人控制的贝拉港口。不仅如此，整个非洲将会因这条铁路获益，“我们获益是因为铁路将增强赞比亚，进而增强自由的力量。非洲国家之间的贸易将会变得便利，因此我们的发展就会加快，尤其是对东非地区而言，铁路带来的必将是密切的接触”。①

1976年，在坦赞铁路建成移交大会上，尼雷尔说，这条铁路对于非洲和第三世界的发展有三个主要贡献。第一，它为赞比亚提供了从东北地区通向沿海的重要线路；它把整个鲁菲吉河河谷盆地在内的坦桑尼亚的几个重要却欠发达和达累斯萨拉姆港以及全国其他地区连接了起来。第二，这条铁路将对非洲的统一做出重要贡献。它将极大地促进两国贸易，并最终促进东非和南非的整体贸易。因此，它也将促进第三世界内部的贸易，有助于我们在新殖民剥削下获得更多自由。第三，铁路的建成必然会同时让非洲这一地区的人民更好地参与到非洲解放的斗争中去。因为它将使坦桑尼亚和赞比亚两国力量得以增强，而两国都致力于我们大陆的完全解放。②

二、南罗得西亚“片面独立”使修建铁路变得迫切

1965年11月11日，南罗得西亚以伊恩·史密斯（Ian Smith）

---

①Nyerere, *Freedom and Development: A Selection from Writings and Speeches, 1968—1973*, p.234.

②《尼雷尔文选：自由与解放》（第4卷），第90页。

为首的白人政党宣布独立，由于没有得到英王的授权并且引起绝大多数非洲国家的抵制，因而被称为“片面独立”，“由于英国在并没有要求史密斯政府做出多数人统治原则统领未来发展的承诺的情况下便否认了它的独立，因此史密斯政府便擅自宣布独立了”。[①]

早在1964年史密斯当选为南罗得西亚右翼阵线党副部长的时候，许多持反对态度的非洲人就预感到南罗得西亚白人政权有宣布独立的可能。[②] 南罗得西亚是英国殖民地，但是史密斯政权不承认英国对其的主权，而且更重要的是，英国政府一直对在南罗得西亚实施其权威表示无能为力，因此根据国际法的规定，英国有责任对其行使权力。[③] 当时，包括坦赞两国在内的非洲及世界其他国家多反对南罗得西亚在少数统治基础上的独立。那时，许多非洲国家的领导人都开始向英国政府呼吁，希望它对南罗得西亚的独立问题予以干涉，直到能保证黑人政权当政的情况下才宣布独立。[④] 不少非洲国家领导人相信英国殖民当局能够做到这一点，卡翁达就是这些乐观派中的一位。1964年，在伦敦机场接受记者采访时，卡翁达说：“我不认为我们会担心南罗得西亚的‘片面独立’，假如它真的宣布独立的话，我想英国和其他国家绝对不会袖手旁观的。我们赞比亚人当然会竭尽所能来协助其他国家，以争取南

①《尼雷尔文选：自由与社会主义》（第2卷），第94页。

②James Barer，Rhodesia：*The Road to Rebellion*，Oxford University Press，London，1967，pp.192～193；Larry W. Bowman，*Politics in Rhodesia：White Power in an African State*，pp.67～69.

③《尼雷尔文选：自由与解放》（第4卷），第47页。

④Donald Rothchild，*Rhodesia Rebellion and African Response*，African Quarterly，1966，pp.184～196.；Nyerere，*Freedom and Socialism：A Selection from Writings and Speeches*，1965—1967，pp.116～120.

罗得西亚的黑人政权。我们认为这和种族问题无关。”①在很多场合，卡翁达警告说，如果南罗得西亚“片面独立”的话，赞比亚一定会为英国提供军事基地。② 然而实际上，英国政府早在1960年4月份前后就知道南罗得西亚的“片面独立”不可避免，“他威胁着要回去把南罗得西亚议会解散掉，并且要以‘脱离’……联邦为口号去进行大选。这大概会自然而然地导致南罗得西亚去实行‘独立’”。③

为什么非洲国家不把南罗得西亚的独立看作走向解放的必要步骤而视为敌视对象呢？卡翁达本人的解释是，“最明显的原因，我们可以称之为近邻之灾吧。地理上，我们与罗得西亚接壤；经济上，我们是连在一起的。光是这些原因，就使我们对折磨这样一个近邻的内部的任何动乱都不能漠然置之。然而，我们所最关心的是动乱的性质本身。我们在赞比亚的人，决心要建立一个使生活在其中的各种肤色、信仰、种族的人都能感到自由自在的社会。我们厌恶种族主义，我们在国内国外都不与它发生关系”。④ 尼雷尔视“片面独立”为种族主义泛滥的滥觞，声称“我们不能允许在非洲大陆上再出现另一个南非”⑤，并说“南罗得西亚的少数民族政府

---

①The Times, Oct.24, 1975, p.6.

②Richard Hall, *The High Price of Principles: Kaunda and the White South*, London, Hodder and Stoughton, 1969, pp.99～112; Colin Legum, *Zambia: Independence and Beyond: The Speeches of Kenneth Kaunda*, London: Nelson, 1966, p.237.

③[英]哈罗德·麦克米伦：《麦克米伦回忆录》（六），北京：商务印书馆，1980年，第287页。

④卡翁达为《罗得西亚：冲突的背景》一书所写序言。参见本·武·姆恰利：《罗得西亚：冲突的背景》，北京：商务印书馆，1973年，第1页。

⑤Nyerere, *Freedom and Socialism: A Selection from Writings and Speeches, 1965～1967*, p.375.

做出的成功的独立宣言代表着种族主义和法西斯主义在非洲的扩张,也意味着寻求非洲和平之路又大大退了一步”。① 周恩来对南罗得西亚的“片面独立”也发表过自己的看法,他说:“‘独立’这不仅是为了进一步镇压津巴布韦人民争取民族独立的斗争,而且是使南罗得西亚像南非一样,成为新老殖民主义向非洲其他地区进行侵略和扩张的桥头堡。”②

“前线国家”的处境要求赞比亚必须加入对史密斯政权的经济制裁,而现实处境是赞比亚必须依赖南罗得西亚铁路运输线,因此,要避免遭受南罗得西亚的经济反制裁的最好办法就是重新找到一条可靠的北向运输线。③ 有关原因上文已有论及。

这场关于“片面独立”的争吵,实际上在1965年6月在伦敦举行的英联邦总理会议上就已经开始了。在这次会议上,尼雷尔代表坦桑尼亚不同意公报中关于南罗得西亚和越南的问题。尼雷尔说:“我们曾经做过长期努力,谋求取得英国政府的保证:他们进行无论什么谈判,都必须实现以多数人统治为基础的罗得西亚的独立。但是我们没有能够得到这种保证。”早在1965年9月,尼雷尔就威胁要退出英联邦,如果英国同伊恩·史密斯总理为首的南罗得西亚政府谈判独立问题的话。他像许多其他非洲国家的领导人一样,担心一个独立的南罗得西亚势必要同南非及葡属安哥拉和莫桑比克结盟;同时他感到不能容许南罗得西亚的不到25万的少

①《尼雷尔文选:自由与社会主义》(第2卷),第96~97页。

②《周恩来总理会见、会谈并宴请访华的坦桑尼亚副总统卡瓦瓦有关礼宾安排》,外交部档案馆档案(档号:204-01124-01),1965年11月22日,第22页。

③1975年,由于南罗得西亚种族主义者关闭连接赞比亚的铁路通道,致使赞比亚处于被封锁的紧要关头。当时坦赞铁路虽未修通、不具备运营条件,但经我国专家采取特殊措施,利用已修通的坦境线路与公路联运,帮助赞比亚人民渡过了难关。

数白人永远统治这块殖民地上的400万黑人。

同年10月,在阿克拉举行的非洲统一组织国家首脑会议上,这个组织的成员国一致通过一项决议,即敦促英国停止南罗得西亚的宪法,必要时使用武力,并且威胁要和英国断绝外交关系。南罗得西亚于1965年11月11日宣布独立后,尼雷尔最初劝告要采取小心谨慎的态度。他说,应该让它按照自己的方式来解决这个问题。12月3日,非洲统一组织国家的外交部部长和国防部部长在亚的斯亚贝巴开会,通过了除非英国在12月15日以前压服南罗得西亚的反抗,否则成员国将同英国断绝外交关系的决议。尼雷尔深知,要在10天之内解决南罗得西亚问题是不可能的,他便立即着手准备在12月15日和英国断绝外交关系事宜。他在坦盟总部的群众大会上说:“我的决定可能意味着苦难,你们准备好承受吧!除丧失现有的英国援助外,还意味着要取消正在准备签订的一笔750万英镑的贷款协议。”当英国政府抱怨不可能在决议规定的期限前解决南罗得西亚白人的反抗时,尼雷尔在12月12日回答说,我们需要的是“英国有诚意采取坚强行动的明确证据”。他指出,非洲人要求的是“以多数人统治为基础”的独立。12月14日,尼雷尔向国民议会发表了题为《非洲的荣誉》的演讲,说明为什么坦桑尼亚要坚持承担非洲统一组织的义务。15日凌晨,坦桑尼亚宣布断绝同英国的外交关系。几内亚、加纳、马里、埃及、毛里塔尼亚、刚果(布)、苏丹、阿尔及利亚8个非洲国家也纷纷同英国断交,其他26个国家没有行动。① 坦桑尼亚和英国的邦交关系差不多到31个月后才逐渐获得恢复。尼雷尔事后没有对这次决定表示后

---

①[英]威廉·埃杰特·史密斯:《尼雷尔》,第228~231页。

悔,曾直言:“我们所能做的就是这些。我们不能把军队开到罗得西亚——我们没有这种幸运的军队。但是我们对于种族主义问题可以强烈表达非洲人的感情。很好!”①

总之,南罗得西亚的“片面独立”是推动坦赞两国在1965年多方求援修建坦赞铁路的重要因素之一,坦赞两国的关系也由此更为亲近。

三、坦赞两国的四处求援与碰壁

坦赞两国最先是向世界银行与西方国家请求援助的,请求活动由两国分头进行,间或也有联合行动。两国倾向于选择向西方国家获求援助完全是可以理解的。过去,殖民主义者常常教训他们说,共产主义是个可怕的东西。20世纪60年代初,坦赞两国对中国十分陌生。

坦赞两国向西方国家及苏联吁请援建坦赞铁路的请求均遭拒绝。以美国为例,1964年8月1日,尼雷尔总统约见美国驻坦大使,“提出希望美国帮助坦桑尼亚解决乡村安置计划以及帮助他们修建一条连接北罗得西亚的铁路。尼雷尔明白美国对前一问题兴趣不大,但他希望能帮助他们修建铁路”。② 是年12月26日,“赞比亚提出需要一条铁路,世界银行目前正在坦赞两国境内进行勘察,我们将根据他们的调研情况做出决定”。③结果,对于坦赞两国的请求,美国什么也没有做。

①[英]威廉·埃杰特·史密斯:《尼雷尔》,第233页。

②*Development Plan*, DDRS, August 1, 1964, p.1.

③*Visit of President Kaunda of Zambia*, DDRS, November 26, 1964, p.1.

“世界银行”由国际复兴开发银行(IBRD)、国际开发协会(IDA)与国际金融公司(IFC)三个机构组成,向发展中国家提供低息贷款、无息信贷和赠款是它们的服务内容之一。① 1966年时,国际开发协会的单项最高贷款额为8.39亿美元,至1975年,其单项最高贷款已升至43.2亿美元。② 中国为援建坦赞铁路所提供的贷款额约为4亿③美元,因此,坦赞铁路虽然耗资甚巨,但所需金额仍在世界银行的允许范围之内。

世界银行反对修建坦赞铁路的理由是,这条拟修建的铁路仅能运输中非和东非之间的货物,赞比亚大量的铜矿仍会通过现有的莫桑比克和安哥拉的港口运输。④ 这种推断后来被证明是种谬论。首先,世界银行在经过一番调查后,写出的报告认为,现有的铁路足够满足10—20年的铁路运输需求。但是随着独立后的赞比亚的铜矿资源的大量出口,东非地区日益膨胀的贸易规模,将使得南罗得西亚和葡属铁路运输线扩建,后来的《英加考察报告》证实,大约共需8,400万美元的造价,可能会与建设一条通往两国的铁路旗鼓相当。其次,世界银行认为修建坦赞铁路的花费将会很高。由于地势陡峭等艰苦的作业环境,世界银行认为,建造坦赞铁路的费用为5,130万英镑至1亿英镑之间。《英加考察报告》对此也表示怀疑。报告认为经营坦赞铁路可能会比经营罗得西亚铁路、本

---

①Judith Hart, *Aid and Liberation: A Study of Aid Policies*, London: Victor Gollancz, 1973, pp.200~201.

②Kwan S. Kim, *Papers on the Political Economy of Tanzania*, Nairobi: Heinemann Educational Books, 1979, p.180.

③有学者认为超过6亿美元,该说法有误,参见Deborah Brautigam, *Chinese Aid and African Development: Exporting Green Revolution*, p.40.

④Cranford Pratt, *The Critical Phase in Tanzania: Nyerere and the Emergence of a Socialist Stralist Strategy*, London: Cambridge University Press, p.164.

格拉铁路成本都要低些。

世界银行非但不出资修建坦赞铁路,而且否决了东非铁路公司修建坦赞铁路的可能性。因为东非铁路公司1965年出台的条款中有这么一条:禁止对任何有贷款偿还风险的项目进行投资。有些人认为,世界银行不愿投资的原因是其出于保护南罗得西亚至莫桑比克铁路的需要,他们在此项目上进行了投资。世界银行主张用公路代替铁路的建议,引起了公路与铁路孰优孰劣的争论。坦赞两国立志于建设坦赞铁路,他们认为公路比不上铁路。对于这个问题,下文还将谈及。世界银行在坦赞铁路修建报告中的消极态度,影响了以后的诸次调查报告。

1964年,一个由联合国组织的调查团在对北罗得西亚调查之后,得出了这样的结论:"假如一意孤行的话,将是巨大的经济冒险。"①当时在世界银行任职的丹麦某顾问公司负责人,在同一年对赞比亚的交通需求情况进行了一番实地调查,结果也反对修建新的铁路。

20世纪60年代中期,坦桑尼亚主要将美国与英国当作主要授援国,将以色列视为经济发展效法的对象。② 据统计,在1965年6月至1968年9月间,美国援助坦桑尼亚的总额为1.27479亿先令,联邦德国的援助金额为3,403.2先令,相比之下,苏联的同期援助额只有530万先令。③ 早在1964年7月份,尼雷尔就开始通过美国

---

①*Report of the UN/ECA/FAO Economic Survey Mission on the Economic Development of Zambia*, DDRS, 1964, p.127.

②Jan Pettman, *Zambia: Security and conflict*, London: Julian Friedmannn Publishers, 1974, p.203.

③Cranford Pratt, *The Critical Phase in Tanzania: Nyerere and the Emergence of a Socialist Stralist Strategy*, p.168.

驻坦桑尼亚使馆人员向美国政府请求修建坦赞铁路。里昂哈特在署名为《发展计划》的文件中写道:“在昨天与尼雷尔的会谈中,尼雷尔提及了他的第一个‘五年计划’与面临的困难……当我问及你希望美国为你做些什么时,尼雷尔说,他希望我们能帮助他们安置村民以及修建同北罗得西亚相连的铁路。他理解我们对前一个工作持保留意见,但是他希望我们能对修建铁路感兴趣,并将在下周与我们再谈此问题。他还说卡翁达可能正在卢萨卡和我们的工作人员讨论此问题。”里昂哈特最后总结道:“考虑到中共可能带来的威胁,我们继续持支持修建铁路的政策。我们不能让坦桑尼亚感觉不到我们的影响。为此目的,我们在安全领域、教育领域都要占主要作用,我们在收效快、看得着的领域投资。”①

坦桑尼亚以官方文件的方式正式向美国请求援建坦赞铁路的时间是在 1965 年 5 月。美国的答复几乎与世界银行的答复别无二致。在美国援助司资金支持下进行的中非交通情况的调查,结束于 1965 年,得出的结论是,坦赞铁路“除了不切实际的幻想之外,没有别的词可以来形容……从经济角度考虑是不值得修建的。至于政治方面的考虑,政治和经济问题这对孪生姐妹总是息息相关的”。② 坦赞两国却坚持认为,情况恰恰相反,美国在经济上做文章是出于他们政治利益方面的考虑。

美国拒绝对坦赞铁路进行援建除了因为它在世界银行的总部拥有约三分之一的股份外,还有其他方面的原因。首先,当时美坦关系正处在低谷期。在美国人眼中,1964 年 1 月发生政变的桑给

①*Joint Embassy/USAID Message*, DDRS, Aug.1, 1964.

②Kasuka Mutukwa, *Politics of the Tanzania-Zambia Railway*, p.89.

巴尔是“非洲的古巴”。1964 年的 12 月以及 1965 年 1 月，坦桑尼亚两次逮捕了涉嫌参与推翻尼雷尔政府的军事政变的美国飞行员，这导致了美坦关系的恶化，两国互撤了设在对方的使馆。其次，在国际事务中，坦桑尼亚政府常常持反对美国的论调。坦桑尼亚指责美国在南部非洲助纣为虐、抨击美国对越南的军事行动等。再次，美国建造铁路的亏损，使得它十分谨慎于对铁路的投资。在坦桑尼亚南部，由美国投资、英国承建的从姆特瓦拉到马萨西的铁路，因连年亏损于 1963 年拆除①；在国内，美国用 25 年时间在西部修建起来的铁路亏损严重，不过美国政府显然忽视了该铁路在美国西部开发中的推动作用。②

英国因为是坦赞两国的前宗主国，它也是较早考虑援建坦赞铁路的西方大国之一。1963 年 5 月，在去伦敦访问期间，卡翁达就和英国的国家秘书瑞博·布特勒（Rab Butler）讨论过修建一条通往达累斯萨拉姆的铁路问题，两年后，当英国海外发展部部长巴巴拉·卡施坦（Barbara Castle）出访达累斯萨拉姆以及卢萨卡的时候，坦赞铁路的问题被再次提及，但是两国都被告知，英国目前正处于信贷失衡的危机阶段，对非洲大规模的援助受到阻碍。

英国和美国是最有可能出资援建坦赞铁路的两个西方国家，希望落空后，坦赞两国还向联邦德国、法国、日本求援，最后甚至向一切可能提供援助的资助方求援，但是仍没有一个国家或财团真心愿意接手此项工作。

---

①《援外成套项目设计基础资料汇编坦桑尼亚》（第三篇下册），第 1 页。

②William Tordoff, *Government and Politics in Tanzania: A Collection of Essays Covering the Period from Sepetember* 1960 *to July* 1966, Kenya: East African Publishing House, 1975, pp.175～176.

1965年上半年，坦赞两国先后向联邦德国提出援建请求。此时，联邦德国和坦桑尼亚的关系正处在低谷时期。一直到1964年，坦噶尼喀与联邦德国都维持着较好关系，但是民主德国问题影响了两国之间的关系。桑给巴尔是第一个承认民主德国的非社会主义国家，作为回报，民主德国支援桑给巴尔建设了一座广播电台、一家医院以及一幢高楼。[①] 坦噶尼喀与桑给巴尔于1964年4月组成联合共和国后，尼雷尔十分为难。结果，坦桑尼亚在宣布维持同联邦德国的外交关系的同时，也允许民主德国在坦桑尼亚设立非官方使馆。联邦德国认为这和它的哈尔施泰因主义[②]相背离，因此宣布立即撤销对坦桑尼亚的军事援助，并声称正在考虑是否撤销对坦桑尼亚的其他经济援助。尼雷尔对联邦德国的要挟十分恼火，他主动要求联邦德国立即撤销所有的经济援助，包括400万美元的经济贷款以及300万美元的技术援助。[③] 在这种情况下，联邦德国自然不会考虑援建坦赞铁路，而坦赞两国也未对联邦德国的援助抱太多希望。

法国某些财团曾考虑过援建坦赞铁路，但是法国政府对修建铁路并不感兴趣。法国的对外援助，多是着眼于自己的前殖民地，法国对英属殖民地国家的援助寥寥无几。

日本一直到20世纪60年代才开始和非洲国家拉近关系。不过，日本商人对修建铁路还是存有一定兴趣的，赞比亚为此曾派两

---

①Rodger Yeager, *Tanzania: An African Experiment*, Boulder: Westview Press, 1982, p.70.

②“哈尔施泰因主义”要求受援国必须是不同“民主德国”建交的国家。

③Nyerere, *Freedom and Socialism: A Selection from Writings and Speeches*, 1965—1967, pp.189～190.; William Tordoff, *Government and Politics in Tanzania: A Collection of Essays Covering the Period from September* 1960 *to July* 1966, p.173.

个部长去日本东京谈判，日本人也曾在卢萨卡许诺过免费对坦赞铁路进行勘察。日本的所有承诺都未能兑现。日本后来没有直接参与坦赞铁路的修建，却在转口贸易中向中国提供了修建铁路所必需的钢材和铲土机等，也算间接为坦赞铁路的建设做出了贡献。

早在 1964 年 8 月，坦桑尼亚副总统卡瓦瓦就到莫斯科商讨铁路事宜。第二年，尼雷尔总统又正式向苏联提出求援请求。1965 年 6 月，坦桑尼亚在发给莫斯科的一份电报中称："坦赞铁路无论是在经济上还是在政治上对整个非洲的联合都有重大意义。"①苏联未认真考虑修建铁路并没有使人感到惊讶。受冷战因素的影响，苏联对发展与中、南部非洲的关系持谨慎态度，"苏联不希望自己卷入赞比亚的战争中，它对我们的帮助至多只是舆论支持"。②苏联此时对非洲国家的援助并不是很多，从 1959 年一直到 1973 年，总的援助额约为 1.63 亿美元。苏联确实在埃及援建了阿斯旺大坝，但是苏联对约处于同一纬度的大型工程还是比较谨慎的。③

非洲发展银行如果援建坦赞铁路很明显有两个方面的好处：首先，有利于维护坦赞两国的非结盟外交政策；其次，有利于摆脱受援国的控制。但是由于需要巨额投资，该银行担心对此项目的投资将会影响其成员对银行的私人捐赠。

---

①*A Research of Julius Nyerere*, DDRS, Jun.10, 1965, p.8.

②Jan Pettman, *Zambia: Security and conflict*, p.203.

③Alaba Ogunsanwo, *China's Policy in Africa* 1958—1971, pp.205~206.

除此之外，还有些跨国公司曾表达过一定兴趣。① 例如，1965年8月，美国一家凯撒国际公司曾明确表示过对修建铁路感兴趣。在公司负责人看来，修建这条铁路将会是“高利润的”，“在非洲值得冒险的工程之一”。② 后来，凯撒公司的一位成员认为“他一直怀疑凯撒公司最终未能投资修建坦赞铁路是因为威尔逊迫于英国方面的压力给他们公司打了电话的缘故”。③

坦赞两国在呼吁修建坦赞铁路的过程中，对西方国家有了更清楚的认识，对新中国也有了一定的了解。尼雷尔总统对西方国家曾这样批评道：“西方是世界上金钱的真正源泉。西方的国家很富而又有经验。我一度跟西方世界的关系很好，那个时期认为它最讲道理。但在建设上，我们得到了些什么呢？它们在援助别的国家进行建设的问题上是很少以慈善为怀的……在美国，居支配地位的是：你必须反共！特别是：在给予援助前，一个国家政治上的倾向是很重要的。”④当谈及中国时，尼雷尔说：“美国人正在试图调整他们同俄国的关系；但是，他们不能接受中国——一个高尚的民族……如果我们正在开始了解俄国的话，为什么不去了解中国呢？”⑤事实证明，尼雷尔的判断是正确的。

---

①根据 Jamie Monson 提供给笔者的赞比亚档案资料（NAZ MFA/1/41/82，18th September，1965），下面一些公司都曾对修建坦赞铁路有过兴趣：1.凯撒工程公司（Kaiser Engineering Company，Mr.Stanton Smith，Oakland California.）；2.加纳工业设计与建筑公司（Industrial Planners and Architects，Mr. Ayarna Imoru，Ghana.）；3.三菱集团公司（Misubishi Group Company，Mr. Taihei Kogyo，Japan.）；4.霍华德·麦德卡夫南非有限责任公司（Howard Medcalf South Africa，Ltd.）；5.雷·里昂有限责任公司（Le Leon Mfg. Co.，Mr.L.H. Andreas，USA.）。

②Kasuka Mutukwa，*Politics of the Tanzania-Zambia Railway*，p.90.

③Kasuka Mutukwa，*Politics of the Tanzania-Zambia Railway*，p.91.

④［英］威廉·埃杰特·史密斯：《尼雷尔》，第257~258页。

⑤［英］威廉·埃杰特·史密斯：《尼雷尔》，第262页。

第三节　亚非团结与中坦关系的发展

一、中国力促亚非国家的团结与合作

新中国成立伊始，毛泽东和中共中央就作出了“亚洲、非洲、拉丁美洲各国的民族独立解放运动，以及世界上一切国家的和平运动和正义斗争，我们都必须给以积极的支持”的战略决策。① 1955年4月18—24日，来自29个亚非国家和地区的政府代表团在印度尼西亚的万隆市召开了第一次亚非会议，也称“万隆会议”。周恩来率中国代表团出席了会议。周恩来在万隆会议上提出的“和平共处五项原则”以及“求同存异”的方针，促进了会议的顺利召开，加强了中国同亚非各国的团结与合作，也使中国赢得了与会国家的理解和尊重。20世纪60年代，非洲民族解放运动蓬勃发展，许多国家纷纷独立，那里日益成为中国开展外交活动的新天地。为了进一步促进亚非国家的团结与合作，中国政府不失时机地主动走进非洲，主要表现在以下一些方面。

首先，在道义、舆论上对非洲国家的民族解放斗争给予大力支持。毛泽东曾多次说：“中国人民把亚洲、非洲、拉丁美洲人民的反帝国主义斗争的胜利看作是自己的胜利，并对他们的一切反帝国

---

①《毛泽东文集》(第7卷)，北京：人民出版社，1999年，第116页。

主义、反殖民主义的斗争给以热烈的同情和支持。”①“已经获得革命胜利的人民，应该援助正在争取解放的人民的斗争，这是我们的国际主义义务。”②他还说：“所有亚洲、非洲、拉丁美洲的国家要我们助一臂之力，我们都是愿意的。”③周恩来在访问非洲时也多次谈及非洲大陆的革命形势一片大好，中国坚决支持亚非拉国家的民族解放斗争。

其次，在外交上主动出击，注重直接沟通与交流。1963 年 4—5 月，刘少奇主席在夫人王光美和陈毅副总理等人的陪同下，先后访问了印度尼西亚、缅甸、柬埔寨和越南民主共和国。随着中国与非洲各国关系的加强，1963 年底至 1964 年初，周恩来和陈毅先后访问了亚非 13 个国家，分别是亚洲的缅甸、巴基斯坦、锡兰（今斯里兰卡），非洲的埃及、阿尔及利亚、摩洛哥、突尼斯、加纳、马里、几内亚、苏丹、埃塞俄比亚、索马里。这次访问是中国与亚非国家发展友好关系的一个重要里程碑。周恩来在访问过程中提出了中国同阿拉伯国家和非洲国家相互关系的五项原则和中国对外援助的“八项原则”，大大密切了阿拉伯国家、非洲国家与中国的关系。

再次，在经济技术援助上给予亚非国家尽可能多的支持。自新中国成立开始，中国政府一直把对外提供经济技术援助作为履行国际主义义务的重要内容。20 世纪 50 年代，主要是向朝鲜、越南等社会主义国家和亚洲、非洲一些民族主义国家提供经济援助。我国对非洲国家的援助是从 1956 年向埃及政府提供援助开始的，

---

①《人民日报》，1961 年 4 月 29 日，第 1 版。

②裴坚章：《毛泽东外交思想研究》，北京：世界知识出版社，1994 年，第 283 页。

③中华人民共和国外交部、中共中央文献研究室：《毛泽东外交文选》，北京：中央文献出版社、世界知识出版社，1994 年，第 337 页。

接着是向阿尔及利亚、几内亚、突尼斯和摩洛哥等国提供经济技术援助。

在出访亚非14国期间，周恩来根据毛泽东主席的指示，提出了我国对外援助的八项原则。在出访非洲期间，1964年1月14日，周恩来在同加纳总统恩克鲁玛会谈时，首次提出了中国对外援助的八项原则。翌日，周恩来在阿克拉答加纳通讯社记者问时，公开宣布了八项原则的全部内容。1月20日，周总理在同马里总统莫·凯塔的会谈中，重申了这八项原则，并全文写入当日发表的《中国和马里的联合公报》中。援外“八项原则”的提纲是：1.平等互利；2.尊重主权、不附条件；3.无息或低息贷款；4.有利自力更生；5.有利国家收入，积累资金；6.国际价格，按价论值，保证质量；7.技术出口；8.专家待遇一律平等。① 上述提纲经由进一步阐释，便成为世人熟知的中国政府对外援助的重要文件。其内容如下：

第一，中国政府一贯根据平等互利的原则对外提供援助，从来不把这种援助看作是单方面的赐予，而认为援助是相互的。

第二，中国政府在对外援助的时候，严格尊重受援国的主权，绝不附带任何条件，绝不要求任何特权。

第三，中国政府以无息或者低息贷款的方式提供经济援助，在需要的时候延长还款期限，以尽量减少受援国的负担。

第四，中国政府对外提供援助的目的，不是造成受援国对中国的依赖，而是帮助受援国逐步走上自力更生、经济上独立

①王俊彦：《大外交家周恩来》，第514页。

发展的道路。

第五，中国政府帮助受援国建设的项目，力求投资少，收效快，使受援国政府能够增加收入，积累资金。

第六，中国政府提供自己所能生产的、质量最好的设备和物资，并且根据国际市场的价格议价。如果中国政府所提供的设备和物资不合乎商定的规格和质量，中国政府保证退换。

第七，中国政府对外提供任何一种技术援助的时候，保证做到使受援国的人员充分掌握这种技术。

第八，中国政府派到受援国帮助进行建设的专家，同受援国自己的专家享受同样的物质待遇，不容许有任何特殊要求和享受。①

上述援外原则贯彻了国与国之间的平等精神，强调要严格尊重受援国的主权，并且应以帮助受援国逐步走上自力更生、独立发展的道路为目的。这些原则体现了我国同亚非国家进行经济合作的真诚愿望，在亚非国家产生了深远影响。中国对外援助八项原则公布后，在亚非国家产生了强烈反响，许多亚非国家通过各种渠道了解八项原则的具体内容，并给予较高评价。② 例如，一次，中国驻坦外交人员报告国内说，尼雷尔今天提到了《援外八项原则》，并质问

---

①中华人民共和国外交部、中共中央文献研究室编：《周恩来外交文选》，第388～389页；周恩来：《对外经济技术援助的八项原则》，《周恩来选集》（下卷），北京：人民出版社，1984年，第429～430页；《人民日报》，1964年4月26日，第1版。

②高延春：《援建坦赞铁路纪实》，《临朐文史资料选辑》（第20辑），内部资料，2003年，第120～121页。

道:其他国家给我们的援助难道可以说也像上述几项原则一样公道吗?①

最后,还表现在诸如促成"第二次亚非会议"顺利召开等具体行动上。第二次亚非会议是在1964年4月为庆祝第一次亚非会议(万隆会议)召开10周年时,由与会的22个亚非国家的外长共同决定召开的。经过讨论,第二次亚非会议定于1965年3月10日在阿尔及利亚的首都阿尔及尔召开。会议召开的目的是"继承、发扬'万隆精神',加强亚非国家之间团结,共同反对帝国主义、殖民主义"。② 中国政府积极促成第二次亚非会议的成功召开,美、苏等国为削弱中国在亚非国家中的影响,对其进行极力破坏,使其最终夭折。

以坦桑尼亚为例,中国政府不仅希望坦桑尼亚参加会议,还希望"坦能运用它在东非的政治影响,对邻近国家宣传第二次亚非会议的重要性,并推动他们会后能参加正式大会"。③ 中国政府从驻坦使馆获得的消息却是"印度和苏联驻坦桑大使曾分别找他(指坦桑尼亚外交部驻议会秘书瓦尔瓦),劝说坦桑联合共和国只参加在开罗召开的不结盟会议,不必参加在阿尔及利亚召开的第二届亚非会议",④以及"警惕印度可能以其所谓'和平共处十点宣言'代

①《坦桑尼亚方面对坦总统尼雷尔访问中国的反应》,外交部档案馆档案(档号:108-01095-07),1965年1月28日,第2页。

②李同成、金伯雄编:《中国外交官在非洲》,上海:上海人民出版社,2005年,第8页。

③《坦桑尼亚对第二次亚非会议的态度》,外交部档案馆档案(档号:108-00448-01),1964年9月28日,第15页。

④《坦桑尼亚对第二次亚非会议的态度》,外交部档案馆档案(档号:108-00448-01),1964年10月1日,第19页。

替万隆会议的十项原则，冲淡会议反帝、反殖和亚非团结精神的企图”。[①] 在阿尔及利亚六一九政变发生后，美、苏既密切关注亚非会议的动向，又乐见会议被无限期推迟。第二次亚非会议最终因各种阻挠而未能召开。

中国政府对美、苏等国破坏第二次亚非会议召开十分愤怒，这突出表现在1965年9月时任副总理兼外交部部长陈毅的发言上。9月30日，陈毅外长在答记者问中说，“中国不仅不怕美国的侵略，而且欢迎他们明天就来侵略”，“我们不仅不怕美国侵略，而且让印度人同美国人勾结好了，也让英帝国主义者同苏修与美国勾结好了”。陈毅外长告诉那些担心反对西方国家与苏联会在经济上遭受损失的国家，“有些人告诉我说，他们不能谴责美帝国主义，因为他们依靠美国供给他们面包，我回答他们说，他们谴责美帝国主义越多，他们得到的面包也就会越多”。[②]

二、中坦关系的不断发展

中国政府从一开始就十分重视发展与东非各国尤其是坦桑尼亚的外交关系。在周恩来看来，“坦桑尼亚是小国、弱国，但小国、弱国的领导人未必小、未必弱”。[③] 坦桑尼亚所处的地位是东、中非民族独立运动的主要前线阵地，非洲统一组织的解放委员会总部

---

①《坦桑尼亚对第二次亚非会议的态度》，外交部档案馆档案（档号：108-00448-01），1964年9月28日，第15页。

②吉科瓦蒂：《陈毅副总理在记者招待会上的谈话》，《参考消息》，1965年9月30日，第1版；刘树发：《陈毅年谱》（下卷），北京：人民出版社，1995年，第1124～1125页。

③熊向晖：《我的情报与外交生涯》，北京：中共党史出版社，1999年，第483页。

设在那里，尚未独立的肯尼亚、乌干达、赞比亚、纳米比亚、南非、莫桑比克都有民族党负责人在那里设立办事处。坦桑尼亚是非洲各民族解放组织的重要活动中心，“南非非洲人国民大会、阿扎尼亚泛非主义者大会、莫桑比克解放阵线、津巴布韦的民族联盟和人民联盟、纳米比亚的西南非人民组织以及安哥拉人民解放运动等在达累斯萨拉姆设立总部或代表机构。它们的领导人经常云集坦桑尼亚，并且同我们使馆和几任大使有密切交往，建立了深厚的友情”。①

中坦关系虽然源远流长，但是帝国主义的长期统治几乎割裂了中国和东非各国的友好关系。坦噶尼喀决定于 1961 年 12 月 9 日宣布独立，并于 10 月中旬以前向中国政府发出参加庆典邀请。中国政府收到通知后不久便任命中国驻埃及大使黄华与驻加纳使馆二等秘书胡定一一道参加，“坦噶尼喀的总理尼雷尔和多名部长在机场迎接各国贵宾。尼雷尔对我特别友好，约定第二天，12 月 7 日下午在总理府会见”。②

黄华和尼雷尔主要商谈建交与设立使馆等问题。尼雷尔读完黄华递交的建交书以后，表示同意与中国建交，绝不和台湾建交，并说坦噶尼喀独立后，中国可随时在达累斯萨拉姆设立大使馆，但坦噶尼喀政府因经费和人员问题，目前尚不能在中国建立使馆。这样，中国在坦噶尼喀独立当天就和坦方建立了外交关系，其中中国发表的外交公报这样写道：“在代表中国政府感谢坦噶尼喀政府支持恢复中华人民共和国在联合国的合法席位……反对在世界事

①李同成、金伯雄：《中国外交官在非洲》，第 116~117 页。

②黄华：《亲历与见闻：黄华回忆录》，第 126 页。

务中制造'两个中国'的公正立场后，黄华大使和尼雷尔总理一致认为两国之间的关系应以下列原则为指导……这将有利于两国、有利于亚非团结和世界和平。"①

1961年、1963年坦噶尼喀和桑给巴尔相继独立后，何英、孟英分别担任驻坦噶尼喀、桑给巴尔大使。1962年春，何英赴坦噶尼喀前，周恩来总理、陈毅副总理都接见过他。陈毅嘱咐说："坦噶尼喀地位很重要，首先要巩固在坦噶尼喀的工作阵地。"周恩来也叮嘱说："坦噶尼喀是英属联邦头一个取得独立的国家，尼雷尔不搞两个中国，而且主动邀请我们派代表出席独立庆典，又马上和我们建交。这一招很有远见，但不可能没有阻力。"当时，使馆有三项主要任务：一是巩固发展和坦噶尼喀的关系；二是和坦噶尼喀政府合作，大力支援周围的民族解放运动；三是促进那些未独立和即将独立的国家在独立之后同我们而不同台湾建立关系。②

然而不久，中坦关系就遇到了挑战。1962年，中印发生边疆冲突，中国驻坦桑尼亚使馆在1962年11月忽然接到坦噶尼喀外交部发来的文件，说他们拟将就中印边界冲突问题发表一份谴责中国的声明，文稿已发给各大通讯社，将于次日公开发表。何英在会见卡瓦瓦时，试图说服卡瓦瓦不要发表声明，但他未予理睬。中国很担心，"因为其他中东非的一些国家和地区都唯坦噶尼喀马首是瞻"。在约见尼雷尔后，事情得到解决。坦方发表了一个中立性的声明。周恩来知道情况后，对尼雷尔较为感激。1964年初，周恩来计划访问坦噶尼喀的安排也未能成行。1964年1月，坦方告知中

①黄华：《亲历与见闻：黄华回忆录》，第127页。

②宗道一：《周南口述：遥想当年羽扇纶巾》，济南：齐鲁书社，2007年，第157页。

国驻坦使馆:“鉴于坦陆军已不能信赖,英军又在坦国内,目前总理来访,坦将不能给总理以应有礼遇和安全保证。为此希望推迟总理访坦;另在未来几个月中他将必须留在国内整顿内部(事务),不能不推迟出访包括访华计划在内。……希望不影响中坦友谊的发展。”①结果,周恩来等人只得被迫取消了东非之行,“鉴于目前东非形势不稳,坦、肯、乌三国又请英兵维持,从政治上考虑中央已决定,总理、陈总不去坦、肯、乌、桑四国访问”。②

然而,桑给巴尔推翻苏丹统治的“第二次独立”,促进了中国和坦桑尼亚大陆关系的发展。1964 年 1 月 12 日,桑给巴尔内部的两大反对党设拉子党和乌玛党联合起来发动了军事政变。桑给巴尔的重要领导人之一巴布,一直持对华友好态度。据档案资料,在政变成功后,“巴布和塔瓦拉等竭力想在桑实行中国式的社会主义,除国名定为‘人民共和国’外,建军也想命名为‘人民解放军’,并想不经互助合作阶段,直接建立人民公社。还表示要在办公室挂马恩列斯和毛主席像”。③ 全力支持桑给巴尔发动政变的尼雷尔对巴布说,“坦国大,困难多,搞社会主义要慢慢来。你放手干,搞出一个社会主义来看看”,并说:“让卡鲁姆(总统)和你们一起干,如果他想不通,让他来见我,我和他谈。”巴说:“坦迟迟不承认桑,并许苏丹避难,均系为了打掩护。”④

---

①《坦噶尼喀推迟周恩来总理访问坦桑》,外交部档案馆档案(档号:108-00338-03),1964 年 1 月 26 日,第 1 页。

②《坦噶尼喀推迟周恩来总理访问坦桑》,外交部档案馆档案(档号:108-00338-03),1964 年 1 月 26 日,第 6 页。

③《桑给巴尔一月革命情况》,外交部档案馆档案(档号:203-00372-01),1964 年 1 月 21 日,第 21 页。

④《桑给巴尔政变情况》,外交部档案馆档案(档号:108-00439-01),1964 年 1 月 12 日,第 3 页。

1964 年 4 月,坦噶尼喀与桑给巴尔合并为坦桑尼亚后,中央很重视,周恩来点名要求何英继任,担任驻坦大使。[1] 何英大使赴任后,坦桑尼亚政府官员多次到使馆同工作人员进行交流、互通情报。例如,坦桑尼亚外长坎博纳曾到使馆告诉何英,“不久前印度副外长来坦活动,提出两点要坦在会上支持,即(1)中印边界问题,(2)反对种族主义,内容系旁敲侧击指责中国”。[2] 巴布告诉何英,(1)他认为中国拥有核武器和早日爆炸核武器只有好处没有坏处,不但可以打破少数核大国的核垄断和核讹诈,而且有利于世界人民。(2)他说他正考虑准备向会议提出明确“不结盟”的定义问题。他认为所谓不结盟只是说不同东西方两大集团结盟,但不结盟国家在经济建设上应该选择社会主义道路,摒弃资本主义道路。[3]

1964 年 6 月,坦桑尼亚第二副总统卡瓦瓦的访华更加推动了中坦关系的发展。中国政府给予卡瓦瓦一行十分隆重的接待,“北京 100 万人欢迎等于坦噶尼喀成年男人一半以上”。[4] 尼雷尔也对中国的热情十分感激,他说:“中国政府和人民给予坦桑第二副总统卡瓦瓦的热烈欢迎和隆重的款待是坦桑联合共和国和人民的光荣。”[5]6 月 14 日,毛泽东会见了卡瓦瓦,同他进行了亲切友好的谈

---

①宗道一:《周南口述:遥想当年羽扇纶巾》,第 158~159 页。

②宗道一:《周南口述:遥想当年羽扇纶巾》,第 156 页。

③《坦桑尼亚对第二次亚非会议的态度》,外交部档案馆档案(档号:108-00448-01),1964 年 10 月 1 日,第 18 页。

④《坦桑尼亚总统尼雷尔、外交部长坎博纳对坦桑第二副总统卡瓦瓦率政府友好经济代表团访问中国后的反应》,外交部档案馆档案(档号:108-00982-01),1964 年 6 月 11 日,第 6 页。

⑤《坦桑尼亚总统尼雷尔、外交部长坎博纳对坦桑第二副总统卡瓦瓦率政府友好经济代表团访问中国后的反应》,外交部档案馆档案(档号:108-00982-01),1964 年 6 月 11 日,第 10 页。

话。在谈及中国的援外政策时,毛泽东说:“我们一定要实行八项原则。如果我们不执行其中任何一项,那就不行,对你们不利,对我们也不利。……如果哪个中国人去你们那儿做坏事,你们就告诉我们,我们把他撤回来。你们也可以把他赶回来。我们派出去的人,可能有不好的。我们要检查工作,如果发现有人对外国态度不好,就必须责令他改正错误;如果他不改,就调回来。我们也有跑到资本主义国家中去的人,他们看不惯社会主义,想跑,跑一点也可以,我们人本来就太多了。我们之间相互平等,讲真话,不是表面一套,背后一套。”①卡瓦瓦副总统在访华期间同中国达成了军事援助协定,这使得美国非常恼火,“美原拟通过以色列包办对坦军训练,以军专家来坦活动一年余。但坦接受中国军援消息公布后,美、以都非常恼火,以原答应给坦小型军用飞机五架也撤回,转给乌干达”。② 为发展两国平等互助的友好关系,中国与坦桑尼亚两国政府发表了联合公报,并签订了经济技术合作协定。③

需要说明的是,坦桑尼亚政府对第二次亚非会议的立场以及取消周恩来在1963—1964年亚非之行的邀请做法,并没有影响到中坦两国政府间的关系。对于前者,周恩来的评价是“对亚非会议,尼雷尔的见解硬是比我们大,他的见解硬是比我们强”。④ 对于后者,坦桑尼亚事先告知“鉴于坦陆军已不能信赖,英军又在坦国内,目前总理来访,坦将不能给总理以应有礼遇和安全保证。为此

---

①中华人民共和国外交部、中共中央文献研究室:《毛泽东外交文选》,第527~528页。

②《坦桑尼亚对第二次亚非会议的态度》,外交部档案馆档案(档号:108-00448-01),1964年10月1日,第22页。

③《人民日报》,1964年6月17日,第2版。

④熊向晖:《我的情报与外交生涯》,第483页。

希望推迟总理访坦；另在未来几个月中他将必须留在国内整顿内部，不能不推迟出访，包括访华计划在内"。[①] 尼雷尔多次对中国驻坦使馆人员表示，"他对周总理访问和他访华的推迟，感到非常抱歉，也感到是一种耻辱，等情况一旦好转后，他仍将访华"。[②] 尼雷尔对美国阻挠中国加入联合国的做法表示同情，"这些人民都是我们的兄弟，有七亿之多，他们有权共享这个星球上的友谊和财富。但美国却说：'你必须朝中国人的脸上吐唾沫！你在联合国必须每次投票反对中国！'这是废话，简直是胡说八道！作为道义问题不理解这种做法。我不理解那些年复一年地投票反对中国——反对七亿人民的亚非国家。我不理解这一点，你们怎能用这种方法来争取和平呢？"[③]

有趣的是，正是尼雷尔总统首次访华的"了解"之旅，开启了中国援建坦赞铁路的序幕。西方富有国家不愿解决的问题，贫穷的中国却帮助坦赞两国解决了。

---

①《坦噶尼喀推迟周恩来总理访问坦桑》，外交部档案馆档案（档号：108-00338-03），1964年1月26日，第1页。

②《坦噶尼喀推迟周恩来总理访问坦桑》，外交部档案馆档案（档号：108-00338-03），1964年1月26日，第12页。

③[英]威廉·埃杰特·史密斯：《尼雷尔》，第261页。

第二章　中国援建坦赞铁路的决策过程

20 世纪 60 年代中后期,坦桑尼亚总统尼雷尔与赞比亚总统卡翁达相继访华,并同我国第一代领导人毛泽东、周恩来、刘少奇等晤谈坦赞铁路建设事宜。坦赞两国总统的各自访华虽然促进了坦赞铁路修筑协议的最终达成,但是我们并不能据此认为两国总统的访华主要系出于向中国请求援建坦赞铁路之目的,有关原因十分复杂。论者以为,越来越多的资料表明,与其说是坦赞两国元首的亲自求援,毋宁说是中国政府在援建坦赞铁路上的积极态度以及坦赞两国政府的务实外交政策最终玉成了修筑坦赞铁路一事。中国积极援建坦赞铁路并不是出于一时冲动,而是出于外交、政治等多重因素的考量,这在中国援建坦赞铁路的决策过程以及中、坦、赞三国领导人的会谈中可以看出。

第一节　观点之争与坦赞铁路援建决策

中国政府在援建坦赞铁路问题上持何态度? 是主动争取援建,还是被动接受援建? 这一问题是有关坦赞铁路研究中探究、评论最多,也是分歧意见最大的。分歧产生的焦点问题之一是坦赞两国总统访华时有无向中国政府提出援建铁路之请求。在不少研究者眼中,对该焦点问题的不同看法关系中国政府是主动抑或被动援建坦赞铁路的定性问题。大体说来,主要有下述几种看法。

第一种看法认为,中国政府是被动援建坦赞铁路的,坦赞两国总统的首次访华主要是出于坦赞铁路之目的,他们在访华时请求中方援建坦赞铁路,结果中国政府出于各种考虑慷慨应允。这种观点是国内亲历者、研究者的传统看法,也是多年来未发生变化的主流观点。1994 年前后,中国驻坦桑尼亚首任大使何英多次撰文论及这一问题。在《对援建坦赞铁路决策的回顾》一文中,何大使指出:“关于由中国援建坦赞铁路事,最早是对中国比较友好的坦桑政府的商业合作部部长巴布向我表露的,尼雷尔总统访华时正式向我国领导人提出。”①通读全文,可知这里的“我”指作者本人而非“我国”。在《我在坦桑尼亚开展外交活动的片断回忆》一文中,何大使再次指出:“援建坦赞铁路的决策是毛主席亲自做出的。1965 年 2 月,尼雷尔总统访华时,向我们提出了援建的要求,得到了我国领导人的重视和积极支持。”②在《驻坦桑首任大使的追忆》一文中,何英回忆说:“1965 年 2 月 10 日,坦桑商业合作部部长巴布在尼雷尔总统访华前对我说,尼雷尔这次访华时可能提出要求中国帮助修建坦赞铁路的问题……1965 年 2 月尼雷尔访华时,坎伯纳外长 18 日会见陈毅副总理兼外长时就提出此问题,陈总即表示我国原则上同意援建,将先派人去勘探。刘少奇主席、周总理在

①何英:《对援建坦赞铁路决策的回顾》,第 31 页。

②何英:《我在坦桑尼亚开展外交活动的片断回忆》,第 39 页。

同尼雷尔会谈时也作了同样表示。毛主席在会见尼雷尔时说,你们有困难,我们也有困难,但你们的困难和我们的不同,我们宁可自己不修铁路也要帮你们修建这条铁路。"①何大使的几次表述虽不尽相同,观点却始终倾向于认为尼雷尔总统访华和中国承诺援建坦赞铁路成因果关系。曾任中国驻坦桑尼亚大使馆临时代办的周伯萍在其论著中写道:"(尼雷尔)心中无数,故向何英大使表示访华意图,想亲自与中国领导人商讨援建坦赞铁路的可能性。""在会谈中,刘少奇主席和周总理等主要国家领导人推心置腹的亲切态度,使尼雷尔总统也敞开了心扉,提出了援建坦赞铁路的要求。……卡翁达总统终于在 1967 年 6 月下旬亲自访华求援,立即得到中国领导人的慷慨承诺。"②周伯萍的话似乎在佐证着何大使的观点,在肯定了何英个人作用的同时,也解释了坦桑尼亚为何未通过中国驻坦大使馆向中国提出援助请求。时任中国驻坦大使馆秘书周南也多次论及尼雷尔访华一事。

2013 年 4 月,周南在接受采访时说:"我记得,尼雷尔访华来的时候,是我陪他坐飞机到北京的。他说,他一路上很忐忑,到底要不要提?提了要是受到拒绝怎么办?所以,他第一次会谈没敢提。后来我们知道这个情况,就暗示他,说你不要有什么顾虑,你有任何要求都可以提,中方会认真考虑。这样,尼雷尔壮了胆子,就提出来了。他是跟少奇同志提的,少奇同志当时就表示同意。"③此前,周南也曾发表过类似看法:"尼雷尔寻思中国是不是可以伸出

①何英:《驻坦桑首任大使的追忆》,第 312 页。

②周伯萍:《非常时期的外交生涯》,第 133~134 页。

③外交部政策规划司:《中非关系史上的丰碑:援建坦赞铁路亲历者的讲述》,第 101 页。

援助之手，所以他到中国访问还有这个目的。但尼雷尔又怕碰钉子，不太敢跟中国领导人讲这件事。其实中央当时已经知道消息并做好了援助准备，所以何英和周南就跟他说：‘你有什么话尽管说，不要紧的。’当时中央安排刘少奇接见他，结果他一讲，刘少奇就同意了。”①金伯雄在《我的非洲岁月》一书中写道：“坦赞铁路是新中国成立以来最大的援外项目，国内外闻名。这里需要说一点背景情况：这个项目首先是坦桑方面提出的。”②

中国铁道部原部长吕正操以及中国援建坦赞铁路工作组原副组长靳辉等人也认为坦赞两国总统访华时具有向我方请求援建坦赞铁路之动机。在《我国援建坦赞铁路的背景》一文中，吕正操写道：“坦赞两国的希望寄托在中国身上。1965 年 2 月，坦桑尼亚总统尼雷尔访华，会见毛主席，向毛主席和周总理提出了援建坦赞铁路的要求。”③靳辉在《当代中国铁路对外经济技术援助》一书中写道：“1965 年 2 月，尼雷尔总统来中国进行访问，要求中国帮助修建坦赞铁路，中国领导人表示，如西方国家不提供援助，中国可以帮助修建这条铁路……1967 年 6 月，赞比亚总统卡翁达来华访问，提出要求中国修建坦赞铁路，中国领导人表示同意帮助修建这条铁路。”④此外，在《当代中国的铁道事业》等论著中都阐述过上述类似观点。⑤

上述观点的社会影响力较大，因提出者多系亲历者与知情者，

---

①张春生，许煜：《周南解密港澳回归：中英及中葡谈判台前幕后》，第 54～55 页。

②金伯雄：《我的非洲岁月》，第 80 页。

③吕正操：《我国援建坦赞铁路的背景》，第 319 页。

④靳辉：《当代中国铁路对外经济技术援助》，第 37～38 页。

⑤《当代中国丛书》编辑部：《当代中国的铁道事业》（下），第 358 页。

不是中国驻坦大使馆工作人员，就是指挥坦赞铁路施工的有关负责人。然而，随着研究的深入以及有关资料的不断解密，该观点正日益遭到各方质疑，究其原因：一方面是赞比亚政府在坦赞铁路上的态度与上述所言明显不符；另一方面，尼雷尔、卡翁达、巴布等人曾多次否认他们的访华系出于求援坦赞铁路之动机。此外，能够佐证上述观点的档案资料十分匮乏。

第二种看法认为，中国政府是主动援建坦赞铁路的，坦赞两国总统访华时并未决心请求中国援建坦赞铁路，而是出于逼迫西方国家援建坦赞铁路之目的才假意接近中国。与第一种看法相左，国外学者多认为坦赞铁路是中国政府主动送给坦赞两国的一份厚礼。美籍华人于子桥教授在《坦桑尼亚—赞比亚铁路：中国对非经济援助个案研究》一文中较早指出："1965 年 2 月份，在坦桑尼亚总统尼雷尔对北京进行国事访问期间，中国提议由它来承担此项任务。""1967 年 6 月他对中国进行国事访问后，中国已同意建设铁路时，赞比亚终于也接受了中国建议。"①菲利普 · 斯诺（Philip Snow）撰文写道："没有人会相信中国会同意修建坦赞铁路。然而在 1965 年 2 月，当尼雷尔总统首次访问北京时，周恩来十分镇定地说中国可以考虑帮助修建坦赞铁路。尼雷尔的第一反应是半信半疑。中国人是认真的吗？他们知道接手坦赞铁路需要付出的代价吗？"②佩曼（Peyman）、霍尔（Hall）也在其合著的著作中声称："尼雷尔身边的一位部长坚持认为中国领导人先是咨询坦赞铁路建设的进展

①[美]于子桥：《坦桑尼亚—赞比亚铁路：中国对非经济援助个案研究》，第 277 ~279 页。

②Philip Snow, *The Star Raft: China's Encounter with Africa*, p.153.

如何，接着便说愿意提供经济援助。”①近年来，布罗蒂加姆在其论著中也认为：“‘文化大革命’的高潮期，周恩来总理承诺帮助它们修建非洲最长的铁路，这条铁路全长接近 2,000 千米，从赞比亚内陆的铜矿一直延伸到坦桑尼亚的大海。”②该种看法可能比较符合事实，也正被越来越多的档案资料及口述史料所证实，例如，2007 年 1 月，卡翁达总统在会见胡锦涛主席时回顾说：“当时，非洲南部民族解放的斗争形势非常严峻，坦桑尼亚和赞比亚曾请求西方国家帮助修建坦赞铁路，但遭到拒绝。后来，我们去中国向毛泽东主席提起这件事。毛泽东主席同意援建这条铁路，我们对此非常感激。”③“提起”和“请求”不能等量齐观，赞比亚政府的态度下文有详述。

还有一种折中的看法认为，坦赞两国总统在访华时试探着提出坦赞铁路问题，却出乎意料地得到了中方的坚定支持。王永秋曾撰文回忆说：“两国领导人只好试探性地向中国领导人求助，出乎他们的意料，中国政府毫不犹豫地答应了他们的要求，决定为坦赞两国修建一条连接两国的铁路。”④李秋保也回忆说：“1965 年 2 月，坦桑总统尼雷尔以试试看的心情到中国访问，向中国提出想修建铁路想法。参加会谈的刘少奇主席、周恩来总理，当即答应和支

---

①Hugh Peyman & Richard Hall, *The Great Uhuru Railway: China's Showpiece in Arica*, p.72.

②[美]黛博拉·布罗蒂加姆：《龙的礼物：中国在非洲的真实故事》，第 19 页。

③《握手，全天候朋友：胡锦涛主席同卡翁达畅叙中非友谊》，《大国外交第一现场》，第 200 页。

④王永秋：《出使坦桑尼亚的永远记忆》，《中国大使讲非洲故事》，北京：世界知识出版社，2013 年，第 144 页。

持了他的要求。”[1]陆庭恩教授在《坦赞铁路的修建与中非友谊》一文中写道：“尼雷尔在同刘少奇、周恩来会谈时讨论了早由坦方婉转地向中国提出要求援建坦赞铁路的问题。”[2]恩师沐涛教授也曾撰文指出：“1965年2月，坦桑尼亚总统尼雷尔在首次访华时，抱着试试看的想法，向中国政府提出援建铁路的要求。中国政府完全从维护坦赞两国政治和经济独立的角度考虑，毅然表示全力支持。”[3]这种看法综合了上述两种观点，对于解释某些历史问题具有指导意义且容易被人接受，但它回避了深入探讨，是一种猜测的做法。

此外，还有一种模糊的说法，即只描述有关过程，而不给予评议。譬如，王泽军曾撰文指出：“事后尼雷尔回忆说，他同刘少奇、周恩来讨论了许多问题，但对修建坦赞铁路，他非常犹豫，不知如何开口，也不知道中方会有什么反应。在中国领导人再三追问坦桑尼亚需要哪些帮助时，尼雷尔终于鼓足勇气提出了修建坦赞铁路的设想。他说，修建坦赞铁路不仅可以打破帝国主义妄图使坦桑尼亚和赞比亚两国重新成为他们的殖民地的目的，而且可以开发坦桑尼亚南部地区，改变经济恶性循环问题。你们可能想象不到修成这条铁路有多么重要，它等于爆炸了一颗原子弹。我坦率地向你们提出，使你们了解这一点，请你们考虑怎么办。如果可以考虑的话，我们将感到很高兴；如果你们有困难的话，我们完全可以理解。刘少奇和周恩来对尼雷尔的要求当即给予了积极的支持

①李秋保：《在援建坦赞铁路的岁月里》，第229页。
②陆庭恩：《坦赞铁路的修建与中非友谊》，第602~603页。
③沐涛：《世界史画卷·非洲卷》，第281页。

和肯定的答复。”①

上述各种看法与见解虽各有其道理,但普遍存在着以下一些问题:其一,所得结论的主观色彩较浓,大都没有交代有关依据;其二,将1965年2月尼雷尔访华和1967年6月卡翁达访华混为一谈,且大多重前者而轻后者,给人一种以偏概全之感;其三,对坦赞两国领导人多次提出的不同观点置若罔闻。意见分歧产生的原因可能是多方面的,其中之一是口述历史的不可靠性。例如,卡翁达总统一方面声称他首次访华时尚未考虑坦赞铁路问题,而是为了和毛泽东主席和周恩来总理建立联系②;另一方面却说:“我们转而向毛主席和周恩来求助,他们说:‘行,我们愿意帮助你们,但你们还是再找一找西方国家。如果西方国家再拒绝,我们就帮你们修建这条铁路。’我和尼雷尔总统再次找到西方国家,结果还是遭到拒绝。我们就回头找中国,毛主席和周总理说:‘那好,我们可以修建铁路了。’于是中、坦、赞三国开始修建坦赞铁路。”③再如,尼雷尔总统夫人近年来在接受采访时说尼雷尔访华时有向中国请求援建坦赞铁路之目的④,而尼雷尔本人在世时却多次否认这一点。

笔者以为,坦赞两国总统首次访华时,其在坦赞铁路建设问题上的动机十分复杂:一方面,他们希望借访华之机试探中国在坦赞铁路问题上的真实态度,并且试图借力中国来争取西方国家的支持;另一方面,他们却担心在西方国家的阻挠以及中国政局不稳的

①王泽军:《一条中非人民友谊之路:毛泽东与尼雷尔》,第344~345页。

②视频资料,网址:http://baidu.baomihua.com/watch/7510894103510810549.html? page=videoMultiNeed。

③《访谈赞比亚前总统卡翁达》,《中非关系史上的丰碑:援建坦赞铁路亲历者的讲述》,第251~252页。

④2015年4月20日电话访谈,中土公司坦赞铁路振兴办公室寇鲁林口述。

双重压力下,中国会日渐失去援建坦赞铁路的兴趣与能力。但总的说来,在建设坦赞铁路问题上,坦桑尼亚比赞比亚表现出了更大的胆识与诚意,在冷漠的西方国家与热情的中国之间,它们最终无奈地选择了后者。因此,笼统地认为坦赞两国总统出于请求中国援建坦赞铁路之目的而访华或认为他们在访华时被动地接受了中国政府的援建提议并不十分允当,哪一方最先提出坦赞铁路问题并不是事情的关键,也不足以作为评判主动援建与被动援建的重要依据。接下来列举的诸多事例将证明,在援建坦赞铁路问题上,中国政府始终秉持着一种显而易见的积极态度。这种态度,也是坦赞两国历届政府领导人对中国政府心存感激的重要原因。

第二节　周恩来主持做出初步援建决策

根据有关资料及知情者的讲述,尼雷尔总统访华时将可能请求中国援建坦赞铁路这一讯息最早是由巴布(Babu)向中方透露的。巴布的全名是阿卜杜勒·拉赫曼·穆罕默德·巴布,时任坦桑尼亚商业合作部部长,是具有阿拉伯血统的桑给巴尔人,他“思想进步,才智过人,主张桑岛独立,拥护坦桑联合,是卡鲁姆的密友和智囊,尼雷尔对他也很器重”。① 由于和中国驻坦外交工作人员的关系普遍较好,巴布及其党友常被西方政府视为“亲华派”。② 在尼雷尔访华前十天左右,巴布以“尼雷尔总统访华先遣组组长”

①周伯萍:《非常时期的外交生涯》,第30页。

②金伯雄:《我的非洲岁月》,第50~55页。

的身份率"坦桑尼亚政府贸易代表团"先期来华。对于该先遣组的到来,我外交部工作人员分析认为"估计其意图有三:(1)就双方准备会谈的问题向我方通通气、摸摸底;(2)商谈扩大中坦贸易和签订贸易协定;(3)为尼雷尔访华作礼宾安排"。① 为了更好地开展尼雷尔总统访华时的接待工作,何英大使②也应召提前回国,"1965年1月8日,何英按国内指示约见尼雷尔总统,表示我国领导人热烈欢迎他访华。随后,何英大使回国进行接待准备"。③ 从有关资料来看,何英大使当在9日飞抵国内。

巴布一行于1965年2月7日抵达北京,受到李先念副总理及陈毅外长的热情接待。④ 9日晚,在陈毅、何英等人的陪同下,周恩来在人民大会堂福建厅接见了"坦桑尼亚政府贸易代表团"成员。⑤ 在随后举行的中坦双方代表正式会谈时,巴布等人一直无实质性内容告知中方,周恩来只好将话题转向礼宾改革方面。⑥ 会谈

---

①《坦桑尼亚总统尼雷尔访华接待计划、活动日程、双方赠送礼品清单、尼雷尔致刘少奇主席的感谢信等》,外交部档案馆档案(档号:204-01077-01),1965年1月29日,第1页。

②何英(1914.11—1993.10),广东乐会县(今海南琼海)人,中华人民共和国成立前曾任中共中央海外工委委员、第四野战军师副政委等职。1950年7月调入外交部,历任驻雅加达总领事、驻印度尼西亚使馆公使衔参赞(1950—1952)、亚洲司副司长(1952—1954)、驻蒙古大使(1954.9—1958.8)、西亚北非司司长(1959—1962)、驻坦桑尼亚大使(1962.4—1969.5)兼驻乌干达大使(1963—1964)、亚非司司长(1970—1972)、外交部副部长(1972.5—1982.4)等职。1982年4月任外交部顾问。是第六、七届全国人大常委、华侨委员会副主任委员。参见唐家璇编:《中国外交辞典》,北京:世界知识出版社,2000年,第93~94页。

③中央新闻纪录电影制片厂影视资料部:《新闻简报・中国外交》(1960—1980),上海:上海科学技术文献出版社,2009年,第157页。

④《人民日报》,1965年2月8日,第1版。

⑤刘树发:《陈毅年谱》(下卷),第1084页。

⑥中共中央文献研究室:《周恩来年谱(1949—1976)》(下),北京:中央文献出版社,1997年,第1047页。

临近结束时，周恩来问坦桑尼亚国内有无铁路，可能由于言语不通，巴布等人对周恩来的问询未置可否，何英于是在一旁代答道："坦桑尼亚有 1600~1700 千米铁路，2 万多千米的公路。"①周恩来为何会在此时问及铁路问题？现有的资料尚无法提供令人满意的答案。或许是受周恩来所提问题启发的缘故吧，巴布在次日（2 月 10 日）告知何英，尼雷尔总统访华时将可能向中国请求援建坦赞铁路。在《援建坦赞铁路的决策过程》一文中，何英回忆说：

关于由中国援建坦赞铁路事，最早是对中国比较友好的坦桑政府的商业合作部部长巴布向我表露的，尼雷尔总统访华时正式向我国领导人提出。1965 年 2 月，在坦桑总统尼雷尔访华前，巴布率贸易代表团先期抵达北京。2 月 10 日，我会见巴布，在谈到尼雷尔访华究竟要谈什么具体问题时，巴布表示尼雷尔总统非常希望修建坦桑尼亚—赞比亚铁路，可能会提出要求中国帮助修建。巴布说，去年，坦、赞政府曾一起向世界银行提出援助修建坦赞铁路的要求，但被婉拒；坦桑副总统卡瓦瓦访问苏联时，又要求苏联政府援建这条铁路，但苏联政府毫不加考虑地就拒绝了，尼雷尔总统对此很失望。在遭到各方拒绝后，他曾说过，靠自己的牺牲也要修成这条铁路。巴布认为，这条铁路的修建在经济上和政治上都有巨大意义。在遭到世行和苏联政府的拒绝后，估计尼雷尔总统不会直截了当而会婉转地向中国提出援建的要求。巴布建议，如果尼

①《中国国务院总理周恩来会见以商业和合作部部长巴布为团长的坦桑尼亚政府贸易代表团谈话记录》，外交部档案馆档案（档号：108-00588-03），1965 年 2 月 9 日，第 3 页。

雷尔总统提出援建铁路，希望中国领导人不要立即作出否定的答复，可一般性的表示有兴趣，愿予研究。①

在《驻坦桑首任大使的追忆》一文中，何英再次回顾了自己当年同巴布交谈的有关细节：

1965年2月10日，坦桑商业合作部部长巴布在尼雷尔总统访华前对我说，尼雷尔这次访华时可能提出要求中国帮助修建坦赞铁路的问题，因去年坦桑和赞比亚共同要求世界银行援助修建，遭拒绝；卡瓦瓦副总统访问苏联时要求苏援建，苏联政府也毫不加考虑地予以拒绝。尼雷尔对此非常失望。在遭到各方面拒绝后，尼曾说过要靠自己的牺牲也要修建成这条铁路。巴布认为这条铁路在政治上有巨大意义，可加强坦、赞合作，促使赞比亚采取和坦桑同样的政策，防止赞倾向马拉维、南罗得西亚和南非，等等。巴布还说，如果尼雷尔提出此问题，中国方面如感到有困难，希望也不要当场拒绝。1965年2月尼雷尔访华时，坎博纳外长18日会见陈毅副总理兼外长时就提出此问题，陈总即表示我国原则上同意援建，将先派人去勘探。②

从上述两段材料的内容可知，何英十分肯定是巴布向他透露了有关信息，并且认为确切的时间是在2月10日。巴布与何英有

①何英：《对援建坦赞铁路决策的回顾》，第31~32页。
②何英：《驻坦桑首任大使的追忆》，第312页。

关坦赞铁路援建事宜的上述对话,在《友谊之路:援建坦赞铁路纪实》一书中可以得到进一步证实,根据此书援引的档案资料记载,当何英问及尼雷尔访华时究竟要谈什么问题时,巴布回答说:

> 总统非常希望修建坦桑尼亚—赞比亚铁路,可能会提出要求中国帮助修建。去年,坦桑尼亚和赞比亚曾一起向世界银行提出援建坦赞铁路的要求,但被婉拒;坦桑尼亚副总统卡瓦瓦访问苏联时,又要求苏联政府帮助修建这条铁路,不料苏联政府不加考虑便拒绝了。尼雷尔对此很失望。在遭到各方拒绝后,尼雷尔发誓说,就是牺牲自己也要修成这条铁路!这条铁路的修建,在经济上和政治上都有巨大意义,在遭到世界银行和苏联政府的拒绝后,尼雷尔总统绝不会再去品尝当面遭人拒绝的滋味,他向中国政府提出援建的方式肯定是婉转的……如果尼雷尔总统提出援建坦赞铁路时,希望中国领导人不要立即做出否定的答复,可一般性地表示有兴趣,研究一下。总统的心再也经不起羞辱了!谢谢!谢谢!①

时任中国驻坦桑尼亚大使馆秘书的周南也认为坦赞铁路援建一事最早是由巴布向何英透露的。在《周南口述:遥想当年羽扇纶巾》一书中,周南回忆说:

> 1965年2月,尼雷尔第一次到中国访问,是我陪他坐飞机来的,因为当时何英已经先到国内。在尼雷尔启程前几天,坦

①张铁珊:《友谊之路:援建坦赞铁路纪实》,第35~36页。

桑尼亚政府的商业合作部部长巴布已率领贸易代表团先期抵达北京,何英已会见过他。当时巴布表示:尼雷尔总统希望修建一条坦桑尼亚—赞比亚铁路,但世界银行婉转拒绝援助,而苏联政府也是不假思索回绝。在吃了"闭门羹"之后,巴布希望在尼雷尔总统提出援建坦赞铁路后,中国政府的领导人不要立即明确否认。所以在尼雷尔到达北京之前,我们知道他想修一条铁路——坦赞铁路,可是没钱。①

不难看出,上述几则材料的内容不但说法大同小异,而且在促使中国考虑援建坦赞铁路这一问题上,均认为是巴布起到了至关重要的作用。不过,需要指出的是,有关资料表明,巴布在向何英提及坦赞铁路事宜时带有较强的随机性和个人色彩,在《中共与坦赞铁路》一文中,巴布于 1987 年接受采访时回忆说:

1965 年 2 月的一天,他(尼雷尔)突然决定访华。由于众所周知的原因,我那时和中国官员的关系较好,而且我当时是工商部部长。因此,他要我对中国进行为期两周的先期访问。我是和贸易团一起去的,目的主要是为了商谈贸易问题。当周恩来问我:"你认为尼雷尔总统可能讨论什么问题?"很自然地,我就说"可能是连接坦赞两国的铁路问题"。

……

中国政府对我透露的信息十分重视,并组织有关人员在

①宗道一:《周南口述:遥想当年羽扇纶巾》,第 160 页;张春生,许煜:《周南解密港澳回归:中英及中葡谈判台前幕后》,北京:新华出版社,2013 年,第 54~55 页。

> 中央政治局进行讨论。在尼雷尔访华期间,两国政府代表会谈时尼雷尔从未提及坦赞铁路问题,因此周恩来就问他:“总统先生,我们听说你们和世界银行商谈建设铁路一事遇到一些问题,您可否简短地就此事向我们介绍一下?”……后来,周恩来说:“毛主席教导我们,凡是敌人反对的,我们就要拥护;凡是敌人拥护的,我们就要反对。如果帝国主义分子反对修建这条铁路,我们就支持你们将其建成。”①

可见,巴布本人认为他先期访华的主要目的是为了和中国商谈贸易问题,而不是坦赞铁路,他虽然承认曾向中国政府提及坦赞铁路援建问题,但是认为是在周恩来问询下的自然答复。类似这样的问题还有很多,由于资料限制,目前难以厘清原委,譬如,既然何英和巴布两人公私关系甚好,巴布为何选择在其到达中国后而非在其国内提前向何英透露坦赞铁路援建事宜呢? 再如,周恩来在 2 月 9 日会见巴布等人时缘何会问及坦桑尼亚的国内铁路问题呢? 可以肯定的是,不论巴布所提尼雷尔访华时将可能请求援建坦赞铁路一事当时是出于何种动机,也不论何英是否在积极推动中国政府援建坦赞铁路,对中国而言,一种显而易见的结果是,正是巴布和何英的一番话拉开了中国援建坦赞铁路的序幕。至于何英所说的坎博纳外长在会见陈毅副总理兼外长时就提出坦赞铁路问题,这是另一个十分重要的观点,可惜也无法得到有关资料的证实,真伪难辨。

---

①Amrit Wilson, *Us Foreign Policy and Revolution*: *The Creation of Tanzania*, London:Pluto Press, 1989, p.109.

中国援建坦赞铁路的决策过程是怎样的呢？系由谁做出的呢？现有的说法众说纷纭、莫衷一是。一种观点认为毛泽东是中国援建坦赞铁路的真正决策人，“实际上援建坦赞铁路的决策是毛泽东亲自作出的”。[①] 另一种观点认为中国援建坦赞铁路的决策系由周恩来主持做出的，“周总理对修建坦赞铁路从一开始就高度重视和满腔热情地支持”。[②] 还有观点认为援建坦赞铁路一事是我国党和国家领导人共同决定的，“中国帮助坦桑尼亚和赞比亚修建这条铁路是毛泽东、周恩来、刘少奇等中国领导人共同决定的”。[③] 造成意见分歧的原因可能在于人们对“援建决策”这一概念的不同认识。笔者认为，就坦赞铁路而言，“援建决策”其实包含“初步决策”与“最终决策”两大层面，前者主要包含两重含义：一是指该决策尚处在初始阶段，与“最终决策”相比还需要不断地完善、调整或变更；二是指该决策虽然还需要毛泽东、刘少奇等国家领导人的最终批准，但是它已大致奠定了中国援建坦赞铁路的基本基调。“最终决策”当然是指尘埃落定后的终极决策，其标志性完成事件是 1967 年 9 月《关于修建坦桑尼亚—赞比亚铁路的协定》的正式签订。本节主要探讨“初步决策”方面的内容。显而易见，较之其他领导人，周恩来在推动中国政府做出援建坦赞铁路的“初步决策”方面所起作用最大，不少研究者[④]已经注意到了这一问题。在周恩来的关怀

①何英：《我在坦桑尼亚开展外交活动的片断回忆》，第 39 页；张春生，许煜：《周南解密港澳回归：中英及中葡谈判台前幕后》，第 55 页。

②陆苗耕：《周恩来与非洲心心相印》，《外交官历史亲历记》，北京：九州出版社，2013 年，第 77 页。

③王泽军：《一条中非人民友谊之路：毛泽东与尼雷尔》，《毛泽东国际交往录》（增订本），北京：中共党史出版社，2003 年，第 344~345 页。

④周伯萍：《周恩来与坦赞铁路的援建》，《百年潮》，2000 年第 6 期；薛琳：《周恩来推动援建坦赞铁路》，《党的文献》，2012 年第 3 期。

下,中国政府在尼雷尔访华前便做好了援建坦赞铁路的“初步决策”。

根据多方面资料,为了“有利于中央和主席做出决策”①,周恩来在尼雷尔访华前重点抓了三件事。

其一,了解情况,充分调研。除了上文提及的让何英提供坦赞铁路修筑背景的有关内容外,周恩来还委托专员在坦赞两国进行多方调研。何英对此回忆说:根据中央有关方针,外交部由我参与写了一个请示给中央,提出“如有可能,中国应该承担这项工程”的建议。请示的主要内容有三个方面:(1)坦赞为发展经济、建设国家,特别是赞比亚为摆脱南罗得西亚(今津巴布韦)和葡萄牙的控制,急于寻找新的出海口,想修建这条连接东、中、南非的铁路。(2)在第二次世界大战后,东非铁路、海港公司曾经进行过踏勘并提出考察报告,认为修建这条铁路是可行的;英国亚历山大·吉布合股公司也认为可以修建这条铁路,但必须“采取有效措施发展沿线地区”,否则不应修建;一些西方国家则认为“没有必要修建”,因这条铁路显然是政治性的,而不是经济性的。(3)坦赞两国领导人是坚定的泛非主义者,他们坚决支持中、南部非洲的民族解放运动,修建坦赞铁路不仅可以促进坦赞两国民族经济的发展,而且可给予中部和南部非洲民族解放运动以大力支持。如我承担援建坦赞铁路,还可使非洲各国看到中国是真心实意地帮助他们,是他们真正的朋友。②

在坦赞两国的多方调研很快也有了结果,其中的一份调研报

①张铁珊:《友谊之路:援建坦赞铁路纪实》,第 37 页。

②何英:《援建坦赞铁路的决策过程》,第 282 页;何英:《对援建坦赞铁路决策的回顾》,第 32~33 页;张铁珊:《友谊之路:援建坦赞铁路纪实》,第 37~42 页。

告这样写道：

拟议中的赞坦铁路①起自赞比亚铜矿产地恩多拉，直达坦桑尼亚首都达累斯萨拉姆，全长约 1,320 英里，其中需要新建的约 1,010 英里。铺筑这条铁路是赞坦两国为摆脱帝殖势力控制、巩固民族独立、发展民族经济而要求采取的一项重要措施。赞比亚是一个内陆国家，四面被帝国主义及其代理人包围：北面是美帝控制的刚果（利），南面是白人当政的罗得西亚，东西两面分别是葡属殖民地安哥拉和莫三鼻给②，只有东北边界同坦桑尼亚接壤。赞盛产铜和其他有色金属。铜产量占世界第二，出口占世界第一。铜占赞出口 90%以上，在赞国民经济收入中居首先地位。但赞其他经济部门比较落后。动力（煤和石油）、采矿设备、生活用品等主要靠进口。由于赞没有自己的海港，不得不依赖罗得西亚铁路，经南罗到莫三鼻给的贝拉港，或经刚果（利）到安哥拉的洛比托港。这等于是被人扼住了咽喉。赞为了摆脱这一困境，迫切要求修筑赞坦铁路，以便从东非找到一个可靠的政治、经济出路。

坦桑尼亚要求铺筑铁路也极为迫切。尼雷尔甚至表示要靠牺牲自己来修成这条铁路。坦桑近年来采取了反帝、反殖和支持民族独立运动的政策。坦桑为了加强自己的地位，不仅需要密切同东非各国的联系，而且要求把其政治影响扩展到中非以至南非。这样，赞比亚就成了坦桑首先争取的对象。

①原文如此，赞坦铁路所指即坦赞铁路。

②即莫桑比克，下同。

坦桑工商部部长巴布即曾向我表示:“铁路建成,可加强赞坦联合,促使赞采取同坦桑政府同样的政策,防止赞倾向马拉维、南罗和南非。”此外,铁路一旦建成,赞北方省和坦桑南部地区的矿藏和土地也将得到开发,从而给赞坦两国的经济发展带来利益。总之修建赞坦铁路不仅有利于赞坦两国的政治、经济发展,有利于削弱帝国主义在中、东非的殖民势力,而且对南非和葡属殖民地的民族独立运动也将产生深远的影响。然而,赞坦两国本身对这项工程是无能为力的。两国独立后曾到处吁请援助。

帝国主义对赞坦铁路的态度是有过反复的。最早提出赞坦铁路计划的是英国殖民分子罗得斯。他在19世纪末曾把这项计划作为拟议中的好望角—开普铁路的一段提出过。当时英帝基于开发和掠夺殖民地的考虑,认真研究过这项计划,并且在1942年进行了第一次勘测。但是二次大战以后,英帝放弃了这项计划。因为,一则被削弱了的英帝战后已经力不从心;再则坦赞相继独立,英国担心铁路一旦建成,赞比亚将会“脱钩”而去。紧紧扣住赞比亚对英帝来说有着重要意义:在经济上可保证英在赞的铜矿利益;政治上,可借助赞比亚这一道屏风挡着东非反帝反殖风对中、南非洲的冲击。美帝对中、东非虽早有觊觎之心,但在民族独立运动席卷非洲的形势下,急功近利的美国垄断资本家并不甘愿冒着风险去承建这项“既费时又费钱”的工程。同时,美帝为了换取英帝全面的外交支持,在争夺非洲殖民地问题上采取了避免过多地刺激英帝的做法。基于上述种种原因,尽管赞坦曾多次呼请援助,

> 美英两国都借口经济意义不大、技术困难太多而加以拒绝。去年，坦桑副总统卡瓦瓦在访苏期间也曾要求苏修帮助，同样遭到拒绝。[①]

上述报告内容出自外交部非洲司，其内容之周全、分析之允当，读之可见。

其二，研讨报告，商讨对策。周恩来首先在国务院内部同陈毅等人研讨了是否要援建坦赞铁路的有关议题。根据何英提供的报告，两位领导人一致认为，从支持非洲民族解放运动的角度考虑，中国应该帮助坦赞两国修建铁路。理由有三大方面：首先，坦桑尼亚和赞比亚地处非洲反对南部非洲白人种族主义的最前沿，它们高举反对殖民主义、种族主义的大旗，不顾帝国主义、殖民主义、种族主义的威逼与利诱，积极支持南部非洲及周边国家的民族解放运动，它们所遇到的困难和压力是难以想象的。作为无产阶级国际主义者，中国应当把它们的困难和压力看作中国自己的困难和压力，只有帮助它们克服困难，摆脱压力，才能使它们更加有力地支持那些尚未独立的国家和地区。其次，纵使赞比亚境内的铁路最终也由中国修建，中国也有信心成功将其建成。坦桑尼亚境内的那段铁路只有700多千米，如果只承建这条铁路，还是没有问题的。从何英提供的报告来看，刚刚独立的赞比亚似乎比坦桑尼亚更需要这条铁路，它肯定要修建这条铁路。赞比亚境内的那段铁路有八九百千米，至于它找谁修，尚不明朗，即使没有哪个国家愿

---

①《外交部非洲司关于拟议中的赞比亚—坦桑尼亚铁路问题的外事调研文章》，外交部档案馆档案（档号：108-00649-03），1965年11月3日，第1~5页。

意承担,最后找到中国,中国也不能推掉。再次,建国初期,中国还在医治战争创伤的时候,朝鲜战争爆发了,我国没有坐视不管,党中央号召全国人民全力以赴参加抗美援朝。那时是为了保家卫国。中国现在的经济情况比建国之初好多了,更不能袖手旁观。两位总理一致认为,援建坦赞铁路是件大工程,需要征求有关部委,尤其是外经贸委与铁道部的意见,希望它们多从困难的角度考虑,这样有利于中央和主席做出决策。①

其三,集思广益,征求意见。国务院迅速致函各有关部委,紧急征询它们对援建坦桑尼亚境内铁路及整条坦赞铁路的意见,并限期要求它们将意见快速上报。不仅如此,两位总理还决计召集时任对外经济联络委员会②主任方毅和铁道部部长吕正操前来商讨援建坦赞铁路事宜。③ 周恩来首先征询了方毅的意见。20 世纪六七十年代,方毅曾一度身兼四职,除国家计委副主任、外经总局局长外,他还兼任国务院外事办公室副主任、国务院技术引进五人小组负责人。方毅回答说,对外经济联络委员会收集的意见归纳起来有三种看法:一是,认为援建坦赞铁路是我国援外工作的一个突破,一个创举,不管有多大的困难也应该承担;二是,如果连接两个国家的这条铁路都让我们承担,投入的资金过大,担心超出了我们的国力;三是,与其援助这样庞大的项目,不如援助若干小的项目,那样造成的影响会更大。

---

①张铁珊:《友谊之路:援建坦赞铁路纪实》,第 37 页。

②即今北京商务部,商务部最初名为"对外经济联络总局",成立于 1960 年;1964 年 6 月改名为"对外经济联络委员会";1970 年更名为"对外经济联络部"。

③周伯萍:《非常时期的外交生涯》,第 131 页;王俊彦:《大外交家周恩来》,第 576 页;张铁珊:《友谊之路:援建坦赞铁路纪实》,第 37 页。

接着，周恩来又询问了吕正操的看法。吕正操是一位久经沙场的将军，在“西安事变”及解放战争中均立下汗马功劳。1946年，吕正操曾任东北铁路总局局长，新中国成立时任铁道部副部长，在抗美援朝战争中任中央军委运输司令，他主要负责朝鲜铁路的抢修和运输工作，1958年，接替滕代远任铁道部部长。[①] 在收到赴京商讨援建坦赞铁路的通知时，吕正操正在中国西南地区负责成昆、川黔、贵昆三线的铁路督战工作。[②] 铁道部部长吕正操表示，中国的铁路建设队伍都是开得动、过得硬的工程队伍。如果真要帮助非洲朋友修铁路，铁道部一定把最好的设计队伍和施工队伍派出去。在施工完成后，还将提供各种运营设施和设备。同时，他也提出了存在的困难。坦赞境内原有的铁路轨距不同，将给拟建的坦赞铁路在设计、制造等方面带来种种问题，他也担心中国提供的铁路设施、设备能否适应非洲炎热、潮湿的环境等。吕正操最后表示，不管遇到何种困难，从国内修路的经验来看，只要资金和物资到位，就一定能如期完成坦赞铁路的修建任务。吕正操事后曾坦言：“修铁路，我并不陌生。从1946年开始，我就负责铁路工作。我先在东北负责铁路修复和运输，建国后又几乎跑遍全国各地，此时正在西南负责成昆、川黔、贵昆三线的修建。抗美援朝时期，我多次去过朝鲜。我还去过越南，考察河内至睦南关线路工地。但是，我对坦桑尼亚和赞比亚都知之甚少，脑海里几乎是一片空白。”[③]

---

①吕正操：《吕正操将军自述》，辽宁：辽宁人民出版社，1997年，第229~241页。

②吕正操：《我国援建坦赞铁路的背景》，《新中国外交大写意》，北京：中国文史出版社，第319页。

③吕正操：《我国援建坦赞铁路的背景》，第320页。

针对方毅、吕正操所提的意见和问题,周恩来也提出了自己的看法。周恩来分析说:坦赞铁路对坦桑尼亚和赞比亚来说,不仅具有经济上的意义,更重要的是还具有军事上和政治上的意义。这两个姐妹国家还被帝国主义、殖民主义、种族主义包围着,他们共同认识到没有周围国家的独立解放,就不会有他们自己的真正的独立解放。而这条把他们连接起来的钢铁运输线,却可以使他们摆脱帝国主义、殖民主义、种族主义的控制、讹诈,还可以使他们把世界反帝、反殖国家为支援非洲民族解放事业所提供的生活物资和军事物资运送到非洲南部、中部和西部谋求解放的自由战士手中。坦赞这条铁路必须修建,这是毫无疑义的。至于由谁来修,可以是中国,也可以是其他国家。如果中国同意修建,肯定会引起西方一些国家的恐慌,他们有可能被迫接受承建任务,也许是一个国家,也许是几个国家共同承担。这样尼雷尔总统和卡翁达总统手中就掌握了一张王牌,他们就可以在西方国家提出附加条件或是漫天要价时,打出中国这张牌;也可以在西方国家虽然应允而又故意刁难、拖延时间时,打出中国这张牌。这里的关键问题是,中国必须是真心实意地同意帮助修建,而不是虚情假意的政治游戏。周恩来还说,世界上所有国家都知道我国是一个不发达的社会主义国家,我们还需要别人的帮助,而需要帮助的人却解囊帮助别人,这不就是我们通常所说的“为朋友两肋插刀”嘛！人世间穷人帮穷人是出于真心实意,不会有什么企图,被帮助者会受惠不忘;富人帮穷人,即使没有企图,也会使人感到是恩赐或施舍,被帮助者不会受之坦然。人与人之间是这样,国与国之间何尝不是如此！我们这种无私的援助定会赢得更多的友谊。坦赞铁路一旦建成所造成的影响是无法估计的，也不是若干中小项目所可比拟的。当然，我们决不能利用坦赞铁路来沽名钓誉、树碑立传或是追名逐利。不，我们是从支援非洲民族解放事业的高度来看待这项经援项目，援助了他们也就是援助了我们自己。毛泽东同志讲过，无产阶级只有解放全人类，才能最后解放自己。①

世界各国都知道中国还是个比较贫穷的国家，中国还是个需要帮助的国家。而需要帮助的国家却解囊帮助别的个国家，这正是通常所说的真诚相助。人世间穷人帮穷人大都出于真心实意，不会有什么企图，被帮助者会受惠勿忘；富人帮助穷人即使没有企图，也会使人感到是恩赐或施舍，被帮助者受之坦然。人与人是这样，国与国之间也是如此。这些同志的担心不是没有道理的。但是，如果不是一下子，而是分为几年，比如6年、8年、10年，这样每年分担的数目就相应地减少了，如果我们只援建坦桑尼亚境内的铁路，赞比亚境内的铁路由别的国家援建，每年分担的数目就更少了。然而，我们的国民经济正在复苏，复苏的速度还很快，而且会越来越快。这就是说，我们的综合国力和经济实力也不会停留在现有水平，而是随着国民经济的增长而增长。现在看是超出了国力，几年之后就会在国力允许之内。外交部提供的资料表明，赞比亚目前还不敢贸然接受中国这样庞大的援助。它要求我们援建的那座电台就是很好的证明。②

不难看出，周恩来主张对坦赞铁路予以援建之初，有两种假定的条件起了较大的作用：其一是，中国政府许诺对坦赞铁路进行援

①何英：《对援建坦赞铁路决策的回顾》，第33~34页。

②何英：《对援建坦赞铁路决策的回顾》，第447页。

建,将会促成美、英等国加速修建坦赞铁路的步伐;其二是,赞比亚政府的态度决定了坦赞铁路的修筑工作短期内不会开始,中国的经济实力会越来越强。周恩来主持做出的援建坦赞铁路之决策,虽然包含一些假定的成分,但是中国政府从一开始就做好了援建整条坦赞铁路的准备。

在《非常时期的外交生涯》一书中,周伯萍将周恩来组织的上述讨论,概括为五点意见:第一,修建坦赞铁路确实为坦赞两国的迫切需要。两国总统不顾帝国主义的威逼利诱,积极支持南部非洲的民族解放运动,这种精神极为可贵。尼雷尔总统亲来求援,应该满足其要求。第二,在财力和技术上我国可以承担。援建费用可能要几个亿,一次性拿出当然困难,但勘测、设计、施工整个过程将需八九年,每年所需费用不过几千万,我国经济每年都会有发展,这笔费用承担得起。卡翁达总统尚未下决心要求中国援建,如只援建坦境路段,更不成问题。第三,集中力量援建这样一个大工程,其效果和影响决非在其他国家多搞一些中小项目所可比拟。第四,远隔重洋,在热带地区建设这样宏大的跨国工程,必然会遇到许多新问题、新困难,不能掉以轻心,需事先派出精干的专家组进行考察,查明情况,提出对策,妥善安排。第五,我国同意援建坦赞铁路,势必引起西方一些国家的恐慌。它们为了维护传统利益和影响,有可能被迫同意援建。这也未尝不是好事,尼雷尔总统可以用中国同意援建作王牌,反对它们可能提出的苛刻条件。①

另一种说法与周伯萍的观点大体相同,但文字略有出入,认为高层会议形成的五点结论是:(1)坦赞铁路确为坦、赞两国急需。

①周伯萍:《非常时期的外交生涯》,第131~132页。

“两国”积极支持南部非洲的民族解放运动，尼雷尔总统亲自求援，应满足其要求。(2)援建费可能要几个亿，但勘测、设计、施工需八九年，每年不过几千万，这笔费用承担得起。赞比亚总统卡翁达尚未下定决心，如只援建坦境路段，更不成问题。(3)集中力量援建一个大工程，其效果和影响非在其他国家多搞一些中小项目可比。(4)远涉重洋，在热带地区建设这样宏大的工程，必然会遇到许多新问题、新困难，不能掉以轻心，需查明情况、提出对策、妥善安排。(5)我援建坦赞铁路势必引起西方一些国家的恐慌。为维护其传统利益和影响，他们有可能被迫同意援建。尼雷尔总统可以利用中国同意援建作王牌，反对他们可能提出的苛刻条件。[①]

不久，周恩来授意外交部向毛泽东、刘少奇提交了请求援建坦赞铁路的专题报告。报告的核心内容是“为援助非洲新独立的国家和支持非洲民族解放斗争，如果尼雷尔总统访华时提出援建坦赞铁路问题，应同意”。[②] 另一种说法是“周恩来在报告旁批示道：呈主席，少奇同志审阅。为援助非洲新独立国家和支持非洲民族解放斗争，如果尼雷尔总统访华时提出援建坦赞铁路问题，我意应同意，当否，请指示”。[③] 毛泽东、刘少奇都以圈阅的方式表示了赞同意见。由外交部而非铁道部出面给党中央打报告，申请赴外国修建铁路，这在中国外交史和中国交通史上是较为罕见的。[④]

---

①张书舫、赵桂常：《中国土木工程集团公司大事记：铁道部援外办公室前期》，第1~2页。

②何英：《对援建坦赞铁路决策的回顾》，第34页。

③王俊彦：《大外交家周恩来》，第576~577页；陈敦德：《探路在1964：周恩来飞往非洲》，北京：解放军文艺出版社，1995年，第272页。

④陈敦德：《探路在1964：周恩来飞往非洲》，第269页。

第三节　尼雷尔访华与中坦“原则协定”的达成

一、尼雷尔总统首次访华

1965年2月16—23日，应刘少奇与周恩来的邀请，尼雷尔首次访问中国。此前，尼雷尔至少有两次访华计划未能成行。据记载，1963年6月10日，坦噶尼喀政府告知中国驻坦使馆“访华日期因今年活动日程颇紧，拟定于明年，具体日期挑定后再告知”。① 同年11月12日，在回复刘少奇的信中，尼雷尔告知了拟访华的时间：“我打算明年2月访问印度，希望届时能继续我的行程到贵国访问。”②可是，坦噶尼喀的兵变打乱了尼雷尔的出访计划。为此，尼雷尔曾多次向中方表示歉意。尼雷尔成行的访华，是在1964年12月份确定下来的。12月29日，坦桑尼亚第二副总统卡瓦瓦正式约见何英，告诉他，尼雷尔总统希望尽快对中国进行国事访问。③ 何英大使迅速将这一重要信息报告国内：“尼雷尔总统希望在明年2月至3月访华……坦兵变后，尼雷尔总统还未曾出国做国事访问，

---

①《坦桑尼亚总统尼雷尔访华时间问题、驻坦使馆对接待尼雷尔访华的建议》，外交部档案馆档案（档号：204-01076-01），1963年6月10日，第3页。

②《毛泽东主席会见坦桑尼亚总统尼雷尔谈话记录》，外交部档案馆档案（档号：108-01389-02），1965年2月19日，第2页。

③中央新闻纪录电影制片厂影视资料部：《新闻简报中国外交》（1960—1980），上海：上海科学技术文献出版社，2009年，第157页。

这次尼主动提出访华系对我国友好的表示。”①可见，国家领导人的出访一般都会有事先交涉的过程，不少研究者无视这种过程，常常以会谈结果来臆测会谈动机，这也许就是目前不少人②将坦赞两国总统的访华，视为他们向中国求助援建坦赞铁路的主要原因。

1965 年 1 月初，在尼雷尔正式访华前，坦方在征得中国政府的同意后派出了以坦桑尼亚工商部部长巴布为首的尼雷尔总统访华先遣组来华访问。该先遣组成员一直到尼雷尔访华结束后才离开中国。

前已述及，1 月 10 日，巴布向周恩来、何英等人透露了尼雷尔访华时将有可能向中国政府请求援建坦赞铁路这一消息，巴布的一席话引起了中国政府的高度重视。③ 需要注意的是，从上文巴布对此事的回顾中可以看出，巴布只是很随意地谈及自己的看法，并非是尼雷尔授意他要那样做。

对于尼雷尔访华的目的，当时的中国驻坦使馆工作人员曾进行过多次分析。他们在 1 月 8 日发往国内的外交电文中认为：“尼还要求中国在农业方面向坦桑尼亚提供更多的援助。因坦桑百分之九十五的人民系农民，而且还有广阔的土地未耕种，发展农业对坦桑有着重大的意义。”④1 月 12 日的外交电文认为“目的有三：

---

①《坦桑尼亚总统尼雷尔访华时间问题、驻坦使馆对接待尼雷尔访华的建议》，外交部档案馆档案（档号：204-01076-01），1964 年 12 月 29 日，第 2 页。

②高延春：《援建坦赞铁路纪实》，第 122 页；李健：《共和国外交风云》（下卷），第 149 页。

③张铁珊：《友谊之路：援建坦赞铁路纪实》，第 35~44 页；周伯萍：《非常时期的外交生涯》，第 131~132 页。

④《坦桑尼亚总统尼雷尔访华时间问题、驻坦使馆对接待尼雷尔访华的建议》，外交部档案馆档案（档号：204-01076-01），1963 年 6 月 10 日，第 1 页。

一、要求我国协助训练空军，坦挑选干部赴华学习飞行，结业后购买我国一些军用机，坦方以实物偿还，为此代表团中将包括一军方负责人；二、关于双方如何进一步支援中南非民族解放运动的问题；三、他认为有必要建设自己的国家银行。”①1 月 29 日的外交电文则认为：“尼雷尔总统此次来访问的主要目的是寻求我国政治上的支持，提高其在国内的威望及在东非和全非事务中的发言权，增加其抗拒殖民主义的力量；就国际重大问题特别是刚果(利)问题与我国领导人交换意见；学习我国建设中的某些经验，和要求我国进一步提供经济、军事援助。”②以上分析均未明确提及坦赞铁路问题。

1965 年 2 月 16 日，尼雷尔总统一行抵达上海，次日上午飞至北京。在首都机场，中国国家主席刘少奇、国务院总理周恩来、副总理兼外交部部长陈毅等人亲赴往机场迎接，数十万民众夹道欢迎。③ 2 月 17 日晚，中国政府举行了欢迎尼雷尔总统的宴会。会上，刘少奇说：“坦桑尼亚是刚果的近邻，中国是越南的近邻。支援邻邦反抗帝国主义侵略是我们两国人民神圣的光荣的任务。”④尼雷尔在宴会上致谢说：“我们坦桑尼亚联合共和国人民和政府，十

①《坦桑尼亚总统尼雷尔访华时间问题、驻坦使馆对接待尼雷尔访华的建议》，外交部档案馆档案(档号:204-01076-01)，1963 年 6 月 10 日，第 37~38 页。

②《坦桑尼亚总统尼雷尔访华接待计划、活动日程、双方赠送礼品清单、尼雷尔致刘少奇主席的感谢信等》，外交部档案馆档案(档号:204-01077-01)，1965 年 1 月 29 日，第 4 页。

③中华人民共和国外交部外交室研究室:《周恩来外交活动大事记》，北京：世界知识出版社，1993 年，第 436 页；陈敦德:《周恩来飞往非洲》，第 266 页。

④《坦桑尼亚总统尼雷尔访华接待计划、活动日程、双方赠送礼品清单、尼雷尔致刘少奇主席的感谢信等》，外交部档案馆档案(档号:204-01077-01)，1965 年 2 月 17 日，第 31 页。

分感谢中华人民共和国给我们的赠予和无息的贷款。我们特别感激的是，我们认识到，这笔资金不是你们多余而不需要的，也不是你们的技术人员失业了。你们国内正在进行着巨大的建设事业。”①

2月18日下午，中坦两国领导人进行了第一次正式会谈，中国方面出席会谈的有刘少奇、周恩来、陈毅、李先念、方毅、张爱萍、乔冠华、何英等人。此次会谈中有关坦赞铁路方面的内容已公之于众，其主要内容抄录如下：

刘少奇：其他许多正在要求解放的国家，如安哥拉、莫三鼻给只要需要，我们也可以帮助。这个问题，在原则上对我们来说是没有问题的。我们要根据我们的可能和力量，尽力援助这些国家取得解放。只要有可能，我们就这样做。帮助非洲人民斗争就是帮助我们自己。请总统阁下提出需要帮助解决的问题，我们将予以考虑。如果我们有困难，我们就直率地说明。

尼雷尔：我刚才是完全坦率地谈的。我完全坦率地向阁下和你的同事们说明我国目前存在的各种问题，并不是我们想完全依赖你们。我们不希望增加你们太多的困难，因为你们不是援助一个国家，而是要援助许多亚非国家。希望你们也坦率地对待我们。

刘少奇：是的，我们有我们的困难。

①《坦桑尼亚总统尼雷尔访华接待计划、活动日程、双方赠送礼品清单、尼雷尔致刘少奇主席的感谢信等》，外交部档案馆档案（档号：204-01077-01），1965年2月17日，第66~67页。

尼雷尔：谈谈经济发展问题。贵国在这方面帮助了我们。只要有关官员与你们的专家在达累斯萨拉姆合作，肯定有一些项目，就可以对发展我国经济起很大作用，特别是在加工工业方面。中国帮助我们建设的纺织厂今年就可以动工。关于发展我国南部问题，我要讲得详细些。因为发展南部地区对我国是有重要意义的。我国南部是最富有、但最不发达的地区。它有大的河流、肥沃的河谷，河谷盆地占全国总面积的五分之一，还蕴藏着大量的铁和煤。对于如何开发这个地区，有一个恶性循环的问题。1960年我去美国时，要求世界银行贷款，在南方修建铁路。世界银行说，南部没有什么可开发的，修了铁路没有用处，不给贷款。1961年我访问了西德，要求西德克虏伯财团提供援助开发铁矿。他们说，南部无交通，开了矿也没有用。这是一种恶性循环。如何打破这种恶性循环？卡翁达总统给我们提供了机会。赞比亚没有出海口，它要通过葡属莫桑比克和安哥拉出口。卡翁达希望从达累斯萨拉姆出口。因为葡萄牙常拿停止使用出海口来威胁赞比亚。最近赞比亚从英国买了一批武器，到达莫桑比克的贝拉港后，被扣留了6个月，枪支都生锈了。所以我对卡翁达说，以后运武器应该通过达累斯萨拉姆，但需要一笔钱修一条铁路。幸运的是，赞比亚有资金。他们在非洲产铜最多，虽然主要是英、美公司经营，受到英、美的剥削，但赞比亚总是可以由此得到一些钱，他们打算用来修铁路。世界银行修建了从卢萨卡到索尔兹伯里的铁路，但他们不赞成修建从卢萨卡到达累斯萨拉姆的铁路。他们在派出代表团去卢萨卡考察这条铁路之前，曾写了一封信,这封信有朋友交给我看过,信中表示他们不喜欢这条铁路。代表团来考察后,写了一个报告。名义上是经过勘察后写的,实际上是在华盛顿时就写好的,报告里说修这条铁路是不经济的。对我国和赞比亚来说,这条铁路在政治上和经济上都有重要意义。坦桑尼亚的北边是肯尼亚和乌干达,赞比亚的南边是南罗得西亚和马拉维。英帝国主义想使赞比亚在经济上依靠南罗得西亚,使坦桑尼亚在经济上依靠肯尼亚。因为在南罗得西亚和肯尼亚,白人很多,他们想使坦桑尼亚成为肯尼亚的殖民地,使赞比亚成为南罗得西亚的殖民地。我们要设法打破这个阴谋。过去英国策划的中非联邦就被打破了。因为他们就是要实现这种阴谋,把赞比亚的铜运到南罗得西亚,使我们受白人控制。

周恩来:这是搞非洲的"马来西亚"。

尼雷尔:修了条铁路就可以打破这个阴谋和上面所说的恶性循环。这条铁路对我国和赞比亚是很重要的。赞比亚的周围是刚果(利)、安哥拉、西南非洲、南非、南罗得西亚、马拉维和莫三鼻给等国,它唯一可靠的吞吐口是坦桑尼亚。如果铁路修成,对帝国主义是非常不利的。赞比亚很富有,帝国主义控制着他们的铜矿,希望赞比亚成为奴隶。帝国主义是很认真地对待中国的。这里有一个笑话,最近帝国主义向卡翁达劝告说(我相信卡不会听的):"最安全的办法是把铜运到安哥拉的洛比托和莫桑比克的贝拉出口,如果把铜运到由共产党中国统治的达累斯萨拉姆的话,那是最大的错误。"当然,这不是真实情况,但它表明人们对我们的铁路是多么重视。卡翁达派人告诉我，他愿意借给我们 200 万英镑，让我们开采煤矿，赞比亚目前每年需要 50 万吨煤，现在都是从南罗得西亚进口。我们要求资本主义国家援助修铁路，他们不干，世界银行也不干。美国政府了解到我们仍然要修这条铁路，曾答应派一个测量队来勘察，当时我接受了。后来，与美国发生了麻烦。他们搞颠覆活动，我们赶走了他们两名外交官，他们也叫我们的外交官离开，我们就召回了大使，两国关系就紧张起来了。即使他们答应帮助修建铁路的话也会拖延时间的。修建铁路所需的投资估计要 5,100 万英镑（从卢萨卡至达累斯萨拉姆），在坦桑尼亚部分需要 3,000 万英镑，投资的主要部分在坦桑尼亚境内。我坦率地向你们提出，使你们了解这一点，请你们考虑怎么办。对我们来说，这条铁路是极为重要的。如果你们可以考虑的话，我们将感到很高兴。如果你们有困难的话，我们可以完全谅解。但我们不能看轻这条铁路的重要意义。只要非洲其他国家尚未独立，我们就感到不舒服。因为我们邻国——刚果（利）、马拉维、莫桑比克的真正独立对我们是很重要的。我们认为赞比亚和马拉维力量的增强，就是我们力量的增强。不过，修铁路的确需要很多的投资。

刘少奇：可以考虑，但需要较长时间，第一步是进行勘察。

尼雷尔：你们不可能设想修成这条铁路有多么重要，它等于爆炸一颗“原子弹”。

周恩来：马里总统向刘主席提出过，要求我们帮助修一条公路，从马里至阿尔及利亚，比你们要修的铁路长得多，战略上也很重要，我们也答应了。东非的铁路，西非的公路，都是有战略意义的，对非洲人民解放是很重要的。我们了解它的重要意义。问题是修成这条铁路需要较长的时间。

尼雷尔：这是非常好的消息。当我谈这个问题的时候，我的心跳得多么厉害！在你们回答我以前，我呼吸都不敢呼吸了！（全场活跃）

陈　毅：世界银行和西德不帮助你们修，我们帮你们修，我们的帮助同他们的帮助性质不一样。

刘少奇：帝国主义不干的事，我们干，我们帮助你们修。

陈　毅：这条铁路将如一条大动脉。

周恩来：不忙早宣布这件事情，我们要做准备工作，以免帝国主义破坏。

尼雷尔：不会宣布的，我兴奋得不能喘气了。

刘少奇：许多帝国主义国家反对，就说明这条铁路是很重要的。

周恩来：不但在经济上重要，而且有军事意义。

刘少奇：困难是有的，需要时间建成，但只要与你们合作，是可以建成的。

周恩来：铁路建成后，主权是属于你们和赞比亚的。我们还要教给你们技术。

刘少奇：投资大，时间长，分成几年，每年需要的投资就不多了。

……

尼雷尔：帝国主义统治了我们 80 年，造成了我们对帝国主义的依赖。

刘少奇：中国帮助亚非国家资金数额不大，但我们是真诚的。不是帮助你们依赖我们，而是帮助你们自力更生。如果帝国主义封锁你们，你们有自己的工厂照常能开工。我们可以给你们贷款，另一方面还可以通过贸易给你们帮助。你们国家是很富有的。

尼雷尔：我们已经签订了贸易协定，对我们帮助很大。

刘少奇：我们买你们的东西，帝国主义就无法压你们的价。

尼雷尔：自从中国购买坦棉后，棉价已有上升，最近两年来，棉价一直不坏。你们对我们的援助，比你们想象的还多得多。

刘少奇：帝国主义不买你们的东西，我们来买。帝国主义拿走我们亚非国家的原料，再赚我们的钱。所以只要亚非国家自力更生，帝国主义就非常害怕。铁路需要经过勘察，要选路线，要查清有多少山洞，多少桥，要计算需花多少时间，多少钱。开煤、铁矿是长期问题，投资一时不能收回。火柴厂等投资进去就很快能收回。铁路问题与赞比亚有关，你们可以同赞比亚商量，我们也可以同赞比亚商量。我们将派勘察组去勘察、选线，再进行设计。

尼雷尔：初步已勘察过了。

刘少奇：但是不知道可靠不可靠。因为这是百年大计，如果勘察不确实，将来修成后不好办。勘察后，要设计、施工，时间比较长，修要一步一步修，一年只能修一段。还要修建材料厂、工厂，能自己造火车头，至少能修火车头。以后再造火车头。修一条铁路需要同时盖许多工厂,需要很多钢材、车厢、火车头、铁轨等。今天就谈到这里,明天再谈。我们相互支援,从各方面进行合作。但我们也有我们的困难,我们自己还有许多铁路要修,我们需要修的铁路比你们的长得多,但也能帮助你们修一些。①

上述会谈记录十分重要,给我们提供了诸多有价值的信息,例如,刘少奇坚持在勘察后决定是否对坦赞铁路正式进行援建。不过,我们从中虽然可以得知中国政府主动提出帮助赞比亚修建铁路,但是我们无法正确判断尼雷尔在援建坦赞铁路问题上的真实态度。值得庆幸的是,尼雷尔事后曾多次忆及这次重要会谈,并谈及当时的考虑,这对我们了解有关情况大有裨益。

1970年10月中旬,在行将举办坦赞铁路开动典礼之际,尼雷尔在接待方毅的宴会上动情地说,坦赞铁路对坦赞两国发展经济、巩固独立和支持南部非洲的解放运动,都极为重要。两国独立后,他和卡翁达总统一直积极要求西方富裕国家援建,都无结果,而向并不富裕的中国一提出,就得到了毛主席和周总理的充分理解,提供了慷慨无私的援助。②

1976年7月,尼雷尔在坦赞铁路交接仪式上发言说:

---

①《刘少奇主席、周恩来总理同坦桑尼亚总统尼雷尔第一次会谈记录》,外交部档案馆档案(档号:108-01389-02),1965年2月18日,第10~12页;《关于中国政府援助修建坦赞铁路的文献选载》,《党的文献》,2012年第3期,第3~6页;张铁珊:《友谊之路:援建坦赞铁路纪实》,第48~54页。

②周伯萍:《难忘往事,诲我良多》,《中国经贸》,2009年第9期,第70页。

我们了解西方国家，但我们不了解中国……当时中国主动提出援助我们，可我们没有想到这个伟大也同样贫穷的第三世界国家真的能够帮助我们。因此，1965年，当我第一次就修建铁路事宜与中国领导人会谈的时候，我只当自己在向一个充满同情却同样无力帮忙的朋友讲述自己的宏图抱负而已。我当时低估了在毛主席和中国共产党领导下的中国人民所具有的改革创新的使命感和国际主义精神。他们没有丝毫犹豫地答复我：如果坦桑尼亚和赞比亚需要这条铁路，那我们就帮助你们修建。惭愧的是，我们当时还一直对此心存怀疑。①

1989年初冬的一天，丁邦英在北京采访了尼雷尔总统，那次采访谈话的内容非常丰富，但谈得最多的还是中坦友谊话题。尼雷尔说，1965年他对中国的第一次访问奠定了坦中友好关系的坚实基础，那也是令他永生难忘的一次中国之行。他回忆说，当时与刘少奇主席会谈时，考虑到中国当时也不富裕，只提了一个要求，即希望中国帮助建造一家纺织厂，刘少奇主席一口答应下来。令人意想不到的是，刘少奇主席接着又问：除了纺织厂，就没有别的啦？这时尼雷尔才提出修建一条连接坦桑尼亚和赞比亚的铁路的要求。刘少奇主席听后说，如果需要，我们就干！后来很快得到了毛泽东主席的批准。尼雷尔说，中国的这种无私援助，不仅使他惊

①《尼雷尔总统在坦赞铁路交接仪式上的讲话》，《尼雷尔文选：自由与解放》（第4卷），第87页。

讶，更使他永生感动。[①]

另据记载，在一次群众大会上，尼雷尔所言与上述接受采访时所说内容大致相同。尼雷尔满怀盛情地回顾说：1965 年我去中国访问时谈到希望中国能帮助坦桑尼亚建一个纺织厂，当即得到中方的同意。后来工厂建成后，我们建议取名为毛泽东纺织厂或周恩来纺织厂，但中国表示没有以人命名的习惯，想来想去就叫友谊纺织厂，这个名字很贴切！我知道那时中国并不富裕，会谈中不好意思再提其他项目，刘少奇主席却问我："除了纺织厂，就没有别的了？"这时我才提到坦赞铁路。刘少奇主席听了后说：如果需要，我们就干！你们听到了吗？如果需要，我们就干！这个项目得到了毛泽东的批准。当时西方说中国是纸上谈兵，可事实上中国把它建成了！它是中国在国外最大的援助项目，这是我们的光荣！[②]

20 世纪 90 年代初，在接受中方研究人员采访时，尼雷尔说得则更为详尽：

> 1965 年我到了中国，但是我没有放弃要求西方国家帮助我们修建这条铁路。在我到中国去的时候，我们仍然在努力，仍然继续要求西方帮助。我到中国去了。我第一次访问中国是 1965 年，接见我们的是毛，毛未在政府任职，刘少奇是国家主席，还有周恩来。我们讨论了很多事情，包括中国援助我们

①丁邦英：《难忘中国人民的老朋友》，《人民日报》，2006 年 09 月 26 日第 7 版；丁邦英：《中坦友谊源远流长》，《50 年兄弟情谊：庆祝中坦建交 50 周年纪念册》，达累斯萨拉姆：达累斯萨拉姆出版社，2014 年，第 15 页。

②《毛泽东与外国首脑及记者会谈录》编辑组：《毛泽东与外国首脑及记者会谈录》，第 288～289 页。

的可能性。在我到达中国之前,于早些时候我派去了两个部长,一个是外交部部长坎培纳,另一个是工商部部长巴布。他们比其他官员早些时候到达。我们讨论了很多事情,包括援助。当我到达以后,他们向我简述了谈判桌上就一些事情达成的协议。因此,在讨论过程中,我感谢中国,感谢中国政府向我们提供的援助。刘少奇说道,你还有其他要求吗?这是很重要的,这是很重要的,这就是刘少奇说的,你还有其他项目需要我们帮助吗?因为,我想他已经听说过这条铁路,我说,我们是一个贫穷的国家,我们刚刚起步,刚刚开始,所以我们有很多事情要做,尽管你们是一个大国,但仍然是一个发展中国家,是一个不富裕的国家,所以感谢你们已同意给我们的援助,但是你知道我们还有很多事要做。刘少奇说,不,不,你还有什么事情?所以我决定向他们说明铁路是非常重要的。在我作了解释以后,根本没有争论,我只是解释这条铁路对我们的重要性。还说这是一个大项目,中国是一个贫穷的国家,不是一个富国,所以我将尽力想从西方国家得到一些财政支持,因为这些国家比较富。我说了这些。刘少奇说,如果这条铁路对你是重要的,对赞比亚是重要的,我们将为你们修建。这是来自刘少奇的感情。仅仅是在我作了简单的解释后,他说,如果这条铁路对你们对赞比亚是重要的,我们将为你们修建。我认为我已经作了解释,这是一个很大的项目,你们像坦桑尼亚一样是发展中国家,你们已帮助了我们,还要帮助其他国家。此事对他,对中国领导人就是这样容易地决定了。我想你们一定能够在记录中找到上述内容。当我解释的时候,并没有希望要中国修。①

1998年，在接受张宏喜等人采访时，尼雷尔“说起第一次访问中国的往事，他喜形于色，侃侃而谈，几十年前的事记得清清楚楚。他特别详细地回顾了如何与刘少奇、周恩来提起坦赞铁路的事情，对我国的深厚情谊溢于言表”。“我与尼雷尔见过很多次面，只要没有第三国人士在场，他总要谈到我国第一代领导人，可见他与我国第一代领导人的情谊是何等深厚。只要一提毛泽东、周恩来、刘少奇，他的情绪马上就兴奋起来，绘声绘色地回忆起当年他与我国第一代领导人交往的情况”。② 张宏喜在采访尼雷尔时还曾得知一个重要的细节，“在会谈中，当刘少奇询问尼雷尔是否还有其他需要中国帮助解决的问题时，在其助手的建议下，他说出了请中国帮助建设坦赞铁路的想法”。③

此外，2011年播放的纪录片中，尼雷尔在接受采访时说：

> 我们讨论过很多事情，他们表态愿意帮助我们，中国人主动问我们，你们还有什么其他事情需要我们帮忙吗？我很犹豫向中国提要求，如果中国领导人不主动提出，我永远也不会提到，我永远也不会提出这件事情，当时经过很长时间的讨论后，他们主动问我，你们没有其他更重要的事情吗？我就跟他们解释，我从来没有期待你们会在这件事情上帮我。刘少奇

①《张铁珊采访尼雷尔谈话的主要内容》，中土公司坦赞铁路振兴办公室档案，1991年8月，第1~2页。

②张宏喜：《亲见尼雷尔的亲民风范》，第110~114页。

③薛琳：《坦赞铁路的决策过程与理性反思》，第137页。

主席说，如果这条铁路对你们和赞比亚很重要的话，我们应该帮你们修建。①

尼雷尔一生13次访华，并在多种场合提及自己与新中国第一代领导人晤谈修建坦赞铁路的有关情景。参照上述会谈记录资料，结合尼雷尔总统的一系列言行来看，我们有理由相信尼雷尔访华前并未怀有请求中国援建坦赞铁路之动机，至于尼雷尔为何最终提出坦赞铁路问题，又为何满心欢喜地单方面同意接受中国的援助，那却是另需探讨的问题了。

在尼雷尔首次访华期间，除了坦赞铁路外，中坦双方还在其他诸多问题上展开了对话。2月19日下午，刘少奇、周恩来在人民大会堂同尼雷尔进行了第二次正式会谈。② 会晤时，尼雷尔说："一个国家的力量，可以用它的力量来压迫别人，但也可以用于建设真正平等的世界。我相信中国是把自己的力量用于建立真正平等的世界。所以我说我不怕中国。"③刘少奇回复说："昨天我们谈到修铁路的问题。还有一个问题是训练人员的问题，即训练经济技术人员和军官，在这方面，学一年就差不多了。但是训练工程技术人员需要的时间长些。……坦桑尼亚人民的独立斗争和非洲人民的斗争都是对我们的帮助。你们在西边，我们在东边。但我们反对的

①《非洲纪事5》，央视网，网址：http://tv.cntv.cn/video/C22788/a2b51a7393524e0bbf2b6db1f321d3b3。

②中华人民共和国外交部外交史研究室编：《周恩来外交活动大事记》，第437页。

③《刘少奇主席和夫人、周恩来总理和夫人接见坦桑尼亚总统尼雷尔和夫人谈话记录》，外交部档案馆档案：（档号：108-01389-01），1965年2月19日，第6页。

敌人是共同的。”[①]在谈及世界局势时，刘少奇说，第二次世界大战后出现了中国革命的胜利，并出现了社会主义阵营，许多亚非国家独立，在拉丁美洲也出现了古巴革命的胜利，而尚未独立的地区到处都在闹革命，所以帝国主义现在感到很难控制形势。第二次世界大战后的形势同第一次世界大战后的形势大为不同，帝国主义已经不能再控制亚洲和非洲了。帝国主义国家之间的矛盾也很尖锐，美国想霸占全世界。它不但想把我们这些国家置于它的控制下，甚至还想控制英、法，因此引起了戴高乐反控制的斗争。英国同美国也有矛盾，但英国政府执行追随美国的政策。社会主义国家中也有变化，有些社会主义国家，以苏联为首，想执行美苏合作的政策来解决世界问题。刘少奇最后总结说：“总的一句话，全世界百分之九十以上的人民都是要革命的，或者是将有可能起来革命的。帝国主义和它的走狗以及各国反动派，加起来不到百分之十。”[②]周恩来同尼雷尔主要谈及两个问题：“一个是联合国问题，一个是第二次亚非会议问题。……现在亚非团结是个重大问题。刘主席刚才提到亚、非、拉是当前世界革命的主要地区，但目前革命高涨的地区主要是亚非地区，拉丁美洲革命才开展。”[③]

当日下午4时，在周恩来、陈毅的陪同下，毛泽东在人民大会堂会见了尼雷尔。主要会谈内容摘录如下：

---

①《刘少奇主席和夫人、周恩来总理和夫人接见坦桑尼亚总统尼雷尔和夫人谈话记录》，外交部档案馆档案：（档号：108-01389-01），1965年2月19日，第2页。

②《刘少奇主席、周恩来总理同坦桑尼亚总统尼雷尔第二次会谈记录》，外交部档案馆档案（档号：108-01389-03），1965年2月19日，第4~9页。

③《刘少奇主席、周恩来总理同坦桑尼亚总统尼雷尔第二次会谈记录》，外交部档案馆档案（档号：108-01389-03），1965年2月19日，第11~17页。

毛泽东：身体好不好？

尼雷尔：很好。

毛泽东：中国人民欢迎你们。

尼雷尔：我们很想来中国，来到中国后受到盛大热情的欢迎。

毛泽东：中国人民见到非洲的朋友很高兴。我们很高兴，因为是互相帮助，不是谁要剥削谁，都是自己人。我们不想打你们的主意，你们也不想打我们的什么主意。（全场大笑）我们都不是帝国主义国家，帝国主义国家是不怀好心的。请吸烟。（全场笑）

尼雷尔：我不会吸烟。

毛泽东：来了好多朋友。

尼雷尔：如果允许的话，会来更多的人，好多人都想来。我国人民很高兴我们这次来贵国访问。

毛泽东：我们很欢迎。去年卡瓦瓦副总统来我国进行了访问。对非洲我们没知识，不了解。你们恐怕对我们也是不很了解。

尼雷尔：是的。我们对中国本来了解得很少，但是听了些歪曲的报道。其实帝国主义对我们也是同样地进行歪曲。我过去学的是英国历史，这全是海盗历史，所以我对英国海盗的历史是很了解的。（全场笑）在我们还小的时候，英国人就告诉我们，他们的海盗是英雄。

毛泽东：英国也侵略了我们一百年。

尼雷尔：关于我们的历史，帝国主义说，要不是他们来教

育我们,我们就相互杀光了。(全场笑)

毛泽东:我们独立,帝国主义是不高兴的。

周恩来:在他们发生兵变的时候,我正在非洲访问。

毛泽东:这么说,那次兵变就是他搞的了!

尼雷尔:那次兵变是帝国主义故意制造的,有两个目的:一是想重新控制我们,二是使周恩来总理不能对我国进行访问。周恩来总理在访问非洲时发表声明说,非洲的革命形势大好,帝国主义恨得要命,怕得要死,所以便策划了那次兵变。帝国主义知道发生兵变后必须请他们来帮助平息,他们的军队就可以赖在我们那里不走了。可是在兵变平息后,我们马上就把他们的军队送走了。

周恩来:当时,坦噶尼喀、乌干达、肯尼亚接连发生兵变,三国都请他们的军队进行平息。但坦噶尼喀是头一个把他们的军队送走的。

毛泽东:听说你们那里野兽很多,都有哪些动物?

尼雷尔:周恩来总理访问我国的时候,我要陪同总理看看我们的野兽。

陈　毅:他们国家有许多野生动物园,野生动物在动物园里可以自由自在地跑来跑去。

毛泽东:那还了得?野兽跑出来是要吃人的,就像帝国主义随便侵略别人那样,它可不管有理没理。(全场笑)那谁还敢去参观?我们总理去了,不就被野兽吃了吗?(全场笑)

尼雷尔:不会的。我们是坐着汽车去参观,人只要不跑出汽车就没有危险。埃塞俄比亚的皇帝自称是犹大雄狮,有一次他访问坦噶尼喀,我陪他去动物园看一种特殊的狮子,这种狮子可以上树。正好看到一雌一雄卧在树上。他高兴地说,这是狮子在欢迎他这个皇帝。只有我们那个地方的狮子会上树。①

毛泽东以"很高兴"、"自己人"来阐明中国帮助坦桑尼亚的原因,并间接表明了自己的立场和态度。这样,在轻松愉快的会谈中,毛泽东默许了向坦桑尼亚提供包括坦赞铁路在内的各项经济技术援助。

在毛泽东与尼雷尔会晤后,当晚10时,周恩来与尼雷尔还讨论了坦赞铁路等有关援助项目的细节问题。② 周恩来向尼雷尔表示:要勘测铁路……专家组去以前,我们还不能提出具体意见。③

次日,中坦双方便以备忘录的形式签署了《中坦两国会谈纪要》。其中有关坦赞铁路的主要内容是,中国同意帮助坦桑尼亚修建坦桑尼亚—赞比亚坦境段铁路,并勘探沿线煤矿,但需要提前进行勘察;中国原则上同意帮助赞比亚修建坦桑尼亚—赞比亚赞境段铁路;援建铁路和灌溉工程要较长的时间,双方同意暂不对外公

---

①《毛泽东主席会见坦桑尼亚总统尼雷尔谈话记录》,外交部档案馆档案(档号:108-01389-02),1965年2月19日,第1~3页;张铁珊:《友谊之路:援建坦赞铁路纪实》,第56~58页。

②张铁珊:《友谊之路:援建坦赞铁路纪实》,第58页;中华人民共和国外交部外交史研究室编:《周恩来外交活动大事记》,第437页。

③张书舫、赵桂常:《中国土木工程集团公司大事记:铁道部援外办公室前期》,第3页。

布该项协定。[①]

尼雷尔和坦桑尼亚贵宾在中国逗留期间，同中国人民进行了广泛接触，受到中国政府和人民的热烈欢迎和盛情款待。他们在刘少奇的亲自陪同下访问了北京、南京和上海，参观了工厂、人民公社和文化、教育等机构，“2月21日陪同尼雷尔总统访问南京，参观南京无线电厂，观看中国人民解放军战士和民兵的军事表演。2月22日陪同尼雷尔总统访问上海，参观上海工业展览会。23日在上海为尼雷尔总统送行”。[②] 在尼雷尔访华期间，中坦两国领导人除签署《坦桑尼亚—赞比亚铁路原则协定备忘录》外，还签订了《中华人民共和国和坦桑尼亚联合共和国友好条约》，发表了《中华人民共和国和坦桑尼亚联合共和国联合公报》。后者强调指出：“亚非国家之间应当在平等互利的基础上互相支援，以促进各国经济的共同繁荣。任何国家与亚非国家的贸易往来与经济合作，必须符合平等互利的原则，一切援助不得附带任何特权和条件，坚决反对利用援助干涉别国内政。”[③]

尼雷尔总统的首次访华取得了圆满成功，他在行将离开中国时特意给刘少奇主席写了一封感谢信。这封信的内容如下：

---

①《外交部非洲司关于拟议中的赞比亚—坦桑尼亚铁路问题的外事调研文章》，外交部档案馆档案（档号：108-00649-03）1965年11月3日，第4~6页；陈敦德：《探路在1964：周恩来飞往非洲》，第274页；何英：《对援建坦赞铁路决策的回顾》，第37页。

②中共中央文献研究室：《刘少奇年谱》（1898—1969），北京，中央文献出版社，1996年，第590页。

③《中华人民共和国和坦桑尼亚联合共和国联合公报》，《中华人民共和国国务院公报》，1965年第3期，第38页。

刘少奇主席：

当我们在这次最难忘的访问后离开你们伟大的国家时，我要再一次说下次再见。我难以向你表达中国和中国人民给我们留下的深刻印象。我们将永远记得中国人民的盛大欢迎、好客、渴望友谊、质朴、诚恳、智慧和革命热情。请你接受并向你的所有同事转达我们真诚的感谢，感谢你们为了使我们这次访问过得如此愉快所做的一切，特别是感谢你们使我们带着启示回到坦桑尼亚。再见！尼雷尔。①

事后，尼雷尔曾将首次访问中国的印象告知何英。尼雷尔说，我访华时得到一个最深刻、最令人鼓舞的印象是，我接触到的许多中国领导人，他们论年龄都是我的父辈，论思想却充满了年轻人的火热的革命激情和朝气，这一点我非常钦佩。……另一个深刻的印象是中国领袖、中国党同人民群众的密切联系的精神，善于集中人民智慧的精神。②

中国驻坦使馆工作人员，也十分关注尼雷尔访华后的表现，并将获知的信息报告给国内。1965 年 4 月，从坦桑尼亚发往国内的一份外交电文中这样写道：

尼雷尔访华归来后，除在记者招待会上公开介绍和赞扬

---

①张铁珊在《友谊之路：援建坦赞铁路纪实》一书中也刊载了这封信，但与原信有出入。参见《坦桑尼亚总统尼雷尔访华接待计划、活动日程、双方赠送礼品清单、尼雷尔致刘少奇主席的感谢信等》，外交部档案馆档案（档号：204－01077－01），1965 年 1 月 29 日，第 10～12 页。

②《坦桑尼亚总统尼雷尔等同我驻坦大使何英谈中坦关系、派坦代表团访华事》，外交部档案馆档案（档号：204－01421－04），1966 年 7 月 4 日，第 2～3 页。

我国外，在执政党年会、地区专员会议上及对外场合（尼雷尔公开讲话赞扬我国共三次，坎博纳已四次）不断宣传我成就及建设经验，号召坦桑人民向我学习；赞扬我国领导人的革命精神是当代无人可与之比拟的；赞扬我国援助真诚、无私和表示要继续加强和发展与我的合作关系，并在若干非洲独立国家中为我做了些工作。姬副部长来坦桑视察工作也受到对方破格的接待和礼遇。最近敌人伪造的“非洲革命”小册子出现后，坦桑主要领导人能立即识破敌人阴谋，并指示官方舆论进行反击，所有这些都说明对我信任的增加。

对帝国主义的认识有所提高；反帝反殖态度更为坚决；在某些重大国际问题上的态度向我靠拢。由于我在各方面大力支持坦桑，尼雷尔返国后，立即对西德所施加的强大压力进行了有力的反击并取得了第一回合的胜利，严重地打击了西德和新殖民主义控制坦桑的企图；尼雷尔对我大使私下表示，认为新老殖民主义之间的取代和反取代和竞相侵略非洲的矛盾和斗争是非洲动乱的根源并将美帝对非侵略活动与美帝对东南亚的侵略联系起来。尼雷尔还对其主要干部谈到：今后支援南部非洲民族解放运动的重担已落在坦桑肩上，坦桑必须主要依靠中国的支持，实现这一重大任务。在行动上，坦桑亦继续采取积极措施支持刚果和其他南部非洲的独立运动，支援周围已独立国家的民族解放运动。①

①《坦桑尼亚方面对坦总统尼雷尔访问中国的反应》，外交部档案馆档案（档号：108-01095-07），1965年4月3日，第1~3页。

然而，在1965年5月前后，由于赞比亚尚不肯接受中国的经济援助，加之西方国家对坦赞两国进行了分化与阻挠，尼雷尔在思想上对是否接受中国援建坦赞铁路发生了动摇。据档案记载，是年5月10日上午，尼雷尔突然召见何英商谈坦赞铁路事宜。尼雷尔告知何英说：

关于修建铁路问题，在我上次访华前曾先向西方试探，当时西方表示无兴趣。访华时曾就此问题达成原则协议，当时我也曾向中国领导人表示，坦桑知道中国有自己的困难，如中国难于承担，坦桑也会谅解。在我访华后，西方态度有改变。最近我出访马里和伦敦时，英海外发展大臣卡塞尔夫人在伦敦时向我表示英对修筑坦赞铁路有兴趣，接着卡塞尔又专程访坦，大部分时间同我谈铁路问题。她表示英虽不能单独出资修建该路，但将设法自其他国际财团方面给坦取得贷款，希望坦桑同意英方先派员来坦进行勘察，勘察后再作出决定。我当时答称除非英同意先承担修路义务，否则不能同意英派人勘察。因为我怀疑他们是否确有诚意，怕他们在勘察中或勘察后又制造新的借口拒绝承担义务，从而拖延铁路的修筑。当然也不能排除西方改变看法，认为修筑该路对他们自己政治上有利的可能。

考虑到上述情况，我请你转告中国领导人：我们认为修路是件大工程。说老实话，西方剥削的钱多，比中国更富裕些。我想再摸摸清楚，如西方真愿意帮助坦修铁路，即可考虑让它们来修。那么中国可以把拟帮助坦修路的钱节省下来，将来在其他方面帮助坦桑尼亚。但我们也还担心西方是否采取拖延策略，为此我们仍希望中国勘察组按期来坦桑尼亚，到那时西方态度将更趋明朗，我也可以从而做出最后判断。①

何英当即表示感谢总统所告情况和为中国所作的设想，表示愿意将总统所谈内容及时转告中国领导人，相信中国政府将完全尊重总统所作的决定。同时根据刘少奇主席同尼雷尔总统谈话精神表示中国虽有困难，但性质不同，只要坦方有需要，中方将尽我所能给予帮助；并将周恩来在雅加达同赞比亚国务部部长就有关修路和训练赞军等问题的谈话内容告诉尼雷尔。关于派遣勘察组问题，何英表示个人考虑可以有两种办法：（1）中国勘察人员暂不派出，待坦桑尼亚政府作出最后决定后再定；（2）现行派出，如坦方最后决定要西方修路时再行撤回。但后一种做法可能给西方以造谣的机会。不知总统倾向于哪一个做法。

尼雷尔听后沉思片刻，继而表示："采取第二种做法，西方确实会从而进行歪曲宣传，不利我们之间的关系，同时西方究竟打的是何算盘难以断定。刚才我又对整个问题重新作了考虑。请你这样转告中国领导人：我们还是决定维持在北京达成的协议不变，即决定还是要中国帮助坦桑尼亚修路。如西方确有兴趣，我将告知他们去找卡翁达，让他们去修筑赞比亚一段好了。请把我的全部谈话，特别是最后决定转告中国领导人。"何英当即表示将予以转达。尼雷尔最后表示希望中国勘探人员能早日来坦。此外，何英和尼

①《坦桑尼亚总统尼雷尔同中国驻坦桑大使何英谈修建坦桑尼亚—赞比亚铁路等问题》，外交部档案馆档案（档号：108-00585-01），1965 年 5 月 10 日，第 1~2 页。

雷尔还谈及越南局势以及坦噶尼喀与桑给巴尔的联合问题。

5月11日,何英向中国外交部汇报了自己与尼雷尔会谈的有关内容。何英在电文末尾处总结指出:“从尼的谈话中可以看出,西方对我拟援助坦修路一事极感恐慌,害怕我在坦桑及整个东、中非影响扩大,力图加以破坏;尼出自各种考虑,对此亦有一定动摇,但总的来讲目前尼对我的信任仍超过西方。为坚定坦桑态度,支持坦桑在独立发展道路上继续前进,防止西方进一步破坏,我们建议我修路勘察组应早日来坦开始工作。以上如有不妥请指示。”①

二、周恩来访问坦桑尼亚

为了坚定尼雷尔接受中国援建坦赞铁路的态度,同时也为了更好地促进第二次亚非会议的召开,周恩来在访问巴基斯坦后,于6月初回访了坦桑尼亚。坦桑尼亚总统尼雷尔、第一副总统卡鲁姆、第二副总统卡瓦瓦等亲赴机场迎接。在《坦桑尼亚散记》一书中,高梁对周恩来访坦一事进行了较为详细的记述:“十万多居民在从机场通往国家大厦的长达十六公里的道路两旁向周总理欢呼。这种盛况在这里是真正空前的。”②事后,尼雷尔曾对周恩来说:“我作为总统,可以动员这么多人上街欢迎你,但我不能下命令,让这么多人都带着笑脸去欢迎你。”③在《随周恩来访问坦桑尼

①《坦桑尼亚总统尼雷尔同中国驻坦桑大使何英谈修建坦桑尼亚—赞比亚铁路等问题》,外交部档案馆档案(档号:108-00585-01),1965年5月10日,第1~4页。

②高梁、王治:《坦桑尼亚散记》,第1页。

③何英:《驻坦桑首任大使的追忆》,第312页。

亚》[1]一文中，武建华也追忆了自己随同周恩来出访坦桑尼亚的若干细节。纪录片《周总理访问坦桑尼亚》[2]也记录了有关盛况。这里将扼要梳理周恩来与尼雷尔会谈的有关情况，中坦双方在坦赞铁路上的态度也可以从中略窥端倪。

在周恩来访问坦桑尼亚期间（6 月 4—8 日），周恩来同尼雷尔前后共进行了 5 次正式会谈。会谈中，双方就国际形势、中坦联合海运公司[3]、坦赞铁路、第二次亚非会议等问题交换了意见并达成了若干共识。

在 4 日晚 6 时举行的第一次会谈中，周恩来与尼雷尔首先谈及的是国民经济发展及亚非局势问题。尼雷尔说，新独立国家如不改变殖民主义经济，这个国家就好像是一个漏壶，水永远也盛不满，人民出血出汗，国家总强大不了。周恩来说，我们亚非国家面临很重要的一个问题就是经济问题。去年在日内瓦召开的联合国世界贸易会议所作的报告没有揭穿正如总统所说的问题，现象是提到了，但没有解决的办法，漏壶还是漏壶。尼雷尔说，过去美国在非洲没有据点，现在美国已经侵入刚果作为据点控制非洲。刚果问题实际上是美国与欧洲之争。周恩来说，美国侵入刚果是要把刚果作为进一步侵略非洲的据点。反对美国侵略刚果这是一场

---

①武建华：《随周恩来访问坦桑尼亚》，《世纪》，2000 年第 2 期，第 10~14 页。

②李振羽、王瑜本：《周总理访问坦桑尼亚》（电影台本），中央新闻纪录电影制片厂，1965 年 7 月。

③1967 年 1 月正式运行，是东非为数不多的环球远洋船舶海运公司，最高峰时拥有 7 艘万吨级船舶。该公司在坦桑尼亚登记注册，总部设在达累斯萨拉姆，北京和新加坡设有办事处，船舶营运航线是中国至非洲、红海、波斯湾和东南亚等地区，承揽和运送这些地区的贸易和经援物资。参见《中坦联合海运公司纪念成立 40 周年》，《中国远洋报》，2007 年 8 月 24 日，第 1 版。

新的斗争,又是一场长期的斗争。孤立地看刚果,刚果问题是很严重的;但就全世界来看,越南问题是目前最严重的问题。美国的力量牵制在越南越大,对民族独立解放运动越有利。目前支持越南是一个非常重要的问题,中国愿在各方面全力支持越南。美国被牵制在越南对世界人民有好处。美国力量虽然强大,但力量分散,也就变得没有力量了。接下来,周恩来还同尼雷尔谈及中坦两国组建联合海运公司事宜。周恩来表示,希望中国和坦桑尼亚海运公司能很快搞起来。周恩来说,大海航行必须先试航,中坦两国都是独立国家,有权在公海上航行,中坦两国的国旗必须受到承认和尊重。尼雷尔对周恩来的建议表示赞许。①

当日晚,尼雷尔为周恩来一行举行了盛大国宴。在欢迎宴会上,尼雷尔风趣地说,周恩来总理原定去年访问坦噶尼喀,但那次访问不得不推迟了,然而推迟倒有一个好处,那就是坦方政府不但能够欢迎周恩来来到坦噶尼喀,而且能够欢迎他来到坦桑尼亚。接下来,尼雷尔提到了中国的“长征”,并大为称赞。然而话题一转,尼雷尔似乎在警告似地说:“坦桑尼亚的长征,是经济上的长征……我们在使用一切武器向我们的贫穷开战的同时,我们必须维护我们联合国的主权和领土完整,反对一切想利用我们目前的需要来控制我们的人。可喜的是,我们将同世界各地的友好人民和国家签订关于贸易和经济援助的协定和合同。但是我们决不接受任何方面的指挥或新殖民主义,我们任何时候都决不会放松反对我们政府或我国人民的颠覆活动的警惕。我们既不会出卖我们的

①中华人民共和国外交部外交史研究室编:《周恩来外交活动大事记》,第460页。

原则、我们的国家，也不会出卖决定我们自己前途的自由。”①周恩来对坦桑尼亚的热烈欢迎和盛情招待表示感谢，并说，坦桑尼亚人民是英勇顽强的人民，坦桑尼亚人民在赢得独立后无论是在维护独立、建立国家方面，还是在国际事务方面都取得了许多成就。在谈及外交政策时，周恩来说：“坦桑尼亚奉行和平中立的不结盟政策，坚决反对帝国主义的侵略政策，致力于加强非洲人民和亚非人民的团结反帝事业。坦桑尼亚大力支持刚果（利）人民和东非、中非、南非各国人民的民族解放斗争。坦桑尼亚在国际事务中采取的正义立场，赢得了亚非和世界各国人民的尊敬和赞扬，提高了坦桑尼亚的国际声望。……我们两国都忠实于和平共处五项原则和万隆会议十项原则。在维护各自的民族独立和国家主权、发展民族经济建设自己国家的事业中，我们两国一贯是相互支援的；在加强亚非团结、反对帝国主义和新老殖民主义及保卫世界和平的斗争中，我们一向也是紧密合作的。”②周恩来最后说：“我希望，我们这次访问你们的国家，将进一步加强我们两国的友好合作关系，并且对加强亚非团结和保卫世界和平的事业作出贡献。”③

6月5日上午，在达累斯萨拉姆总统府，周恩来同尼雷尔进行了第二次会谈。会谈中，尼雷尔说，过去这些年我们只是同西方接触，不自觉地总是用西方眼光来看待国际形势，因而也就不自觉地对世界局势的看法是歪曲的。④ 周恩来回应说，希望坦桑尼亚大多

①《人民日报》，1965年6月6日，第1版；《尼雷尔文选：自由与社会主义》（第2卷），第1~2页。

②《人民日报》，1965年2月18日，第2版。

③《人民日报》，1965年6月6日，第1版。

④《周恩来总理同坦桑尼亚总统尼雷尔会谈记录》，外交部档案馆档案（档号：106-01269-05），第1页。

数还没去过中国的部长能去访问，“百闻不如一见”。当谈及经济援助问题时，周恩来说：“我每次访问友好的国家，深厚的友情，给我留下了深刻的印象，更感到我们的担子加重了。但我决不后悔，而是高兴地带回了这些担子。今后我们要负担更重要的国际义务，这是不容推卸的。负担加重对我们是一种鼓舞和推动。”①当日，在达累斯萨拉姆群众大会上，周恩来说：坦桑尼亚已经成为反对新老殖民主义、支援民族解放斗争的一面光辉的旗帜。在世界范围内，坦桑尼亚联合共和国在反对帝国主义的侵略政策和战争政策、维护亚非团结、保卫世界和平方面，也采取了明确的立场，作出了积极的贡献。②

6日上午，周恩来在卡瓦瓦的陪同下乘专机到桑给巴尔进行为期一天的访问，“成千上万的桑给巴尔市民夹道热烈欢迎中国贵宾”③。当天下午，周恩来返回达累斯萨拉姆并在总统府同尼雷尔进行了第三次会谈。在谈及坦赞铁路建设问题时，尼雷尔表示，他不相信西方国家真有诚意，但他深知中国并不富裕，还要援助许多国家，援建坦赞铁路是中国一个沉重负担。因此，他拟同卡翁达总统一道，在即将召开的英联邦会议上再做一番努力，迫使英联邦成员国援建坦赞铁路。周恩来也恳切地向尼雷尔表示，西方国家果真能修，中国乐观其成。如果它们提出苛刻条件，尼雷尔总统可以用中国援建的条件同它们斗争。如果它们只喊不修，中国照修，如果它们中途停修，中国接着修。为配合尼雷尔总统的斗争，中国尽

---

①《周恩来总理同坦桑尼亚总统尼雷尔会谈记录》，外交部档案馆档案（档号：106-01269-05），1965年6月5日，第3页。

②《人民日报》，1965年6月5日，第1版。

③李振羽、王瑜本：《周总理访问坦桑尼亚》（电影台本），第18页。

快派出考察组赴坦桑尼亚考察。[1] 周恩来还补充说："我们将在八九月间先派出综合考察组来，除考察铁路干线外，还要勘测沿线的煤矿、铁矿、水文等。"[2]在第四、五两次会谈时，周恩来还同尼雷尔交流了农业发展、城市建设、中美关系等问题，其中，还特别委托尼雷尔转达中国对美外交政策的四条原则：中国不会主动挑起对美国的战争；中国人说话是算数的；中国是做了准备的；战争打起来，就没有界限。[3]

6月7日，周恩来与尼雷尔在上午和下午又分别进行了一次谈话。当晚，尼雷尔为周恩来一行举行了盛大的告别宴会。尼雷尔与周恩来先后在会上发言。周恩来在发言时再次强调了中国在对非政策方面所持有的立场：(1)支持非洲各国人民反对帝国主义和新老殖民主义、争取和维护民族独立的斗争；(2)支持非洲各国政府奉行和平中立的不结盟政策；(3)支持非洲各国人民用自己选择的方式实现统一和团结的愿望；(4)支持非洲国家通过和平协商解决彼此之间的争端；(5)主张非洲国家的主权应得到一切其他国家的尊重，反对来自任何方面的侵犯和干涉。[4]

8日上午，中坦两国政府代表在达累斯萨拉姆国家大厦签署了《中坦联合公报》。公报宣称：双方决心同世界各国人民，再接再

---

①周伯萍：《非常时期的外交生涯》，第133页；陆苗耕：《周恩来与非洲心心相印》，《外交官历史亲历记》，第78~79页。

②中共中央文献研究室：《周恩来年谱(1949—1976)》(下)，第735页；《周恩来与外国首脑及政要会谈录》，第289页。

③《周恩来与外国首脑及政要会谈录》，第290页；王俊彦：《大外交家周恩来》，第586~587页。

④中华人民共和国外交部外交史研究室编：《周恩来外交活动大事记》，第461页。

厉,为彻底粉碎帝国主义的一切侵略和战争阴谋而进行不懈的努力;双方向正在为反对外来干涉而英勇奋战的越南人民致以崇高的敬意;双方深切同情和坚决支持拉丁美洲反对外国剥削和镇压的斗争;双方向正在为捍卫民族独立和自由而斗争的刚果(利)人民致以崇高的敬意;双方严厉谴责南非和南罗得西亚白人种族主义者政府的种族隔离和种族歧视政策;双方坚决支持莫三鼻给、安哥拉、葡属几内亚、西南非洲以及还处在殖民统治下的非洲其他各国人民争取民族独立的斗争。双方决心为第二次亚非会议的圆满成功召开做出巨大努力。①

在访问坦桑尼亚期间,周恩来还参观了坦桑尼亚的既有铁路,“回国后,周恩来就下指示,确定了拟建铁路的几条原则:一是坦赞铁路的修建标准要高于坦桑尼亚既有铁路的标准;二是要了解坦桑尼亚和赞比亚的国情,两国人口少,而且铁路经过的是未开发地区,不能靠人海战术,要大量使用施工机械;三是要研究工期,弄清坦赞铁路到底多长时间能够修成”。② 周恩来还在中国驻坦桑尼亚使馆领导和专家组组长会议上作了重要指示:“坦桑尼亚是中国在非洲进行工作的一个重点。我们要多考虑如何使坦桑尼亚在经济上搞得更好些。要尊重对方,不要犯大国沙文主义的错误。我们的工作只能成功,不能失败,当然具体工作难免犯一些错误,但要坚持真理,修正错误,戒骄戒躁,谦虚谨慎,及时总结经验,接受

---

①《中国和坦桑尼亚联合公报》,1965 年 6 月 8 日,第 127~129 页;李振羽、王瑜本:《周总理访问坦桑尼亚》(电影台本),第 25 页。

②陆大同:《亲历援建全程,期待铁路振兴》,《中非关系史上的丰碑:援建坦赞铁路亲历者的讲述》,第 132 页。

教训。”①

6月8日上午，周恩来总理结束对坦桑尼亚的访问，乘专机离开达累斯萨拉姆。尼雷尔总统、卡鲁姆第一副总统、卡瓦瓦第二副总统、国民议会议长姆克瓦瓦以及尼雷尔总统的母亲、夫人也到机场送行。

有了周恩来访问坦桑尼亚时向坦方承诺提供的“王牌”，尼雷尔更加坚决去实施他和卡翁达共同议定的计划，即在6月底召开的英联邦国家大会上试探西方国家对坦赞铁路的真实态度。试探很快便有了结果：坦赞两国虽然在美国的斡旋下赢得了1,000万美元的铁路考察资金，但是英、加等国仍不愿承诺出资援建坦赞铁路。多次碰壁后，尼雷尔逐渐认识到“西方不想修建这条铁路，它们也不要中国人来修”。② 尼雷尔对美国尤其不满，曾多次抱怨道：“我们的铁路只要花美国在越南的七天开支就修建好了。”③随着西方态度的暧昧、拖沓，中坦两国接触的增多以及中坦关系的不断发展，尼雷尔逐渐将建设坦赞铁路的希望寄托于中国。与此同时，赞比亚出于各种顾虑，仍迟迟不肯接受中国提供的经济援助。④

第四节　赞比亚对中国援建坦赞铁路的态度与原因

与坦桑尼亚相比，赞比亚更希望坦赞铁路早日得以落成，“尼

---

①武健华：《随周恩来访非商建坦赞铁路》，《百年潮》，2008年第5期，第27页。

②威廉·埃杰特·史密斯：《尼雷尔》，第256页。

③威廉·埃杰特·史密斯：《尼雷尔》，第254页。

④参见拙文《援建坦赞铁路决策问题上的中美非外交博弈》，《安徽师范大学学报》（人文社会科学版），2015年第1期，第60页。

雷尔说，卡翁达一直把坦赞铁路视为赞比亚的生命线，要求比他更迫切，多年来向西方和日本等寻求援建，都无结果。尼雷尔多次劝卡翁达把目光转向中国，卡翁达都因受西方反华宣传的影响，顾虑很大，犹豫不决”。[①] 前已述及，在尼雷尔初次访华期间，中坦双方不但私下达成了修建坦赞铁路的“原则协定”，而且中方还明确指出援建坦赞铁路时是连赞比亚一起考虑的，中国需要派遣工程技术人员对拟修建的坦赞铁路进行勘察。然而，在很长一段时间里，赞比亚却迟迟不愿去接中国向其伸出的友谊之手。赞比亚为何倾向于由西方国家而非中国援建坦赞铁路呢？1966 年 3 月前后，赞比亚对中国提供的经济援助在态度上缘何发生变化？中国政府又是怎样考虑的呢？本节将重点探讨这些问题。

一、赞比亚消极对待中国政府的援助

一直到 1966 年 3 月前后，在坦赞铁路建设问题上，赞比亚政府始终消极对待中国政府的援助，突出表现在以下一些方面。

第一，对尼雷尔总统访华取得的铁路建设成果置若罔闻。1965 年 3 月，赞比亚外交部部长卡普韦普韦于 6 日突然访问坦桑尼亚，于 8 日回到赞比亚首都卢萨卡。据《赞比亚时报》报道，卡普韦普韦在接受采访时对记者说：“没有可能用中国的援助来铺设拟议中的坦赞铁路。”卡普韦普韦虽然承认他此次访问坦桑尼亚的目的主要是与尼雷尔讨论铁路建设问题，同时却称，坦桑尼亚总统并

---

①周伯萍：《非常时期的外交生涯》，第 91 页。

没有与中国政府讨论过此项工程。[①] 这与实际情况自然相悖。

同年4月22日下午，在出席万隆会议召开十周年的庆典活动上，周恩来总理在印度尼西亚会见了赞比亚国务部部长姆威英加。姆威英加向周恩来谈了下述内容：一是，赞比亚领导人是要反帝的，包括美帝和英帝，但目前还不能公开这样做，因为赞比亚还太年轻，但赞比亚绝不会同帝国主义妥协。赞比亚处境困难，四面封锁，没有出路，只有坦桑尼亚是友好的。赞比亚要扫除帝国主义的势力，但只能逐步去做，希望一旦足够强大起来将能彻底肃清帝国主义。二是，赞比亚目前面临最大的问题是交通问题。赞比亚矿藏丰富，铜占世界第二位，还盛产锌、铅、金等。目前赞比亚有两条铁路，一条通向南罗得西亚和莫三鼻给，另一条通向安哥拉，都为帝国主义、殖民主义势力所控制。特别是南罗得西亚，由于赞比亚支持当地民族主义者反对建立白人共和国的斗争，为赞比亚带来了困难。因此，赞比亚总统卡翁达建议要修筑通向坦桑尼亚的铁路，以便能利用达累斯萨拉姆港开展同友好国家的贸易往来。这条铁路在赞比亚境内更长些。三是，赞比亚同东非各国的关系不错。同马拉维的关系不好，这是由于马拉维继续听任英国的控制，赞比亚因而反对。四是，赞比亚的军事是独立的，但目前只有两个营，计划于第二年扩充为3个营，需要花钱。最大的问题是训练，赞希望别国帮助训练赞比亚军官，然后由这批军官训练赞比亚部队。

---

①《中国外交部转告祝赞比亚和坦桑尼亚使馆关于周恩来总理在印度尼西亚会见赞国务部长姆威英加时谈修建赞至坦铁路事》，外交部档案馆档案（档号：108-00649-01），1965年4月25日，第1页。

周恩来向姆威英加表示，这是两国建交后双方负责人的第一次接触，希望今后能有更多接触。关于修建铁路事，周恩来向他介绍了同尼雷尔会谈的情况，表示中国将派铁路专家组去坦桑尼亚勘察，如赞方同意，中国专家组也可以去赞比亚工作，以便能全面考虑修路方案，然后再具体商谈修路问题。关于训练军队一事，周恩来建议他请坦桑尼亚等非洲友好国家进行协助。最后，周恩来表示希望能在第二次亚非会议期间见到赞比亚总统。姆威英加感谢周恩来的接见和谈话，表示作为首次会见中国总理的赞比亚部长，他回国后将直接向总统汇报谈话情况，表示相信总统听到兄弟般的人民中国有帮助赞比亚的愿望一定会非常高兴和发生兴趣。姆威英加说，他也希望赞比亚总统能有机会直接会见周恩来，例如将来安排总统访华等。①

最终，赞比亚既没有同意中国专家组去赞比亚境内进行铁路考察，也没有邀请周恩来在 6 月初访问坦桑尼亚时顺道访问赞比亚。

6 月底，当尼雷尔在英联邦大会上公布了中坦两国签署了“原则协定”的消息时，卡翁达却在伦敦记者招待会上解释说：“中国没有向赞比亚提供援助，但很清楚，中国已向坦桑尼亚提供了援助。铁路是一个联合事业，赞、坦已各自向各方面试求援助，两国政府已成立联合委员会，来研究各方提供的援助，并将对最合适的援助

①《中国外交部转告祝赞比亚和坦桑尼亚使馆关于周恩来总理在印度尼西亚会见赞国务部长姆威英加时谈修建赞至坦铁路事》，外交部档案馆档案（档号：108－00649－01），1965 年 4 月 25 日，第 1～2 页。

作出报告。”[①]

8月中旬，在出席印度尼西亚独立20周年庆祝活动时，陈毅副总理和巴布就坦赞铁路一事进行了交谈，“陈总问巴布修铁路一事情况如何？巴布说正与卡翁达研究，英国对赞比亚的压力很大。陈总说可以先修坦桑境内的一段。巴说与赞比亚谈过，但英知道坦境铁路是中国人帮助修的，不会搞赞境内那段，而美国人也就不会给钱”。[②] 同时期的另一份外交电文，也能看出赞比亚政府的态度。8月17日，中国驻赞比亚外交人员在发往国内的《赞比亚总统卡翁达对修建赞至坦桑尼亚铁路的态度》电报中这样写道，原定召开的东非首脑会议将讨论坦赞铁路，由于四国意见分歧，主要是肯尼亚右摆，从中作梗，加之乌干达总理、外长外出访问未能及时赶回，故会议没能开成。6—8日，卡翁达访问了坦桑尼亚，单独和尼雷尔就坦赞铁路进行了商谈。这次会谈，对筑路问题仍未作出什么决定。[③]

9月23日，卡翁达在记者招待会上谈及对外关系时提到赞坦铁路，卡翁达称，他计划于27日去肯尼亚访问，将在途经坦桑尼亚时与尼雷尔商谈包括坦赞铁路在内的一些问题。当记者问及尼雷尔在坦桑尼亚宣布中国已同意援助修建铁路一事时，卡翁达说，坦赞两国政府委员会可能已写信给包括中国在内的各国政府，中国可能是第一个答复的国家。卡翁达称，中国在坦桑尼亚进行的勘

---

①《赞比亚总统卡翁达对修建赞至坦桑尼亚铁路的态度》，外交部档案馆档案（档号:108-00649-02），1965年7月2日，第5~6页。

②《陈毅副总理与坦桑尼亚政府部长巴布谈话记录》，外交部档案馆档案（档号:108-00584-03），1965年8月18日，第5页。

③《赞比亚总统卡翁达对修建赞至坦桑尼亚铁路的态度》，外交部档案馆档案（档号:108-00649-02），1965年8月17日，第1页。

察与英、加两国即将进行的勘察并不冲突。①

10月5日，针对尼雷尔所说的愿意接受中国援助修建坦赞铁路的讲话，赞比亚总统发言人表态说："赞政府的态度是，中国已向坦桑尼亚提供援助修建这条铁路，但没有向政府委员会提供援助。"②

第二，多次回避中国驻赞比亚大使秦力真所说的铁路建设问题。1965年2月27日，秦力真被刘少奇主席及陈毅外长正式任命为中国"驻赞比亚共和国特命全权大使"。③ 秦力真大使在3月到任后，曾先后拜会了多位赞比亚国家领导人，并与之谈及坦赞铁路建设问题。

1965年3月25日，秦力真在拜会卡曼加副总统时说："尼雷尔总统和中国领导人会谈时，谈到了坦桑修筑铁路的问题，并取得了满意的结果。关于这一点，我只有向卡翁达总统阁下和阁下你谈过。今天我在报上看到，卡翁达总统已去乌干达，卡翁达总统将和尼雷尔总统谈及坦赞铁路问题。我想他们会更详细地谈及此事的。"卡曼加回复道："我了解你的意思。我们在报纸上知道了尼雷尔访华的情况，的确非常成功。"④

4月7日，秦力真赴赞比亚外交部拜访了赞比亚外交部部长卡

---

①《赞比亚总统卡翁达对修建赞至坦桑尼亚铁路的态度》，外交部档案馆（档号：108-00649-02），1965年9月25日，第8页。

②《赞比亚总统卡翁达对修建赞至坦桑尼亚铁路的态度》，外交部档案馆（档号：108-00649-02），1965年10月8日，第15~16页。

③《一位中国大使的国书》，《国际法》，北京：北京大学出版社，2006年，第148页。

④《赞比亚总统卡翁达对修建赞至坦桑尼亚铁路的态度》，外交部档案馆档案（档号：108-00649-02），1965年9月25日，第4页。

普韦普韦，并与之谈及坦赞铁路问题。根据外交部解密档案资料记载，卡普韦普韦回应说，3月份召开的堪培拉四国首脑会议上谈到了这个问题，坦桑对修筑铁路感兴趣，但需取得乌、肯的同意。在会上对此问题无结论。因此，他于4月2日去坦桑又和尼雷尔单独谈这个问题。他还说，赞非常渴望修筑这条铁路。赞认为南罗得西亚的民族主义政党斗争无力，南罗得西亚白人可能在任何时候单方面宣布独立，这对赞极为不利，赞经南罗得西亚的出路随时有被卡断的可能，因此需要从北面找出路。他说，4月12日四国将在卢萨卡再次开会。赞方认为，坦在征得肯、乌同意后，届时将要在会上谈修路的具体问题。①

同年5月28日，在拜见卡翁达总统时，秦力真说："中国一直认为，援助从来就是相互的，你们的反帝反殖事业和你们进行的赞比亚化，实际上也支持了我们。我们应该相互支持。"卡翁达答复说："完全正确。谢谢阁下……我们要些什么，准备向中国提出哪些援助要求，我们会主动提出。"②

第三，假意向中国求援实际上却渴望获得西方国家的援助。这方面的例子有很多，例如，赞比亚虽然声称平等对待一切国家的援助，但在广播电台建设、铁路考察等问题上都有意向英、美等西方国家倾斜。③ 兹举另一典型例证。1965年9月，赞比亚同时向英、美、法、德、中五个国家发出照会，请求帮助赞方修建坦赞铁路，

①《秦大使访赞外长谈到越南局势等问题》，外交部档案馆档案（档号：108-00649-01），1965年4月8日，第4~5页。

②《赞比亚总统卡翁达接见我驻赞比亚大使秦力真的谈话记录》，外交部档案馆档案（档号：108-00651-03）1965年5月28日，第10页。

③张铁珊：《友谊之路：援建坦赞铁路纪实》，第43页。

结果当中国率先表示愿予考虑时,赞比亚政府却因未收到西方国家的承诺而搁浅了这一计划。外交部解密档案资料中对此事记载的颇为详尽。据资料记载,9月28日,赞方照询中国政府能否为修建坦赞铁路提供资金:

> 赞比亚共和国政府外交部向中华人民共和国大使馆致意并谨申述:赞比亚、坦桑尼亚、乌干达和肯尼亚政府希望对罗得西亚铁路和东非铁路之间修筑一条联结铁路的经济可能性和造价进行调查。为此目的,现在正委派进行第一阶段的经济和工程勘测,在1966年初可得到勘测报告。有关政府认为一条这样性质的铁路对促进东非和中非之间的贸易、加强它们之间的经济、文化联系和对开辟赞比亚、坦桑尼亚广大地区的进一步发展能起非常重要的作用。这封信的目的是通知中华人民共和国政府是否考虑为该项工程以后阶段来提供资金。当然,不希望在目前没有可能客观的和可靠的第一阶段勘测报告的情况下就能考虑作出任何肯定的许诺,然而,如能表明在将来对此事可能发生兴趣,则是很大的帮助,但以下述情况为条件:当第一阶段的勘测报告完成时,将提供报告,以便中华人民共和国政府进行研究。这样任何感兴趣的政府就可以考虑,它可能愿意为参加这项工程来考虑提供资金的程度。①

①《赞比亚总统卡翁达对修建赞至坦桑尼亚铁路的态度》,外交部档案馆档案(档号:108-00649-02),1965年9月29日,第10~11页。

对赞比亚为修建坦赞铁路向中国求援的照会，中国驻赞比亚大使馆工作人员提出了以下看法和建议：

对9月28日来照：

（一）赞对修筑赞坦铁路还是有决心的。

我们认为以卡翁达为首的统治集团，总的讲来，还是有发展独立自主的民族经济的要求，也在想办法来摆脱帝殖势力的控制和突破四面受敌包围的困境，向坦桑和东非各国发展关系一直是它的愿望。修筑赞坦铁路就是这些愿望和要求的具体反映。修筑这条铁路在联合民族独立党独立前的竞选纲领中已提出。独立后，赞政府确也为修此路，曾向世界银行、英、美和日本等呼吁求援，几乎到处碰壁。迄今为止，赞从未表示过要放弃修筑此路的打算。交通部长班达9月16日曾在会议表示，即使世界银行不给贷款，赞也决心要修筑此路。卡翁达甚至说，为修筑此路连火星上的东西也要。看来赞是有修此铁路的决心的。但卡翁达最近访问肯尼亚时突然提出修筑赞肯公路问题，尽管他说，此公路对铁路不是代替而是补充，但这是否表明他对修铁路的决心已动摇，还得继续观察。

（二）赞打算依靠谁的援助？

赞虽有摆脱帝殖势力控制的一面，但它是依靠西方的。赞独立后，为修赞坦铁路也是一直向西方求援的，卡翁达数次表示要求国家财团援助。因此，其基本思想是依靠西方筑路。最近，英国与加拿大在获悉我已向坦桑提供了援助，但没有向政府间委员会提供援助，并称，委员会仍在等待那些已被要求帮助修筑这条铁路的政府的答复。赞方这一表态,表明它坚持要求国际财团范围之内的意图,值得注意。

(三)对赞政府9月28日来照的意图和接受我援助的可能性。

(1)照会是在以下情况下发出的:尼雷尔宣布已接受我帮助修筑铁路的援助,赞宣布接受英加两国进行勘测,卡翁达去坦桑会谈在机场贸然宣布政府间委员会已向五国请求援助。因此,赞方这个照会似在强补自己言行的漏洞。但主要的可能是,坦桑因已有援助,筑路已有着落,赞靠西方,迄今两手空空,因而内外压力交织,被迫采取这一行动。

(2)照会内容是要求我为工程的后一(修筑)阶段出钱,未提技术援助。

(3)事关重大,但在发照前赞方并未和我馆进行任何商谈。

(4)中赞建交来,赞方始终未向我就此事作过明确表示。甚至在赞方发照会后,10月6日秦大使见赞外交部常任秘书时,问他对此事有无进一步的解释,对方只说,要说的在照会中都说了,没有更多的可以奉告。

(5)这个照会是以赞政府名义同时发给其他四国的,而非代表政府间委员会发出的。根据以上情况,我馆认为,赞要我援助似非真意。在目前来说由于赞受英国控制较紧,内外压力较大,赞接受我援助的条件似不成熟。当然,不能排除赞想以此照会在筑路问题上与我保持一定的联系,最后对西方绝望时,还可有求于我。目前,坦桑修建此路的资金与技术力量已有着落，而赞一味向往西方，至今渺无音息。因此它不得不摆出向中国求援的姿态，向西方讨价还价，希望西方为赞承担修建铁路的目的。如我国同意援助，西方也可能故作援助姿态，进行破坏，使这条路成为悬念，永久修不成。如果我拒绝援助，赞则可向国内交代，赞并非不要中国的援助，为它继续依靠西方找到借口。

（四）对策

鉴于以上情况，我对赞方来照似可不急于具体回复，但也不宜拖得太久，以免被动。为推动赞发展独立的民族经济的愿望和要求，对赞方面的要求可以假当真，在适当的时机，由使馆给予口头答复，表示我对赞的要求将予以认真的研究。同时说明由于问题复杂，建议赞派代表团去华或我派代表团来赞，专门商谈此事，借以增加往来和促进了解，具体问题要视情况的发展再进行确定。①

对于上述外交照会，在另一份外交电文中，中国驻赞比亚使馆工作人员分析认为，赞比亚由于对帝国主义的依赖较大，处境困难，基本态度是想依靠西方筑路。最近赞比亚政府照会我国和英、美、法、德等国，要我国同西方联合出资。看来，赞比亚让中国参加“合股公司”仅仅是一个姿态，目的是用以缓和国内和坦桑尼亚方面的压力并向西方讨价还价。估计围绕坦赞铁路的修建问题，还

①《赞比亚总统卡翁达对修建赞至坦桑尼亚铁路的态度》，外交部档案馆档案（档号：108-00649-02），1965年10月8日，第2~21页。

会有几个回合的斗争，短时期内坦赞铁路计划是难以落实的。①

中国外交部复电中国驻赞比亚大使馆说："驻赞使馆，9月29日、10月8日两电悉。同意你馆来电的分析和估计。对赞方来照暂不予答复。你也不宜再主动提问，如对方问及，可告此事已报国内。"②

第四，故意疏远中国，中赞关系摩擦不断。中国虽然在赞比亚宣布独立后不久就同赞比亚建立了正式外交关系，并在赞比亚设立了大使馆，但是赞方迟迟不愿派遣驻华大使。③ 对中国发出的访华邀请，赞比亚以"天气太冷"④为由而婉拒。1965年6月，当周恩来访问坦桑尼亚时，卡翁达非但没有邀请周恩来访问，而且还对周恩来所说的"非洲的革命时机已经成熟"的言论十分反感。⑤ 他曾对美国驻赞比亚大使馆大使弗理德瑞克斯说："周恩来的演说发表不久，阿尔及利亚就发生了中国政府很快就给予承认的军事政变。"⑥在第二次亚非会议问题上，赞比亚支持苏联参加会议，理由是"因为俄国部分领土是在亚洲而我们不管中国与俄国之间是否

---

①《外交部非洲司关于拟议中的赞比亚—坦桑尼亚铁路问题的外事调研文章》，外交部档案馆档案（档号：108-00649-03），1965年11月3日，第4~6页。

②《赞比亚总统卡翁达对修建赞至坦桑尼亚铁路的态度》，外交部档案馆档案（档号：108-00649-02），1965年10月19日，第1页。

③Jan Pettman, *Zambia: Security and Conflict*, pp.208~209.

④《中国外交部转告驻赞比亚和坦桑尼亚使馆关于周恩来总理在印度尼西亚会见赞国务部长姆威英加时谈修建赞至坦铁路事》，外交部档案馆档案（档号：108-00649-01），1965年4月8日，第5页。

⑤John Hatch, *Two African Statesmen: Kaunda of Zambia and Nyerere of Tanzania*, p.232.

⑥*Kaunda/Fredericks Talks*, DDRS, July 1, 1965, p.2.; Jan Pettman, *Zambia: Security and Conflict*, p.208.

有分歧”。[①] 不仅如此,1965 年,中赞两国还发生了两起不愉快的外交风波。1965 年初,中国驻赞比亚的一名外交官员被赞方指责为试图对赞比亚负责贸易的官员行贿,行贿金额为 75 英镑,这些钱被包在一个棕色纸袋中。[②] 中国外交官员对此予以否认,事情虽然不大,却引起了一场外交纠纷。第二件事发生在阿尔巴尼亚。当时,阿尔巴尼亚由于和中国关系较好,因而常被认为是中国在欧洲的“同盟军”。在阿尔巴尼亚首都刊发的一篇名为《如何应用毛泽东思想进行革命》的文章中,卡翁达所在的政党被说成是“镇压人民起义的资本主义机构”,文章评论说“被压迫的人们终将起来反抗”。为此,卡翁达总统亲自将文章递至中国驻赞大使馆寻求解释。尽管我使馆工作人员认为文章纯属捏造,并表示不同意文章的说法,但还是影响了中赞两国的关系。不久,《英国共产党》《世界马克思主义回顾》等被勒令在欧洲停刊,卡翁达还在欧洲设立了监视中国人活动的专门机构。[③]

以上一系列事例说明,赞比亚政府倾向于接受西方国家而非中国的援助。赞比亚政府的这种态度一直持续了很长时间。何以如此呢？笔者以为主要有下述几个方面的原因。[④]

首先,赞比亚的国情比较特殊。在政治方面,赞比亚和坦桑尼

---

①《赞比亚对恢复我在联合国席位的态度》,外交部档案馆档案(档号:108-01191-03),1965 年 2 月 8 日,第 6 页。

②《外交部就赞比亚污蔑中国“滥用外交邮袋”问题同意中国驻赞使馆向赞方交涉事》,外交部档案馆档案(档号:108-00654-01),1965 年 1 月 14 日,第 1~3 页。

③Richard Hall & Hugh Peyman, *the Great Uhuru Railway: China's Showpiece in Africa*, p.45.

④沈喜彭:《赞比亚初期不愿接受中国援建坦赞铁路的原因》,《安徽师范大学学报》(人文社会科学版),2010 年第 6 期,第 726~728 页。

亚一样,实行的是“不结盟”与反种族主义的政策。由于地理上处于反种族主义、殖民主义斗争的前线,外加国内民族、种族问题复杂,这使得以卡翁达为首的赞比亚政府在独立初期不得不将工作重点放在政权巩固方面。根据赞比亚本国学者的说法,当时赞比亚政权是否稳定主要取决于:(1)赞比亚是否能在南部非洲的种族战争威胁下,成功地维持国家的安全;(2)赞比亚是否能在有地方利益存在的现实面前,成功地维持其内部的稳定;(3)赞比亚是否能成功地继续维持令人满意的铜的价格与铜的销售情况。① 赞比亚政府一方面要反对种族主义,支持非洲各国的民族解放运动,另一方面却担心来自周边的自由战士将“越来越把这个国家置于安哥拉和莫桑比克进行物资报复的威胁之下”。② 此外,卡翁达担心如果接受共产主义国家的援助,那将意味着接受一批来自世界各地的“自由战士”,那样会对赞比亚的国家安全问题带来一定威胁。③ 简言之,赞比亚政府在独立初期视政权巩固与国家安全为第一要务。

在经济技术方面,赞比亚既严重依赖铜矿资源,又严重依赖殖民主义及其控制下的国家。诚如查理斯·艾理特所言:“非洲没有一个国家像赞比亚那样,一面是城市工业的飞速发展,一面是乡村经济的停滞不前。”④不仅如此,赞比亚城市工业进口物品的增长以

①[英]D. 海韦尔·戴维斯编:《赞比亚图志》,武汉大学外语系英语专业译,北京:商务印书馆,1976年,第235页。

②[英]D. 海韦尔·戴维斯编:《赞比亚图志》,第235页。

③John Hatch, *Two African Statesmen: Kaunda of Zambia and Nyerere of Tanzania*, pp.232~233.

④*Deborah Brautigam, Chinese Aid and African Development: Exporting Green Revolution*, p.9.

及工资的增加导致了通货膨胀的发生，这种情况不利于农村经济的发展，许多人迫于生计，不得不进入失业率相当高的城市去寻找工作以养家糊口。① 1964 年时，大约有 1,300 名欧洲农场主在赞比亚从事农业生产，但是到 1971 年，务农白人的数量已经降至 412 人。但是就是这样，仍旧提升了赞比亚农业的总产量。②

根据美国方面的资料，当年，赞比亚每年铜矿产量约占世界铜矿产量的 16%，却占世界出口量的 40%。1964 年，赞比亚铜产品的出口情况为，英国 23.6 万吨、德国 12 万吨、日本 8.1 万吨、法国 4 万吨、美国 2 万吨。③ 西方国家不仅是赞比亚铜产品的主要出口国，还是其主要开发国，"一直到 1970 年为止，赞比亚的铜矿工业一直处于两大外国公司的控制之下：英美股份有限公司以及诚信贷款公司。1969 年，前者控制了赞比亚 52%的铜矿资源的生产，后者控制了 48%铜矿资源的生产。"④虽然在 1970 年元旦宣布政府将拥有铜矿产业 51%的股份，但是赞比亚政府仍不得不在技术、管理等方面严重依赖上述两个公司。1966 年，大约有 2.9 万名欧美工人在赞比亚铜矿工作，非洲工人约为 30.7 万人，欧美工人的人均工资约为 4,090 卡查瓦，而非洲工人的人均工资仅约为 480 卡查瓦。换言之，这些欧美工人工资的总和，只比非洲铜矿工人工资的总和少一

---

①William Evans Smith, *Zambia: A Country Study*, Washington: D.C., 1979, p.80.

②William Evans Smith, *Zambia: A Country Study*, p.85.

③*Memorandum for Mr. Califano*, DDRS, Jan.6, 1966, p.1.

④公司的英文名称分别为"Anglo American Corporation Group"与"the Roan Selection Trust Group"，参见 Copper Industry Service Bureau, *RST and Anglo American Corporation Ming Year Book of Zambia*, 1969, p.5.

点而已。[①]由此可见,赞比亚建国初期铜矿业的发展严重依赖外国技术工人。[②] 赞比亚本国技术人员不足的原因之一是"直到1959年,非洲人以学徒身份在北罗得西亚学习技术才被认为是合法的"。[③] 对于上述情况,赞比亚副总统卡曼这样说道:"我们不是那么容易甩掉资本主义的,他们设置了许多陷阱。你躲开了一个,但前面还有。你们可以看到在政府部门有许多外国人,都是因为帝国主义没有训练我们的人员。如果他们全都走了,我们的工作就陷于停顿。我们的人员培训好以后,他们是要走的,但在他们未走之前,我们还可以利用他们。"[④]

赞比亚对南部非洲国家尤其是南罗得西亚的依赖前文已有提及。从统计数字来看,1965年在进口资源方面,出于发展经济的需要,赞比亚要从南罗得西亚进口70%~75%的资源。[⑤] 赞比亚虽然在1969年成功地将进口南罗得西亚的物品降至7%左右的价值水平,但它从南非进口的货物不断上升,在1965—1969年,一直维持

①C.R.M. Herry, *Financial Constraints on Zambian Development*, *Constraints on the Economic Development of Zambia*, p.142.; Robert H.Bates, *Unions, Parties, and Political Development: A Study of Mineworkers in Zambia*, New Haven and London: Yale University Press, 1971, p.18.

②在1965—1966年间,仅有4%的高级技术工人和12%持中学毕业文凭的工人是赞比亚人,就是持小学毕业证的工人中,他们的人数也只占3/5,尽管赞比亚政府在整个20世纪60年代很重视教育,但仍无法满足实际的需求。参见Richad Jolly, *Skilled manpower as a constraint to development in Zambia*, University of Sussex, 1970, p. 27.

③Shantayanan Devarajan, *Aid and Reform in Africa: Lessons from Ten Case Studies*, Washington, DC, 2001, p.112.

④《赞比亚总统卡翁达接见我驻赞比亚大使秦力真的谈话记录》,外交部档案馆档案(档号:108-00651-03),1965年3月25日,第3页。

⑤The Times, Oct.24, 1975, p.10.

在20%~22%。[①] 直到1970年,赞比亚才在煤炭资源方面不需要从南罗得西亚进口,因为这一年赞比亚开始有能力开采本国的高质量煤矿。与此相似,赞比亚在电力方面也严重依赖南罗得西亚,实际上一直到1974年,赞比亚在铜矿资源的开发方面,始终都离不开南罗得西亚的电力资源。[②]

在军事方面,卡翁达虽然已经接受了各种援助,包括来自非洲各国的军队,但是他认识到他所拥有的力量还不足以与南罗得西亚的军事力量抗衡。卡翁达曾呼吁所有的非洲国家领导人同英国断绝外交关系,然而,这支军队不够团结,而且在非洲的声誉不佳。甚至卡翁达都认为他们的头目是“无用的白痴”。尽管在军事上处于劣势,但是打几场漂亮的歼灭战还是有可能的,假如部队训练得当,援助物资供应充足的话。但是如果公开接受大规模武器援助的话,则可能会引起史密斯的无情报复,因此到目前为止,卡翁达不敢冒险公开地接受大量武器装备。[③]

其次,受制于英美等国的巨大威压。如前所述,英国殖民主义者在赞比亚的影响很深。长期以来,英国将“中非联邦”三国组成一个完整的殖民经济体系,即利用马拉维的人力、赞比亚的资源,来哺育南罗得西亚的工业。在赞比亚及其他东、中非蓬勃发展的民族独立运动的冲击下,英国虽然被迫解散了中非联邦,并先后承认了马拉维和赞比亚的独立,但其目的是为了缩短防线,集中力量

---

①*Republic of Zambia*, *Ministry of Finance*, *Economic Report* 1970, Lusaka, Government Printer, 1971, pp.61~63.转引自:Kasuka Mutukwa, *Politics of the Tanzania -Zambia Railway*, p.100.

②William Tordoff, *Politics in Zambia*, pp.16~17.

③*Intelligence Memorandum*:*Implications of Rhodesian Independence for Moderate and Stable Government in Zambia*, DDRS, Jan.8, 1965, p.5.

守住南罗得西亚,以牵制和阻挠赞比亚人民在民族独立道路上的前进。赞比亚的独立,是经过和平方式取得的。根据有关资料,卡翁达为争取早日解散中非联邦,在争取独立大选前,便向英国作出了许多让步,表现在下述七个方面:(1)同意在立法议会中保留10个白人议席;(2)许诺偿还中非联邦6千万英镑的债务;(3)接受中非联邦政府1万人以上的各级文官和技术人员继续在自治政府中任职;(4)同意与南罗得西亚殖民政府共同经营卡里巴水电站、航空铁路运输与邮电事业;(5)同意南罗得西亚殖民政府接管中非联邦空军战斗机队和轰炸机并由英继续指挥北罗得西亚的陆空军和警察;(6)承诺在独立后不进行国有化;(7)基本上承认英国南非公司拥有征收大部分矿权税的权利。[①] 根据档案资料,赞比亚获得独立后,英国在赞比亚的影响仍然十分强大,英国在赞比亚获得影响的手段主要有:

> (1)确保殖民地经济阵地,以便继续对赞进行经济掠夺和作为施加政治压力的手段。目前在赞的近8万英移民完全垄断了赞的经济命脉。英资几乎全部控制了赞的矿业开发(铜的约60%,钴、铅、锌的全部),每年产值1亿镑以上;英南非公司还根据过去的不平等条约保留了收纳各地矿业公司上缴的矿权税(每年600余万镑)的权利,形成了超国家权力的国中之国,经长期谈判仍不肯放弃上述权力。其他工业、交通、外贸也基本为英资所垄断,英移民还占有全部耕地面积三分之

①《中国驻坦桑尼亚使馆告北罗得西亚形势》,外交部档案馆档案(档号:108-00648-01),1964年1月4日,第3页。

一的肥沃土地。此外印籍侨民也垄断了赞的国内商业系统，成为英殖民主义的帮凶。

(2)利用赞在经济上对南罗的依赖性，以及赞作为内陆国家无出海口和同东非国家交通运输的困难，迫使赞同南罗殖民政府承担义务共同经营交通运输、邮电、实业和电力供应，以增强赞政府在独立后对南罗以及对英经济上的依附关系。

(3)在政府和国家机器各要害部门中大量安插白人。英除在大选前迫使自治政府同意保留10名白人议席(现全为白人)，还同赞达成协议，由赞保留近万人的白人文官和技术人员在政府中任职，现赞内阁中还有白人部长1名，文官系统中白人充斥，军警、高级官员亦均由白人充当。

(4)利用赞内部部族和教派间的矛盾培植代理人并分化赞人民内部团结。

(5)利用赞在地理上被英、葡殖民地包围的形势，特别是指使刚果的冲伯和南罗不断向赞比亚施加压力。①

再次，归因于当时赞比亚对中国缺乏全面的了解。与中坦关系相比，中赞关系要疏远很多。这在上文已有论述。此外，在“冷战”思维弥漫的特殊历史条件下，赞比亚对中国政府是否有能力援建坦赞铁路也持有疑虑。在“中国只能用竹子去铺设坦赞铁路”②等言论的挑唆下，不愿同中国过于接近而又寄希望于发达国家，赞比亚在初期不愿接受中国关于坦赞铁路的援建便显得不足为

①《中国驻坦桑尼亚使馆告北罗得西亚形势》，外交部档案馆档案(档号:108-00648-01)，1964年10月17日，第2~4页。

②Philip Snow, *The Star Raft: China's Encounter With Africa*, p.153.

怪了。

另有学者指出，赞比亚与罗得西亚铁路公司之间的协议束缚了赞比亚政府的手脚。1963年中非联邦分崩离析后，赞比亚与南罗得西亚各分得罗得西亚铁路公司50%的所有权。双方签署协议，任何一方均不能使用罗得西亚交通运输线以外的铁路线路运输物品，违约的一方必须给罗得西亚铁路公司相应的经济补偿。双方还约定，如果想要修建新的铁路，就必须向罗得西亚铁路公司缴纳罚金。因此，在有关坦赞铁路的谈判中，赞比亚政府便显得顾虑重重。当时的法律书认为，赞比亚要自由参与坦赞铁路，首先必须修改罗得西亚铁路公司管理当局的章程。由于这一章程，卡翁达无法公开表示对坦赞铁路的支持。英国对外援助署甚至考虑出手干预解决章程问题，但1966年的铁路调研报告认为，坦赞铁路并不会导致罗得西亚铁路的业务分流，问题便迎刃而解。①

二、赞比亚态度的转变与卡曼加访华

1966年3月前后，赞比亚政府对中国政府的态度发生了较大变化，开始主动向中国使馆工作人员谈及修建铁路问题。在中赞关系上，中国驻赞使馆工作人员总结道："最近半年以来，中赞两国关系有些发展变化。凡我提出的问题，不少是同意的。譬如，我贸易代表团来访，为赞比亚大学募捐演出，同意我友好代表团访问，

---

①［美］孟洁梅：《非洲自由铁路：中国发展项目如何改变坦桑尼亚人民的生活和谋生之计》，第12~13页。

我副部长访赞时，卡翁达曾两次主动表示愿意访华。”①在交通问题上，“值得注意的是，赞方已向我提出帮助修建铁路工厂。目前和外长谈话，对方又提出交通事业的贷款问题。像这样实质性的问题，自建交以来，从未表示过”。② 但是，在坦赞铁路问题上，“使馆人员认为卡翁达虽然决心修建坦赞铁路，但目前接受中国政府援建的可能性仍不大，条件尚不成熟，并建议如果赞比亚代表团访华时提出修建公路问题，中国政府应考虑答应他们的要求，并提出需要考察与协商”。③

赞比亚对华态度开始变得积极主动，系由多种因素造成的。

其一，不满英美等国在制裁南罗得西亚方面的表现，在参与制裁南罗得西亚的过程中，赞比亚越来越认识到拥有一个可靠出海口的重要性。1965 年 11 月，南罗得西亚宣布独立后，非洲绝大多数国家，如坦桑尼亚、赞比亚、加纳、几内亚与马里等国强烈要求英国派军队对史密斯集团予以镇压，但是英国政府拒绝派出地面部队，理由是它们认为只需要实行经济制裁手段就可以在几个月内让史密斯政权垮台。④ 在南罗得西亚“片面独立”以前，美国就已经决定采取跟随英国的政策，“1965 年 10 月 12 日，史密斯自己宣

①《卡曼加副总统率领的赞比亚政府代表团成员情况、驻赞使馆对赞情况、中赞关系的看法等》，外交部档案馆档案（档号：204-01155-02），1966 年 8 月 7 日，第 31 页。

②《卡曼加副总统率领的赞比亚政府代表团成员情况、驻赞使馆对赞情况、中赞关系的看法等》，外交部档案馆档案（档号：204-01155-02），1966 年 8 月 7 日，第 32 页。

③《卡曼加副总统率领的赞比亚政府代表团成员情况、驻赞使馆对赞情况、中赞关系的看法等》，外交部档案馆档案（档号：204-01155-02），1966 年 8 月 7 日，第 37 页。

④Nyerere, *Freedom and Socialism: A Selection from Writings and Speeches*, 1965—1967, pp.124～126.

称他将在圣诞节前宣布独立,无论怎样,这主要是英国政府的问题,我们仍采取紧跟英国政府的政策”。① 美国外交官对“片面独立”的看法是,“如果以慢慢地牺牲史密斯政权的代价来换取卡翁达政权的长寿的话,要比迅速地结果了两者好得多”。②

在经济制裁方面,英国政府确实采取了若干行动。在国内,英国禁止南罗得西亚的资金在伦敦市场上流通,并宣布将禁购南罗得西亚的主要出口物资——糖与烟草;南罗得西亚在伦敦的价值900万美元的资金被冻结;英国还在联合国倡议所有国家断绝与罗得西亚的经济交往。③

赞比亚参与对南罗得西亚的制裁后,很快便面临生产、运输等一系列问题。英国在美国等国的参与下,在帮助赞比亚方面做了若干工作。根据相关资料,仅1965年12月就拟做了4个方面的工作:一是,将立即派遣两支驻内陆皇家空军在达累斯萨拉姆与恩多拉服役;二是,英国将从英国联合航空公司派飞机增援,在一周之内可参与完成达累斯萨拉姆至恩多拉的货物运输工作;三是,英国政府预计每月可以从达累斯萨拉姆向恩多拉空运3,250吨货物,空运能力可以提升一倍,假如达累斯萨拉姆港口的运输条件能够改善的话;四是,在坦赞两国成立专门机构,以解决石油的运输与接收问题。④ 然而,由于南非和葡属莫桑比克与安哥拉拒绝参与对南罗得西亚的经济制裁,因此,英国所倡导的经济制裁手段逐渐流于形式。在长达32个月的时间里,直到1968年9月坦桑尼亚—赞比

①*Memorandum for the President*, DDRS, Oct.12, 1965, p.1.
②*Incoming Telegram*, DDRS, Dec.7, 1965, p.4.
③*Kaiser*, *Incoming Telegram*, DDRS, Dec.18, 1965, p.2.
④*Kaiser*, *Incoming Telegram*, DDRS, Dec.18, 1965, pp.1~2.

亚石油管道的修成，赞比亚一直都存在着石油短缺的问题，而南罗得西亚却可以从南非源源不断地获取充裕的资源。

英、美等西方国家一方面呼吁世界各国对南罗得西亚进行制裁，另一方面却出于自我利益以及节约经费等方面的考虑，不希望赞比亚完全同南罗得西亚断绝经贸关系。这可以从卡翁达与威尔逊之间的电文中看出。

1966年，为了应对南罗得西亚对赞比亚经济的反制裁，卡翁达致电约翰逊总统求援，电文内容如下：

> 总统先生：将如您所认识的那样，直到去年年底，我国超过97%的物资进口来自或经由南罗得西亚。很少有哪个国家像我们这样如此严重依赖另一个国家的交通运输线……我想知道阁下是否能在下面几个方面给予帮助：
>
> (1)帮助我们将铜产品空运至达累斯萨拉姆港口；
>
> (2)帮助我们用轮船将重型物资运到马拉维湖对岸；
>
> (3)帮助我们修建一条从马拉维的深峡(Deep Bay)到赞比亚境内的全长约180英里的公路；
>
> (4)帮助我们重建坦桑尼亚境内姆瓦拉(Mtwara)到马姆巴湾(Mamba Bay)的公路。①

约翰逊的回复是："总统先生，在新的运输道路还没有解决之前，我诚恳建议您不要急于切断经由南罗得西亚的铁路运输线。

①*A letter From President Kaunda to President Johnson*, DDRS, May 18, 1966, pp.1 ~2.

在更好的运输渠道没有解决之前，切断货物运输线的做法只能使赞比亚本国以及许多与贵国关系友好的国家失去运输线。”①问题是，切断运输线的主动权并不掌握在赞方手中。

从1967年1月英国首相威尔逊首先的一份电报中可以看出，英国打算干脆连形式上的制裁也放弃了。电文的部分内容是：

> 到目前为止，美国似乎一直都在南部非洲事务采取讨好非洲人的立场。如果我们采取较为温和的做法，我们在短期内与非洲各国的关系将受到一定影响，但从长远考虑，我们最好的办法也许是和其中几个关键国家进行坦诚地商谈，如果解释合理的话，他们就会明白，即使通过联合国的决议而联合国又没有能力解决的话，还不如早点结束不务实的做法。假如我们继续采取盲目讨好的立场，我们就可能陷入两方面的可能，要么采取军事手段，要么尴尬地撤军。②

经济制裁的失败，英美等国在铲除史密斯政权方面的无力与拖延政策，使得赞比亚、坦桑尼亚等国十分失望。③

其二，赞比亚寄望英美等国援建坦赞铁路的梦想破灭。在坦赞铁路建设问题上，赞比亚尝尽了英美等国的各种阻碍伎俩。它们最初否定修建坦赞铁路的经济价值，继而采取帮助考察、制造坦

---

①*Zambia's Dependence on Transportation Routes through Rhodesia*, DDRS, p.2.

②FRUS: /1/Source: Washington National Records Center, RG 330, OASD/ISA Files: FRC 71 A 4546, 092 Africa. Secret. Drafted by Bader and Lang on January 15. I-20291/67 Washington, January 18, 1967.

③George T.Yu, *China and Tanzania: A Study in Cooperative Interaction*, p.54.

赞两国关系不和等手段拖延赞比亚接受中国政府的援助进程，最后通过帮助两国修建坦赞公路、坦赞石油管道等措施企图打消赞比亚修建坦赞铁路的念头。在多次求助失败后，赞比亚政府逐渐认识到试图获得英美等国的帮助已无可能。

其三，对中国的了解加深，在政治上减少了对中国的疑虑。1967年赞比亚驻华使馆人员的到任密切了中赞两国之间的联系。赞比亚领导人在访华期间的所见所闻，使他们认识到中国虽不是一个富国，却是一个大国，他们完全有能力建成坦赞铁路。在援外政策上，赞比亚注意到中国政府信守周恩来提出的"援外八项原则"，并践行不向国外输出革命的承诺。上述诸因素使得赞比亚对接受中国政府的援助比较放心。

当然，促使赞比亚对华态度转变的原因还有其他一些因素，中国驻赞比亚大使馆工作人员，曾对此进行了调研、分析：

> 赞比亚政府的态度为何会发生上述变化呢？我们分析主要有四个方面的原因：
>
> (1)南罗问题带来的国内外苦难不断增加，赞、英矛盾不断增长。
>
> (2)几个月来的南罗问题使他尝到了苦头，英帝撒手让南罗的片面独立合法化对赞比亚的软硬兼施政策，确使卡翁达有些寒心。
>
> (3)在这种关键的时刻向我动手，表明它对经援的八项原则有进一步的认识，而尼雷尔根据自己接受中国经援的体会从中对卡翁达做些工作，也是可能的；当然卡、尼之间，他们彼

此都有不少困难，更多的相互利用、依靠，对他们自己来说更加迫切。一年来的实践，我说到哪里，办到哪里，在政治上减低了对我的疑虑，使它非常放心。

(4)从它内部来说，两国关系有所发展，看来是赞统治集团内部争论的结果，激进派(或叫中左力量)占了上风。①

中国驻赞比亚使馆人员同时分析认为发展中赞关系有下述好处：“‘雪中送炭’对卡翁达根本无此必要，但从中东非整个形势来看，特别是亚非地区正在动荡不安的时候，如能巩固这个战略地区的左派势力，争取中间力量不致过多或过快地向右摆动，孤立肯尼亚的反华势力，打击马拉维、蒙博托等民族败类，继续向赞渗透，都有莫大的好处。对赞统治集团来说，增强激进派的发言权，抵制其内部右派势力，稳定以卡翁达为首的现政权也是有益的。如果这个地区能够稳定，即使暂时稳定也好，那么，对津巴布韦人民、安哥拉等地的民族解放运动也很有帮助。”②

1966 年 8 月 19 日，赞比亚副总统卡曼加率代表团抵京。据中国驻赞比亚使馆人员分析，卡曼加访华时主要和中方商谈四个方面的问题：“代表团访华要谈的第一个问题是关于国家计划问题。第二个问题是和中国政府商谈贷款问题，我们的交通运输、公路等方面都存在困难，需要贷款。当问及‘交通运输’具体含义时，回答

①《卡曼加副总统率领的赞比亚政府代表团成员情况、驻赞使馆对赞情况、中赞关系的看法等》，外交部档案馆档案(档号:204-01155-02)，1966 年 8 月 7 日，第 32 ~34 页。

②《卡曼加副总统率领的赞比亚政府代表团成员情况、驻赞使馆对赞情况、中赞关系的看法等》，外交部档案馆档案(档号:204-01155-02)，1966 年 8 月 7 日，第 36 页。

说:交通运输是包括公路、铁路和赞已向我提出修建铁路工厂等。第三个问题是谈两国贸易的问题。第四个问题是国际事务问题。”①

不管是何种原因,可以确定的是,赞比亚副总统卡曼加的来华访问,对中赞关系的发展以及坦赞铁路修筑协议的达成具有重要推动意义。

在卡曼加访华期间,周恩来总理先后同他进行了三次正式会谈。如驻赞使馆人员所料,卡曼加在第一次会谈中对修建铁路只字未提。次日下午,在同卡曼加的第二次正式会谈中,周恩来总理在简短寒暄过后,将讨论话题引向铁路问题上。② 有关会谈内容摘录如下:

周恩来:对赞比亚来说,关键是交通问题。不论矿产品和农产品的出口,需要便利的运输条件,而且你们还要进口设备发展初步的工业,建立加工业,这也需要交通便利。谈到交通问题,主要是同坦桑尼亚的交通问题,如阁下知道,尼雷尔总统曾委托我们勘测了从基达杜到赞比亚边境屯图马③的铁路。

卡曼加:我们知道,屯图马是在赞比亚的边境上。

周恩来:然后再从屯图马通到赞比亚的铁道干线上去。从基达杜到屯图马全长七百零八公里,约四百四十英里。铁

---

①《卡曼加副总统率领的赞比亚政府代表团成员情况、驻赞使馆对赞情况、中赞关系的看法等》,外交部档案馆档案(档号:204-01155-02),1966年8月7日,第35页。

②中华人民共和国外交部外交史研究室编:《周恩来外交活动大事记》,第503页。

③即“通杜马”。

路修建的全部情况,我们将向尼雷尔总统提出报告,尼雷尔总统也要我们尽快地提出报告,便于他考虑。修建这条铁路不太困难,我们修建的铁路比这困难得多。可以搞现场设计,多长时间,因为气候情况,技术和劳动力情况,我们都不了解,只有到现场后才能了解。需要投资的粗略计算,为两千六百万英镑,或者不到两千六百万英镑,实际投资要到现场去计算,因为不了解劳动力情况,机械设备都要进口。

卡曼加:从基达杜到屯图马?

周恩来:是的。建筑材料都要进口。土方需要到现场去计算。我们同尼雷尔总统谈过,西方国家要来修,可让他们试试,西方国家曾经提供了一些资料作为参考,但始终没有一个西方国家愿意修。我们设想,如果英国来承担,他们不仅要把铁路修到边境上,而且应把赞比亚的铁路修通。当然,它会同东非铁路网连接起来了,东非铁路是受一个公司管理的。阁下很清楚,英国在东非有很大的影响。尽管他们这样做,但铁路最后要回到人民的手中,赞比亚人民将成为铁路的主人。我们已向尼雷尔总统提出,我们愿承担修建铁路的任务,我们提供无息长期贷款,同时我们也给尼雷尔总统以机动权,如果西方国家硬要来抢修,也可让他们来试试。如果他们搞不好,我们就接着修下去。这证明不是我们要抢着干,而是因为他们怠工,搞不好。这是坦桑尼亚部分铁路的情况,如果这条铁路开工了,那时我们愿承担到你们那里的勘测任务。当然听说你们以前有资料。要与坦桑尼亚连接起来,一定要有同样的铁轨[1]，几百万吨物资进出口，免得换轨。铁路主权是属于你们国家的，同东非铁路公司无关，是独立的。坦桑尼亚境内我们已承担，我们愿接受你们总统的委托，去进行勘测，因勘测工作不难，坦桑尼亚铁路勘测工作不到一年。修建你们国家的铁路也会遇到西方国家的干涉，那我们采取同样的策略，如果他们愿意承担修建，可以让他们修，但要有两个条件：一是两国铁轨必须统一，不能换轨；二是修建时间要快，因为西方国家的修建材料是从南非和莫桑比克进口的，应该快一点。如果他们愿意承担，但怠工，我们愿意修。坦桑尼亚铁路完工以后，坦桑尼亚铁路修建的材料才能从东到西转到赞比亚去，因为我们是从来不从南非运东西的。土方你们可以先搞，我们可以派技术人员协助你们的劳工，双方同时进行。我们帮助修建铁路的条件同坦桑尼亚一样，无息长期贷款，提供材料，包括火车头、柴油机车、车皮。我们的技术人员教会你们后，都回来。行政管理，不管是坦桑尼亚或赞比亚，主权完全属于你们国家，我们服从你们的法令。我们的任何援助和贷款，都没有特权和政治条件。这段话请阁下向卡翁达总统说清楚，但只是由你们的总统考虑。如果现在不是实际阶段，则等于说通过阁下，送给总统一张牌，他可以在外交上同西方国家斗争时应用这张牌。当坦桑尼亚铁路修通时，西方国家一定要破坏。但总统阁下也可以利用这张牌，如果能使西方国家尽快修，这也有好处。如果总统阁下愿意同坦桑尼亚对修这条铁路的话，这就对加快速度有好处。对帝国主义修铁路

---

①指铁轨轨距。

不要怕。在我国解放前,所有的铁路都是帝国主义修建的。一九三一年到一九四五年,日本在占领东北时,成立了傀儡满洲国。新中国成立后,我们充分利用这些铁路,因而东北的工业发展最快。所以不必担心,因为要有真正的出海口,非有铁路不可,而且要通过真正的兄弟国家,现在没有其他国家,只有坦桑尼亚。马里今天也遇到这样的困难,马里通过塞内加尔,那不是友好国家,关系紧张的时候,常常遇到困难,飞机、公路都是通过象牙海岸,但靠这些是有限的。马里同几内亚是姊妹国家,但中间没有铁路,很难联系起来。从赞比亚的完全独立联系到津巴布韦的解放来看,这条铁路是值得修建的。因为有了这样一条铁路,你们的工业和农业发展就会加快,摆脱帝国主义在经济上的控制,可以获得完全独立。我的话,通过你们告诉卡翁达总统阁下,这完全是作为兄弟国家意见的交换,把心里话告诉你们,这完全由你们的总统阁下去决定。我们没有任何强加,这些话可以完全摆在你们的脑子里,锁在你们总统阁下的保险柜里,不要谈,需要时就用,不需要时可以不用,我们帮助坦桑尼亚,帮助一个朋友,但不会忘记另一个朋友,坦桑尼亚和赞比亚都是我们的朋友。如果在你们来访之前,去你们国家访问,我一定会把这段话告诉卡翁达总统阁下。这个问题就谈到这里,阁下还有没有问题?

卡曼加:在其他朋友提意见之前,我首先对阁下提出修建铁路的建议,表示感谢。我向阁下保证,对阁下的话一点也不怀疑。这说明阁下信任我们,信任我们的朋友坦桑尼亚。我向阁下保证,尼雷尔总统同卡翁达总统关系很密切,当卡翁达总统听到这个问题后,会予以充分考虑的,并且他会同尼雷尔总统商量的。昨天我们说过,西方听到中国准备在坦桑尼亚修建铁路,他们马上自然而然地向赞比亚提出建议。英国—加拿大的一家公司去年开始进行勘测,费用由该公司负担,规定在今年六月底提出报告,但在我们离开赞比亚时,还未见到此报告。至于谁来修建这条铁路,还未定,现在只是勘测。如果中国将来修的话,赞比亚不比坦桑尼亚困难,因为赞比亚境内平原多。

周恩来:屯图马到赞比亚的铁路干线上有多远?

卡曼加:比到坦桑尼亚要远一些,五百多英里,但是没有山。

周恩来:那是九百公里左右,造价会要低一些。

卡曼加:赞比亚境内修建铁路要比坦桑尼亚便宜三分之一。我们一定把这建议带回去,看卡翁达总统如何考虑。①

可见,与中坦两国领导人首次谈及坦赞铁路相比,卡曼加副总统无疑显得平静很多,这是因为赞方早已知晓中国政府的态度。周恩来总理在会谈中提出了两大主题内容:一是将在勘测设计后决定是否对赞比亚境内的铁路予以援建;二是,对赞比亚政府寻找西方国家修建铁路的做法表示理解,并希望能同卡翁达总统做进一步磋商。

①《周恩来同赞比亚副总统卡曼加第二次会谈记录》(节录),《党的文献》,2012年第3期,第6~8页。

第五节　卡翁达访华与坦赞铁路修筑协定的签订

1967年6月21日，卡翁达总统乘飞机抵京，这是他四次以总统身份访华中的首次访华，受到中国政府的热情接待。对卡翁达总统的此次访问，不少人认为其目的是为了向中国请求援建坦赞铁路，这或许是一种误解。不过，显而易见，卡翁达的此次到访对坦赞铁路修筑协定的达成具有重要推动作用。

6月22日上午，周恩来和卡翁达在钓鱼台国宾馆举行了第一次正式会谈。此次会谈卡翁达未提及修建铁路一事。23日傍晚，在人民大会堂福建厅，周恩来同卡翁达举行了第二次会谈。会谈伊始，双方先是商谈非洲国家的独立问题，继而将话题转向非洲军人的夺权问题方面。① 何英对此回忆说："在与周总理会谈时，卡翁达出于自尊，未主动提出援建铁路的要求，周总理体谅其自尊与困难，直截了当地提出了修建铁路问题，并反复询问有关情况。"②

周恩来与卡翁达商谈坦赞铁路的会谈记录已经解密，现摘抄如下：

周恩来：要巩固民族独立，就要取得经济独立。当然这不是一天能够实现的，而是要很长的时间，做很多的工作。我们希望听取阁下在铁路问题上的意见。

---

①中华人民共和国外交部、中共中央文献研究室编：《周恩来外交文选》，第513页。

②何英：《对援建坦赞铁路决策的回顾》，第38页。

卡翁达：对于这个问题，我们研究了好久。我现在简单地谈一下。来中国访问以前，我们已向四个国家提出要求，这是由赞比亚、坦桑尼亚、肯尼亚、乌干达组成的共同秘书处提出的。坦桑尼亚是属于东非共同事务组织的国家，所以一定要包括肯尼亚和乌干达，组织这样一个秘书处来管修铁路的问题。我们向中国提出过，向日本、英国、法国提出过。而日本、英国、法国是私人公司，中国是政府愿意帮我们的忙。下个月四个非洲国家召开财政部长和交通运输部长会议时，一起进行讨论，作出最后的决定。同时非洲发展银行也表示对此事有兴趣。我访问巴基斯坦时，阿尤布总统也表示有兴趣。他并且对我表示过中国在这方面是有经验的。我们还要问日本、英国、法国政府，是不是会支持他们的私人公司帮助我们修这条铁路。

周恩来：你们的铁路和坦桑尼亚连接吗？

卡翁达：是的，它将直接把赞比亚和坦桑尼亚连接起来。

周恩来：在赞比亚方面铁路有多长？

卡翁达：五百多英里，合八百公里左右。

周恩来：山地多还是平原多？

卡翁达：赞比亚方面，比较多的是平原。在这方面，我们本来和坦桑尼亚一样，坦桑尼亚修铁路必须取得东非共同事务组织的同意，而我们必须取得罗德西亚①铁路公司的同意。幸好在本月三十日我们要解散这个公司了。

周恩来：阁下，现在你们的南北铁路一头通南非、另一头

①即罗得西亚。

通刚果(金)吗?

卡翁达:是的。

周恩来:这是一条主要铁路?

卡翁达:是的。

周恩来:有没有东西铁路?

卡翁达:没有。现在东西方面有一条公路,中国正在帮我们修。从巴罗兹省的芒古到卢萨卡的公路。通刚果(金)的铁路是经恩多拉、刚果(金)到安哥拉的洛比托港。

周恩来:你们铁路五百多英里,从卢萨卡到恩多拉没有计算吧?

卡翁达:没有。实际上,从首都卢萨卡到恩多拉已经有铁路,不计算在内,从开皮利—姆博希①到边界距离更短,不到五百英里,中途山很少。

周恩来:坦桑尼亚比较长一些?

卡翁达:是的。

……

周恩来:这条铁路同坦桑尼亚的铁路比较,铁轨是不是窄一点?

卡翁达:坦桑尼亚的铁轨比较窄,赞比亚是宽的,这也是我们要考虑的问题。

周恩来:经过刚果(金)到南罗得西亚、南非的全部铁路怎么样? 是不是全一样?

卡翁达:一样的,所有这些国家的铁路都是宽轨。

①即卡皮里姆博希。

周恩来：同我们一样。我们中国的铁轨是1.435米，你们的是1.067米中轨，坦桑尼亚是1米轨，轨距还是一个问题。

……

投资不同的国家轨距也不同。在解放前二十世纪初，各国在中国投资也是不同的。法国在云南投资通向越南的铁路是窄轨。中国自己搞的是小铁轨。比利时在山西搞的也是窄轨。其他国家投资的轨道是相同的。所有帝国主义国家那时都到中国来划分势力范围，几乎各国都有投资。有英国投资的，日本的、俄国的、德国的、美国的、法国的、比利时的，就这么几个。

……

总之，这是一个大工程。首先要把坦桑尼亚的一个先完成，然后才能把修路机械运到赞比亚去，我估计你们那里修路机械是不多的，又不能运进去，也不能从别的海口来往。而我们和南非、安哥拉、莫桑比克都没有任何联系。我们必须沿着坦桑尼亚的铁路，顺着修下去，这样才能运进设备去。我们已把坦桑尼亚铁路的勘察报告送给尼雷尔总统了，在坦桑尼亚境内的铁路是七百八十公里，相应计算，在你们境内是九百公里。坦桑尼亚我们是全线看了，赞比亚是初步的估计。

卡翁达：赞比亚境内应短一些。

周恩来：我们要等阁下问一下尼雷尔总统的意见。我们和尼雷尔总统谈过多次，答应帮助他修。但具体的事项还要进行实际勘察，如计算一下要多少投资、劳动力，多少时间和机械设备等，尼雷尔总统作出决定，我们可以修，我们愿意帮助修，而且相应帮助赞比亚修。因为这是支持非洲的民族独立、反帝反殖的斗争，也是为了帮助你们巩固民族独立。我们考虑铁路时，是把坦桑尼亚和赞比亚考虑在一起的，不然，那不是半途而废吗？只要两国总统下决心，我们愿意承担投资，并且将详细的计算设备和运输设备从海上运去。

卡翁达：我不可能要求更多的了，在目前阶段，你们愿意帮助我们修，完全满足了我们现在的问题。总理表示可以帮助，我们的问题就是下一步怎么做了。①

6月24日晚，在周恩来、陈毅、李先念等人的陪同下，毛泽东在人民大会堂接见了卡翁达及其随行人员。双方有关坦赞铁路的会谈内容抄录如下：

毛泽东：欢迎你们，第一次到中国来吗？

卡翁达：我们中有三位曾来过。我本人、我的夫人和其他几位都是第一次来。

毛泽东：赞比亚在热带，各种畜牧业和农业可以搞起来。

卡翁达：是的。赞比亚潜力很大，过去受帝国主义控制，很多事不能做。现在各地区都在发展养牛场。

毛泽东：赞比亚有七十多万平方公里。差不多等于中国几个浙江省。

卡翁达：我国主要问题是交通问题，所以我们要通过坦桑

①《周恩来同赞比亚共和国总统卡翁达第二次会谈记录（节录）》，第8~9页；张铁珊：《友谊之路：援建坦赞铁路纪实》，第103~106页。

尼亚搞铁路。

毛泽东:要勘察吧？要下决心干,开始干就好了。

毛泽东问周恩来:坦桑尼亚还没有确定究竟由谁帮忙吧？

周恩来:坦桑尼亚已确定由我们帮忙勘察。

卡翁达:我是顺便提到铁路问题。我已和周恩来总理详谈了这个问题。我们回去和尼雷尔总统商谈后就通知你们。我们和坦桑尼亚铁路的铁轨宽窄不一样,赞比亚的铁轨宽一些,坦桑尼亚的窄一些。

毛泽东:将来非洲国家都独立了,把帝国主义赶走了,就可以发展铁路了。

周恩来:非洲被帝国主义分割了。

卡翁达:很对。非洲的很多民族都被人为地分割开来。

毛泽东:这就是帝国主义的分而治之。

卡翁达:我们只有通过帮助其他地区的自由战士,使他们获得独立,才能报答你们的帮助。

毛泽东:这不是什么报答。先独立的国家有义务帮助后独立的国家。

卡翁达:是的,我完全同意主席先生所说的。我的说法可能粗糙一些,我的意思是,只有这样才能表达我们真正欣赏你们援助的心情。

毛泽东:你们独立才两年半,还有很多困难。你们也帮助了未独立的国家。

卡翁达:对。

毛泽东:我们独立已有十八年了,更应该帮助他们。

卡翁达：很感谢主席先生。

毛泽东：全世界如果不解放，中国这个国家就不可能最后解放自己，你们也不可能最后解放自己。

……

毛泽东：总有一天帝国主义是要到我们这里来的。我们是有经验的，帝国主义也好，国内反动派也好，都可以赶走。他（指赞比亚合作、青年和社会发展部长班达）一九六三年来时你们不是还没有独立嘛，如果你们国家和我们国家一样，独立了十八年，你们的国家建设、文化教育就会有很大的进步。你们到我们这个时候，还有十五年。到那个时候，你们的铁路早就通车了。你们修建这条铁路只有一千七百公里，投资也只有一亿英镑，没有什么了不起嘛。

卡翁达：很希望有机会能和毛主席多谈谈，但因为主席先生很忙，我们有些过意不去。

毛泽东：不要紧，和你们谈，我很高兴。①

从上述两则会谈记录中不难看出，赞比亚并非不希望中国帮忙修建坦赞铁路，而是有多重顾虑：一是坦赞两国尚不能完全放开手脚，坦桑尼亚需要征求东非共同事务组的同意，赞比亚需要获得罗得西亚铁路公司的许可；二是卡翁达担心中国会提出附加条件，并对西方国家的出手相助仍抱有幻想；三是坦赞两国的铁路轨距不一致，如何协调，也是难题。

---

①《毛泽东、周恩来等同赞比亚共和国总统卡翁达谈话记录（节录）》，第10~11页；张铁珊：《友谊之路：援建坦赞铁路纪实》，第106~108页。

6月25日，在陪同卡翁达夫妇到上海参观时的会谈中，周恩来还向其提出了中国派遣援外专家的三条原则：（一）不干涉驻在国内政，全心全意为人民服务；（二）教会驻在国的人后尽快回国；（三）工资待遇和驻在国同等技术人员完全相同，不能有任何特权，不得有大国沙文主义。①

对于卡翁达总统首次访华的修路动机，目前难以达成共识。一种观点认为，卡翁达"通过亲自访问而备受鼓舞，因为中国人所着手进行的社会革命正和他自己拟在赞比亚实施的计划实施十分类似，他从未后悔去接受中国提供的铁路援助"。② 另一种观点认为，卡翁达在访华回国后仍寄希望于西方国家修建坦赞铁路。其理由是，1967年6月28日，当被问及同中国商谈的铁路问题进展如何时，卡翁达在记者招待会上说："一个由赞比亚和坦桑尼亚部长组成的委员会将在下月在达累斯萨拉姆开会讨论这项建议。这个委员会还将考虑美国、英国、法国或日本的公司作出的任何反应。"③根据周伯萍的判断，上述两种观点并不矛盾，因为赞比亚政府的态度可能与其对中国"文革"的不解与担忧有关。据周伯萍回忆，卡翁达总统回国途中经停坦桑尼亚首都时，专程会晤了尼雷尔总统。次日晚，尼雷尔以想吃中国饭为由到中国驻坦使馆做客。一见面，尼雷尔就对周伯萍说，卡翁达总统首次访华非常成功，赞境铁路也确定由中国援建，卡翁达总统极为感奋，他在坦桑尼亚首都逗留时，逢人就夸中国好，简直是着了迷。尼雷尔总统在使馆停

①中共中央文献研究室：《周恩来年谱（1949—1976）》（下），第48页。

②John Hatch, *Two African Statesmen: Kaunda of Zambia and Nyerere of Tanzania*, p233.

③《参考消息》，1967年6月30日，第2版。

留两个多小时，话题一直是坦赞铁路，只字未提中国的“文革”问题，但在离开使馆时突然对周伯萍说，中国援建坦赞铁路的主要问题已经解决，只要中国的“文革”不冲击，这条铁路是一定会顺利修成的。对是否接受中国政府援助修建坦赞铁路，周伯萍推测说，卡翁达总统不会不同尼雷尔总统谈论此事。估计是尼雷尔总统觉得这个问题太敏感，他还要继续观察，所以暂时不讲，但不经意间还是流露出了忧虑情绪。①

经过多次交涉，坦赞两国政府最终决定于8月份派代表团赴北京洽谈。整个洽谈过程也是一波三折。② 首先，坦桑尼亚政府代表团突然提出变更坦赞铁路的起点，这一变更将使得坦赞铁路的线路长度增加近400千米。1967年8月30日，坦桑尼亚政府代表提出：“希望从基达杜至达累斯萨拉姆新建一条与原有铁路平行的约400千米的铁路方案，而暂不考虑改建原有铁路的方案。”对于坦桑尼亚政府代表提出的问题，“我进行婉拒，并表示，将来再进行考虑和研究”。③ 9月2日，坦方代表再次要求我国考虑修建自基达杜至达累斯萨拉姆的400千米的铁路，“经我再三表示，坦桑仍然坚持，赞比亚不大表态。由于双方未取得一致意见，对方要求将此问题留待坦赞两位部长同李先念副总理会谈时解决”。当日下午，坦赞两国部长在同李先念副总理会谈时，再次提出其意见，并说要各派一名代表回国向两国总统汇报情况。对此，李先念表示，

①周伯萍：《非常时期的外交生涯》，第134页。

②沈喜彭：《援建坦赞铁路决策问题上的中美非外交博弈》，《安徽师范大学学报》（人文社会科学版），2015年第1期，第63~64页。

③《坦、赞联合代表团访华情况简报》（第四期），铁三局档案馆档案，1967年8月31日，第1~3页。

他将充分注意这个问题，并将此问题立即报告周恩来总理。① 中国政府最终做出了让步。其次是双方对《英加考察报告》的理解出现分歧。坦赞两国政府代表认为英国和加拿大已较好地完成了拟建坦赞铁路的考察与勘测设计，希望中国能参照这部报告尽快派出工程技术人员组织施工。中国政府代表认为该报告不是勘测设计报告而是考察报告，坚持要对线路进行重新勘测设计。在周恩来、李先念两位总理的关怀下，中国政府一方面向坦赞两国政府代表说明中西方作业程序存在一定差异，另一方面指出《英加考察报告》不同于勘测设计报告，无法作为施工的依据。中国政府还许诺说，中国将派出最好的勘测设计队伍赴坦赞两国进行实地勘测，尽快完成设计任务并组织施工。②

此外，三国政府代表还谈及了贷款融资、铁路轨距、机车动力、制动方式等问题。在贷款融资方面，坦赞两国代表团先商量要不要向中方提出不同的融资安排，继而告知中方说，西方国家和世界银行提出如果向它们申请国际发展援助，必须先付相当于贷款总额5%的保证金，并在10年的宽限期过后开始还款，20年内还清，希望中方能给予更优惠的融资安排。对此，中国政府不仅免除了保证金，还将贷款的宽限期定为15年，提出可在30年内还清。坦桑尼亚既有铁路的轨距是1米，而赞比亚既有铁路的轨距是1.067米。赞比亚政府提出，修建坦赞铁路主要是为了帮助赞比亚，因此

①《坦、赞联合代表团访华情况简报》（第六期），铁三局档案馆档案，1967年9月2日，第1~5页；《李先念呈送对外经济联络委员会和铁道部〈关于援建坦赞铁路问题的报告〉给周恩来的信》，《建国以来李先念手稿》（第3册），北京：中央文献出版社，2011年，第90页。

②《关于修建坦桑尼亚—赞比亚铁路的协定》，《中国和坦桑尼亚、赞比亚关于修建坦赞铁路协议汇编》，内部资料，1971年，第1~3页。

坦赞铁路应该采用赞比亚既有铁路的轨距。在取得坦桑尼亚的同意后，中国政府也满足了这一要求。赞比亚政府代表还提出了两项要求："坦赞铁路是从达累斯萨拉姆往西逐渐抬高，到最高点后缓慢下降进入赞比亚的，因此必须确保机车有足够的动力将火车的最大载重量拉到最高点。还有，中国铁路系统的制动方式同东非一样，但跟我们南部非洲不一样，因此还要确保中国的机车能在赞比亚使用。"①

在中国政府的努力下，修筑坦赞铁路的协定终于顺利达成。1967 年 9 月 3 日，中、坦、赞三国政府代表共同签订了《关于中国援建坦桑尼亚—赞比亚铁路的协定》。周恩来参加了签字仪式。国务院副总理李先念和坦桑尼亚财政部长贾马勒，赞比亚国务部部长索科，分别代表各自政府在协定上签字。《新闻简报》对此报道说："我们的伟大领袖毛主席教导我们说：'中国人民把亚洲、非洲、拉丁美洲人民的反帝国主义斗争的胜利看做是自己的胜利，并对他们的一切反帝国主义、反殖民主义的斗争给以热烈的同情和支持。'""这个协定的签订，将进一步加强三国人民之间的友谊和促进三国经济技术合作关系的发展。"②《人民日报》也对此进行了简短报道："参加签字仪式的，还有我国各有关方面的负责人杨琳、谢怀德、徐以新、郭鲁，坦桑尼亚驻中国大使姆瓦卢科，坦桑尼亚、赞比亚联合经济代表团的成员。"③

---

①《访谈赞比亚前交通部常务秘书卡西达》，《中非关系史上的丰碑：援建坦赞铁路亲历者的讲述》，第 263～264 页。

②中央新闻纪录电影制片厂影视资料部编：《新闻简报中国外交》（1960—1980），第 153 页。

③《人民日报》，1967 年 9 月 6 日，第 4 版。

该协定的主要内容是,中国政府同意帮助坦赞两国修建自坦桑尼亚的基达杜至赞比亚的康博全程约1,600千米的坦赞铁路;中国政府同意在适当的时候考虑帮助坦赞两国修建从基达杜到达累斯萨拉姆铁路。协定规定,修建上述铁路项目,主要分三个步骤进行。中国政府将派出必要数量的专家和技术人员,帮助坦、赞政府组织上述铁路工程的施工。协定还规定,中国同意向坦赞两国提供修建上述铁路项目的无息的不附带任何条件的贷款,贷款的金额、提供方式、偿还办法和账务处理,将在中国方面对上述铁路工程尽心勘测、设计之后,同两国商定。①

9月7日,坦桑尼亚《民族主义者报》发表社论赞扬中国援助修建坦赞铁路,社论说,中国的无息贷款"是本着友好的精神提供的。协定尊重了援助国和受援国双方"。② 9月20日,坦桑尼亚第一副总统卡鲁姆在桑给巴尔对坦噶尼喀全国工人联合会上也赞扬中国帮助修建坦赞铁路,并说"坦桑尼亚—赞比亚铁路将增进坦桑尼亚和赞比亚两国间的合作,发展两国的经济,并大大有利于整个非洲"。③

相比之下,赞比亚政府非但不在媒体上公开向中国致谢,反而仍寄希望由西方国家来修建铁路。1967年9月13日,赞比亚驻美国大使馆在发给赞比亚外交部的一份电报中称:"据报道,中、坦、赞三国已经签订了修建坦赞铁路的协定,这在当地引起了很大轰动,人们在议论美国与日本组成的联合公司也希望能够对坦赞铁

①《关于修建坦桑尼亚—赞比亚铁路的协定》,《中国和坦桑尼亚、赞比亚关于修建坦赞铁路协议汇编》,1975年,内部资料,第2页。

②《人民日报》,1967年9月11日,第5版。

③《人民日报》,1967年9月28日,第6版。

路予以援建。如果还没有最终答应接受中国的援建,那么请指示我们该做些什么。”次日,赞比亚外交部回电称:“你必须提防帝国主义的拖延策略。对于你所提的问题,坦赞两国已经答应接受中国政府的援助,但是希望你竭力避免指明我国承诺的程度,如果有哪个国家愿意帮助我们的话,它应该拿出诚意来。这边日本公司所要求的条件是完全无法接受的。”①一位外国学者也有过类似看法:“直到1967年三国协定签订后,卡翁达总统仍然宣称坦赞铁路的大门仍然对西方国家敞开着。”②正如国内一位学者所言:“中国援助坦赞铁路的修建工程,是同西方一些国家进行了历经两年多时间的尖锐斗争最后确定下来的。这是特殊形式的政治斗争。”③可见,赞比亚最终选择接受中国政府的援助,一方面是由于中国政府在援建坦赞铁路方面的诚意;另一方面是因为如果不接受中国的援建,它将不得不依靠自己的力量去修建铁路了。三国协定签订后,中国政府开始着手准备安排对铁路的考察工作。

在20世纪60年代特殊的历史背景下,中国政府之所以积极援建坦赞铁路,原因也是多方面的。其中有开展外交活动,进行国际斗争的考虑,“中国援建坦赞铁路符合自身的国际斗争战略全局的需要,也是我国作为社会主义国家积极履行支持被压迫国家和民族解放斗争的国际义务,发展与非洲国家和人民兄弟友谊极富深远意义的实际行动”④;有反帝、反修的需要,“当前,我应采取积极

①Memo from L.F. Kaemba,赞比亚档案馆档案(档号:NAZ MFA 1/103/114), Sep.14, 1967, p.1.

②Kasuka Mutukwa, *Politics of the Tanzania-Zambia Railway*, p.137; Bruce D. Larkin, *China and Africa*: 1949—1970, p.100.

③陆庭恩:《非洲问题论集》,第608页。

④陆庭恩:《非洲问题论集》,第602页。

而又慎重的方针,大力开展同赞的友好关系。警惕和防止帝、修、反的各种破坏活动和美制造‘两个中国’的阴谋。争取迅速同赞达成建交协议,并早日派出使馆占领阵地,对赞在独立后可能向我提出的经济援助应适当给予满足,以加强争取”。[①] 有出于加入联合国、筹备召开第二次亚非会议的现实考虑;也有发展中非、中赞关系的诉求,“铁路建成,可加强赞坦联合,促使赞采取同坦桑政府同样的政策。”[②]“过去非洲国家一向是资本主义的触角市场,因此这项援外任务,对于我国来说意义更加重大”。[③]

---

①《中国驻坦桑尼亚使馆告北罗得西亚形势》,外交部档案馆档案(档号:108-00648-01),1964年1月4日,第14页。

②《外交部非洲司关于拟议中的赞比亚—坦桑尼亚铁路问题的外事调研文章》,外交部档案馆档案(档号:108-00649-03),1965年11月3日,第43页。

③大连热力机车研究所:《关于援助坦桑尼亚、赞比亚修建铁路的参考资料》(一),第1页。

第三章　英美等国对中国援建坦赞铁路的反应与阻挠

1965 年 2 月，尼雷尔总统在访华时曾指出："如果中国出资援建坦赞铁路的话，其影响将等于爆炸了一颗原子弹"。① 事实果真如此。中国拟援助修建坦赞铁路的消息一经传出，便立即在国际上引发了较大反响。其原因自然是多方面的。受冷战思维、外交政策及国家利益等诸多因素影响，英美等国在 20 世纪 60、70 年代曾极力阻挠中国援建坦赞铁路，反应过激，其中，英美两国主要担心中国借援建坦赞铁路之机获得政治利益，担心它们的援外政策受到挑战，更担心共产主义在非洲扩大影响。此外，对部分西方国家而言，中国对坦赞铁路的援建是以竞争者的姿态出现的，中国的出现不但显示了它在国际事务上的参与姿势，而且有损英美等国的援外形象，因此，中国对坦赞铁路的援助从一开始就受到了它们的共同抵制。苏联、南非等国也因受对华外交关系诸因素影响，对中国援建坦赞铁路采取不甚友好的态度。在这场旷日持久的经济援助博弈中，中国政府最终以真诚赢得了信赖，英美等国的阻挠政

①《刘少奇主席、周恩来总理同坦桑尼亚总统尼雷尔第一次会谈记录》，外交部档案馆档案（档号：108-01389-02），1965 年 2 月 18 日，第 15 页。

策未能得逞。坦赞两国成为最大的赢家，它们不仅拥有了一条近2,000千米里程的铁路，还拥有一条几乎同等长度的公路。

第一节　英美两国的反应与阻挠

英美两国对中国插手援建坦赞铁路的反应最为强烈，这是不难理解的。英国是坦赞两国的前宗主国。坦赞两国虽然以和平方式先后获得独立，但是两国仍是英联邦国家成员，英国在坦赞两国仍然具有较大的政治、经济影响力，因此，英国惧怕中国这个社会主义国家以任何形式来削弱自己在非洲的影响与威望。非洲虽然不是美国传统外交的战略要地，但是美国出于冷战的需要在非洲主要采取追随英国的立场，“在我们决定我们立场的时候，我们无需舍弃我们那些殖民国家的欧洲盟国，我们也不必事事都遵循非洲人的意图”。① 众所周知，英美两国政府在许多国际事务上沆瀣一气，它们当然不希望看到任何其他国家来削弱它在坦赞两国以及非洲的地位，但是中坦、中赞关系的不断发展使得英美两国感觉到了潜在威胁。缘于上述国际冷战背景，英美两国政府对中国可能援建坦赞铁路的顾虑自然要大于其他国家。

据有关资料，早在尼雷尔总统尚未动身访华前，英国的国内媒体就开始捕风捉影地报道中国将可能插手坦赞铁路修筑一事。例如，1965 年 2 月 11 日，英刊《外事报道》刊载了一篇题为《中国人将

①《美国对非洲的外交政策：美国西北大学非洲研究计划处研究报告》，北京编译社译，北京：世界知识出版社，1960 年，第 36 页。

为坦桑尼亚修建铁路》的文章，文章称，中国“在东非的下一步骤将是资助修建联结坦桑尼亚与赞比亚之间的铁路，这是一项深入东非人心的计划”，“如果中国决定资助修建坦桑尼亚境内的一段工程，其规模将等于在非洲的中国阿斯旺高水坝”。阿斯旺大坝系由苏联政府援助修建而成，并为苏联带来了较好的国际声誉，而中苏关系不和当时已尽人皆知。文章分析说，坦桑尼亚和赞比亚政府已准备就共同修建铁路成立一个“联合机构”。赞比亚能够负担该项工程中赞方的费用（1,740 万英镑），但坦桑尼亚无力负担，而世界银行因估计该项工程的费用高达 5,800 万英镑，认为“在经济上不合算”，拒绝贷款。因此，在尼雷尔访华时，“中国将认为，对中国最有利的是使尼能获致一项中国资助修建坦桑境内铁路的协议”。该文又挑拨说，中国对坦桑尼亚的援助可能还在“犹豫不决”，因为中国应该记得，苏联最初决定援助埃及修建阿斯旺大坝时，“虽然在宣传上获得胜利欢呼，压倒了不愿出资修建的西方国家”，但后来“发现按期完工存在困难”，而且也不会“受到非洲人的感谢，使他们在政治上听从指挥”。[①] 中国领导人是在 2 月 18 日同尼雷尔总统的会谈中首次承诺援建坦赞铁路的，因而，英刊的报道纯属臆测而已。从文末所表述的观点来看，作者似乎在刻意强调援建坦赞铁路的得不偿失。

尼雷尔访华回国后，英国的《每日电讯报》先是报道了尼雷尔访华取得的成果，“中国刚刚同坦桑尼亚签订了一项名义上为 350 万英镑的工业装备协定，以装备一个纺织厂和其他工程”。继而指

①《中国外交部转告赞比亚和坦桑尼亚使馆关于周恩来总理在印度尼西亚会见赞国务部长姆威英加时谈修建赞至坦铁路事》，外交部档案馆档案（档号：108-00649-01），1965 年 2 月 19 日，第 2~3 页。

出,“英国虽然已同意在坦桑尼亚国家发展计划的头两年提供近700万英镑,但是英国得到的酬谢却是被驱逐、没收和蛮横地逮捕”。文章用略带威胁的口吻说:“关于这些不公正的行为程度如何的问题,不久将会在议会作出答复。英国的内心是清楚的,但是它还有着保护英国国外利益的特殊责任,并且,英国从不向那些不以诚意回敬的地方投资。”①

不久,《每日电讯报》刊载的《中国对非洲的野心》一文这样写道:“英国和其他西方国家可能很快就得到决定,它们是否能够冒着把赞比亚交给中国的危机,是否能屈服在压力之下而首先提出一个较好的建议。尽管中国自己迫切需要发展,但是,它很可能愿意从自己的人民手中再挤出5,000万到7,000万英镑,以便给它渗入非洲的计划增加吸引力。”②英国《每日快报》中的一篇名为《异想天开:一千英里铁路的美梦》的文章言辞则更为激烈,其中写道:“(中国)有这样的人数和工作能力能够开拓这些广阔的空间,只要能有一个新的大陆,牺牲1,000万或1,500万人,对他们又算得了什么呢?”③这些报刊文章基本上表露了英国政府的态度,其对中国援建坦赞铁路的反感与诋毁也由此可见一斑。

1965年8月,卡翁达总统央求英国前首相哈罗德·威尔逊(Harold Wilson)出资援建坦赞铁路时,仅得到英国政府出半资予以考察的允诺。据英国方面的资料,卡翁达当时倾向于由英国政府援助修建坦赞铁路,他很担心中国政府接手坦赞铁路,他在给哈罗德·威尔逊的电报中写道:“哈罗德,我理解贵国政府当前在经济

①张铁珊:《友谊之路:援建坦赞铁路纪实》,第62~63页。
②张铁珊:《友谊之路:援建坦赞铁路纪实》,第80页。
③张铁珊:《友谊之路:援建坦赞铁路纪实》,第80~81页。

及金融方面面临的问题,然而,我仍然坚持认为……两国政府如果能根据马克斯韦尔·斯坦普(Maxwell Stamp)咨询公司的考察结果去修建整条铁路的话,从最近几个月政治势力在东西方国家的角力情况来看,那将会是一个不小成就。"①最终,威尔逊婉拒了卡翁达的要求,由于担心英国政府的出资考察需要承担继续援建铁路的后果,因此他不愿意单独出资进行筑路考察,而是和加拿大合伙进行项目考察。

1967 年 9 月,当坦赞两国已经和中国签订了坦赞铁路筑路协议后,英国政府向国内外民众解释了自己拒绝援建坦赞铁路的三点原因:一是,根据马克斯韦尔·斯坦普咨询公司的考察结果,拟建铁路在经济上很难盈利;二是,修建诸如坦赞铁路这样规模巨大的工程,其巨额开支远非英国政府所能承受;三是,由于坦桑尼亚在南罗得西亚"片面独立"问题上宣布和英国断交,导致其无权享受英国对坦方的经济援助。②

20 世纪 60 年代的美国当然不希望那个称其为"帝国主义"并号召全世界人民予以"打倒"的国家来修建坦赞铁路。这方面的资料有很多。据记载,尼雷尔首次访华结束后,美国政府便紧急召开会议,强调应该对中国插手援建坦赞铁路一事"提早做好思想准备",因为"就短期而言,在限制苏联或中国乐于在坦桑尼亚投资以及干涉南部非洲事务方面,我们无计可施。存在变数的问题是,坦桑尼亚政府的精力是否能被引向经济发展及名副其实的非结盟政

---

①Henry Hall, *White Elephant or Freedom Railway: Britain, Zambia and the Political Economy of Tarara*, p.32.

②Henry Hall, *White Elephant or Freedom Railway: Britain, Zambia and the Political Economy of Tarara*, p.25.

策方面。"①1965 年 5 月 26 日,尼雷尔试探性地向美国政府提供了一份重要情报:"周恩来总理将于 6 月 4 日访问达累斯萨拉姆,届时中方将许诺帮助坦桑尼亚修建本国境内的铁路路段。"尼雷尔同时坦言:"卡翁达不希望接受中国政府提供的铁路援助,但是两国正面临着国内压力以及授援国缺乏方面的问题,我们希望美国等西方国家能够在 5 月 31 日之前向我们做出援建坦赞铁路的承诺,以便我们到时拒绝北京的提议"。

对于这份情报,美国外交人员分析认为,中国如果接手坦赞铁路,其动机将主要有三个方面:一是借此在拟将于阿尔及利亚召开的第二次亚非会议上提高中国的威望;二是试图增强中国在非洲的影响,占据达累斯萨拉姆这一基地,以利于它支持南部非洲的民族解放运动;三是企图赢得中国在中、东非国家的某些优先权,尤其是在资助一些具有争议的工程项目方面。② 对于尼雷尔提出的要求,美国外交人员建议政府采取以下任一应对策略:一是根据有关原则继续拒绝援建坦赞铁路;二是采用分而治之的策略,放手坦桑尼亚,拖住赞比亚;三是承诺组织有关西方国家接手援建坦赞铁路。③

后来,美国和英国政府又共同商定:由西方做出姿态,承担这项工程;如果坦桑尼亚和赞比亚之间存在分歧,应加大这种分歧;揭露中国对非洲具有野心。具体而言:(1)由加拿大和英国共同提

①*Department Pass As Appropriate*, DDRS, March 12, 1965, p.1.

②*Chinese Communist Railroad Venture in Tanzania*: *Western Policy Alternatives*, DDRS, May 26, 1965, p.1.

③*Chinese Communist Railroad Venture in Tanzania*: *Western Policy Alternatives*, DDRS, May 26, 1965, pp.2~3.

供技术援助,并应尽快组成坦赞铁路联合勘测组;(2)由美国提供费用改造赞比亚通往坦桑尼亚达累斯萨拉姆的简易公路;由意大利帮助赞比亚铺设一条通往坦桑尼亚达累斯萨拉姆的输油管,尽快付诸实施;(3)英美和其他西方国家设法建立一个赞坦铁道财团,这个财团足以与援助印度和巴基斯坦的财团相比拟,第一阶段的目标是至少承担2,500万英镑;(4)要扩大赞比亚与坦桑尼亚之间的分歧;特别是在工程费用上。如果铁路造价由两国均摊,赞比亚就要吃亏,应设法使赞比亚寻求新的承建者,工程费用分而付之;鉴于日本已表示对赞比亚境内那段铁路颇感兴趣,应火速派一经济专家乘飞机赴东京进行紧急磋商;(5)为舆论界提供翔实的资料,揭露中国对非洲具有野心,进行革命输出。还要为新闻媒体提供充分的材料,证明没有必要兴师动众、劳民伤财搞这项庞大、复杂的铁路工程;(6)英国应尽力规劝史密斯,并由美国出面警告,如果一意孤行,将会受到西方的经济制裁。① 事实证明,美英两国确实是按上述计划一一实施的。

在周恩来即将访坦之际,美国驻坦大使莱昂哈特同时向英、法、澳等多个国家发送外交电文,目的是寻求阻止中国援建铁路的方案。电文称:"我们应该尽快将向卡翁达总统承诺的坦赞铁路修建工作提上日程,我们目前仍未给卡翁达任何签订铁路修筑协议的机会;尼雷尔认为,除非我们先同意承担修路义务,否则坦方不能同意我们派人进行勘察。"当前的迫切问题是"我们应当给予卡翁达足够的支持,以防止或延迟赞比亚政府接受中共的援助……周恩来6月4日将访问坦桑尼亚,我们仍有时间和尼雷尔商谈,告

①张铁珊:《友谊之路:援建坦赞铁路纪实》,第75~76页。

知他卡翁达总统认为假如必要，坦方可以提前和中共签订铁路修建协议，但同时强调，假如尼雷尔同意，美国将组织召开一次高规格会议，以便他们共同商讨坦赞铁路建设问题。"①美英的分化及软硬兼施政策使尼雷尔承受了较大压力。

周恩来访坦结束后不久，美国便组织专家对尼雷尔进行全面研究，长达数页的研究报告认为："随着中共影响力的增大，尤其是他们可能同意帮助援建坦赞铁路，使得坦桑尼亚的领导人尼雷尔对中国的好感日增……在尼雷尔的软弱、无效政府的领导下，激进的、亲共分子将很可能变得更加肆无忌惮，坦桑尼亚将为西方国家带来更多的困难与麻烦。"②报告分析指出："中坦的蜜月期将会再持续一年左右的时间，尼雷尔显然并不惧怕中共的颠覆活动，而是欣然接受北京提供的经济、军事援助，然而，假如中国施加压力过大或操之过急的话，他们的友好关系就会戛然而止，因为尼雷尔可能并不热心于这段友谊，何况他还受到外部的压力；另一方面，假如中国继续谨慎行动并且说服尼雷尔愿意为非洲解放运动提供更多的援助，或许诺出资援建坦赞铁路，那么他们的蜜月期可能会再延长一段时间。"③

英美两国虽通过各种渠道早已得知尼雷尔访华时已同中国单方面达成了"原则协定"，但该消息一直未得到坦方的官方证实。因此，1965 年 6 月底，当尼雷尔在伦敦召开的英联邦国家大会上正式说出了中坦两国达成的"原则协定"时，立即便引发了一系列外交行动。

---

①*Paris for Governor Williams*, DDRS, June 2, 1965, p.2.

②*A Reassessment of Julius Nyerere*, DDRS, June 10, 1965, p.1.

③*A Reassessment of Julius Nyerere*, DDRS, June 10, 1965, pp.13~14.

6月23日,在出席英联邦会议期间,尼雷尔在国际记者俱乐部举行的午宴上发言说:直到去年年底,自从坦桑尼亚邀请7位中国技术人员训练我国改组后的军队如何使用从中国进口的武器以来,我国与中国之间的国家领导人互访已经开始。我在北京群众集会上发表了演说,周恩来总理在达累斯萨拉姆也发表了公开演讲。同时,我很荣幸地宣布,中国已经给予我国100万美元的援助,并且为我们提供了总计超过1,000万美元的贷款。① 事实上,在尼雷尔公布此消息前,美国早已对坦桑尼亚采取了报复行动,“美原拟通过以色列包办对坦军训练,以军专家来坦活动一年余。但坦接受中国军援消息公布后,美、以都非常恼火,以原答应给坦小型军用飞机五架也撤回,转给乌干达”。②

6月24日,英联邦国家大会正式召开,坦赞两国总统均出席会议。会上,尼雷尔故意说出:“中国已经同意帮助它修建坦赞铁路坦境段的消息。”③尼雷尔的发言“在西方引起很大震动”。英国政府官员巴巴拉·卡斯特勒会后单独约见了尼雷尔与卡翁达,声称英国政府将愿意对坦赞铁路进行重新考察,并愿意出资考察所需的半数费用(7.5万英镑),卡斯特勒建议考察所需的另一半费用由坦赞两国或英国认为能够接受的国家出资。会谈最终不欢而散。④根据一位学者的看法,英国政府之所以只愿意出半数费用,一方面是出于节省开支的考虑,另一方面是因为它想借此表明英国政府

①《尼雷尔文选:自由与社会主义》(第2卷),第15~16页。

②《坦桑尼亚对第二次亚非会议的态度》,外交部档案馆档案(档号:108-00448-01),1964年10月1日,第22页。

③*Tanzania-Zambian Rail Link*, DDRS, June 25, 1965, p.1.

④Richard Hall & Hugh Peyman, *the Great Uhuru Railway: China's Showpiece in Africa*, p.50.

不愿意单独承担考察后所可能进行的正式修筑工作。[①]

美国政府获知消息后，立即指派美国的非洲通威尼·弗理德里克斯（Wayne Fredericks）飞往伦敦，试图同在那里参加会议的尼雷尔与卡翁达进行会谈，以了解相关问题。弗理德里克斯虽然来迟了一步，但是很快便从英联邦会议的《会谈纪要》中获知了有关情况。根据美国政府的解密档案，这次《会谈纪要》的主要内容如下：卡翁达率先在会上发言，他问英国政府对帮助坦赞两国急需的铁路有何打算，并提及他已经向日本、西德以及美国请求援建铁路一事。英方的回答是，英国政府理解坦赞两国急需修建铁路的心情，但是英国近几年无力援建坦赞铁路。英方建议坦赞两国先接受铁路考察，他们将根据考察结果来考虑是否对铁路予以援建。卡翁达的回复是，他希望英国能对整条铁路线进行考察，即包括连接罗得西亚的铁路线至东非地区的铁路线。

尼雷尔发言说，当前最重要的问题是如何筹集到修筑铁路所必需的资金。他先沮丧地回顾自己向世界银行等金融组织与各国的求助经历，然后说当他试着向中国提出时，中国对此事很“热心”，并说中国现在正着手进行考察工作，中国将在考察后决定是否正式援建坦桑尼亚境内的铁路。尼雷尔说，他只是在会谈中顺便谈及铁路问题，中方要求先对铁路进行考察。

赞方代表韦纳对坦桑尼亚同意接受中国政府的考察感到遗憾。韦纳抱怨说，坦赞铁路应该是一个整体工程，赞比亚政府代表曾在4月份参加了在坦方举办的坦赞两国部长会议，坦桑尼亚政

---

①Richard Hall & Hugh Peyman, *the Great Uhuru Railway*: *China's Showpiece in Africa*, p.50.

府却未提接受中国政府考察一事。尼雷尔解释说,他没想到赞比亚会对此生气,要是此事发生在赞比亚那里,坦桑尼亚将不会生气。尼雷尔最后建议让中国帮助修建坦桑尼亚境内的铁路,让西方国家帮助修建赞比亚境内的铁路。英方认为拟建中的坦赞铁路应该是一个整体,不应该分开修建。英方希望先行进行调查,并许诺愿意为此出资。卡翁达、尼雷尔表示将考虑英国政府的建议,在讨论后将给予答复。①

弗理德瑞克斯对《会谈纪要》的分析是,很明显,卡翁达希望坦赞铁路能作为一个整体来修建,并且将尼雷尔总统的行为视为对赞比亚的一种轻蔑,坦桑尼亚虽提及中国愿意在考察后出资修建铁路,但是态度不是很肯定,这给人一种想敲诈西方国家的嫌疑……显而易见,创造紧张气氛的目的是为了向英、美施压。很难对尼雷尔的言语做出准确判断,例如他一方面声称中国很"热心",另一方面却声称中国要等调查之后才愿意修建,尼雷尔的言论要么是想施加压力,要么纯粹是自相矛盾。② 应该说,弗理德瑞克斯所了解的情况与他所做的分析大体上是比较客观的,不过,尼雷尔的言论并非自相矛盾,这可以从前文的论述中得到证实。对于公开"原则协定"一事,尼雷尔事后曾说:"此事公开后,我们面临的是敌对和怀疑。敌对态度来自于那些想要赞比亚和坦桑尼亚永远在经济上附属于他们的国家。怀疑的原因则不同。"③

对于尼雷尔的言论,英国《卫报》较早进行了报道。《卫报》宣称,周恩来总理已向赞、坦政府提供 0.75 亿英镑至 1.5 亿英镑的援

①*Tanzania-Zambia Rail Link*, DDRS, Jun.25, 1965, p.1~3.

②*Tanzania-Zambia Rail Link*, DDRS, Jun.25, 1965, p.3.

③《尼雷尔文选:自由与解放》(第 4 卷),第 87 页。

助来修坦赞铁路……中国为修路提供援助的消息像个炸弹。但是否被接受,要看条件如何。评论认为,中国目前外汇困难,要拿出0.5 亿英镑似不可能。①

美国政府也有大致相同的看法。1965 年 7 月,美国早已预知南罗得西亚不久将宣布独立,独立后的南罗得西亚届时将会断绝同赞比亚的外交关系。为了使赞比亚在经济上避免遭受可怕损失,美国和英国开始考虑赞比亚的交通运输问题。在此情况下,美国政府认为维护南部非洲的和平要比修建坦赞铁路更能获得非洲国家的好感。此外,美国政府认为:第一,这条铁路需要 10 年或者更长时间方能建成,那时南罗得西亚的威胁可能早就不存在了,数百万美元的投资就打了水漂。第二,赞比亚和南罗得西亚共用一条铁路运输线,是它们彼此没有立即采取手段攻击对方的重要因素。第三,中共可能并不具备修筑这条铁路的经济实力。尽管尼雷尔说中共已同意先派人考察,但他同样也说他们的许诺只是说可能修建而已。不过这件事情,要密切进行关注,毕竟中共在东非建立桥头堡将是一件令人头痛的事情。②

1965 年 8 月 22 日,当中国铁路考察组一行 12 人抵达达累斯萨拉姆时,坦桑尼亚《民族主义者报》迅速对此事进行了报道。③美国已经感觉到中国可能并非只是说说而已。9 月 13 日,美国总统在备忘录里这样写道:“我们仍将尽力阻止中国,并且通过让英、加出资考察铁路以及美国出资翻修公路的办法来赢得时间。主动

---

①《赞比亚总统卡翁达对修建赞至坦桑尼亚铁路的态度》,外交部档案馆档案(档号:108-00649-02),1965 年 7 月 2 日,第 5~6 页。

②*Incoming Telegram*, DDRS, Jul.12, 1965, p.2.

③The Times, October 24, 1975, p.6.

权暂时还在我们手中,但问题是我们是否最终应该予以援建。"①一周后,美国政府官员高兴地告知约翰逊总统:"加拿大政府已经同意出资另外半数的考察资金,英国政府将投入另一半资金。这样,我们就可以有效地阻止中共在非洲的企图。另一可喜的消息是,坦赞两国均表示同意接受我们对那条与坦赞铁路大致平行的大北公路的翻修。"②

然而,事与愿违,上述两个好消息均于事无补。因为英、加两国都争先恐后地声明它们对坦赞铁路的考察,并不同时意味着会对铁路进行正式修建。以加拿大为例,1965 年 9 月 17 日,加拿大电告赞比亚政府说:"加拿大愿意和英国一起出资进行对拟建铁路的考察,我们将尽快同英国协商考察事宜,需要在此提醒贵国的是,我们对铁路的考察并不意味着我们将要接手铁路的正式修建工作。"③同年 11 月 13 日,也即南罗得西亚宣布独立的第三天,英、加、坦、赞四国正式签订了铁路考察议定书。不久,英、加考察组就到达赞比亚的首都卢萨卡。英、加考察组经过 9 个月的考察,总结写出了一部自 1952 年以来最为详尽的考察报告,也即常说的《英加考察报告》。其主要内容有:修建坦赞铁路在技术上是可行的,在经济上能够盈利;如果采用人海战术的话,可能需要 8 年的时间完成修建工作,但如果采用最新的器械,坦赞铁路有望在 4 年或 5 年的时间里完成;除了改建达累斯萨拉姆港口所需的 1,160 万英镑

---

①*Memorandum for the President*, DDRS, Sep.13, 1965, p.3.

②*Memory for the President*, DDRS, Sep.20, 1965, p.1.

③*A Letter from the High Commissioner of Canada*, 赞比亚档案馆(档号:NAZ MFA/1/41/85/1), Sep.17, 1965, p.1.

外,坦赞铁路总投资将需要1.26亿[1]英镑;坦赞铁路如果能够在1971年顺利建成的话,每年可以盈利1,100万英镑;坦赞铁路将会节约运输成本,相同吨位的货物每英里花费将由经由罗得西亚铁路的0.48%降低至经由坦赞铁路的0.35%;本线路的修建可以摆脱对南罗得西亚的严重的交通依赖问题。[2]《英加考察报告》虽然从经济的角度肯定了修建坦赞铁路的价值,但是无论是英加两国,还是其他国家或公司都不愿进行坦赞铁路的后续兴建工作。

大北公路的修建也未能打消坦赞两国修建铁路的决心。例如,1965年9月30日,在肯尼亚参加农业展览会期间,卡翁达总统就答复记者说:"建议整修的赞肯公路不是坦赞铁路的代替物,而是一个补充。"[3]根据外国学者的说法,大北公路的修建计划于1966年在美国援外部门的安排下开始启动。由于大北公路有四成左右的线路和坦赞铁路平行,因此大北公路的存在,无论是对坦赞铁路的修筑,还是对坦赞铁路的日后运营都产生了许多不利影响。[4] 美国的筑路目的是为了排挤中国,"假如我们能够在一年或18个月的时间里建成大北公路的话,赞比亚将会有好几年的时间去体验大北公路的运能,这样它就会考虑是否会在亏欠中国5亿

---

①一说是1.23亿英镑。

②*British-Canadian Report on an Engineering and Economic Feasibility Study of a Proposed Zambia-East Rail Link*, London, 1966, p.11.转引自 Martin Bailey, *Freedom Railway: China and the Tanzania-Zambia Link*, pp.47~48.; Richard Halland Hugh Peyman, *the Great Uhuru Railway: China's Showpiece in Africa*, pp.87~88.

③《赞比亚总统卡翁达对修建赞至坦桑尼亚铁路的态度》,外交部档案馆档案(档号:108-00649-02),1965年10月8日,第15~16页。

④Martin Bailey, *Freedom Railway: China and the Tanzania-Zambia Link*, p.50.

美元的情况下继续修建坦赞铁路。”①除了试图阻止中国援建坦赞铁路外，修建公路相对低廉的花费是美国政府同意援建大北公路的另一原因。即便如此，美国仍不愿单独出资。据记载，1966 年 4 月，美国政府官员戈德堡电告世界银行行长，声称美国政府拟在非洲实施“约翰逊计划”，希望世界银行为改善非洲的交通运输状况予以投资。改善交通的具体内容包括修建坦赞铁路，以及大北公路等。戈德堡在电文中指出，“约翰逊计划”耗资不会太多，但强调说坦赞铁路可能是个例外，他不认为该项计划应该由美国单独来完成，而应该在世界银行、非洲发展银行等金融机构的帮助下共同完成。戈德堡甚至考虑让苏联参与此项计划，“苏联很可能不会愿意加入我们的计划，但是给予它一个可能参与‘约翰逊计划’的机会，会起到缓解我们在非洲进行冷战的作用”。②

世界银行当然不会选择它早就否决的铁路项目予以投资，但是对出资修建大北公路表现出了一定兴趣。在美国政府的斡旋下，修筑大北公路的计划不久启动。据有关资料，修筑大北公路所需的全部费用估计为 9，100 万美元，美国政府拟援助总造价 16% 的金额，这些钱主要是用来购买美国的设备与物资，世界银行与其他捐赠机构约出 46%的费用，坦赞两国共同出资 38%的费用。③

帮助坦赞两国修建石油管道也是英、美联手阻止中国援建铁路的重要手段之一。1966 年，当威尔逊拒绝了卡翁达请求修建坦

①*Report to the Vice President: Economic Assistance and Related Matters*, DDRS, January 11, 1968, p.5.

②四点计划包括：1.改善非洲国家的交通；2.改善非洲的通讯状况；3.平衡非洲国家的能源生产与销售问题；4.发展非洲国家的教育事业。参见 *The Representative of the United of America to the United Nations*, DDRS, Apr.23, 1966, pp.1～3.

③*Memorandum for the President*, DDRS, Jun. 22, 1968, p.1.

桑尼亚—赞比亚石油管道(简称“坦赞石油管道”)的时候,美国怂恿意大利接手坦赞石油管道的修建工作。① 坦赞石油管道在意大利的援建下历时18个月于1968年建成。② 这条几乎与坦赞铁路同长度的石油运输线,既增加了坦赞铁路的修筑难度,又大大削减了坦赞铁路的石油运输量。随着时间的推移,美国政府逐渐认识到除非亲力亲为,否则将不可能阻止坦桑尼亚接受中方的铁路援助,原因在于“中共在坦桑尼亚日益增强的影响并不仅限于他们愿意资助坦赞铁路,并且如果北京拒绝援建坦赞铁路也不意味着他们停止其他手段来增强影响力……美国及西方国家无法满足尼雷尔的要求,比如在反对冲伯、反对莫桑比克以及南部非洲的白人政权方面”。③ 美国只能寄希望拖住赞比亚,希望能分化坦赞两国从而达到阻挠中国援建坦赞铁路的目的,结果也是徒劳无功。

从中国外交部解密档案资料的有关情况来看,中国政府对英美两国的态度以及它们联手阻挠中国援建坦赞铁路的情况是有所了解的:

> 今年二月尼雷尔在访华期间,向我提出关于帮助筑路的要求。我已答应帮助坦方修建坦境部分,双方并就此达成协议。关于赞境部分,我也在原则上表示愿意帮助修建。我国的这一政策措施在西方引起了轩然大波。西方报纸惊呼:“这将是西方国家在非洲遇到的最强烈的外交挑战。”英美等国政府突然变得积极起来。它们向赞坦两国进一步施加了压力和

①Hugh Peyman, *the Great Uhuru Railway: China's Showpiece in Africa*, p.89.

②Jan Pettman, *Zambia: Security and conflict*, p.205.

③*A Reassessment of Julius Nyerere*, June 10, 1965, pp.13~14.

笼络活动。英海外发展大臣卡斯尔夫人和联邦关系大臣博顿莱，趁6月英联邦总理开会的时机，邀请赞坦两国总统举行紧急会议。美国负责非洲事务的助理国务卿帮办弗里德里克斯以约翰逊特使的身份连夜赶赴伦敦，同卡翁达进行了“磋商”，随后又飞往坦桑尼亚同尼雷尔“会谈”。英始则表示同意提供铁路勘测费用的一半（7万5千英镑），继而又伙同加拿大建议支付铁路先期工程和经济勘测的全部费用（15万英镑），以研究筑路的可能性，但表示不承担筑路的义务。促使英美态度变化的主要因素显然是我国的积极态度。估计英帝反对修建这条铁路的根本态度未变。

目前，英国采取种种措施，力图阻止我国援助。据报道，美国已同赞坦两国先后达成勘测赞坦公路的协议。名义上公路是拟议中的赞坦铁路的补充，实质是企图取代铁路。看来英美在暗中似有勾结。①

坦赞两国总统对英、美为首的西方国家的动机也心知肚明。卡翁达总统就曾对英、美等国阻挠中国援建坦赞铁路的行为进行过痛斥，他说：

关于我们的铁路有许多流言蜚语。这条铁路被称为“意识形态铁路”，被称为“一千英里血的铁路”，还有其他许多说法。所有这一切都是对这条铁路或修建这条铁路的全盘和强

①《外交部非洲司关于拟议中的赞比亚—坦桑尼亚铁路问题的外事调研文章》，外交部档案馆档案（档号：108-00649-03），1965年11月3日，第4~6页。

硬的反对。这个反对来自许多方面，首先，他们之所以反对修建铁路是基于这样一个事实，即整个工程象征着非洲国家能够决定它们自己的命运，象征着非洲国家能够像友邻一样，进行更有效的更富有建设性的合作，以便为非洲团结创造有意义的实际条件，也象征着非洲国家能够实现自力更生。第二个反对的因素来自白人统治的南部非洲及其在世界其他地方的支持者的既得利益。反对这条铁路的活动规模很大，也很强烈。

有人争辩说，这条铁路不经济。我们连听也不听。有人劝告我们说，同经济收益相比，这条铁路造价太高。我们拒绝这种“忠告”。有人大泼冷水说，修建这条铁路用的时间太长了。我们不理睬这种警告。此外，有人争辩说，赞比亚根本不需要这条铁路，因为虽然南罗得西亚片面宣布独立给赞比亚带来了困难，但这种形势过不了几个月就会结束的。结果，那些本来想投资的西方投资家们泄气了。事实上，是有人叫他们不要成立财团来修建这条铁路的。但是，幸运的是，他们当中也还有我们的朋友。事实上，我们在西方政府中并不是没有朋友。这些朋友曾经揭露了西方一些首脑中旨在破坏我们努力建成这条铁路的活动。①

1967年9月5日，中、坦、赞三国关于修筑坦赞铁路的协定在北京签订后，中国援建坦赞铁路一事再一次引起了国际社会的广

①《卡翁达总统在坦赞铁路开工典礼上的讲话》，《新华月报》，1970年10月第10期，第20页。

泛关注。三国协定的签订标志着美国阻止中国援建坦赞铁路的最终失败。美国将自己失败的原因归结为中国的"决心","在过去的一年里,中共乐意同坦赞两国签订了坦赞铁路及加纳—马里铁路的修建协议,表明中共试图增强他在撒哈拉以南非洲影响力的决心"。美国从正反两个方面对自己多年阻挠中国援建坦赞铁路一事进行了一番总结,有利的一面是,"总的说来,美国成功遏制了共产主义的扩张。在中共出资援建的两条铁路问题上,我们所做得不够,但是随着时间的流逝,中共在此方面的政治影响力会不断减弱"。不利的一面是,"坦赞铁路将成为黑非洲最大的一笔援外工程。两个协议的签订已经使中国赢得了宣传上的收获,也许还将赢得坦赞两国在最近进行的不扩散核武器条约问题上投反对票。北京将会继续从他的经济援助中捞取宣传方面的好处,需要几年才能建设好铁路以及他们政治口号上的优势将会增强他在受援国国家中的影响力。北京也许还能在外交政策上主要向受援国施加影响"。① 坦桑尼亚已经预料到西方国家会对三国协定进行攻击,"不但是东非和赞比亚的人民而且是整个非洲大陆的人民很快就会听到大量的诋毁这个新签订的协定和诋毁中国、坦桑尼亚和赞比亚的恶毒宣传。"②事实确也如此。

英美等国自知在自己不援助的情况下,无法继续拖延政策来阻挠坦赞两国接受中国的援助,便采用了加大拉拢坦赞两国与诋毁中国相结合的政策。它们表面上积极帮助赞比亚应对南罗得西亚"片面独立"问题是最好的说明;大北公路与坦赞石油管道修建

---

①*The Place of Africa in US Foreign Policy*, DDRS, 1968, p.22.

②《参考消息》,1967 年 9 月 12 日,第 1 版。

承诺的兑现也是拉拢方面的例子。另据外交部档案资料，1967 年 11 月，英国还主动把它向坦桑尼亚提供的 750 万英镑贷款改为无息和不收手续费的贷款，坦桑尼亚将因此节约 500 万英镑。①

诋毁方面的言论不胜枚举，并且并不局限于这一时期。当得知三国协定签订后，英国的国内报纸这样报道说："中国盛产竹子，因此毫无疑问，中国援建的坦赞铁路必然是用竹子铺建的。"②据外国研究者的说法，不少美国人认为中国是个落后的国家，它缺乏修建这条铁路的能力，随着"文化大革命"内乱的爆发，坦赞铁路的修建工作更加遥遥无期了。③ 有些美国人甚至建议鼓励中国政府去修建铁路，为的是让它尝尝失败的滋味。④ 有一段时间，西方国家的大部分报纸都以《中国的红卫兵来非洲了》为标题，将中国援外人员视为"黄祸"或"红色威胁"。⑤《华尔街日报》一篇关于坦赞铁路的文章这样写道："想象一下本已风雨飘摇的非洲，突然上百甚至成千的红卫兵从天而降，这一场景实在令身处西方的我们不寒而栗。"⑥金伯雄对此深有感触："印象最深的有两件事：他们看到我们援建铁路的员工们几乎穿着一色的衣服，列队从飞机上走下来，就编出耸人的故事，说数以千计的成建制的中国军人已到达坦

①《外交部非洲司关于拟议中的赞比亚—坦桑尼亚铁路问题的外事调研文章》，外交部档案馆档案（档号：108-00649-03），1965 年 11 月 3 日，第 4~6 页。

②Philip Snow, *The Star Raft: China's Encounter with Africa*, pp.153~154; Jamie Monson, *Tanzania: Africa's Freedom Railway - How a Chinese Development Project Changed Lives and Livelihoods in Tanzania*, p.7.

③Alaba Ogunsanwo, *China's Policy in Africa* 1958—1971, p.207.

④Hugh Peyman, *the Great Uhuru Railway: China's Showpiece in Africa*, p.78.

⑤Bruce D. Larkin, *China and Africa: 1949—1970*, p.102.

⑥[美]孟洁梅：《非洲自由铁路：中国发展项目如何改变坦桑尼亚人民的生活和谋生之计》，第 8~9 页。

桑的营地，坦赞两国领导人可以高枕无忧，因为有中国军队在保护着他们。另一奇谈怪论是说，当年修建东非铁路时动用了几千印度劳工。后来劳工留了下来，结果是移民遍及东非各地，从而控制了当地的工商业。坦赞铁路完工后，一旦中国人也留下来，到本世纪之末，那就会变成数十万的中国移民大军！”①尼雷尔本人曾对伦敦的一位记者这样抱怨道：“甚至连我穿的衣服都被说成是受到中国影响的最明显证据。”②“有人告诉我们，中国是‘危险’的。它是如此聪明，几个技术人员就能削弱我们整个国家，因此，我们不应该与中国有任何联系。”③尼雷尔说，运用一切力量（军事的、外交的）把中国当作一个国际麻风病人来对待，使现代世界上没有人敢和中国接触，对同中国有交往的国家便是可疑的！这种恐黄病！对此我不理解。④

随着坦赞铁路勘测设计工作的完成以及铁路修筑工作的逐步开展，英美等国逐渐由单一的舆论攻击变化为舆论与实际阻挠或破坏的结合。当1968年中国的勘测设计人员相继来到坦赞两国进行勘测设计时，英美等国已经认识到中国政府不但是认真对待坦赞铁路问题的，而且也有能力修建坦赞铁路。此时，英美等国仍然有机会援建坦赞铁路，那么它们为什么选择放弃呢？也许我们能从美国政府官员的下述分析中获知部分原因：中共援建的坦赞铁路与加纳—马里铁路在规模上及难度上都是很出名的。尽管这两

---

①金伯雄：《我的非洲岁月》，第83页。

②*Special Reort*: *Tanzania Taking the Left Turn*, DDRS, May. 21, 1968, p. 5.; Nyerere, *Freedom and Socialism*: *A Selection from Writings and Speeches*, 1965—1967, p. 51.

③《尼雷尔：自由与统一》（第1卷），第241页。

④［英］威廉·埃杰特·史密斯：《尼雷尔》，第261页。

项工程都比较艰巨，但是它们均在中国的技术水平和经济能力的范围之内。他们的工程即使获得当地劳工的协助，也需要大量的中国工程技术人员。坦赞铁路对促进两国的经济发展没有多少好处。这两条铁路都不是不可替代的，而且可能并不能降低运输费用。坦桑尼亚能够获得的也只能是赞比亚的出口货物的运输。尽管坦桑尼亚政府希望发展其境内乞力马扎罗山谷地的农业。坦桑尼亚还希望发展其西南地区的稍成规模的地下矿藏，但是这些矿产资源质量太差，即使运输费用再降低一些也未必适合开采。大北公路，现在正在被修缮，将能够满足坦桑尼亚内陆的交通需要。赞比亚可能主要是从政治上考虑的，因为新的铁路路线将为它提供一个出海口，它将不必一定要通过白人控制的南罗得西亚、莫桑比克或安哥拉。赞比亚境内铁路将要穿过的东北地区，几乎没有什么发展潜能。人烟稀少，土地贫瘠，既不能发展农业，也没有煤炭、铜等矿藏资源。①

不难看出，美国当时主要是从经济的角度来考虑是否修建铁路问题的，艰巨的工程任务外加大量的人力投入，决定了修建坦赞铁路需要付出巨大的代价，这是美国政府不愿承受的。其他国家可能也持有类似看法。

宣扬接受中国援助危险的言论依然盛行。1969 年 9 月，在中、坦、赞三国政府代表第二次正式会谈即将开始前，坦赞两国的政府代表们各自收到一封署名来自英国共产党的信，信的内容是警告他们接受中国援建铁路所可能带来的巨大风险。②

①*The New Look in Chinese Communist Aid to Sub-Saharan Africa*, DDRS, Sep.20, 1968, p.11.

②Hugh Peyman, *the Great Uhuru Railway: China's Showpiece in Africa*, p.79.

利用非洲国内人民担心外来移民的心理散布谣言，这种事情时有耳闻。20 世纪初期，大约有 32,000 名印度人前来东非修建肯尼亚—乌干达铁路。[①] 铁路在修筑期间因故中断，许多印度人因为缺乏路费而滞留东非，有近 1/4 的人留了下来，据说这些人的聚居区便是东非亚洲人社区的起源。在殖民统治时期，东非人对这些印度人是常持敌意的，因为他们大都从事贸易，而且同英殖民者白人相似，他们大多在铁路沿线地区居住。对中国人前来修建铁路的诋毁性言论通常是，与其他国家相比，人口众多的中国人最适合来非洲开发广漠无垠的土地了。如果以牺牲 1,000 万或1,500万人口的代价去赢得一个新的大陆的话，这些代价对中国而言又算得上什么呢？尼雷尔总统本人驳斥了这种言论："许多年前到刚果修铁路的华人给刚果带来了怎样的危害呢？唯一能够使人记起华人曾经在刚果修建铁路之事的原因，大概主要是因为约瑟夫·卡萨武布当选总统之故吧。他的爷爷就是那批华人中的一位。"[②]

距离坦赞铁路正式宣布开工约两周前，内罗毕某家报纸上刊登了一幅中国政府招募援建坦赞铁路工人的照片。照片里，一群中国人在围观着贴在墙壁上的"大字报"，"大字报"的标题是《志愿人员到坦桑尼亚去》，其正文内容大致为去修建坦赞铁路的人员，在铁路完工后将会分得大量土地和房子等。据说伪造这张照片的人来自美国中央情报局或苏联情报局。[③]

上述不友好的舆论与宣传，在一定时期里给中国援建坦赞铁

①Willam Redman Duggan, John R. Civille, *Tanzania and Nyerere: A Study of Ujamma and Nationhood*, Orbis Books, New York, 1976, p.12.

②Martin Bailey, *Freedom Railway: China and the Tanzania-Zambia Link*, p.76.

③Martin Bailey, *Freedom Railway: China and the Tanzania-Zambia Link*, p.75.

路工作带来了不利影响,如有些当地居民见到中国勘测设计队员时十分惧怕,多数白人农场主不愿意配合勘测设计工作等。这在下文仍将论及。

勘测设计人员在未到坦赞两国之前,就已经体会到威胁的存在。从1968年4月中国用远洋客轮派出第一批勘测设计人员开始,一直到坦赞铁路竣工时止,美国驻台湾海峡的第七舰队频频向负责运输援外人员的中国客轮挑衅,“在长达八年多的时间里,始终在南海海域对每只经过的中国客轮进行低空巡视、侦察与恫吓”。① 我们可以从援坦专家袁希顺所写的回忆文章里大致了解相关情况:

两架侵越的美国飞机由远方向我船飞来,绕船低空打转。船播音室广播说:“援外战士请注意,美国飞机飞来啦,大家不要在甲板上,赶快回房间去。”播音一遍又一遍。我们警惕地怒视着美国飞机。抬头一看,只见两架花里胡哨的战斗机正贴着船顶盘旋,一会儿又擦着船舷飞行,机身上有颗白五星,驾驶员的眉眼都看得清清楚楚。这时,船上响起了警报声,甲板上盖着的篷布被揭开,露出高射机枪的枪管。船员们(当时远洋轮上的船员多为退役的海军官兵)也纷纷拿着武器从船舱内冲出去,密切注视着飞机,严阵以待。大家紧张极了,很少有人见过这阵势,到处乱跑。船上的喇叭响了,要求全体乘员保持镇静,回到各自的舱房,穿上救生衣。我们按要求做了,回到房间,做好了在所不惜的准备。

①据2008年5月29日访谈笔记,张铁珊口述。

两架飞机时而贴着船顶盘旋，时而斜着翅膀擦船而过，飞机尾部的气流，震耳欲聋。我们的轮船按原来的航向继续航行，大家刚松了一口气，远处又驶来两艘军舰，灰色的船身，青天白日的军徽，一前一后挡在航道上，炮口直直地对着我们，我方也做好了准备。距离在一米一米地接近，双方都不让步。更近了，我轮仍高速向前，敌人胆怯了，离开航线，躲得远远地用高声喇叭喊话。事后我们知道，在这附近公海，美军飞机和台湾军舰经常出没骚扰、阻拦我船只。①

原坦赞铁路翻译员李胜根等人也有过类似经历：

我随首批赴坦赞铁路勘测设计队出发了。在一片红旗招展锣鼓喧天的欢送活动中，我们登上停泊在广州黄埔码头的“耀华”号远洋客轮，据说这是专为坦赞铁路建设而刚从法国买回的大型豪华客轮，这次还是它的处女航。

两天的南中国海航行让我懂得了无风三尺浪的含意。开饭时，餐厅里已很难见到人影，甲板上已听不到欢声笑语，医疗队十几个女医生全部晕船而卧床不起。

快到马六甲海峡时，船员开始忙了起来，只见他们在后甲板的铁架上准备安装东西。不问不知道，一问吓一跳，他们要安装的竟是高射机枪！大家的神经顿时像上足了发条似的紧张了起来。那时中美仍处在敌对状态。船员说，美国对中国路经马六甲海峡的船只总是特别“关照”，总要不惜成本地派

①广东省交通厅编：《广东交通援外专家回忆录》，第38页。

战斗机"检阅"一番。这是我们为防备万一,保护自身安全而采取的无奈措施。不一会儿,一队战斗机已近在眼前,它们编队分两路侧身俯冲下来,顺着船的前进方向沿着两侧船舷呼啸而过。它们飞得离船是那么近,以至飞行员那得意忘形的嘴脸都能看得一清二楚。在美军战机的"保驾护航"下,我们一路乘风破浪驶出马六甲海峡。12 天后终于见到了陆地,达累斯萨拉姆到了。①

在勘测设计工作中,工作人员除了要遭受白人农场主的阻挠外,还遇到不少直接的破坏活动。1969 年 4 月 11 日,在坦桑尼亚勘测设计队三分队的工作地区,"发现鲁乌麦至塔维塔间有 4 座我们修建的木桥被烧坏,当即组织人力进行了维修"。② 在一首诗中,赞比亚勘测设计队的郑习之这样写道:"勘测队员走下河坡,巡视着断裂的桥板、柱脚,突然,几处斧砍锤砸的印痕,被锐利的目光捕到。队员们像一棵棵铁树挺立,蔑视那恶浪狂涛。夜来风雨,怎能遮掩住罪恶的魔爪! 截路断桥,岂能把我们对非洲人民的深情阻挠!"③

各种阻挠、破坏活动,加之中苏边境冲突的加剧,这一切都无疑给勘测设计人员带来一定的影响。有些勘测设计人员,"对白人、印度人不礼让行车,甚至将戴钢盔骑摩托车的白人都看作'美

①李胜根:《援建坦赞铁路逸事》,《海外亲历》,南京:凤凰出版社,2009 年,第 275 页。

②《援坦铁路勘测设计队情况简报》(第 14 期),中土公司档案馆档案,1969 年 5 月 1 日,第 1 页。

③郑习之:《桥》,《友谊的彩虹:坦赞铁路工地诗歌选》,第 136~137 页。

国和平队'，有意用车挤人家"。[1] 在勘测设计工作快要结束的时候，坦桑尼亚勘测设计队工作人员和美国修筑大北公路的施工人员发生了多次冲突。其中一次冲突影响较大，后来被西方媒体称为"中美大战"。[2] 下文将对此进行论述。

以上所述大体勾勒出了英、美在中国援建坦赞铁路初期的各种反应与阻挠。需要指出的是，英美两国对中国援建坦赞铁路的阻挠与破坏并没有因坦赞铁路的正式动工修建而结束，而是延续到坦赞铁路建设期间以及铁路建成通车后，甚至说直到今天。

英、美等西方国家极力阻挠中国援建坦赞铁路的原因并不完全相同。不过，考虑到当时特殊的冷战历史背景及英美等国经常沆瀣一气的作风，我们有理由相信，在某种程度上来说，美国或英国反对中国援建坦赞铁路的原因可能颇具代表性。鉴于美国方面的资料较之英国为多，下面将以美国为例来探讨它之所以阻挠中国的原因。

美国阻挠中国援建坦赞铁路的原因，大体上可以概况为以下四个方面。

其一，归因于冷战思维下美国一贯的反苏反共政策。早在 20 世纪 50 年代，美国政府就担心社会主义国家会借助援助手段接近非洲国家，"中国—俄国集团国家至今还没有能对撒哈拉以南非洲国家作出什么经济或技术援助。这些国家的重要性，更主要的是在于它们自身的发展在非洲人之间所引起的兴趣。俄国在技术方

①《援赞铁路勘测设计队情况简报》(第 8 期)，中土公司档案馆档案，1968 年 8 月 26 日，第 10 页。

②Jamie Monson, *Tanzania: Africa's Freedom Railway - How a Chinese Development Project Changed Lives and Livelihoods in Tanzania*, p.7.

面的成就和中国用来动员自己的人力进行经济工作的技术，使非洲人很动心，他们认为自己在解决自己的某些问题时有可能拿它们作榜样。……我们可以把一件事视为当然：当在非洲新独立的国家内出现了机会时，共产主义国家是不会忽略它们的。”①20世纪60年代，非洲大部分地区获得独立，帝国主义在非洲的殖民体系濒于崩溃，美国和苏联出于冷战之需趁机在非洲扩张势力。② 随着非洲民族解放运动、不结盟运动的兴起以及非洲统一组织的建立，美国政府开始摈弃欧洲传统的对非政策模式，如强调“恩威并施的作用以及保持忠诚的益处，认为不成熟的独立具有危险性与破坏性”③，转而采取一种更为“灵活”的非洲政策，目的是“确保新独立的非洲国家在意识形态上倾向于西方”。④ 为达此目的，整个20世纪60年代，在长达10年的时间里，反苏反共政策一直是美国对非政策的一大强音。大量的解密文件可以为证，兹举几例：1960年1月，在美国国安会第432次会议上，美国政府通过了一份重要的对非洲政策文件，文件认为，“非洲的重要之处在于它日益增长的政治意义，许多领地的自治和独立运动步伐过快……在它们的过渡和独立初期，共产党渗透和影响的机会正在增长，并使该地区

①《美国对非洲的外交政策：美国西北大学非洲研究计划处研究报告》，第143页。

②20世纪60年代是非洲民族独立运动取得决定性胜利的时期，约有3/4的非洲国家在此阶段获得独立。特别是1960年，17个非洲国家在这一年相继独立。1961—1969年，包括坦桑尼亚、赞比亚在内的16个非洲国家先后实现了独立。参见陆庭恩、彭坤元：《非洲通史》（现代卷），第364页。

③*The Speech of the Assistant Secretary of State for Near East, South Asia and Africa Affairs*, FRUS, October 31, 1953, p.15.

④王延庆、姬庆红：《20世纪50年代美国非洲政策述论》，《史学集刊》，2012年第5期，第107页。

已经困难与复杂的问题变得更为复杂,使该地区认同西方更为困难”。文件制定了对非政策的总目标:“维持该地区的自由地位,阻止其落入共产党的控制之下……万一这样的国家接受了与中苏集团的外交和经济关系,那么应保持一种灵活的姿态,把对美国威望的损害降到最低限度。”①同年3月24日,在美国国安会第438次会议上,与会者对西非地区的发展态势感到震惊,认为“苏联集团和亚非集团一起投票就会控制联合国,必须尽一切努力控制新出现的非洲国家”。②

1962年6月,美国外交官员认为,在整个非洲,美国外交政策的中心工作是妥善处理好非洲白人与黑人之间的冲突问题。美国应重点做好四个方面的工作,其中之一是“利用外交手段竭力避免黑非洲国家的军事力量冲击南方的白人堡垒”。③ 面对非洲统一组织第二次首脑会议上提出的问题,美国政府于1965年9月17日草拟了一份《加强对非政策》文件,文件计划从四个方面加强对非政策:一是加强同非洲各国的接触,尤其是在总统访问方面;二是强调民族自决原则,加强元首间的沟通;三是利用经济援助手段,实现受援国的政治与经济双重发展目标;四是增强信息技术、文化、教育领域的交流,提升美国形象,遏制共产主义。④ 10月23日,约翰逊签署了《加强对非政策》,文件的部分内容是,“我们需要36个非洲国家在联合国的选票……我们在非洲正面临苏联与中国的竞

---

①*National Security Council Report*(NS 6001), FRUS, January 19, 1960, pp.179~811.

②*Memorandum of Discussion at the* 438*th Meeting of the National Security Council*, FRUS, March 24, 1960, p.94.

③(*Africa*) *Report of G. Mennen Williams*, FRUS, June 28, 1962, p.2.

④*Strengthened African Program* , FRUS, September 17, 1965, p.1.

争”,“美国将增加高层访问的次数,向非洲各国发表总统演说,适当提高信息技术交流次数及经济援助数额”。① 1968 年 3 月,在一份对非政策报告中,美国设定了三个目标:一是确保美国的战略利益,通过采取非洲各国政府欢迎的方式增强美国在非洲的贸易与投资;二是保障民族自决原则在南部非洲的实现;三是营造一种良好的社会环境,这种环境有利于非洲国家的独立发展,免遭外来势力的干涉。报告同时指出,美国的有限资源无法满足非洲各国蓬勃发展的经济需求,这恐将对美国外交目标的实现造成影响。为避免非洲国家脱离西方,报告建议美国总统在必要时采取补救政策。② 受反苏反共政策的影响,在美国政府眼中,中国援建坦赞铁路在许多方面对美国的非洲政策构成威胁,“美国人对坦赞铁路的建设日益警惕。作为中国最大的国际发展项目和非洲第三大基建项目,坦赞铁路的建设意味着‘中国庞大的钢铁之臂已插入非洲内陆’”。③

其二,美国担心中国插手坦赞铁路将意味着美国反共政策在非洲的失败。坦赞铁路使美国具有强烈的挫败感,因为通常情况下,美国“在感到共产党的援助可能会使某些不发达国家过分依赖共产党国家的地方,或者感到共产党的援助同美国的重大利益发生冲突时,就利用美国经济援助去抵消或取代这种援助计划”。④

---

①*Memorandum from the President's Deputy Special Assistant for National Security Affairs (Komer) to President Johnson*, FRUS, November 23, 1965, pp.1~5.

②*Foreign Policy Issues In* 1968: *Africa*, FRUS, March 13, 1968, pp.1~3.

③[美]孟洁梅:《非洲自由铁路:中国发展项目如何改变坦桑尼亚人民的生活和谋生之计》,第 3 页。

④[美]罗伯特·沃尔特:《美苏援助:对比分析》,陈源、范坝译,北京:商务印书馆,1974 年,第 18 页。

美国政府深知坦赞铁路是一项深入非洲人心的计划，援建坦赞铁路将会使中国人获得苏联人建造阿斯旺大坝般的国际影响，知道中国插手坦赞铁路将“表明中共试图增强他在撒哈拉以南非洲影响力的决心”，从反共角度来说“中共在东非建立桥头堡将是一件令人头痛的事情”。[①] 然而，美国有限的援助资金根本无法抵消或取代中国的铁路援助。

其三，美国认为，中国对坦赞铁路的援建将有碍美国中南部非洲政策的实施。20 世纪 60 年代，美国在中南部非洲的另一政策特点是，打着“民族自决”和“反对种族隔离”的旗号，继续维护葡萄牙的殖民统治、纵容南非和南罗得西亚白人政权的种族主义统治，反对南部非洲人民的解放斗争。令美国不安的是，中国政府在援建坦赞铁路时，从不避谈铁路在反帝反殖方面的重要意义，“修建坦赞铁路不仅有利于赞坦两国的政治、经济发展，有利于削弱帝国主义在中、东非的殖民势力，而且对南非和葡属殖民地的民族独立运动也将产生深刻的影响”。[②] 在民族解放运动风起云涌的时代背景下，较之中国的慷慨，美国的中南部非洲政策在坦赞铁路问题上显得虚假且不合时宜。

其四，中国对坦赞两国的铁路援助，对美国的经援政策构成挑战。经济援助是美国在第三世界推行对外政策的一个基本工具，并且带有“强烈的政治色彩”。[③] 坦赞铁路是一项十分浩大的工

---

①*Incoming Telegram*, DDRS, July 12, 1965, p.2.

②《外交部非洲司关于拟议中的赞比亚—坦桑尼亚铁路问题的外事调研文章》，外交部档案馆档案（档号：108-00649-03），1965 年 11 月 3 日，第 3 页。

③［美］罗伯特·沃尔特：《美苏援助：对比分析》，第 27 页。

程，需要数年时间方能完工，预计总造价为3，300万英镑。[①] 这对每年要援助30余个非洲国家，且年度援助资金增加额限超150万美元的美国政府而言是一件棘手的事情。[②] 不仅如此，美国在提供经济援助时带有很强的附加条件，“我们必须在我们对非洲国家援助的性质和目的方面作出选择。在这方面，看来对它们提供低利率的长期借款是最符合美国利益的，并且在凡有可能的地方，我们应该以多边基础、由国际组织来进行经济援助”。[③] 对外援助是美国在全世界保持影响和控制并且支持许多本来肯定要垮台或落入共产主义集团的国家的一种方法。[④] 尼克松在1968年竞选时曾明言：“让我们记住，美国援助的主要目的不是为了帮助别的国家，而是为了帮助我们自己。”[⑤]如果说周恩来访非期间提出的“援外八项原则”已经使美国政府蒙羞的话，那么中国政府在援建坦赞铁路方面所声称的“我们的任何援助和贷款，都没有特权和政治条件”，“我们对外经济援助应该是无息的，归还期长，限期到了如果归还有困难还可以延长”[⑥]等言论则不啻为是对美国政府的响亮掌掴。除了面子问题外，美国政府更为担心的是自己未来经援政策的命

---

①Richard Hall & Hugh Peyman, *the Great Uhuru Railway*: *China's Showpiece in Africa*, Victor Gollancz LTD, London, 1976, p.21.

②*Memorandum from the President's Deputy Special Assistant for National Security Affairs* (*Komer*) *to President Johnson*, FRUS, November 23, 1965, p.3.

③《美国对非洲的外交政策：美国西北大学非洲研究计划处研究报告》，第176～177页。

④保罗·巴兰：《增长的政治经济学》，第61页，转引自李安山：《国际援助的历史与现实：理论批判与效益评析》，《国际援助》，2015年第1期，第40页。

⑤保罗·巴兰：《增长的政治经济学》，第61页，转引自李安山：《国际援助的历史与现实：理论批判与效益评析》，《国际援助》，2015年第1期，第40页。

⑥《周恩来同坦桑尼亚联合共和国总统尼雷尔第二次会谈记录（节录）》，《党的文献》，2012年第3期，第7页。

运，因为"许多非洲国家，不论是否接受了中国的经济援助，都会以中国为样板要求西方国家为他们建设自己认为重要的工程项目"。① 面对可能的竞争对手，美国外交官员希望"政府将援助资金投放到坦桑尼亚的某些重要工程领域以阻挡中国的渗透"②，建议"通过两种办法来延迟中共的进入：一是使美国援助资金数额最大化；二是向已获独立的非洲国家强调独立自主的重要性，警惕中共的渗透"。③ 在1965年1月的一份文件中，美国外交官员分析认为："在援助方面，我们需要加大对非洲的资助力度，就坦桑尼亚现有的形势而言，撤销既有的援助项目、召回美方工作人员，只会极大削弱美国的影响，从而增强中国在坦桑尼亚的影响。"④

第二节　苏联、南非等国的离间与诋毁

同英美两国一样，苏联在得知中国愿意帮助坦桑尼亚修建坦赞铁路后，也曾表示将重新考虑坦赞铁路的援建问题。中苏关系的不和，使得苏联在许多方面对中国采取了同英美等国相仿的政策。苏联在南部非洲的外交策略之一便是削弱中国在该地区的影响。⑤ 1965年11月6日，为削弱中国军事专家在桑给巴尔的影响，

①*Intelligence Memorandum: The new Look in Chinese Communist Aid to Sub-Saharan Africa*, September, 1968, pp.14～15.

②*Joint Embassy/USAID Message*, DDRS, August 1, 1964, p.2.

③*Department Telegram* 321, DDRS, August 5, 1964, p.1.

④*Department Circular Telegram* 1278, DDRS, January 18, 1965, p.2.

⑤Robert H. Donaldson, *The Soviet Union in the Third World: Successes and Failures*, London: Westview Press, 1981, p.70.

苏联政府告知桑给巴尔官员“军事援助最好由我们来搞，我们的经验比中国人多”。[①] 为了增强苏联在坦桑尼亚的影响，1966 年 6 月，“苏修亦极力拉拢，给予 700 万镑贷款用于修筑鱼干厂、小电站、兽医中心等，提供冷藏、捕鱼设备和进行矿产勘测等项目”。[②]

三国协定在北京签订前夕，1967 年 9 月 1 日，赞比亚驻苏联大使在致赞比亚外交部的一份文件中这样写道：苏联表示对修建坦赞铁路有一定兴趣。苏联部长帕勒斯基在访问赞比亚时曾不止一次向美国驻赞比亚大使提到愿意考虑修建铁路问题。苏联这样做可能是希望借助美国之口向赞比亚传递愿意修建铁路之事宜……苏联最关心的问题是中国人在坦赞两国的进展如何，苏联通常持这种论调：“由于文化大革命对中国的破坏如此之严重，他们将不能或至少很难能兑现他们援建坦赞铁路的承诺。”总的感觉是，在诸多苏联和美国联手对付中国的问题上，坦赞铁路是其中一个。[③]

南罗得西亚与南非当然担心那个毫不隐讳要推翻其国内政权的国家来修建坦赞铁路。南罗得西亚一方面称：“这是北平对漠南非洲国家最大的一笔投资，该铁路全部经费将达四亿美元，筑成之后，赞比亚的铜矿即可不必经由白人控制的地区输出，可是北平最大的目标是军事方面的意义，中共的力量可以深入非洲心脏地带，所以坦桑尼亚也是第一个接受中共军事代表团，训练其部队的非

①《苏联在桑给巴尔的活动情况》，外交部档案馆档案（档号：108-01103-04），1965 年 11 月 6 日，第 3 页。

②《外交部非洲司关于接待坦桑尼亚经济事务和发展计划部长博马尼率坦政府经济代表团访华参考资料》，外交部档案馆档案（档号：204-01414-03），1966 年 6 月，第 8~9 页。

③*On the Tan-Zam Rail-Link*，赞比亚国家档案馆档案（NAZ MFA 1/103/158），Dec.1，1967。

洲国家,由中共派遣 11 名武器教官,训练坦国士兵使用中共所供应的武器。”[①]另一方面则竭力攻击道:“北平贿赂了赞比亚总统卡翁达,因此赞比亚变成了指挥其邻国——安哥拉、马拉维、罗得西亚和西南非——恐怖主义分子的活动基地,以便策动共产统治非洲的计划。”[②]1967 年 11 月,南罗得西亚政府在一本名为《赤色威胁》的小册子中称:“事实上,是北平而不是伦敦正在指挥这个‘新殖民地’的功能。偷窃、贪污、贿赂已变成了尼雷尔政府的制度,中国人(中共)已变成了坦桑尼亚的教主。”[③]

南非共和国也发出了类似的警告,B.J.福斯特官员说:“今天非洲最大的威胁,并不是苏俄的渗透,也不是愚昧和贫穷,而是中共在坦桑尼亚和赞比亚之间所架的桥梁。”[④]卡翁达总统历来是反对非洲人信仰共产主义的,因此他本人曾多次被提醒接近中共所可能带来的“危险”。在同年 10 月举行的记者招待会上,南非某位记者在提问时告诫道:“新独立的国家没有保护国家利益的能力。”卡翁达回答说:“我们在经受 70 年的殖民统治后,没有成为殖民主义者,我们认为我们在和中国进行 5 年左右的合作之后,不会变成共产主义者。”[⑤]

由于地理上与坦桑尼亚相邻,肯尼亚几乎成了西方国家攻击中国的传声筒。在攻击中国包括坦赞铁路在内的援助方面,肯尼亚国内媒体宣称:“不能仅仅因为东方国家过去在非洲无殖民地,

---

①国立政治大学非洲研究协会:《非洲研究》(第 1 期),台北:清水印刷厂,1972 年,第 53 页。

②国立政治大学非洲研究协会:《非洲研究》(第 1 期),第 54 页。

③国立政治大学非洲研究协会:《非洲研究》(第 1 期),第 54 页。

④国立政治大学非洲研究协会:《非洲研究》(第 1 期),第 55 页。

⑤Kasuka Mutukwa, *Politics of Tanzania-Zambia Railway*, p.55.

就意味着它们不在非洲搞冷战。”“中国鼓励发展中国家自力更生是因为自己贫困，中国援助的目的是搞颠覆活动，因此中国‘是披着羊皮的狼’。”[①]在肯尼亚，谣言四起，说什么坦赞两国政府已同意拨给修建铁路的中国专家每人十至二十英亩土地。[②]《肯尼亚周报》对1965年的中国考察队进行了歪曲报道：“这些人没有正规的勘测设备，只是从中国来的普通铁路技术人员，而不是真正的勘测专家，根本不该让他们扛起这一重大事业。”[③]时至今日，肯尼亚许多民众仍坚持认为“中国人在哪里修路，哪里就不下雨了”，理由是中国建筑工人在雨季时仍能坚持施工，“会使用巫术驱雨”。[④] 这显然和当年肯尼亚媒体的不实报道有关。另据资料记载，在机器设备的运输上，肯尼亚也总是百般刁难。1970年5月，“法国铲运机27台、推土机8台，国产推土机9台，共计44台机械是委托东非铁路运输的，据了解是因为港口和东非铁路之间工作不协调，港口把机械装车之后，铁路说绑扎不牢，不给运输，因此拖延了很长时间，给我们工程带来了损失。”[⑤]

---

①《肯尼亚报纸就中印边界、中国原子弹爆炸、向索马里提供武器、与越南关系、修建坦赞铁路、西藏与台湾等问题上发表反华文章》，外交部档案馆档案（档号：108-01110-01），1965年11月4日，第38页。

②《周恩来同坦桑尼亚联合共和国总统尼雷尔第二次会谈记录》，《党的文献》，2012年第3期，第11页。

③［美］孟洁梅：《非洲自由铁路：中国发展项目如何改变坦桑尼亚人民的生活和谋生之计》，第34~35页。

④桂涛：《是非洲》，北京：中国大百科全书出版社，2012年，第198~199页。

⑤《施工生产情况》（截至5月上旬），铁三局档案馆档案，1970年5月20日，第2~3页。

第三节 中西较量的缩影:“中美大战”事件

一、“中美大战”的由来

1970年3月,坦赞铁路勘测设计二分队的10余名技术人员正在坦桑尼亚境内姆贝亚省大努尔河乞马拉桥以东不远的地方进行测量工作。这时,一辆大功率的推土机缓缓地向乞马拉桥驶来。这是一辆正在为美国在坦桑尼亚境内援建的“大北公路”效力的推土机。美国推土机行至乞马拉桥上方后,便开始了地表清理工作。二分队先前设置的铁路“标桩”正在桥位上。眼见推土机即将向“标桩”推去,二分队的勘测人员急忙赶来,并示意推土机司机停止工作。可能因为语言不通,外加机器声的嘈杂,推土机丝毫没有停下之意。为阻止推土机的前行,保护勘测成果,工人许奎义挺身而出,勇敢地站在推土机前方的“标桩”面前。不料,推土机司机竟毫不顾忌地朝许奎义及木桩推去,将许奎义及木桩推出两三米之遥。许奎义机智地顺着推土机车铲向驾驶室方向攀爬,在二分队其他人员的制止下,推土机司机最终将机器停下。

在施工现场不远处,停放着一辆美国轿车。当发现推土机司机遭遇麻烦后,两名一直躲在轿车内的美国人这才走下车来,试图帮助那名被围困的司机解围。二分队工作人员判定这两名美国人必是推土机司机的“幕后指挥员”，他们愤怒地将前来理论的两名美国人推至先前的轿车内。在附近作业的我方其他人员，在教导员的带领下迅速赶到现场。他们得知情况后，也十分不满美方施工人员的野蛮行为。美方在附近的一些施工人员也纷纷来到现场。坦桑尼亚警方闻讯后，很快便来到施工现场。[①] 在警方的调解下，双方人员结束了对峙状态。不过，我方工作人员未能同意坦桑尼亚警方拟将中、美双方当事人带回警局的处理意见。

几个小时后，姆贝亚省省委书记了解情况后，也驱车赶来。双方工作人员再次发生争执。争执中，当我方工作人员从书记那里得知他已下令修建大北公路的美国筑路队暂停施工的消息时，他们按捺不住愤怒，当着省委书记的面，二三十人一拥而上围住了美国人所在的汽车，并把“肇事者”强行拖出车外。他们打了企图保护“肇事者”的另一名美国人一拳，并将其摁倒在地，边打边喊“打死美国佬，不会犯错误”，“打得不过瘾，打趴[爬]下几个才好”。[②] 此事经过西方媒体的夸张报道，一场施工冲突便升级为广为人知的“中美大战”。

事情发生后，中美双方工作人员都将施工冲突一事向上级部门进行了汇报。中国驻坦桑尼亚大使何英接到二分队教导员的报告后，立即约见了卢辛迪部长。卢辛迪已得知此事，他“一见面就对我说，这是一个严重的事故，所幸没有人员伤亡，他将对美方施

①周伯萍：《非常时期的外交生涯》，第 59 页。

②原文为“爬”，“趴”为笔者后注，参见援坦铁路勘测设计队：《关于对敌斗争的基本情况总结》，1970 年 6 月，第 11 页。

工人员的野蛮态度进行批评”。[1] 何英与卢辛迪最后商定:处理施工冲突一事由卢辛迪部长亲赴现场,约两路工程负责人商量解决,他自己不必出面。与卢辛迪会谈后,何英便将谈话情况告诉了靳辉,请他立即与卢辛迪同赴现场,并委托靳辉向勘测设计二分队以及其他勘测设计队的同志讲清楚:与美方施工人员一定要友好相处,矛盾必须缓解,不能激化。靳辉完全赞成卢辛迪部长和何英大使的意见,表示坚决照办。[2]

靳辉与卢辛迪共同乘飞机抵达现场。在交涉中,靳辉向卢辛迪及美方负责人表示:我方一回到达累斯萨拉姆,便立即组织测标,提出双方各自退让一定距离,使得铁路、公路并行经过乞马拉桥位的方案;二是对我方人员看材料时的疏忽大意和在现场的某些过激行为表示歉意。卢辛迪部长说:“你们通情达理,很讲实际,我很感激,很高兴。希望你们很快提给我一个在此铁路、公路都可以通过的示意图。”[3]卢辛迪部长对美方工程负责人也做了工作,并对施工人员的粗暴行为作了批评。美方工程负责人也表示同意卢辛迪的处理意见。几日后,靳辉便向卢辛迪部长提交了在乞马拉桥位铁路、公路两线均能安全通过的示意图。卢辛迪审阅后立即表示同意。中美双方施工人员随即恢复了施工。

二、关于“中美大战”的几点误读

随着施工冲突的顺利解决,“中美大战”的后续报道便再也没

---

①周伯萍:《非常时期的外交生涯》,第59页。

②据2008年5月19日访谈笔记,靳辉口述。

③周伯萍:《非常时期的外交生涯》,第60页。

有了下文，“中美大战”很快便被外国人所遗忘。然而在中国，这场被夸大了的冲突，连同“中美大战”这一耸人听闻的名称，一起成了许多国人挥之不去的记忆。在诸多关于“中美大战”的记述中，下面几种常见说法存有谬误，兹举几类如下。

首先，关于“中美大战”发生的时间问题。“中美大战”究竟发生于何时呢？人们很少会在意这一问题。因此，许多关于“中美大战”时间的说法，要么是语焉不详、含糊不清，诸如“60、70 年代”“毛泽东时代”等；要么是虽然说出了具体日期，却是错误的日期。①“中美大战”发生的时间，上文已经提及，这里不妨说得更精确些，“中美大战”发生在 1970 年的 3 月 3 日。

其次，关于“中美大战”发生过程中的细节问题。通过前面的叙述，我们不难看出，中美施工人员之间的冲突前后共有两次，第一次是在推土机司机被制止之后，第二次是在姆贝亚省省委书记到来之后，应该说这两次冲突事件共同构成了“中美大战”的核心内容。但是，现有的说法往往只注意中美双方工人的第一次冲突，而往往忽视第二次冲突。我们知道美国是一个多种族的移民国家，人们只听说那三个被打者均为美国人，却很少有人知道他们是黑人还是白人。周伯萍在《非常时期的外交生涯》一书中将三名美国人说成是三个黑人，而张铁珊在《在非洲密林中》曾多次提到美方的工作人员为白人。② 事实上，这两种说法都不正确。真实的情况是，那个推土机驾驶员是美籍黑人，而那两个轿车里的美国人则

①周伯萍误将“中美大战”发生的时间说成是在 1969 年，详见周伯萍：《非常时期的外交生涯》，第 59 页。

②周伯萍：《非常时期的外交生涯》，第 59 页；张铁珊：《在非洲密林中》，第 40~49 页。

为白人。[①]

再次，关于“中美大战”双方的是非问题。在“中美大战”双方的是非问题上，也有两种不同的说法。一种观点认为，美国应为“中美大战”的发生负主要责任，双方的冲突源于美国援外职工对中国援外职工挑衅，他们的目的是使用“苦肉计”的方法来“获得中国人在非洲斗争或殴打白人的照片，以便造谣诬蔑、恶意宣传”。[②] 另一种观点认为“中美大战”的责任应该在我方，“文化大革命”造就了中国工人好斗的性格。[③] 这两种观点都不客观。原来，早在1967 年，美方援建坦桑尼亚大北公路的勘测设计队就已经完成了乞马拉桥位的选线工作，并把勘测设计文件报送至坦赞铁路中、坦联合机构。1969 年 3 月，我方勘测设计队虽然从联合机构借到该文件，但由于经办同志的疏忽，未发现这一重要情况，选线也定在乞马拉桥位，致使公路、铁路两线重叠。可见，在中美施工人员冲突问题上，我国援建坦赞铁路的勘测设计人员负有一定的责任，但是美国施工人员无视坦桑尼亚当局的停工命令，无视中国工人的生命安全的行为，也是激化冲突的重要原因，因此，美方也有过错。[④]

三、“中美大战”形成的深层原因及评价

一场小规模的施工冲突，被渲染为中美援外员工之间的“大

---

①据 2008 年 5 月 19 日访谈笔记，靳辉口述。

②张铁珊：《在非洲密林中》，第 46 页。

③Martin Bailey, *Freedom Railway: China and the Tanzania-Zambia Link*, p.104.

④据 2008 年 5 月 19 日访谈笔记，靳辉口述；周伯萍：《非常时期的外交生涯》，第 48~49 页。

战”，继而引起世人的广泛关注，这自然是西方媒体捕风捉影、夸大报道的结果。但是，在这场不实的报道背后，我们可以发现至少有两个方面的因素在其中起作用：一是，外国人对中国1966年开始的“文革”感到疑惑，并高估了“文革”对援外职工的影响；二是，中美两国多次在第三国战场上围绕铁路问题进行过激烈的战斗，使得不少人对中国援建坦赞铁路的动机过于敏感。

我们不否认“文革”具有鲜明的暴力色彩，尤其是在1966—1969年这段常被称为“红卫兵运动”时期。“在各大城市里，党的老干部被当作‘牛鬼蛇神’戴高帽、挂牌子，跟在卡车后面结对而行，被比他们年轻三分之二的红卫兵们驱赶着游街。”①《剑桥中华人民共和国史》这样描述道。实际上，农村的武斗，要远比上面的描述要惨烈得多。“文革”的打击面之广，广到如果不派遣“牛鬼蛇神”，援外工作便无法开展的程度。

“文革”确实给中国带来了巨大灾难，影响了我国与多数国家的关系，但是，中国并没有将自己“与世界隔离起来”。② 就中非关系而言，中国不仅没有撤回在埃及的大使，而且还在“文革”期间同苏丹、马里、索马里、阿尔及利亚等国签署了多种协议，维持着高层间的互访。中坦、中赞关系更不待言。

“中国的革命不是用来输出的。”这句话最恰当地总结了中国政府在对外政策方面的态度。援外工作人员经由“百里挑一”的方

---

①[美]罗德里克·麦克法夸尔、[美]费正清：《剑桥中华人民共和国史》(1966—1982)，海口：海南出版社，1992年，第121页。

②[美]罗德里克·麦克法夸尔、[美]费正清：《剑桥中华人民共和国史》(1966—1982)，第244页。

法选举而出，被选派者必须“政治思想好，业务技术过硬，身体健康”。① 被选派人员在出国之前要参加学习班，“主要是组织他们学习援外方针政策，进行外事教育，并使他们了解受援国的有关情况，熟悉所承担的经援项目的情况和本职工作”。② 援外职工必须严格遵循周恩来提出的“援外八项原则”和受援国的法律法规，违反原则或纪律将受到十分严厉的惩罚。

1968 年 6 月，在同第二次访华的尼雷尔总统会谈时，毛主席曾明确说明，中国派到国外的人也有不好的，这样的人，发现一个，撤回一个，绝不姑息。周恩来同尼雷尔会谈时，也明确表示：“文革”浪潮一定不会冲击坦桑尼亚。③

可见，“红卫兵运动”虽然在国内进行得轰轰烈烈，援外职工的手搭在国外进行“造反”活动是受到严厉禁止的。值得说明的是，虽然有些事情影响并不好，却也并不能归咎于“文革”。例如，中国援建坦赞铁路的工作人员漂洋过海来到坦桑尼亚后，下船时，他们身着统一的服装、迈着整齐的步伐；在日常生活中，这些援外职工彼此以“援外战友”互称等。

历史上，中美两国确实在第三国的铁路建设方面进行过多次交锋，最显著的两个例子发生在 20 世纪 50 年代的“抗美援朝”战争以及 20 世纪 60 年代的“援越抗美”战争时期。

抗美援朝伊始，中国便派出了两支铁道队伍：“一是由铁道兵团的大部分成员组成志愿军铁道兵团，外加铁路工程部门职工组

---

①张铁珊：《友谊之路：援建坦赞铁路纪实》，第 160 页。
②《当代中国》丛书编辑委员会编：《当代中国的对外经济合作》，第 271 页。
③周伯萍：《非常时期的外交生涯》，第 111～112 页。

成的铁路工程总队，分赴朝鲜铁路各线，担负抢修任务；二是由铁路运输部门职工组成的志愿援朝大队，深入朝鲜铁路各站段，与朝方共同担任与管理军事运输的工作。"①为了应对美国对朝鲜铁路的狂轰滥炸，中朝两国在前方组成了2万余人的铁路抢修队与铁路运输队，而后方负责支援的人员达3万之众。他们在近三年的时间里，向作战前线共运送物资和兵员385,234车，其中仅铁路器材就有34,634车，包括可铺518千米铁路的钢轨及配件、枕木280万根、双股电话线170多万米。②

1965年，美国动用大批空军对越南北方进行了疯狂的轰炸。为了支援越南人民保卫祖国的正义立场，中国向越南提供了大量的军事、技术援助，在1965年至1970年，中国对越南的各项援助占同期对外援助总支出的57.6%。③ 也是在这段时间里，中越两国先后签订了有关铁道方面的协定有6个，涉及新建、改建、检修铁路的项目共达31项。在1965年中越两国签订的第一个铁道项目中，中国就承担了其中8项工作。④ 正是在中国铁道兵的大力援助下，越南铁路才成为打不断、炸不烂的"钢铁运输线"。

中国对坦赞铁路援建虽然不是发生在战争时期，但是在"冷战"的背景下，如果把中国援建坦赞铁路的成败看成是中美两国之间的较量的话，这种观点也确实有其合理之处。孟洁梅教授在其大作的引言部分专门提及了这次施工冲突，"因为这次事件具有重

①《当代中国》丛书编辑委员会编：《当代中国的铁道事业》(上)，第21页。
②《当代中国》丛书编辑委员会编：《当代中国的铁道事业》(上)，第23页。
③《当代中国》丛书编辑委员会编：《当代中国的对外经济合作》，第52页。
④新辉：《当代中国铁路对外经济技术援助》，第11页。

要的象征意义……双方的争执不仅仅是地域之争，更是意识形态之争。”[①]这种看法是颇有见地的。“中美大战”之所以被许多国人牢记，与其说是因为中国人在冲突中得以扬眉吐气，不如说是因为中国政府的严肃处理加深了援外职工的记忆。“中美大战”的故事也许会继续流传下去，但是，真相不容忽视。

1965年2月，毛泽东、刘少奇、周恩来在人民大会堂会见尼雷尔

①[美]孟洁梅：《非洲自由铁路：中国发展项目如何改变坦桑尼亚人民的生活和谋生之计》，第2页。

1965 年 6 月，周恩来访问坦桑尼亚时与尼雷尔母亲合影。后排左起分别是何英大使、周伯萍代办与沈仲章翻译员

1969 年，中国首任驻赞比亚大使秦立真（左一）与宋国清、赵兴民、唐涌、刘东臣（从左至右）在中国驻赞比亚使馆合影

1970 年，中坦两国勘测设计人员披荆斩棘，共同勘测坦赞铁路线路

1970 年，中坦两国勘测设计人员在草原上进行拟建坦赞铁路的选线工作

勘测设计人员因选线需要，在密林中砍伐树木

中、坦、赞三国工人齐心协力，为修筑铁路桥墩而辛勤劳作

中、坦、赞三国铁路工人共同劳作后在工地用餐

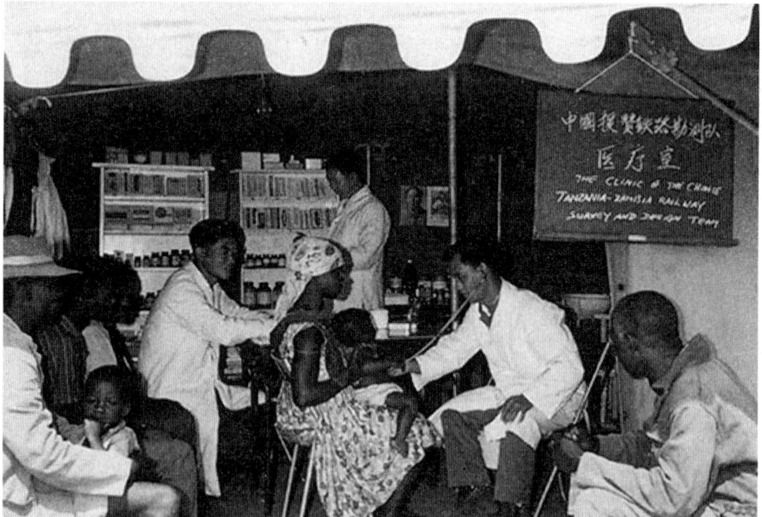

中国援赞铁路勘测队医务人员为当地群众看病

第四章　坦赞铁路的考察与勘测设计

众所周知,坦赞铁路是新中国对非援助中最大的一项“援外成套项目”。国内对“援外成套项目”尚没有统一的界定。一种定义认为,所谓“援外成套项目”是指由中国负责设计,派人组织或指导施工安装,并提供全部或部分设备、建筑材料,建成后能独立发挥作用的工程项目。其基本程序一般包括考察、设计、施工准备、土建施工和设备安装、试运转或试生产、验收、移交和结算等阶段。[①]另一种定义认为,“援外成套项目”指的是那些由中国负责项目的考察、设计,提供全部或部分成套设备、建筑材料,派人组织或指导施工、安装和试生产,并在项目建设过程中全面提供技术援助,采取就地培训等方式,教会受援国人员掌握有关技术的援外项目。[②]可见,尽管意见不一,但是两者均认为考察与勘测设计工作是“援外成套项目”的两项基础性工作,包含着不少复杂的程序。坦赞铁路自然也不例外。据有关资料,1965 年 8 月、1967 年 12 月,中国政府先后派遣了两个铁路考察组分别对坦赞两国境内进行了综合考察。中国援建坦赞铁路勘测设计队于 1968 年 4 月开始对坦赞铁路

①《当代中国》丛书编辑委员会:《当代中国的对外经济合作》,第 102~103 页。

②石广生:《中国对外经济贸易改革和发展史》,第 385~386 页。

进行勘测设计,1970 年 3 月结束了勘测工作,同年 6 月向三国政府提出了《坦赞铁路勘测设计报告》。中、坦、赞三国政府于 1970 年 7 月审查并一致通过这一报告。

第一节 两次综合考察

根据完成任务的复杂程度,铁路考察一般分为综合考察与专业考察两种。铁路考察的目的主要是为了了解铁路项目建设的可行性以及估算工程的投资费用等。① 铁路考察的主要程序是,在考察的准备阶段,主要是收集资料、选定考察单位、确定考察组成员组成及人选、拟定考察计划等;考察期间,除收集必要的文字资料外,还需要进行现场调查和访问;考察结束后,提出考察报告,报告的主要内容一般包括受援国的政治、经济、自然条件等概况,项目修建的意义,主要技术标准及规模建议,不同方案的比选,投资估算等。② 除组织安排多次专业考察外③,中国政府先后派遣了两个铁路考察组分别对坦赞两国境内进行了综合考察。考察组经过两次实地调研,从技术上肯定了修建坦赞铁路的可行性。

---

①Bernard J. Lecomte, *Project and Aid: Limitations and Alternatives*, Paris: OECD, 1981, pp.27~28.

②《当代中国》丛书编辑委员会:《当代中国的铁道事业》(下),第 434 页。

③中国政府曾多次派出专业考察组对坦赞铁路沿线地区的煤矿、水利、地质情况进行考察,其中对煤矿考察的情况,可参见中华人民共和国煤矿地质考察组:《坦桑尼亚西南部几个煤田的植物化石和孢粉组合及其地质时代》,内部资料,1968 年。

一、第一次综合考察

1965年8月至12月，根据中共中央、国务院指示，中国铁道部迅速选派了考察组对坦桑尼亚境内的基达杜至通杜马段进行了首次综合考察。[①] 为了不过度刺激西方国家，同时也为了减轻坦赞两国的外交压力，首次综合考察在宣传报道上选择以“水文地质综合考察组”（以下简称“考察组”）而非“铁路考察组”之名义。[②] 综合考察组工作人员主要来自位于四川成都的铁道部第二勘测设计院，由线路、地貌、桥梁、站场、给水、通信信号、机务车辆七种专业共12人组成，其中2名系翻译员。[③] 时任铁道部第二勘测设计院副院长职务的黄悦平担任本次考察组组长，组员分别是贾毅、俞伯熙、罗恒福、梁伯仁、沈明德、李焱、高青田、周任坤、张信、钟咸若、陈伴年。此次考察带有战略与战术双重目的。战略上，意在配合尼雷尔试探西方国家在援建坦赞铁路问题上的真实态度；战术上，则是为中国将来援建坦赞铁路做准备工作，“踏勘、收集资料，考察既有铁路，了解当地可提供的材料、劳力以及施工条件等，并就该铁路的基本走向、主要技术标准等与对方商谈，签订会谈纪要。”[④]

---

①基达杜距达累斯萨拉姆港口约340公里，是连接东非铁路的重要联络点，而通杜马则是坦桑尼亚南部靠近赞比亚的一个城市。

②陆大同：《亲历援建全程，期待铁路振兴》，《中非关系史上的丰碑：援建坦赞铁路亲历者的讲述》，第132页；张书舫、赵桂常：《中国土木工程集团公司大事记：铁道部援外办公室前期》，第3~4页。

③《关于坦桑尼亚联合共和国拟建坦赞铁路联络线基达杜至通杜马的考察报告》，中土公司档案馆档案，1965年11月，第1页。

④张书舫、赵桂常：《中国土木工程集团公司大事记：铁道部援外办公室前期》，第4页。

时间短、人员少、任务重是此次考察工作的主要特点。

经过短期培训后,考察组工作人员于 1965 年 8 月 20 日乘飞机出发①,两日后顺利抵达达累斯萨拉姆。8 月 23 日,考察组成员受到了卡瓦瓦副总统的亲切接见。② 坦桑尼亚国内媒体迅速对我国考察组的到来进行了报道。坦桑尼亚《民族主义者报》于 8 月 23 日在该报头版中宣称:"中国考察组已抵达坦桑尼亚,他们将开始对我国的基达杜至通杜马地区进行筑路考察。"③

经短暂休息后,在坦桑尼亚多名猎警保护下,中国考察组自带帐篷与仪器,开始了艰辛的筑路考察工作。④ 工作伊始,考察组工作人员主要着手资料搜集与纸上方案的研究工作。告一段落后,他们于 9 月 9 日至 10 月 8 日在中国驻坦桑尼亚大使馆工作人员和坦桑尼亚政府官员的支持下,对拟建铁路沿线进行了现场考察工作,"随着他们一路清扫障碍穿越这片土地,他们身后树立起了一道道竹标标,上面的小红旗迎风猎猎作响。"⑤经过实际调查,考察人员对铁路沿线的经济、地形、地貌、水文、气象、交通、人口密度、施工条件等情况有了初步了解。10 月 11 日至 16 日,考察组对原

---

①阿拉巴·奥古桑沃认为中国考察组被派遣至坦桑尼亚的时间是在 1966 年下半年,该说法有误。参见 Alaba Ogunsanwo, *China's Policy in Africa* 1958—1971, p. 206.

②《坦赞铁路勘测设计报告》(下册),内部资料,1970 年 6 月,第 1 页。

③The Times, Oct.24, 1975, p.6.

④靳辉:《当代中国铁路对外经济技术援助》,第 45 页。《伟大的自由之路》一书的作者认为考察时间为一年,该说法错误。参见 Richard Hall & Hugh Peyman, *The Great Uhuru Railway: China's Showpiece in Africa*, p.87.; [美]孟洁梅认为是 9 个月,该说法有误,参见 Jamie Monson, *Tanzania: Africa's Freedom Railway - How a Chinese Development Project Changed Lives and Livelihoods in Tanzania*, p.35.

⑤[美]孟洁梅:《非洲自由铁路:中国发展项目如何改变坦桑尼亚人民的生活和谋生之计》,第 34 页。

纸上方案作了较大改动。10 月 26 日至 11 月 6 日，考察组工作人员对坦桑尼亚的现有铁路，包括达累斯萨拉姆至多多马、鲁伏至克洛圭与现加莫西三线进行了技术考察，并了解到了东非铁路的技术状态和运营概况。11 月 17 日，考察组在达累斯萨拉姆完成了《关于坦桑尼亚联合共和国拟建坦赞铁路联络线基达杜至通杜马的考察报告》（初稿）的写作工作。① 同年 12 月 29 日，考察组回到国内，历时 4 个月，途径 3 省 11 县，行走 6,570 千米，完成约 700 千米的线路考察，并与坦桑尼亚政府签署了关于该段线路基本走向和主要技术标准的会谈纪要。②

1966 年 4 月，中国铁道部向对外经济委员会汇报了考察内容及会谈纪要的有关情况。同年 6 月，在经过认真修改后，考察组将《关于坦桑尼亚联合共和国拟建坦赞铁路基达杜至通杜马的考察报告》（以下简称《报告》）正式提交给坦桑尼亚政府。③ 除附件外，《报告》的主要内容有四个方面：考察工作概况，拟建铁路沿线地区的自然、经济、交通、卫生等现状，拟建铁路线的考察和选线情况，对勘测设计工作和施工的意见。现结合有关资料，简述如下。

首先，《报告》阐释了拟建铁路线的政治、经济意义。《报告》分析指出，本铁路线贯通坦桑尼亚西南部的广袤地区，从地形地势、年降雨量和土地肥沃度等条件来看，基达杜至姆林巴，姆贝亚至乌

---

①《关于坦桑尼亚联合共和国拟建坦赞铁路联络线基达杜至通杜马的考察报告》，中土公司档案馆档案，1965 年 11 月，第 1~2 页。

②张书舫、赵桂常：《中国土木工程集团公司大事记：铁道部援外办公室前期》，第 4 页。

③《当代中国》丛书编辑委员会编：《当代中国的对外经济合作》，第 48 页；Richard Hall & Hugh Peyman 认为《考察报告》的提交时间为 1966 年 10 月，参见 *The Great Uhuru Railway: China's Showpiece in Africa*, p.86.

瓦瓦地区在农业开发上有很大的潜力；恩章贝和松给亚（Songla）之间的恩加卡在铁、煤方面蕴藏丰富，且距马坎巴科仅约 290 千米；目前地方运量虽然很少，本线建成后对西南地区特别是基隆贝罗河谷和大鲁阿哈河谷工农业的开发将起到促进作用。当时中非、东非之间的贸易较少，坦赞两国之间仅存一条主要公路交通线，运量有限，运费又高，不能满足中非、东非国家之间的贸易发展要求；达累斯萨拉姆航空业虽比较发达，但也不能负担大量的客货运输，如果本线建成，将促进中、东非人民的交往和友谊，将使商品的运输增长，有助于中非、东非各地区的工农业发展。达累斯萨拉姆为东非的良港之一，坦桑尼亚独立后，在尼雷尔总统的领导下，采取对外友好政策，并发展了各国之间的贸易，达累斯萨拉姆港口在将来的国际贸易中将起到更大的作用。当时，赞比亚恩多拉铜产品主要通过南罗得西亚到莫三鼻给的贝拉港出口，然后销售于国际市场，但由于南罗得西亚的政治原因，使赞比亚铜的出口量受到一定限制，本线建成后，将为赞比亚铜产品的出口提供一个新的、良好的、可靠的出海口。同时赞比亚所需要进口物资，亦可由本线输入。综上所述，本线在政治、经济上具有重要的意义。①

在拟建铁路的投资与盈亏问题上，《报告》分析指出，修建这条坦境段铁路约需投资 2.1 亿元人民币。该线的重要意义在于它连接赞比亚的铁路而承担国际运量，地方运量对于运营盈亏会发生影响，但盈亏主要将取决于本线的国际直通运量。从经济核算的结果看来，本线地方运量太少，如果没有赞比亚的直通运量，则在

①《关于坦桑尼亚联合共和国基达杜至通杜马的考察报告》，中土公司档案馆档案，1965 年 11 月 17 日，第 4~5 页。

运营中的亏损将难避免，且是较长期的，但不能因亏损而忽视本线在政治上和经济上对坦桑尼亚工农业发展所具有的重要意义。①

其次，《报告》在小结部分提出了两点忧虑：一是，拟修建的坦赞铁路系东非铁路海港公司和赞比亚铁路局共同所有，坦桑尼亚只能承担修建这条铁路的贷款预得款，而不能对修建费用予以承担，并且铁路建成后将由东非铁路公司接管；二是，坦桑尼亚现有的铁路均由东非铁路海港公司掌管，本线建成通车后，基达杜至基洛萨需要与中央干线联运，而费洛萨至达累斯萨拉姆段的线路标准较低，在本线引入后通过能力受限制，且轨距与车型与我国不同，将来铁路间的联运问题较大。② 这两点忧虑后来由于肯尼亚、乌干达在铁路联运问题上的退出以及坦赞铁路建设起点的变更而得到了妥善解决。③

再次，《报告》分析指出，材料供应是个较大问题。达累斯萨拉姆新连水泥厂明年一季度开始生产，年产 15 万吨，可能部分供应；沿线山坡蚁穴太多，白蚁对木枕的危害严重，需改用钢枕；钢轨、钢枕需由国内供应；但采用多种钢轨类型，30 千克/米或 38 千克/米的问题，还待确定；木材用料可就地取材；沿线缺乏电动力，将来施工时还需解决动力供应问题。

此外，《报告》在结尾部分提出了对拟建铁路的勘测设计和施工意见。在勘测设计方面，考察组建议分两个阶段进行工作，第一

---

①《关于坦桑尼亚联合共和国基达杜至通杜马的考察报告》，中土公司档案馆档案，1965 年 11 月 17 日，第 7~8 页。

②《关于坦桑尼亚联合共和国基达杜至通杜马的考察报告》，中土公司档案馆档案，1965 年 11 月 17 日，第 9~10 页。

③[美]孟洁梅：《非洲自由铁路：中国发展项目如何改变坦桑尼亚人民的生活和谋生之计》，第 28 页。

阶段进行勘测和初始设计，完成后交由国内审核，随后进行第二阶段的勘测和施工图设计，再交付施工。如果要求在2年半的时间内完成两个阶段的工作，则建议每年外出勘测的时间可安排在5月—11月的旱季，约需派出三个勘测队共300~350人；如果派出的勘测队人数在100人以下，则只能用延长时间、分段勘测设计再交付施工的办法来完成任务。在施工方法方面，考察组认为考虑到国外施工的材料供应、设备、动力和人力等方面的困难条件，我国派出的施工人员数量不宜过大。在施工顺序上，建议先施工基达杜至姆林巴段，因此段阻力小、进度快，然后再分段施工前进，这样可在国际上迅速造成影响。①

国外研究者多对本次综合考察持一种轻描淡写甚至冷嘲热讽的态度。有学者指出，在坦桑尼亚领导人看来，中国考察人员在4个月的时间里所做的工作十分有限，因为考察报告只有12页内容，其中英文与中文各占一半。考察报告对修建坦赞铁路的经济意义未置可否。尼雷尔虽然对它的过于单薄略感失望，但是内心里却为报告没有对巨额投资作任何评论而喜悦。② 考察组所使用的工具极其简陋，“中国考察组携带的木柄仪器遭到了当地白人的讥笑，由于对坦桑尼亚的情况缺乏一定的了解，这支考察组给坦桑尼亚的印象并不好”。③ 另有学者指出，考察组撰写的报告过于单薄，“以至于当坦桑尼亚政府将其寄送赞比亚政府时，它被坦方的

①《关于坦桑尼亚联合共和国基达杜至通杜马的考察报告》，中土公司档案馆档案，1965年11月17日，第10页。

②一说是12页。参见 Martin Bailey, *Freedom Railway: China and the Tanzania-Zambia Link*, pp.62~63.

③Martin Bailey, *Freedom Railway: China and the Tanzania-Zambia Link*, p.62.

一位工作人员当作普通文件搁置了两周之久"。[①] 一位英国道路建设工程师将中国考察组描述为资料收集组而非铁路考察组，理由是他们的日程安排相当随意而且田野调查工作仅进行了 3~4 周时间。[②] 实际情况，自然并非完全如此。

二、第二次综合考察

第二次综合考察主要是在赞比亚境内进行。根据 1967 年 9 月中、坦、赞三国政府签订的《关于修建坦赞尼亚—赞比亚铁路的协定》，鉴于坦桑尼亚境内的铁路考察工作已经完成，中国政府决定于 1967 年 12 月派遣考察组赴赞比亚境内进行筑路考察。[③] 两次考察提出的报告，不但从技术上肯定了修建坦赞铁路的可行性，而且提出了拟建铁路全线的基本走向和主要技术条件等工程建设问题。

据张铁珊讲述，"铁道部最初仍打算派遣铁道部第二勘测设计院的原 12 名考察人员赴赞比亚境内进行考察，但由于受'文革'的冲击，这 12 名考察人员多半不知所在"。[④] 此时，位于天津市的铁道部第三勘测设计院（简称"铁三院"）也遭受到"文革"的严重冲击，"1967 年 1 月 31 日，院被群众组织'夺权'，全院党、团、工会组

---

①Richard Hall &Hugh Peyman, *The Great Uhuru Railway: China's Showpiece in Africa*, p.87.

②Alicia Altorfer－ong, *Tanzanian 'freedom' and Chinese 'Friendship' in* 1965: *laying the tracks for the Tan-Zam rail link*, PhD Candidate, 2009, p.20.

③靳辉：《当代中国铁路对外经济技术援助》，第 60 页。

④据 2008 年 5 月 29 日访谈笔记，张铁珊口述。

织陷于瘫痪。”①

1967 年 11 月 21 日,周恩来约见铁道部负责人杨杰,询问坦赞铁路进展情况,并指示:要指派得力干部抓这项工作,还要建立相应的机构。这是一项长期的工作,不是一两年就可以结束的。一个月后要把赞境铁路考察组派出去。是年 12 月,中国政府经研究决定由铁道部第二、三设计院联合组成的中国铁路考察组赴赞比亚,对坦赞铁路赞比亚边境至卡比里姆博希段进行考察。② 考察人员共 9 名,时任铁道部基建总局勘测设计处副处长职务的刘继福当选为本次铁路考察组组长。③

赴赞比亚铁路考察组乘飞机抵达坦桑尼亚作短暂停留后,于 1967 年 12 月 30 日转机抵达赞比亚首都卢萨卡。赞比亚方面的资料记述了中国考察组被接待的有关细节,“这 9 名中国专家是赞比亚的客人,他们是为了考察坦赞铁路而来。食宿问题已由中国大使馆负责解决,我们被坦方告知安排三辆轿车前往机场迎接,并告知接待人员在下午 2 点半前做好准备”。④ 考察组成员后来还受到了卡翁达总统的亲切接见。2 月 8 日至 3 月 13 日,中国铁路考察组在赞比亚政府官员和工作人员的陪同下,对拟建铁路沿线和坦赞两国的国境附近进行了现场踏勘,通过实际调查,对沿线的政治、经济、地形、地貌、地质、气象、水文、交通、人口密度、施工条件

①铁道部第三勘测设计院编:《奋进的四十年》(1953—1993),内部资料,1993 年,第 9 页。

②张书舫、赵桂常:《中国土木工程集团公司大事记:铁道部援外办公室前期》,第 9 页。

③据 2008 年 5 月 29 日访谈笔记,张铁珊口述。

④*Handwritten Note*,赞比亚国家档案馆档案(NAZ MFA 1/103/159),dated 29th December,1967.

等情况有了初步了解。3月15日至27日,考察组对原拟定的线路方案作了较大改进,使之更切合实际情况,以达到减少工程,降低造价,提高线路质量之目的。4月完成赞境考察工作。

中国赴赞比亚铁路考察组在4个月[①]的时间里完成了对赞比亚境内恩塔瓦至卡坦尼诺的线路考察工作,并于1968年4月总结写出了《关于坦赞铁路赞比亚共和国恩塔瓦至卡坦尼诺段的考察报告》(初稿)。与第一次综合考察报告的体例相仿,除附件外,《关于坦赞铁路赞比亚共和国恩塔瓦至卡坦尼诺段的考察报告》(以下简称《报告》)的主要内容也分为四个方面:考察工作概况;沿拟建铁路线地区的自然、经济、交通、卫生等现状;拟建铁路线的考察和选线情况;对勘测设计工作和施工的意见。但内容更为详尽。

第一,《报告》认为修建坦赞铁路具有重要的政治与经济意义。这是由于这样几个原因:首先,坦赞铁路赞比亚段通过中央省东部和北方省的广大地区,从地形、地势、年降雨量和土地等条件看,农业发展很有前途,本线建成后对东北地区的开发将起一定的促进作用。其次,特别重要的是赞比亚为世界第二产铜国,目前铜的出口运输遭受南罗得西亚殖民当局的严重控制,赞比亚政府采取反控制的办法是通过大北公路,航空运输和经由刚果三条渠道外运,以抵制南罗得西亚的控制。本线建成后,恩多拉铜产品可以由本线直抵达累斯萨拉姆港,销售于国际市场,同时赞比亚进口的物资可由本线输入,对促进赞比亚国民经济发展将起到重大作用。再次,坦赞两国友好合作,两国和中非与东非之间的贸易有了较大的

---

①于子桥认为考察时间为3个月,该说法不确,参见George T. Yu, *China and Tanzania: A Study in Cooperative Interaction*, p.57.

发展。当时唯一的主要交通线大北公路年运量仅30万~40万吨，在雨季又经常受阻，很难满足中非、东非国家之间的贸易发展需要，本线建成后将为中非、东非提供一条强大的钢铁运输线，将进一步促进中非、东非国家和人民的交往和友谊，有利于中非和东非的相互支援和国际贸易的发展，以及坦赞两国的自力更生，对于坦赞两国共同反帝反殖斗争，起到重要作用。又次，通过坦赞铁路的修建，中、坦、赞三国人民之间的友谊将得到进一步的巩固和发展。①

第二，《报告》认为赞比亚境内的拟建铁路的修筑难度不大。赞比亚段所经地区比较平坦，其线路基本走向是自坦赞国境线上的恩塔瓦起经恩太科、卡沙马、姆皮卡以西，赛伦基、姆库西至卡坦尼诺与现有铁路接轨，本段线路全长约850千米。除线路跨越河谷时因横坡较陡、工程稍大外，一般为桥涵和土石方工程，且无隧道工程。

第三，《报告》对勘测设计和施工方面提出了有关意见。在勘测设计方面，考察人员建议勘测设计工作分两阶段进行，第一阶段进行初测和初步设计，第二阶段进行定测和施工图设计。与勘测设计进度关系至为密切的各种定型设计，建议铁道部指定有关部门及早安排，以保证国外现场设计之需要，这样才能保证在两年内完成两阶段设计。在施工方面，建议以机械施工为主，出国施工人数、机械设备数量和材料供应是施工方面必需早做研究的大问题；建议有关领导和机构考虑是否需要在赞比亚设立成品厂、电力厂、

---

①《关于坦赞铁路赞比亚共和国恩塔瓦至卡坦尼诺段的考察报告》（初稿），中华人民共和国铁路考察组，内部资料，1968年4月，第1~18页。

水泥厂以及建议考虑轨枕是用当地的木枕还是用钢筋混凝土轨枕等问题。①

在赞比亚考察期间，考察组接到国内增加新的考察任务的通知，被告知党中央和国务院有可能批准坦赞铁路的起点变更，这意味着坦赞铁路将增加从基达杜向东延伸到坦桑尼亚首都达累斯萨拉姆约 340 千米。线路考察组于 1968 年 5 月 4 日至 10 月 18 日，对坦桑尼亚境内的达累斯萨拉姆至基达杜段进行了考察，在道路不畅，没有直升飞机协助的情况下，刘继福等人克服了各种困难，完成了 230 千米左右的踏勘任务，累计考察时间“比预期提前 3 个月”。②

1969 年 12 月，中国铁路考察组综合前两次考察报告的情况，将新形成的《坦桑尼亚—赞比亚铁路考察报告》提交给中、坦、赞三国政府审议。③ 除前言与附件外，《坦桑尼亚—赞比亚铁路考察报告》（以下简称《考察报告》）主要有 6 个方面内容，分别是修建本线的重要意义，运量和输送能力，线路基本走向，沿线地形、地貌、地质、气象、水文情况，线路主要技术条件以及投资估算。与前两次报告相比，《考察报告》减少了对勘测设计、施工方面的建议内容，增添了修建坦赞铁路的技术条件及投资估算两方面内容。④

其一，《考察报告》在前言部分记述了中国铁路考察组对坦赞

①《关于坦赞铁路赞比亚共和国恩塔瓦至卡坦尼诺段的考察报告》（初稿），中华人民共和国铁路考察组，内部资料，1968 年 4 月，第 1~18 页。

②*The Proposed Tan-Zam railway*, World Bank Group Archives Folder（1772531）, December 22, 1969, p.59.

③《援建坦赞铁路工作报告总结》，中土公司档案馆档案，1976 年 11 月 25 日，第 2 页。

④张书舫、赵桂常：《中国土木工程集团公司大事记：铁道部援外办公室前期》，第 31 页。

铁路全线进行考察的详细经过：中华人民共和国铁路考察组应坦桑尼亚联合共和国的邀请，于 1965 年 8 月赴坦桑尼亚，对坦赞铁路的坦桑尼亚境内的基达杜至通杜马段进行了考察。根据 1967 年 9 月 5 日中、坦、赞三国政府在北京签订的《关于修建坦桑尼亚—赞比亚铁路的协定》，中华人民共和国又于 1967 年 12 月派出了铁路考察组，赴赞比亚境内进行了考察。在此期间，考察组对基达杜至卡比里姆博希铁路的基本走向和主要技术条件提出了建议，中、坦、赞三国铁路代表团就此进行了协商，并于 1968 年 4 月 27 日在达累斯萨拉姆签订了《关于修建坦桑尼亚—赞比亚铁路的基本技术原则的议定书》。在三国铁路代表团会谈期间，坦赞两国政府为使坦赞铁路直通达累斯萨拉姆港口，要求中国政府援建达累斯萨拉姆至基达杜段铁路。中国铁路考察组在完成了赞比亚段的考察任务之后，又于 1968 年 5 月开始对该段铁路进行了考察。中国铁路考察组遵照中国人民伟大领袖毛主席关于"为全国人民和全世界人民服务"的教导，把修建坦赞铁路作为自己应尽的国际主义义务。在坦赞两国政府和人民的支持下，通过实地调查研究，已经顺利地完成了坦赞铁路全线的考察任务。在考察期间，坦桑尼亚联合共和国尼雷尔总统阁下、卡瓦瓦副总统阁下，赞比亚共和国卡翁达总统阁下，先后接见了中国铁路考察组，给考察工作很大的支持。在此，我们对坦赞两国领导人和坦赞两国政府官员以及人民群众所给予我们的友好合作和帮助，表示感谢。

其二，在论及修建坦赞铁路的重要意义时，《考察报告》写道：本线通过坦桑尼亚的滨海、莫罗哥罗、伊林加、姆贝亚四省和赞比亚的北方省及中央省东部的广大地区。从地形、气候、雨量和土质等自然条件来看，线路经过地区具有大片宜耕宜牧的土地。已开发地区种植有水稻、玉米、棉花、甘蔗、豆类、茶叶、咖啡等，还有一些畜牧业。据坦桑尼亚交通工程部介绍，姆贝亚省和松吉亚省蕴藏有丰富的煤、铁资源。赞比亚为世界著名的产铜国。因此，本线建成后，对坦赞两国独立自主、自力更生地发展民族经济，提高人民的生活水平，都将起着极为重要的作用。坦赞铁路建成后，将把东非和中、南非联结在一起，它将促进东非和中、南非各国人民之间的友好往来，并加强东非和中、南非各国人民在反对帝国主义、反对殖民主义、争取和保卫民族独立斗争中的合作和互相支持。本线建成后又为赞比亚提供了另一条重要的进出口路线，使赞比亚的进出口货物可以经由本线运输，免受南罗得西亚和莫三鼻给殖民当局对赞此亚进出口货物在过境运输上的阻挠和控制。因此，坦赞铁路的修建对坦桑尼亚、赞比亚两国，都具有重要的政治意义和经济意义。

其三，在投资估算部分，《考察报告》估算了大致工程费用，指出："根据现有资料，坦赞铁路的投资总数估算为人民币九亿至十亿元。应当指出，由于考察工作的局限性，所列投资总数，只是一个基本数字的估算。各项工程费用的具体数字，将在设计概算中编列。"①

除了上述两次综合考察外，中国铁道部还组织进行了多次专业考察。例如，1970 年 7 月，坦赞铁路姆马段施工考察组赴现场考察，同年底考察结束。经过考察，获得了大量一手资料，为部署控

①《坦桑尼亚—赞比亚铁路考察报告》，中华人民共和国铁路考察组，内部资料，1969 年 12 月，第 1~12 页。

制全线的姆马段施工奠定了基础。施工考察组组长为日后负责指挥本段施工的铁路工作组副组长王惠民,成员是参加本段施工的各单位的领导及工程技术人员,如陈英、周振云(四机队),张明德、宋起风、谢怀昌(三机队),张锡九、练日新(五机队),李景普、陈显盘、刘福(隧道队)等。本次专业考察的结论是,姆马段地处高原丘陵区,是坦桑尼亚东部平原与西部高原的过渡带。线路标高由 330 米急剧上升到 1,200 米,高差巨大,故多冲沟、塌方、滑坡等现象。此外,前 86 千米(姆林巴至鲁阿哈段,约占全段的1/2)有大中桥 29 座,占全段的 88%;涵洞 249 座,占全段的 70%;隧道 18 座,占全线的 95%。还有 100 多处需要处理的“烂泥塘”。因此,施工力量必须集中在前半段。①

综上可见,在援建坦赞铁路问题上,中国政府并没有忽视坦赞铁路的经济意义与筑路的可行性,那种将坦赞铁路完全视为“政治之路”的观点,并不符合历史事实。②

第二节　精心勘测与设计

对拟建铁路进行勘测设计的目的是为了便利组织施工。铁路的勘测工作一般分为初测和定测,“初测是指沿着初拟的线路走向,完成全线 400 米宽的带状地形图。在测量完成地形图的过程

①张书舫、赵桂常:《中国土木工程集团公司大事记:铁道部援外办公室前期》,第 42~43 页。

②阿拉巴· 奥古桑沃反对“政治之路”之说,参见 Alaba Ogunsanwo, *China's Policy in Africa* 1958—1971, p.205.

中,各个设计专业要完成本专业的资料搜集和采集工作。定测是在初测的基础上,以技术和经济条件为主,进行方案比较,选定一个合理的方案。然后在现场再沿着合理方案进行精确深度测量和设计资料的搜集与详细调查,为正式开展设计做准备”。① 勘测是设计的基础,两者密不可分,因而一般统称为勘测设计,其主要工作内容有进行有关项目的规划与选址工作,进行经济选线,编制客、货流规划,编制设计项目的客、货流资料,确定营业站的分布与分工,编制车站客货运量资料,编写设计说明书等。② 可见,与考察工作相比,铁路的勘测设计工作要复杂、细致许多,“勘测设计与考察不同,比如有条河,考察只要看看线路是否能够通过就行了,勘测设计你得测量它的深度与宽度,还要计算、画出草图”。③ 在实际工作中,中国勘测设计人员时常突破常规,采用“边勘测边设计”的做法。

一、与坦赞两国商谈勘测设计事宜

据有关资料,1968 年 2 月,中国政府致电坦桑尼亚政府表示希望在 3 月份于达累斯萨拉姆举行一次中、坦、赞三国会谈。1968 年 3 月 1 日,坦桑尼亚第二副总统卡瓦瓦致电卡翁达总统希望两国能

---

①《访谈原援建坦赞铁路技术人员王明才》,《中非关系史上的丰碑:援建坦赞铁路亲历者的讲述》,第 190~200 页。

②铁道部第三勘测设计院经行科:《铁路经济勘察设计》,北京:中国铁道出版社,1985 年,第 2~4 页。

③据 2008 年 5 月 19 日访谈笔记,靳辉口述。靳辉于 1968 年 7 月至 1976 年 7 月在坦桑尼亚工作。坦赞铁路勘测设计时期,任中国铁路勘测设计坦桑尼亚队政委;坦赞铁路建设时期,任中国援建坦赞铁路工作组副组长;坦赞铁路技术合作时期,曾任第四期技术合作(1983—1986)专家组组长。

在3月15日前在赞比亚召开一次两国会议,并告知两国会议将主要商谈三个方面的问题:第一,商定召开三国会谈的日期;第二,商定坦赞两国在同中国达成协议前再次召开会议的日期;第三,商定建立坦赞铁路联合机构及两国在该机构的任职人员。此外,卡瓦瓦还透露了中国要求进行三国会谈可能商谈的四个问题:一是中国提供贷款的形式以及贷款的适用范围;二是如何解决“当地费用”问题;三是中国工人在坦赞两国工作期间的待遇问题;四是三国在坦赞铁路勘测设计中的分工与合作问题。① 从三国会谈达成的协议来看,卡瓦瓦向卡翁达透露的上述四个问题,都得到了妥善解决。

中、坦、赞三国政府代表会谈最终于1968年4月在达累斯萨拉姆举行,4月1日开始至4月27日才最终结束,这次会谈是继北京会谈之后的第二次正式会谈,也是历次正式会谈持续时间最久的一次。② 此次会谈共分两轮进行。第一轮主要解决坦赞铁路的贷款提供方式、技术人员待遇和勘测设计分工问题,用时一周时间,4月8日签字。第二轮重点讨论了坦赞铁路的基本技术原则和银行账务处理细则,因基本技术原则是在会谈开始时我方建议列入议

---

①*Letter to President Kenneth Kaunda*, State House, Lusaka, From 2nd Vice President's Office, Dar es Salaam, 赞比亚档案馆(档号:NAZ MFA 1/103/171),1st March, 1968.

②为修建坦赞铁路,中、坦、赞三国政府前后共举行了8次正式会谈。1967年9月5日,中、坦、赞三国政府代表在北京进行了首次正式会谈,三国政府代表在会谈中达成了修建坦赞铁路的三国协定,并一致商定正式会谈举办地将在中、坦、赞三国首都轮流进行。参见靳辉:《当代中国铁路对外经济技术援助》,第38~44页;Alaba Ogunsanwo, *China's Policy in Africa* 1958—1971, p. 204; Andrew Sardanis, *Africa: Another Side of the Coin- Northern Rhodesia's Final Years and Zambia's Nationhood*, London: I.B.Tauris& Co Ltd, 2003, p.248.

程的，对方没有准备，故拖延了一段时间，至4月27日方达成协议并签字。[①] 据周伯萍回忆，本次会议“坦赞两国代表团都是第一次会议时的原班人马，由坦桑财政部部长贾马勒担任主席。中国代表团……只派出李轩、吕学俭、王学杰、戴守义等4名高级专家当团员，由我担任团长，经济代表江达也当团员”。[②]

第二次会谈共达成4个议定书、1个细则[③]，共5份协议，分别是《关于修建坦桑尼亚—赞比亚铁路贷款的提供方式的议定书》《关于修建坦桑尼亚—赞比亚铁路的中国技术人员的派遣、待遇和工作条件的议定书》《关于修建坦桑尼亚—赞比亚铁路勘测设计工作的议定书》《关于修建坦桑尼亚—赞比亚铁路的基本技术原则的议定书》以及《关于坦桑尼亚—赞比亚铁路贷款的提供方式议定书的账务处理细则》。这些协议多是围绕坦赞铁路的勘测设计工作进行的，现根据有关资料，将4个议定书的主要内容摘录如下。

《关于修建坦桑尼亚—赞比亚铁路贷款的提供方式的议定书》于1968年4月8日签订，计有8项条款，主要内容有5个方面：

> （1）中华人民共和国政府同意在一九六七年九月五日在北京签订的关于修建坦桑尼亚—赞比亚铁路的协定规定的贷款项下，按照该铁路项目实施的需要，分期分批提供设备、材料和技术援助。

①《坦赞铁路会谈报告》，《坦桑尼亚—赞比亚铁路文件汇编》，第1页。

②周伯萍：《非常时期的外交生涯》，第42~43页。

③《中国人民银行和坦桑尼亚银行为执行中华人民共和国政府和坦桑尼亚联合共和国政府、赞比亚共和国政府关于坦桑尼亚—赞比亚铁路贷款的提供方式议定书的帐务处理细则》，《坦桑尼亚—赞比亚铁路文件汇编》，第1~3页。

(2)中国政府同意在上述协定规定的贷款项下,按照坦桑尼亚—赞比亚铁路项目实施的进度,分期分批提供一般商品,以其货款支付该铁路项目所需的当地费用。

上述当地费用包括:当地建筑材料的购置费、运杂费和工人工资;中国技术人员在坦桑尼亚和赞比亚工作期间的生活费(包括伙食费和零用费)、住宿费、医疗费、办公费和交通费。坦桑尼亚政府和赞比亚政府负责及时订购和销售上述用于支付该铁路项目所需的当地费用的一般商品,以利该铁路项目的顺利进行。鉴于该铁路项目投资巨大,所需当地费用较多,中、坦、赞三国政府将共同协商,采取措施,压缩当地费用的开支。

(3)中国政府为援建坦桑尼亚—赞比亚铁路向坦桑尼亚政府和赞比亚政府提供的贷款,以中国人民币(元)计算,中国人民币(元)与坦桑尼亚先令和赞比亚克瓦查的比价,中、坦、赞三国政府同意分别按中国人民银行公布的买卖平均价折算。现行买卖平均价为:每一中国人民币(元)分别等于二点九坦桑尼亚先令和零点二九赞比亚克瓦查。如果由于中国人民币币值本身的变化,中国人民银行公布的中国人民币与其他货币的比价发生变化时,对未使用的贷款金额和由此引起贷款总金额的是否调整,由中、坦、赞三国政府协商确定,并对应偿还的贷款总额或余额作相应处理。

(4)坦桑尼亚政府和赞比亚政府同意免除中国政府所提供的上述设备、材料的税款。

(5)中国政府向坦桑尼亚政府和赞比亚政府提供的上述

设备、材料和用于当地费用的一般商品，均按国际市场价格以人民币计算。其品种、数量、价格、交货条件和交货期限等有关事宜，由中国政府指定的机构分别同坦桑尼亚政府和赞比亚政府指定的机构签订合同办理。①

《关于修建坦桑尼亚—赞比亚铁路勘测设计工作的议定书》于1968年4月8日签订，计有8个条目，其主要内容有：

（1）中华人民共和国政府同意负责坦桑尼亚—赞比亚铁路的勘测设计工作，其费用在上述协定规定的贷款项下支付。

（2）中国方面根据上述铁路基本技术原则，将由中国铁路考察组提出建议，由中国政府同坦桑尼亚政府、赞比亚政府商定并签订议定书。

（3）中国政府为实施坦赞铁路的勘测设计工作所提供的设备、材料和技术人员的派遣、待遇、工作条件，以及当地费用的支付办法，新签订的有关协议及本议定书一、二办理。

（4）坦桑尼亚政府和赞比亚政府负责招募、解雇勘测工作所需的当地工人，和当地工人的管理、因工伤亡、劳动纠纷的处理，以及勘测工地的安全保卫工作，并指派官员同中国勘测设计队一起进行勘测工作。

（5）坦桑尼亚政府和赞比亚政府负责办理中国政府为实施该铁路项目勘测设计所提供的设备、材料在达累斯萨拉姆

①《中华人民共和国政府和坦桑尼亚联合共和国政府、赞比亚共和国政府关于修建坦桑尼亚—赞比亚铁路贷款的提供方式的议定书》，《坦桑尼亚—赞比亚铁路文件汇编》，第1~4页。

港口和通杜马的报关,并负责提货、保管以及自达累斯萨拉姆港口运到工地的运输工作。

(6)坦桑尼亚政府和赞比亚政府负责建设该铁路项目所需的土地征用、青苗树木补偿、坟墓迁移以及房屋和其他建筑物的拆迁工作,并负担其费用。①

该协议书附件一主要规定了坦赞铁路勘测设计阶段中国政府派赴坦赞两国的技术人员人数、派遣时间和工作期限,共 3 条内容:

(1)人数:680 人。

(2)派遣时间:1968 年第一季度开始陆续派赴坦桑尼亚;1968 年第三季度开始陆续派赴赞比亚。

(3)工作期限:自抵达坦桑尼亚或赞比亚之日起至完成勘测设计工作止,约两年。②

该议定书明确了三国政府在勘测设计工作中的各自分工,有助于协调三国政府对坦赞铁路进行勘测设计的行动。从该议定书的附件内容可知,中国政府对勘测设计人员的选拔工作是先于三国第二次会谈进行的。

---

①《关于修建坦桑尼亚—赞比亚铁路勘测设计工作的议定书》,《中国和坦桑尼亚、赞比亚关于修建坦赞铁路协议汇编》,第 59~60 页;《关于修建坦桑尼亚—赞比亚铁路勘测设计工作的议定书》,《中国和坦桑尼亚、赞比亚关于修建坦赞铁路协议汇编》,第 1~3 页。

②《关于修建坦桑尼亚—赞比亚铁路勘测设计工作的议定书的附件一》,《中国和坦桑尼亚、赞比亚关于修建坦赞铁路协议汇编》,第 1 页。

《关于修建坦桑尼亚—赞比亚铁路的中国技术人员的派遣、待遇和工作条件的议定书》共有11条款,其主要内容有:

(1)中国技术人员前往坦桑尼亚、赞比亚和返回中国的国际旅程费用,由中国政府负担。

(2)中国技术人员在坦桑尼亚和赞比亚工作期间的生活费用①(包括伙食费和零用费)、住宿费、医疗费、办公费和交通费,分别由坦桑尼亚和赞比亚政府负担,并从上述协定规定的贷款项下支付。

(3)中国技术人员在坦桑尼亚和赞比亚工作期间的生活费用的标准,由中国驻坦桑尼亚和中国驻赞比亚大使馆分别同坦桑尼亚使馆和赞比亚使馆指定的机构,按照同坦桑尼亚—赞比亚同级技术人员同等待遇的原则商定。

(4)中国技术人员在坦桑尼亚和赞比亚工作期间,享有下列休假:每工作满11个月,享有为期一个月的休假;分别享有坦桑尼亚政府或赞比亚政府规定的假日;享有中国政府规定的假日。

(5)中国技术人员在坦桑尼亚和赞比亚工作期间,坦桑尼

①一级:总队长、副总队长、总工程师、副总工程师、分队长和副分队长,每人每月615坦桑尼亚先令;二级:工程师、医生和同级管理人员,每人每月580坦桑尼亚先令;三级:技术员、翻译和同级管理人员,每人每月545坦桑尼亚先令;四级:技工,每人每月500坦桑尼亚先令。(注:当时人民币与坦桑尼亚的汇率约是1∶2.9)参见《关于坦赞铁路勘测设计阶段中国工程技术人员生活费用标准的换文》,第37~38页。

亚政府和赞比亚政府负责他们的人身安全并免除他们的直接税。①

《关于修建坦桑尼亚—赞比亚铁路的基本技术原则的议定书》②签订于1968年4月27日，计有13款内容，其中“线路”条款方面的内容如下：

(1)正线数目：单线。

(2)轨距：全线采用1.067米。

(3)设计坡度：基达杜至姆林巴，采用10‰；姆林巴至马坎巴科，采用20‰；马坎巴科至坦、赞国境，自赞、坦国境至恩塔科，采用15‰；恩塔科至卡比里姆博希采用10‰。

(4)最小曲线半径：全线除姆林巴至马坎巴科的地形比较困难地段采用二百米的曲线半径外，其余地段的曲线半径，不小于250米。③

上述会谈所达成的有关议定书为中国政府派遣工作人员对坦赞铁路进行勘测设计提供了依据和条件，基本解决了坦赞铁路勘

①《中华人民共和国政府和坦桑尼亚联合共和国政府、赞比亚共和国政府关于修建坦赞铁路勘测设计工作的议定书的附件》，《中国和坦桑尼亚、赞比亚关于修建坦赞铁路协议汇编》，第19页。

②《中华人民共和国政府和坦桑尼亚联合共和国政府、赞比亚共和国政府关于修建坦赞铁路基本技术原则的议定书》，《中国和坦桑尼亚、赞比亚关于修建坦赞铁路协议汇编》，第24~28页。

③《中华人民共和国政府和坦桑尼亚联合共和国政府、赞比亚共和国政关于修建坦桑尼亚—赞比亚铁路的基本技术原则的议定书》，《坦桑尼亚—赞比亚铁路文件汇编》，第2页。

测设计的主要问题，有效保障了筹备工作的顺利进行，促成了勘测设计工作的开展。以会谈磋商的形式来推动坦赞铁路的各项建设工作的开展，这种做法贯穿于坦赞铁路建设过程的始终。

在中、坦、赞三国政府代表团第二轮会议期间，李轩、吕学俭等中国代表团成员还飞赴赞比亚首都，考察了赞比亚既有铁路的有关情况，并乘坐赞比亚政府提供的吉普车，沿着坦赞铁路拟建线路的大致走向进行了实地考察。通过考察，他们提出了“统一坦赞铁路的轨距”“把铁路起点站由基达杜改为达累斯萨拉姆”“开工时间不宜晚于 1970 年”“工程设想 6 年、8 年、10 年”等 4 个重要方案，并建议铁道部派出一个指挥机构常驻坦桑尼亚，以加强施工期间的政治思想工作，统管全线的生产技术工作。①

为了确保坦赞铁路的顺利修建，同时也为了了解中国“文革”的有关情况，尼雷尔总统于 1968 年 6 月再次来华访问。在尼雷尔总统第二次访华期间，毛泽东、周恩来先后就经济援助工作及坦赞铁路的考察与勘测设计同尼雷尔进行了交流。

6 月 20 日，当尼雷尔一行来到人民大会堂时，毛泽东同他们一一握手并合影留念。这次会谈双方谈论的主要问题是当时正在进行的“文革”。当时，受到国内“无政府主义”思想的影响，中国在坦桑尼亚的援建项目友谊纺织厂出现了工人“造反”的情况，尼雷尔对此非常忧虑。毛泽东在会见尼雷尔时向他表示，中国派去的人也有不好的，一经发现要坚决撤回，绝不姑息。周恩来还为友谊纺织厂的“造反”事件进行了自我批评，告诉他相关人员已经撤回国内，中国政府决不允许把“无政府主义”带到国外，更不允许他们在

①周伯萍：《非常时期的外交生涯》，第 43 页。

国外“造反”。①

6月21日，周恩来同尼雷尔进行了单独会谈，内容摘录如下：

周恩来：我们对外经济援助应该是无息的，归还期长，限期到了如果归还有困难还可以延长。我们根据毛主席的教导，提出了八条意见。还应该加上阁下前天讲到的一条，就是援助应该真正用于这个国家的人民，用于国内的革命者而不是由一小部分人在国外挥霍。一切援助应使得独立国家得到好处；对争取独立的国家的援助，应该用于国内人民，而不是用于在国外的代表。

尼雷尔：这是社会主义国家援助很重要的一点。资本主义国家援助就是在受援国培养傀儡，而社会主义国家的援助也不应是为了使我们当政者继续当政，即使我们是非常友好的国家。因为是否能够当政，决定于本国人民。援助的目的应该是真正用来造福于人民，而你们的援助就是这样的。

周恩来：对。同时我们援助项目的设计必须适合当地的条件。一九六四年我到几内亚发现我们援助的卷烟火柴厂设计既笨又大，在中国不需要通风设备，可是在那里不通风根本不行，这等于那天你们说的，有的工厂把吸尘器放在上面使灰尘先通过工人的鼻子一样。不知在坦桑尼亚的纺织厂是否适合你们的条件？（尼雷尔：适合。）我们的设计、援助要帮到底，不半途而废，譬如财务、会计等职务不要让别的国家来搞，

①《毛泽东与外国首脑及记者会谈录》编辑组：《毛泽东与外国首脑及记者会谈录》，第231~232页。

因为它们有意无意会搞些破坏,在纺织厂发生的事,阁下已经干预了。

尼雷尔: 我了解这个问题。关于修建铁路问题,卡翁达说他那里有不少谣言,在肯尼亚谣言更广,说什么坦、赞两国政府已同意拨给修建铁路的中国专家每人十至二十英亩土地。

周恩来: 这当然是造谣,但是谣言多也有好处,可以引起我们的警惕,不要求特殊待遇,我们的技术人员同当地专家、工人一起劳动,不能特殊化,这很重要。如果发现我们的工作人员有特殊要求或干涉你们内政,请你们立即告诉我们使馆把他调回。

尼雷尔: 其实如果我们两国的专家真正生活一样的话,麻烦只会来自我们方面。中国专家树立了非常好的榜样。中国的纺织厂工地我去参观过,我发现正副组长四个人住一小屋,其他专家六人一间,他们都生活得很高兴。中国医疗队也一样,整个医疗队住在一个屋,根本没有特殊要求。①

经过当面晤谈,尼雷尔逐渐打消了疑虑,他非常激动地说,没有一个国家能像中国这样对待自己派出的专家和受援国,他相信坦赞铁路一定可以顺利竣工。在接下来的告别宴会上,尼雷尔说,中国和坦桑尼亚的友谊是"最不相等的平等者之间的友谊"。也真因为如此,世界上某些别的国家觉得难以理解。他们总想暗示,坦桑尼亚是中国的卫星国,或者说两国的友谊即将破裂。这大概是

①《周恩来同坦桑尼亚联合共和国总统尼雷尔第二次会谈记录》(节录),《党的文献》,2012 年第 3 期,第 11 页。

一种幻想，要不然就是对友谊性质的误解，认为友谊是排他性的——你不可能同许多国家交朋友，如果这些国家本身不是亲密朋友的话。尼雷尔指出，中国与坦桑尼亚之间的友谊是建立在尊重和平等之上的，我们的友谊不是排他性的，我们互不干涉内政。① 三天的访问使尼雷尔看到了中国的希望与实力，坚定了他依靠中国建成坦赞铁路的决心。

二、做好勘测设计准备工作

中国政府对坦赞铁路的勘测设计准备工作早已着手进行，正如尼雷尔所言，“1967 年 9 月，三国政府签订了第一个协定。根据这个协定，中华人民共和国承担这条铁路的勘测、设计和施工。这个协定执行得非常迅速。虽然到 1968 年 4 月才正式开始，但是早在 1967 年 12 月就动手干起来了。”②为便于坦赞铁路勘测设计工作的顺利进行，在派出赞比亚考察组后不久，中国政府就开始安排了以下几个方面的准备工作。

首先，选拔勘测设计单位与工作人员，组建工作队伍。坦赞铁路勘测设计人员的选拔工作，系由铁道部负责组织安排的。在接到党中央下达的工作指示后，铁道部研究决定由铁三院承担坦赞铁路的勘测设计工作。③ 铁三院虽然在 1967 年初受到了“文革”的严重冲击，但是该院很快就得以恢复部分正常工作，“4 月（1967），

---

①《毛泽东与外国首脑及记者会谈录》编辑组：《毛泽东与外国首脑及记者会谈录》，第 231~232 页。

②《尼雷尔文选：自由与发展》（第 2 卷），第 174~180 页。

③据 2008 年 5 月 29 日访谈笔记，张铁珊口述。

组成了院临时生产领导小组，负责全院生产指挥工作”。[①] 除机车车辆修理工厂外，国内的设计工作由铁三院统一负责组织。国外的设计工作，由工作组负责领导。国内对国外的工作有何要求统经铁道部援外办公室向国外工作组提出。国外对国内的工作要求经工作组向铁道部援外办公室提出。设计人员参加施工。[②]

由于坦赞铁路分属两个国家，铁道部因而决定将被选拔出的600余名勘测设计人员和领导干部分成两个勘测设计队，以分别进行坦赞两国的勘测设计工作。出于工作的需要，两个勘测设计队再各设三个勘测设计分队，安排了各个分队的具体分工，“每个分队大体分为大旗组，是开路先锋；后面是导线组，丈量距离的；再后面是沿线测量海拔的抄平组；还有地形组，沿着导线每边拉出几百米，每过50米打一个横巷，做地形”。[③]“每个分队有一个教导员、一个队长、一个副队长、一百多中国人，三个分队加起来三百多个中国人”。[④]

在领导干部的选拔方面，经会议讨论，最终确定坦桑尼亚境内勘测设计队的队长由李文毅担任，副队长为杨庆玉，政委为铁道部委派的靳辉担任；赞比亚境内的勘测设计队队长兼政委由李金榜担任，副队长为王建邦。[⑤] 在实际工作中，两个勘测设计队并未为国界所隔，而是互通信息，互相帮助。

---

①铁道部第三勘测设计院编：《奋进的四十年》，第9页。

②《援建坦赞铁路勘测设计工作会议纪要》，1970年1月23日，第9页。

③马宛根：《援建坦赞铁路的难忘岁月》，《中非关系史上的丰碑：援建坦赞铁路亲历者的讲述》，第162页。

④马宛根：《援建坦赞铁路的难忘岁月》，《中非关系史上的丰碑：援建坦赞铁路亲历者的讲述》，第165页。

⑤据2008年5月19日访谈笔记，靳辉口述。

其次,筹备、运输各种物资,提前安排接待工作。勘测设计工作所必需的设备、材料,在国内有关部门的支持下,很快便准备就绪。据资料记载,第一批设备、材料等工作物资共518箱,重约80吨,主要有"越野汽车、载重汽车、解放汽车、公共汽车、吉普车、抽水机、纤维板、篷布、钢管、钢架等"。① 它们于1968年2月下旬被装船运往坦桑尼亚,保证了第一批勘测设计人员的工作需要。在生活物资方面,"国家有关部门和对外经贸委员会对援外人员的生活非常关心,做了周密的安排和细致的准备,于2月20日装船发运国外的生活物资共计773箱,其中有饮具、卧具、副食品、医疗设备和药品等"。②

1968年3月,铁三院派出了以杨庆玉副队长为首的勘测设计人员共10余人飞赴坦桑尼亚。他们既要负责坦、赞两个勘测设计队的接待工作,又要负责达累斯萨拉姆市的部分勘测工作。③ 据《施工考察组简报》记述,杨庆玉等人于3月8日到达达累斯萨拉姆,3月10日便开始工作,"全队分为三个组进行分头工作:4人参加勘测设计总队的站场设计,5人负责后勤工作(有两人是总队派来的),5人负责施工组织的调查和线路的研究工作"。④

在中国驻坦桑尼亚使馆工作人员的领导和帮助下,在坦桑尼亚政府有关部门的重视和配合下,杨庆玉等人既有效解决了勘测设计人员的吃、住、行等问题,又提前完成了部分勘测设计任务。

①《施工考察组简报》(一),中土公司档案馆档案,1968年3月20日,第1页。

②《施工考察组简报》(一),中土公司档案馆档案,1968年3月20日,第2页。

③据2008年5月19日访谈笔记,靳辉口述;周伯萍:《非常时期的外交生涯》,第44页。

④《施工考察组简报》(一),中土公司档案馆档案,1968年3月20日,第1页。

三、勘测设计工作简况

中国政府在完成上述各种准备工作后，迅速派出了勘测设计人员，“除少量先遣人员外，坦、赞两个勘测设计队都是乘远洋客轮分两批抵达非洲的。坦桑尼亚勘测设计队方面，第一批于 1968 年 4 月中旬、第二批于 1968 年 5 月下旬，先后抵达达累斯萨拉姆；赞比亚勘测设计队，第一批于 1968 年 10 月中旬、第二批于 1968 年 11 月中旬，抵达达累斯萨拉姆，他们稍作休息后再乘汽车或飞机抵达赞比亚”。①

由于坦赞铁路的基本走向是“起自坦桑尼亚的基达杜，经伊法拉卡、姆林巴、马坎巴科、姆贝亚至通杜马以西的坦、赞国境。自赞、坦边境起，经赞比亚的恩塔科、卡沙玛、姆比卡以西、塞伦杰、姆库希至卡比里姆博希，与赞比亚现有铁路接轨”。② 因此，两个勘测设计队在抵达坦赞两国后，都迅速按区段组织了各自分工。以坦桑尼亚勘测设计队为例，在基达杜至终点恩塔科约 760 千米的路线上，该队共分三段进行勘测设计。三个勘测设计分队的具体分工是，一分队负责基达杜至姆林巴约 200 千米的地段，二分队负责姆林巴至马坎巴科约 170 千米的地段，三分队负责马坎巴科至恩

---

①据 2008 年 5 月 29 日访谈笔记，张铁珊口述；张铁珊：《友谊之路：援建坦赞铁路纪实》，第 163 页。

②《中华人民共和国政府和坦桑尼亚联合共和国政府、赞比亚共和国政府关于修建坦赞铁路基本技术原则的议定书》，《中国和坦桑尼亚、赞比亚关于修建坦赞铁路协议汇编》，第 3 页。

塔科约390千米的地段。①

对于勘测设计工作，铁道部于1968年8月以下达文件的形式提出了有关要求：在满足规定的各项技术要求的前提下，按照“减少工程、节约投资、便利运营、不留病害”的16字选线原则，努力解决行车、野兽、气候、疾病以及与当地人民相处五大问题。②

然而受“文革”时期“多快好省”思想的影响，坦桑尼亚勘测设计队由于过分追求速度，从而受到铁道部的批评。据《勘测设计队情况简报》记述，“在半年左右的时间里，坦桑尼亚勘测设计队就完成了初步勘测任务，若按这种速度，整个勘测设计工作可以比原计划提前一年完成”。③ 时任铁道部援外办公室主任的李轩批评了坦桑尼亚勘测设计队的“冒进思想”，批示道：“一分队的可以保留；二分队必须重新进行大面积选线；三分队不仅要重新选线，还要改变线路的设计坡度。”④

前已述及，与坦桑尼亚相比，赞比亚境内的坦赞铁路经由地区，无论是在地形上，还是在地质上都相对简易，因此，赞比亚勘测设计队虽然较晚抵达工地，但是他们的工作进度较之坦桑尼亚勘测设计队显得更为顺利。赞比亚国内媒体对勘察设计情况进行过

---

①《勘测设计队情况简报》（第8期），中土公司档案馆档案，1968年11月25日，第9页。根据周伯萍的记录，坦桑尼亚勘测设计队二分队队长为吴隆舜、三分队副队长为周书湘，参见周伯萍：《非常时期的外交生涯》，第37页。

②周伯萍：《非常时期的外交生涯》，第44页。

③《勘测设计队情况简报》（第8期），中土公司档案馆档案，1968年11月25日，第9页。

④《中华人民共和国政府和坦桑尼亚联合共和国政府、赞比亚共和国政府关于修建坦桑尼亚—赞比亚铁路的补充协定》，《中国和坦桑尼亚、赞比亚关于修建坦赞铁路协议汇编》，第43页；另外两个协定是《关于坦赞铁路施工准备工作会谈既要》与《关于坦赞铁路若干技术原则问题的补充建议的换文》；参见《中国和坦桑尼亚、赞比亚关于修建坦赞铁路协议汇编》，第45~55页。

如下报道:“中国援助修建的坦桑尼亚—赞比亚铁路的赞比亚段的勘测工作进展很快。中国勘测设计小组从去年 12 月正式开始勘测以来,到最近已经完成了 850 千米长的赞比亚段主线中的 700 千米线路和一些备选线路的初测工作。……中国勘测设计工程技术人员,是在去年 10 月、11 月、12 月带着勘测仪器、帐篷和车辆分批到达赞比亚的。他们在到达之后,即分成三个分组,赶到指定的地段,并立即投入工作。随着勘测工作的进展,他们的帐篷也沿着线路不断向前移动。计划修建的坦赞铁路赞比亚段的线路蜿蜒在中非高原东部起伏的群山中。整个线路都覆盖着茂密的原始丛林和齐肩高的野草。从 12 月到 4 月,又正是赞比亚的雨季,几乎每天都有倾盆大雨。这些都给勘测工作的进展造成了困难。……中国工程技术人员坚持不懈的努力,终于克服了雨季在丛林中工作的重重困难,胜利地推进了勘测工作。”①

尽管有大量的困难需要克服,勘测设计人员仍然出色地完成了工作任务。根据坦桑尼亚勘测设计队政委靳辉的说法,勘测设计的指导思想有两条:“一条是毛主席教导的‘精心设计,精心施工’,另一条是铁道部要求的‘减少工程,节约投资,便利运营,不留病害’。”②坦、赞两个勘测设计队精心进行勘测与设计工作,表现在下述三个方面。

首先,在线路的选择上反复比对。在勘测设计过程中,铁三院职工克服各种困难,深入现场,调查研究,进行了大面积选线,做了大量的方案比选,对每一个工点都进行了调查、测绘和勘探,对困

---

①《人民日报》,1969 年 3 月 30 日,第 5 版。

②据 2008 年 5 月 19 日访谈笔记,靳辉口述;周伯萍:《非常时期的外交生涯》,第 44 页。

难地段的线路和重点工程,都经过了反复勘察和认真比选。例如,为确定线路的最佳位置,坦桑尼亚勘测设计队做了总长7,972千米的线路方案,为铁路正线的8.2倍。其中有价值并进行了初测的1,712.2千米,为铁路正线的1.75倍,实际定测1,4326千米,其中地质钻探26,537米。① 再如,姆林巴至马坎巴科段,地形复杂,沟壑纵横,地质不良,是全线重点工程最集中的关键地段。为选好线路,勘测人员在长约150千米,宽约60千米,总面积达9,000平方千米的范围内,进行了大面积选线,线路研究达3,000延长千米,并对其中的四个方案进行了踏勘,经过详细分析比较,选出了一个较好的方案。②

除了大面积选线外,坦、赞两个勘测设计队都尽可能地选出比较顺直的路线。据《援坦铁路勘测设计队情况简报》记载:

> 达基段(达累斯萨拉姆至基达杜)最小曲线半径的采用问题,我们在初测中,根据考察报告中最小曲线半径一节提到:"本段地形复杂,使用250米曲线半径合适的,建议采用。"根据"在一般工程地区,应把线路搞得顺直一些"的指示,我们作了进一步研究比较。比较结果:采用300米半径比采用250米半径,线路缩短148米,填方少1.8万立方米,挖土方多3.26万立方米,工程造价多17.45万元。经过研究,我们考虑虽然采用300米半径,土石方工程和造价都多了一些,但不仅提高了这一段的技术标准,而且使自达累斯萨拉姆到姆林巴约500

①张书舫、赵桂常:《中国土木工程集团公司大事记:铁道部援外办公室前期》,第36页。

②《当代中国》丛书编辑委员会:《当代中国的铁道事业》(下),第428页。

公里范围内最小曲线半径提高到300米，提高了区段的线路标准，在运营、养护方面都比较有利。经向工作组汇报，决定采用300米半径方案。①

赞比亚勘测设计队选出的线路，“比较顺直，平均2.4公里以上一个曲线，曲线半径也比较大，运营条件比较好，而且工程量也比较小。”②

其次，在站台的选址与设计上精益求精。在设计中既考虑到适应受援国的国情，有利于将来的运输管理，又注意了工程的坚固稳定，经济合理。如根据三国政府签订的《关于修建坦桑尼亚—赞比亚铁路基本技术原则议定书》的规定，坦赞铁路起点为基杜达。基杜达系东非铁路坦境中央线基洛萨至基杜达支线的终点站，由基杜达至达累斯萨拉姆站长约400千米，轨距为1米，与坦赞铁路轨距不同，不能直接接轨，必须修建一个较大的换装站。进出达累斯萨拉姆港口的坦赞铁路大宗货物，须经东非铁路，再经换装作业才能联送。为摆脱该线受东非铁路的控制，保证坦赞铁路的畅通，应坦赞两国政府的要求将起点延伸至达累斯萨拉姆。原定该线在赞比亚既有铁路的卡比里姆博希站接轨，赞比亚既有铁路的器材、设备多来自英国，和我国的规格、类型不同。该站是两条铁路的交汇点，两种器材、设备交织在一起，难以共管。为方便运输，决定坦赞铁路另建新卡比里姆博希站，以单线引入接轨站，新站承担两线联运列车的技术作业，既便于设计、施工，又减少了两线的矛盾，方

①《援坦铁路勘测设计队情况简报》（第17期），中土公司档案馆档案，1969年7月26日，第10页。

②《勘测设计工作总结》，中土公司档案馆档案，1970年9月，第5页。

便了运输。

著名的达累斯萨拉姆火车站是坦桑尼亚首都一道亮丽的风景，受到了无数国内外游客的称赞。达累斯萨拉姆火车站的设计融合了非洲和中国建筑风格，根据档案资料，其设计的指导思想是："作为主要城市的达累斯萨拉姆和姆贝亚，我们考虑这两个站舍应当作为当地的一个主要公共建筑物来考虑，其建筑标准应不低于当地公共建筑物水平。二、由于这条铁路是社会主义中国所援建的，站面处理应该体现社会主义的朴素大方，简洁明朗，使人们看上去能有一个在毛泽东思想指引下的独立自主完整面貌，同时也要反映热带气候条件和当地的建筑风格。"①该站曾得到尼雷尔的高度评价："我达累斯萨拉姆火车站建筑，可以和英国伦敦的中央火车站相媲美。"②

在沿线其他车站的设置上，勘测设计人员坚持"方便人民乘车、便利货物运输、车站尽量靠近城镇"的原则。③ 以坦桑尼亚境内的铁路站台为例，姆贝亚车站共做了 3 个方案，它们分别距市区 200 米、500 米和 2,000 米，其中 200 米方案因与新公路干扰，站房布置困难而放弃。2,000 米方案虽线路顺直，地形平坦，较 200 米方案线路约短 200 米，土石方少 10 万立方米左右，但此方案不仅距城市远，还要穿过一个村庄，而 500 米方案距新公路只有 250 米左右，有利于货物运输和广大人民乘车，最后，采取此方案。④ 又如姆

①《半年来的施工情况简报》，中土公司档案馆档案，1970 年 8 月 5 日，第 12 页。

②张锡九：《忆坦赞总统视察坦赞铁路》，《铁二局史志：援建坦赞铁路资料专集》，第 50 页。

③《勘测设计报告》，中土公司档案馆档案，1970 年 10 月 1 日，第 56 页。

④《援建坦赞铁路工作报告总结》，中土公司档案馆档案，1976 年 11 月 25 日，第 9 页。

真加车站,按技术选线,车站最初拟设在距姆真加居民点约3,000米处。经调查了解,姆真加已不是一个小城市了,为了方便人民出行,促进地方经济发展,勘测设计人员决定将车站移至姆真加附近,对此,姆真加当地官员和居民都非常满意。①

为设置赛伦杰车站,赞比亚勘测设计队反复比较了3个站位,多次研究后才最终确定将其设在离该县城约2,000米处,以尽量靠近居民点。为设置卡沙玛车站,赞比亚勘测设计队初测时研究了4个站位,实测了其中的3个方案。经讨论,第二个方案虽然最为节省,但线路弯曲较大,为了照顾省城,最后确定采用第一个方案。其他如新卡比里姆博希、姆库希、卡隆古、卡鲁卢等站,也都经过反复比较后才最终予以采用。②

再次,不计辛劳,反复修改设计方案。马坎巴科至坦、赞边境的通杜马段300余千米的线路,最初是按照15‰的坡度进行勘测设计的,并且已写入三国协定中。1968年,坦桑尼亚勘测设计队在初测期间发现这段线路不但地形起伏较大,而且重点工程较多,尤其是伊朗基至乌纳来区段,这段地区地质情况尤为不良,又属地震烈度为8~9度的高地震区。铁道部得知这种情况后,于1969年研究后电告勘测设计队,对马坎巴科至通杜马段按20‰坡度进行补充勘测设计。这一方案的修改,虽然否定了来之不易的前期勘测设计成果,但与原方案相比,新的方案可以缩短线路23千米,减少一般大中桥共长700米,30米以上高桥5座共长4,300米,减少两个车站,并使线路靠近城镇居民点,有助于发展地方经济。1970年

①《援坦铁路勘测设计队情况简报》(第17期),中土公司档案馆档案,1969年7月26日,第11页。

②《勘测设计报告》,内部资料,1970年10月1日,第57页。

6月,经换文确认,坦赞两国政府肯定了该方案的修改意义。①

坦赞铁路在坦桑尼亚境内与大北公路有9处交叉。初始选线时,出于节约工程量的考虑,勘测设计人员在这9处交叉线路中,按4处立交、其余5处均采用平交的方案进行勘测设计。为确保铁路、公路的行车安全,勘测设计人员决定修改设计方案,结果除了的确无条件改立交的3处以外,其余都采用了立交。②

最后,因地制宜地进行勘察与设计。由于坦赞铁路通过地区的地形、地质、气象等各种自然条件的复杂程度不同,在工程设计中采取了各种针对性的措施。如在姆林巴至马坎巴科段,地形、地质复杂,桥隧相连,高填深挖,重点工程集中,桥梁大部分采用灌注桩或沉井基础;隧道在通过风化严重的山体时采取适当延长隧道、增加明洞、加强衬砌的措施;路堤通过软土地带,采用清除淤泥、换填片石、修筑渗水盲沟、打砂井或铺筑柴排等措施;深路堑采用浆砌圬土防护;对地震烈度较高地区的工程都采取了相应的加强措施;雷击密度大的地区的建筑物普遍加强了防雷措施;高温区采用敞开式站房等。

坦、赞两个勘测设计队在十分艰苦的环境下,仍然坚持精益求精的工作态度,他们在勘测设计过程中,反复修改线路及沿线车站,以方便两国人民的生产与生活,他们的工作为坦赞铁路的成功修建和良好运营提供了有利条件。

到三国政府举行第三次正式会谈的时候,两个勘测设计队几

---

①《勘测设计报告》,内部资料,1970年10月1日,第58页;张书舫、赵桂常:《中国土木工程集团公司大事记:铁道部援外办公室前期》,第38页;《当代中国》丛书编辑委员会:《当代中国的铁道事业》(下),第428页。

②《技术通讯》(第7号),中土公司档案馆档案,1969年1月20日,第3页。

乎都完成了各自负责的初测工作。坦赞铁路的起点变更后，赞比亚勘测设计队抽调了部分工作人员赴坦桑尼亚，与坦桑尼亚勘测设计队一起对新增加的达累斯萨拉姆至基达杜段进行了勘测设计。1970 年 2 月，赞比亚勘测设计队首先完成了赞比亚境内的工作任务，同年 3 月，坦桑尼亚勘测设计队也基本完成了坦桑尼亚境内的勘测设计任务。《情况简报》中这样写道："勘测工作贯彻执行毛主席'精心设计'的教导，已于 3 月 28 日结束，提前完成了任务。"①至此，坦赞铁路的全线勘测工作完成，前后历时一年零 10 个月，勘测人员于同年四五月分批回国。②

勘测设计工作完成后，中国政府于 1970 年 6 月向坦赞两国政府提交了《坦赞铁路勘测设计报告》。该报告分为上、下两册，除附件外，正文共分为 6 章，内容涉及线路走向，车站及设备，机车、车辆及机车车辆修理厂，组织结构及定员，主要工程数量与施工程序的安排意见以及修建坦赞铁路总概算等。③

在施工程序的安排方面，《坦赞铁路勘测设计报告》建议坦赞铁路的施工分两步进行："第一步，先集中力量修通达累斯萨拉姆至马坎巴科……为姆林巴至马坎巴科重点工程地段的尽早施工创造条件。第二步，随着达累斯萨拉姆至马坎巴科段的通车，在赞比亚境内进行施工。全线铺轨通车后，再用一定的时间完成配套工程，然后全部交付使用。"④

---

①《情况简报》(第 7 期)，中土公司档案馆档案，1970 年 5 月 20 日，第 4 页。

②张书舫、赵桂常:《中国土木工程集团公司大事记:铁道部援外办公室前期》，第 36 页。

③张书舫、赵桂常:《中国土木工程集团公司大事记:铁道部援外办公室前期》，第 39 页。

④《坦赞铁路勘测设计报告》(下册)，内部资料，1970 年 6 月，第 88 页。

在修建坦赞铁路的费用总概算方面,《坦赞铁路勘测设计报告》根据勘测设计资料和施工程序的安排认为“修建坦赞铁路的总概算为人民币九亿八千八百三十七万元”。① 概算依据,详见下表。

中国援建坦赞铁路总概算

序　号	项目名称	金　额(万元人民币)
1	路基工程	18,926.3
2	桥梁、隧道工程	12,462.3
3	线路上部建筑	29,315.5
4	车站设备	6,462.8
5	机车车辆购置费	13,851.9
6	机车车辆修理厂	4,493.0
7	临时工程	3,816.0
8	勘察设计费	1,378.0
9	间接费	4,420.4
10	不可预见费	3,710.8
	合计	98,837

资料来源:张书舫、赵桂常:《中国土木工程集团公司大事记:铁道部援外办公室前期》,第 261 页

这便是后来中国政府向坦赞两国提供 9.88 亿元贷款,而非其他数额贷款的原因。

1970 年 7 月,由于勘测设计人员出色的工作,《坦赞铁路勘测设计报告》在接受坦赞两国政府代表较为挑剔的审议时获得了好评,“从晚上 6 点多钟谈到第二天凌晨快 1 点,才把勘测设计报告审议完。当时赞比亚四大知识分子中的一位也来参加了审议,他

①《坦赞铁路勘测设计报告》(下册),内部资料,1970 年 6 月,第 89 页。

本来抱有成见，但看了我们的报告后，发现《英加报告》没得比，我们的要好得多，就改变了瞧不起中国的看法。”[①]国外研究人员曾这样评价中国的勘测设计人员：“他们从不参与都市的生活，他们既不玩弄女性、贪饮啤酒，也不在闲暇时光顾咖啡馆，但他们喜爱抽烟，这大概是他们唯一的缺点。”[②]

第三节　勘测设计中所遇困难与应对

一、遇到的各种困难

虽然早就做好了吃苦准备，但是直到勘测设计人员来到坦赞两国后，他们才发现勘测设计工作需要克服的困难比他们想象的还要多。正如周伯萍所言：“在我国援坦项目中，工作、生活条件最差的是修建铁路的大军，而在修路大军中，又以勘测设计队为最。”[③]事实确实如此。在《勘测队员之歌》一诗中，马鲁奎描绘了他们在坦桑尼亚的雨季进行勘测时的情景：“顶风冒雨，餐风饮露，三国队员手携手，肩扛塔尺跨征途，江河急处测流速，掏出千丈石岩心，摸透万山结构骨。”[④]首批勘测设计队到达坦桑尼亚时适逢雨

①陆大同：《亲历援建全程，期待铁路振兴》，《中非关系史上的丰碑：援建坦赞铁路亲历者的讲述》，第137页。

②Richard Hall, Hugh Peyman, *The Great Uhuru Railway: China's Showpiece in Africa*, Victor Gollancz Ltd, 1976, p.123.

③周伯萍：《非常时期的外交生涯》，第103页。

④马鲁奎：《勘测队员之歌》，《友谊的彩虹：坦赞铁路工地诗歌选》，第14页。

季,“三四月份是坦桑的大雨季,常常一天下好几次雨”。[①]根据李秋宝的记述,坦桑尼亚的雨十分猛烈,“雨季的气候变化无常,晴朗的天空霎时间便阴暗起来,乌云滚滚,随之而来的是‘倾缸大雨’,‘倾盆’一词已不足以名状其猛烈,故以‘缸’代之。”[②]坦桑尼亚有许多沼泽地,“尤其是在4月份大雨季期间,不少地方变成了汪洋一片的水草地,大家在没膝的沼泽地里工作,皮肤泡久了,有的人起了红斑,有的人关节炎犯了,有的人脚被扎破了,但他们从不叫苦,不声不响地继续工作。”[③]

每年6月左右,坦桑尼亚便进入旱季,在赤道烈日的曝晒下,酷热无比,“地表温度均在四五十度。沿地面我们铺设洗澡自来水管道,洗澡时却烫人”。[④] 测量工林青在《荒原勘测》一诗中为我们描述了他们在旱季工作时的场景:“赤道的骄阳,高撑着巨大的火伞,非洲的熏风,把空气烤得焦干,我们踏着滚烫的沙土,为坦赞铁路勘测选线,一朵朵八瓣的汗花,洒遍了如火的荒原。”[⑤]

坦桑尼亚虽然年均温度不高,但是温差很大,其日温差“在沿海地区为10℃,内陆则为12℃~15℃”。[⑥] 因此,除了饱受日晒雨淋外,勘测设计人员有时还要忍受寒冷的煎熬。据周伯萍回忆:

①《勘测设计情况简报》(第1期),中土公司档案馆档案,1968年5月20日,第5页。

②《勘测设计情况简报》(第1期),中土公司档案馆档案,1968年5月20日,第6页。

③《勘测设计情况简报》(第1期),中土公司档案馆档案,1968年5月20日,第9页。

④李秋宝:《在援建坦赞铁路的岁月里》,《百年锤声》,第234页。

⑤林青:《荒原勘测》,《友谊的彩虹:坦赞铁路工地诗歌选》,第18页。

⑥《坦桑尼亚设计基础资料汇编》编委会编:《援外成套项目设计基础资料汇编:坦桑尼亚》(第三篇上册),第1页。

“1968年9月,当坦桑尼亚勘测设计队三分队的工作人员因天气燥热而难以入睡时,驻扎在姆潘加山区的二分队队员们却在忍受着被冻的煎熬。分队同志每人只有一条从国内带的毛毯,大家夜间缩作一团,勉强撑持。我当即通知使馆和经代处,立即动员全馆同志支持勘测设计队,从达累斯萨拉姆购买棉花、布匹,赶制80多条棉被,速送二分队。”①

道路不通增加了坦桑尼亚勘测设计队的工作难度。在坦赞铁路经由的坦桑尼亚南部,不少地区荒无人烟,没有任何道路;有些地区虽有土路,但年久失修,需要修整后才能通过。对此,坦赞铁路副总工程师陆大同事后曾感慨地说:“那真叫苦,没有路,我们就顺着大象踩出的道路前进,渴了就喝大象脚印里的水,我们称之为‘神水’,喝前得吃点大蒜。”②没有路,勘测设计人员有时不得不自己动手架桥、筑路。例如,大鲁阿哈河的一座大木桥就是勘测设计队员自己动手伐木搭架起来的。另据记述,当勘测设计工作进行到姆番加河时,他们发现这条河流速很急,修木桥会拖长时间,勘测人员就研究采取了用空汽油桶搭成浮桥的办法,既保证了勘测工作的顺利进行,又为坦桑尼亚人民带来了方便。据统计,两年中,中国勘测设计队员与当地工人共修补路基1,047千米,架桥102座。③

在姆绍勒瓦地区,原始森林阻挡了坦桑尼亚勘测设计人员的

---

①周伯萍:《非常时期的外交生涯》,第45页。

②纪录片《燃情阿非利加:坦赞铁路》,网址:http://www.56.com/u72/v-MjcwNjU3ODE.html。

③《勘测设计情况简报》(第8期),中土公司档案馆档案,1968年8月26日,第2页。

前行。该片原始森林“远看有的高大挺拔,直插云天,地下长着坚硬的板根;有的顶着茂密而硕大的树冠,像一把巨伞,遮天蔽日。近看则既有高大的十几人搂不过来的参天乔木,又有奇形怪状,互相交织在一起的低矮灌木;既有树冠与树皮脱落的枯干死树,又有刚刚钻出来的新枝嫩叶。地上堆满腐枝烂茎、残枝败叶,看不见一丝泥土,人们根本无法进入”。[①] 要进行勘测设计,工作人员不但要进入原始森林,而且需要将挡路的树木清除掉。据《情况简报》记述,伐树工作是非常艰难的,“砍树困难,两人一天只能砍一个 400 公尺的断面”。[②] 面对困难,勘测设计人员没有退缩,他们一边砍草伐木,一边进行测量。遇到灌木林难于通过时,他们就和坦赞两国工人一起砍出通道,“有的同志手脚、皮肤被树刺划破,流着鲜血仍然继续工作”,“据不完全统计,全长 1,000 多千米的线路,共砍出草树胡同 4,600 多千米”。[③]

野生动物保护区是勘测设计工作的又一难关。在一分队负责的区段内,有几个野生动物保护区,那里生存着大量的野牛、大象、狮子、豹子、犀牛、河马等野生动物,它们经常威胁当地人与勘测设计人员的安全。1968 年 8 月坦桑尼亚勘测设计队先后发生了两起野牛袭人事件,负责测量工作的李锦文与负责水利工作的王友先后因野牛袭击而伤残。[④]

赞比亚勘测设计队所遇到的困难,大体上与坦桑尼亚勘测设计

---

①李本深、黄金如,《在修建坦赞铁路的日子里》(续),第 49~50 页。

②《援坦铁路勘测设计队情况简报》(第 14 期),中土公司档案馆档案,1969 年 5 月 1 日,第 1 页。

③《勘测设计情况简报》(第 18 期),中土公司档案馆档案,1970 年 8 月 26 日,第 2 页。

④周伯萍:《非常时期的外交生涯》,第 46 页。

队相似。这可以从赞比亚勘测设计队写给国内的工作总结中看出：

> 三个勘测设计分队自1968年11月中旬便陆续开始了初测，到1969年7月初测完成，整个初测阶段正处于赞比亚大雨滂沱的雨季。大雨给勘测带来难以想象的困难，方向无法辨认，地形点无法测定，而地上那些茂密的树木、荆棘、荒草又阻挡着人们前进。援外职工与当地工人只有用艰苦的劳动来清除那些绿色屏障：大树用锯伐，小树用斧砍，高草要割掉，低草要踏倒。每做一个断面，不知要伐倒、砍掉多少树木和荒草。在砍伐那些茂盛的野生植物时，隐藏在树丛与草窝里的野蜂、毒蛇、昆虫，不断地向勘测队员袭击。有的同志被野蜂蜇了，脸颊肿得像面包，眼睛胀得睁不开；有的同志被毒蛇咬了，在服过、涂过蛇药后，继续坚持作业。雨季的天气变化无常，大雨说来就来，铺天盖地连个避雨的地方都没有，大雨一停，火辣辣的太阳立即露出脸来。同志们作业时身穿雨衣，脚蹬胶鞋，暴雨来临，上浇下泡，里热外凉。雨停日出，上晒下蒸，全身发胀。①

与坦桑尼亚勘测设计队不同的是，赞比亚勘测设计队在工作时还遭遇到许多白人农场主的阻挠或破坏。赞比亚独立后，虽然有大量白人离开赞比亚，但是留居下来的白人仍然较坦桑尼亚境内的白人为多。有外国学者称："仅赞比亚南方省与中央省从事农业种植的白人农场主就有300～500名，他们年收获的粮食占整个

①《勘测设计工作总结》，中土公司档案馆档案，1970年9月，第1页。

赞比亚粮食总收成的四成左右，贸易额占粮食市场的六至七成。”①

《勘测设计工作总结》这样记述道：“线路在过了姆比卡后，要经过大小十多个农场，这些农场主认为我们是来搞‘共产主义渗透’的，他们大多将农场的机械放置在勘测需要经过的地方，并将凶恶的看家犬放出来行凶，有的农场主暗地里将我们好不容易立下的勘测标桩拔除。经过当地政府官员挨门挨户地做工作，有些农场主改变了态度，他们将机械移开，将看家犬拴住，勘测工作得以继续。但少数农场主仍然对我们怀有敌意，声称农场是他们的私人财产，禁止一切外人进入。”②像这种人为干扰勘测设计工作的例子还有很多，此不详述。

尽管面临着诸多困难，中国援建坦赞铁路勘测设计队“在坦赞两国政府和人民的友好合作下，登山涉水，穿密林，战毒蜂，斗野兽，克服了重重困难，终于选定了一条比较好的线路”。③

二、顺利完成任务的原因

当得知中国仅派600余人来坦赞两国进行勘测设计时，不少国外铁路专家认为，中国大概要用5年左右的时间方能完成坦赞铁路的全部勘测设计任务。④ 周伯萍曾回忆指出完成勘测设计任务的不易：“我们勘测设计队的同志都是无神论者，而坦桑群众则

---

①William Evans Smith, *Zambia: A Country Study*, p.92.

②《勘测设计工作总结》，中土公司档案馆档案，1970年9月，第2页。

③王瑜本、俞乐观：《坦赞铁路在建设中》（电影台本），中央新闻纪录电影制片厂，1972年4月，第3页。

④*Andrew Sardanis*, *Africa: Another Side of the Coin – Northern Rhodesia's Final Years and Zambia's Nationhood*, p.248.

是有神论者，不同的部族、宗教又各有自己的风俗习惯和语言。而且又有殖民主义者长期的欺侮、掠夺，坦桑人民历来对外国人怀有敌意；其二，修路必然要发生占田、搬迁、毁林、移坟等问题，这些问题在我们国内都经常发生，不易解决。因此，坦桑国内外的反动分子都认为中国的勘测设计工作搞不下去，以失败告终。有些友好人士也为我们担心。”①

坦、赞两个勘测设计队在任务增多的情况下，仍然在两年左右的时间里出色地完成了勘测设计任务，这除了中国勘测设计人员的自身努力外，还与他们注重同坦赞两国人民友好相处以及坦赞两国政府的大力帮助密不可分。

首先要归因于勘测设计人员的吃苦耐劳、方法得当。中国勘测设计人员的吃苦耐劳精神让坦赞两国工人自叹不如。据外国学者的记述，坦桑尼亚一位参与铁路勘测设计的工作人员，曾写信告知尼雷尔总统，信中称：“如果总统想以中国勘测设计人员的吃苦标准来要求坦赞两国的工作人员的话，其结果将是灾难性的，没有一个人将会愿意继续从事这项工作。”②据1969年1月《技术通讯》记述，坦桑尼亚勘测设计队的“二、四队下达姆林巴至鲁盖马的定测任务后，为了保证在雨季前完成这段任务，职工同志们发扬连续作战的精神，与雨季争时间，在勘测工作中，有时出工步行长达三四个小时。四队钻机二组，仅有四名同志，在工作中发扬了吃大苦耐大劳的精神，提前完成任务后，继续转移到其他工地，直到天黑才收工。一、三队支援二、四队钻探任务，抓紧一切时间，整理工具，

①周伯萍：《非常时期的外交生涯》，第46~47页。

②John Hatch, *Two African Statesmen*: *Kaunda of Zambia and Nyerere of Tanzania*, p.75.

不顾长途搬家劳累，到达后就开始战斗。”①赞比亚勘测设计队三分队的张成福，“除了吃饭以外，几乎每天从早上6点一直干到晚上10点，从来不叫苦”。一队的一名翻译员“除了本职工作外，还要开车，由于过于劳累，吃着饭就睡着了，饭碗掉在地下都不知道”。②

在苦干的同时，坦、赞两个勘测设计队还十分注重工作方法，主要有三个方面：其一是重视调查研究，广泛收集一手资料。以坦桑尼亚勘测设计队为例，勘测设计人员在报告中这样写道：“我们来到异国他乡进行铁路勘测设计，首先碰到的问题就是一不了解情况，二缺少资料。遵照毛主席‘调查就是解决问题’和‘指挥员的正确的部署来源于正确的决心，正确的决心来源于正确的判断，正确的判断来源于周到的和必要的侦察，和对各种侦察材料的联系起来的思索’的教导，我们首先研究了考察组建议的方案和系统地看了他们在坦收集的资料，在此基础上我们又调查了坦桑尼亚现有铁路，进一步收集了地形、地质、气象、水文、地震、水源、通讯、供电，主要原材料和现有铁路运输、检修资料。这就为我们研究线路方案，确定各工种的设计原则和标准奠定了基础。”③将毛泽东的军事教导作为从事调查研究工作的依据，现在看来这种说法是十分牵强的，但在当时它有利于促进工作的开展。

在赞比亚勘测设计队尚未出发前，坦桑尼亚勘测设计队已于1968年8月初收集到下述一手资料：《坦桑尼亚地震考察报告》（摘

---

①《技术通讯》（第7号），中土公司档案馆档案，1969年1月20日，第5页。

②《援赞铁路勘测设计总队情况简报》（第16期），中土公司档案馆档案，1969年6月20日，第3页。

③《援坦铁路勘测设计总队情况简报》（第11期），中土公司档案馆档案，1968年12月1日，第1页。

录)、《坦桑尼亚铁矿考察报告》、坦赞公路运输情况、坦桑尼亚在1957—1965年钢铁净进口量、坦赞石油运输管路运输资料、赞比亚钢矿情况(初稿摘录)、赞比亚1964年进出口贸易情况、赞比亚—东非铁路工程备忘录(待修改稿)、坦噶尼喀经济社会发展5年计划(1964年7月1日—1969年6月30日)、英加报告附录(矿业、农业部分)。①赞比亚勘测设计队也十分注重调查研究与资料收集工作。

其二是抓关键地段和重点工程。姆林巴至马坎巴科段地质复杂,重点工程集中,地形起伏大,沟深坡陡,是全线的关键区段。中国勘测设计队贯彻国内"不惜人力、物力、时间,决心要在这个困难地区选出一条好线路"的指示,在正线仅有157千米的线路上,集中了两个分队的精干力量,抽调8部钻机和有经验的地质人员在这里进行大面积选线,先后研究出20个大小方案,全长2,000千米。勘测设计工作对其中8个方案进行了踏勘,5个方案做过初测,最后才选定了最终方案。② 在重点工程方面,坦、赞两个勘测设计队重点攻克了鲁依伯大桥、谦比西大桥、达累斯萨拉姆站、新卡比里姆博希站等工程问题。③

其三是统一技术标准,分段进行定测。由于铁路轨距与计量单位的差异,加之坦、赞勘测设计队又各有三个分队,因此,统一两个勘测设计队所采用的技术标准,对坦赞铁路的设计工作而言就显得十分重要。为此,两个勘测设计队于1968年12月在坦桑尼亚

①《技术通讯》(第1号),中土公司档案馆档案,1968年8月7日,第1页。

②《援建坦赞铁路工作报告总结》,中土公司档案馆档案,1976年11月25日,第11~12页;张书舫、赵桂常:《中国土木工程集团公司大事记:铁道部援外办公室前期》,第26页。

③《坦桑尼亚—赞比亚勘测设计报告》(下册),内部资料,第55~56页。

召开了勘测设计工作会议，会议“统一了全线施工设计的一系列标准和原则，明确了两队间各专业和国内国外的设计分工，从而使施工设计得以顺利进行”。①

对铁路线路分段进行定测，这是两个勘测设计队在坦赞铁路工作时的创举。《技术通讯》中这样评论道：“按过去习惯做法必须在全线初测完成后，经过初步设计和鉴定才能开始全线定测，采取分段落实平剖面，分段进行定测，使整个初步设计、定测、施工设计的时间都相应地大大提前。结果，坦、赞两队的定测工作都得以提前于1970年第一季度完成，达姆段的施工资料也在同年5月基本完成，保证了及时开工的需要。”②

其次，在与当地工人、居民的友好相处中获益。中国勘测设计人员在工作中的表现赢得了坦赞两国工人的尊敬。在勘测设计工作中，中国勘测设计人员“吃苦在先，享受在后，哪里艰苦就往哪里冲，经过蜂窝、刺树、高原密林和野兽出没的地方，都争着抢在前头，让坦、赞工人跟在后面；转移工地时，争着拿工具、背桩子、抬钻机；过河时先下水探路，然后再扶他们过河；抬笨重设备时，和他们肩并肩地共同干；野外工作遇雨时，队员们把雨具让给坦赞工人；坦赞工人生病或刺破了手脚，队员们就主动送药，给他们包扎，让他们休息；有的工人生活有困难，就设法帮助解决，老工人李兴华就给坦桑工人补过十几次衣服”。③ 一位坦桑尼亚司机，“刚到钻

---

①《技术通讯》（第7号），中土公司档案馆档案，1969年1月20日，第2页。

②《勘测设计情况简报》（第20期），中土公司档案馆档案，1970年6月20日，第1页。

③《援坦铁路勘测设计队情况简报》（第6期），中土公司档案馆档案，1968年9月30日，第2页。

机组工作时没有住处,就让他到队员帐篷住,他感动地说:‘中国朋友太好了,平等待人。’”①

一次过大鲁阿哈河时,“船刚离岸突然翻了,岸上送行的中国工作人员不顾个人安危,衣服来不及脱下,毅然跳进河里抢救。坦赞工人感动地说:‘中国专家是我们的好榜样!’”②当赞比亚工人生病时,中国勘测设计小组的医生就给予细心治疗。有位赞比亚工人说:“我们和中国朋友合作得非常好。疲劳了一起休息,口渴了共饮一壶水。我们的中国朋友和西方专家根本不同。他们应受到衷心的尊重。”③

中国勘测设计人员每到一处,“为当地农民修路搭桥、打井取水、提供免费医疗服务等”。④ 例如,1968 年 7 月,当中国铁路勘测设计队要从坦桑尼亚依法卡拉搬走的时候,当地一位中年农民拿着两株香蕉秧来到了中国人员的驻地,向中国勘测设计人员说:“中国专家帮我们修别的国家不愿意修的铁路,中国医生给我们治好了别的国家医生治不好的病,在中国专家身上,我们看到了深厚的中坦人民的友谊。为了纪念中坦人民的友谊,把这两株香蕉秧栽在中国专家住过的地方,一株代表坦桑人民,一株代表中国人民,让它们成长起来。你们走了以后,我们一看到这两株香蕉,就会想起了毛主席派来的中国专家。这两株香蕉秧象征着中坦人民

①《援坦铁路勘测设计队情况简报》(第 6 期),中土公司档案馆档案,1968 年 9 月 30 日,第 8 页。

②《援坦铁路勘测设计队情况简报》(第 17 期),中土公司档案馆档案,1969 年 7 月 26 日,第 11 页。

③《援赞铁路勘测设计队情况简报》(第 6 期),中土公司档案馆档案,1968 年 9 月 29 日,第 2~3 页。

④《援建坦赞铁路工作报告总结》,中土公司档案馆档案,1976 年 11 月 25 日,第 8 页。

的友谊万古长青!”①

中国勘测设计人员与当地居民的友好相处,在工作与生活中也常常得到他们的帮助。一次,“中国人员的汽车陷在泥地里无法前进。当地农民要他们开车穿过自己的庄稼地,以避开这段泥地。但是,中国人员宁可自己不方便也不愿损坏农民的庄稼。农民们深为感动,连夜修出一条道来让中国人员的车辆顺利通过。”②也是在坦桑尼亚,有一次,“中国铁路勘测队一个小组正在姆贝亚附近野外作业,突然遭到成群野蜂的包围,一位中国人员躲避不及,头部被蜂蜇了。两位非洲妇女看见后,马上把他带到她们家中,替他从脸上拔掉蜂刺,又烧水为他热敷”。③

赞比亚勘测设计队在勘测时,总是避免踩坏农民的庄稼,并给他们修桥修路,因而受到赞比亚人民的赞扬。赞比亚人民“热情地给中国勘测设计小组当向导,介绍当地的自然状况。每当中国工程技术人员经过一个村子的时候,许多村民拥到路旁欢迎他们,并给他们准备好开水”。④

再次,归因于两国政府官员的大力帮助。坦桑尼亚勘测设计队曾多次获得坦桑尼亚内政部部长卢辛迪的大力帮助。1968 年 8 月,坦桑尼亚勘测设计队一分队工作人员被野牛顶伤。坦桑尼亚

---

①《人民日报》,1969 年 10 月 3 日,第 6 版;Alan Hutchison, *China's African Revolution*, London:Westview Press, 1975, p.223.

②《援坦铁路勘测设计队情况简报》(第 17 期),中土公司档案馆档案,1969 年 7 月 26 日,第 12 页。

③《援坦铁路勘测设计总队情况简报》(第 16 期),中土公司档案馆档案,1969 年 6 月 25 日,第 10 页。

④《坦赞铁路设计情况简报》(第 21 期),中土公司档案馆档案,1969 年 11 月 25 日,第 2 页。

政府闻讯后一方面增派了猎警人员，另一方面破例给勘测设计人员发送20支半自动步枪。对此，“当时坦盟内外部有人反对，认为允许外国工程技术人员带枪在各地活动，违反国际惯例，非常危险。尼雷尔总统说，中国勘测设计队在野兽出没的环境下工作，单靠猎警无法确保安全，枪都是中国无偿援助的，这些情况任何外国工程技术人员都不能比。中国朋友绝对可靠，不必担心”。[①] 有资料记载：“因为我们考虑到，帝国主义可能借此造谣，给坦桑政府带来被动和麻烦而没有使用。卢几次都表示说，我们首先考虑的是中国专家的安全，至于帝国主义造谣，我们不管它。卢说，没有枪，他们也会说是有枪，即使你们拿着棍子，帝国主义也会造谣说是枪。”“卢让我们大胆地使用，并说不够的话再增加。”[②]

据《援坦铁路勘测设计队情况简报》记载，1968年9月中旬的一天，在周伯萍、靳辉等人的陪同下，卢辛迪视察了坦桑尼亚勘测设计队二、三分队的工作情况。“卢和代办（周伯萍）在三队导线组视察时，队领导同志借机提了一下，有的地方测量时钉的木桩、插的旗子没有了或损坏了，希望当地政府予以保护。卢听了之后，在群众大会上说：‘谁若是弄坏了旗子或木桩，就是帮助了帝国主义和班达之流。’姆贝亚省的省长也说：‘谁破坏木桩、旗子，就是破坏我们的国家。’”[③]在卢辛迪视察二分队的过程中，“二队同志在汇报中提到道路、桥梁以及通讯联系的困难，卢当场答应帮助，刚视

---

①周伯萍：《非常时期的外交生涯》，第103页。

②《援坦铁路勘测设计队情况简报》（第5期），中土公司档案馆档案，1968年8月29日，第4页。

③《援坦铁路勘测设计队情况简报》（第6期），中土公司档案馆档案，1968年9月30日，第2页。

察回来就派人再帮我们增购7部报话机，修桥问题，是当场就告诉了伊林加省的工程师，回来的途中，又派乔伯特专门去联系安排了修桥问题”，“我们青菜供应有困难，可能是译者将青菜误听为野牛了，卢即要我们提出每月需打几只野牛吃的计划，并派人来给我们办理打野牛的手续”。[1]

赞比亚政府官员也十分支持中国勘测设计人员的各项工作。赞比亚交通部部长卡卢卢便是其中一位。同卢辛迪部长一样，卡卢卢也多次视察勘测设计队工作现场，帮助勘测设计人员排忧解难。1968年10月25—28日，卡卢卢在中国驻赞比亚大使馆临时代办李振河的陪同下，视察了勘测设计小组所在的穆库希和姆皮卡工作营。视察过程中，卡卢卢向勘测设计人员和当地居民发表讲话，称赞“中国是世界上唯一向赞比亚提供无息贷款的国家，全体赞比亚人民，无论老少，都被中国的这种友好行动所深深感动。这位部长号召当地的人民和官员给予中国工程技术人员以充分的合作和帮助，积极参加赞比亚历史上最重要的工程坦桑尼亚—赞比亚铁路的修建”。[2] 当得知一些白人农场主对勘测设计工作进行阻挠与破坏时，卡卢卢表示“将尽一切能力解决这个问题”，“连续几日亲自去白人农场主那里做动员工作”。[3]

---

①《援坦铁路勘测设计队情况简报》（第6期），中土公司档案馆档案，1968年9月30日，第4页。

②《人民日报》，1968年11月2日，第6版。

③《援赞铁路勘测设计队情况简报》（第8期），中土公司档案馆档案，1968年11月30日，第1~2页。

第五章　坦赞铁路的施工准备与工程建设

1969年初,中国政府即开始着手进行坦赞铁路的各项施工准备工作。1969年11月—1970年7月,中国政府先后同坦赞两国政府进行了多轮磋商与正式会谈,签署了多项施工协议书。1970年10月26日和28日,赞比亚总统卡翁达与坦桑尼亚总统尼雷尔分别在达累斯萨拉姆和卡比里姆博希主持进行了开工典礼,宣告了坦赞铁路的正式开工。中、坦、赞三国工人及工程技术人员紧密团结、并肩劳动,克服了种种困难,顺利完成了各项建设任务。坦赞铁路于1973年8月铺轨通过坦、赞国境,1975年6月7日全线铺轨完成,1975年10月22日开始试办运营,1976年7月14日起正式向两国移交,前后历时5年8个月。

第一节　坦赞铁路的施工准备

一、与坦赞两国商谈铁路建设事宜

为了顺利完成坦赞铁路的建设工作,在坦赞铁路正式宣布动工以前，中、坦、赞三国政府代表进行了两次磋商。1969 年 11 月 14 日，中、坦、赞三国政府代表在卢萨卡举行了第三次正式会谈。会谈取得的重要成果之一，便是签订了《关于坦赞铁路施工准备工作的会谈纪要》，主要内容是：

(1)中国政府派遣的技术人员和工人，人数和派遣时间，根据工作的需要分批商定，不另签订合同。坦赞两国政府负责招募、管理、解雇修建坦赞铁路所需的当地工人，处理当地工人劳动纠纷和因公伤亡等事宜，负责工地的安全保卫工作，并指派官员参加施工管理工作。

(2)关于设备、材料和施工机械的提供办法，修建坦赞铁路所需的设备、材料和施工机械由中国政府提供并负责办理海洋运输和保险，物资运至达累斯萨拉姆港后，港口的报关、提货和临时保管由坦赞两国负责。

(3)坦赞铁路正式施工前，修建必要的临时性工程，为减少临时性工程，部分工程将在施工准备工作阶段开始施工。这些工程在移交时，除正常耗损外，应保持良好状态。

(4)坦赞铁路各项工程建设用地的土地征用，青苗和树木补偿，房屋、坟墓、公路及其他建筑物的拆迁，由坦、赞政府负责办理，并负担其费用。

(5)从坦赞铁路施工准备工作开始，即应根据修建、管理和维修该铁路的需要，安排培训各种技术人员。①

---

①《中华人民共和国政府和坦桑尼亚联合共和国政府、赞比亚共和国政府关于修建坦赞铁路施工准备工作会谈纪要》，《中国和坦桑尼亚、赞比亚关于修建坦赞铁路协议汇编》，第 45～49 页。

根据于子桥教授的说法,坦赞两国政府代表曾视此次会谈为铁路正式动工前的“最后一次会谈”。对于这次会谈未能成为铁路动工前的终极会谈的原因,于子桥认为,“没有办法得知其中的原因,现有的资料无法提供合理的解释”①。笔者在访谈中,获知了以下几点原因:一是中国勘测设计队需要更多的时间方能完成任务;二是坦桑尼亚境内马坎巴科至恩塔科的线路坡度需要变更增加了工作量;三是坦赞两国在边境站的站台设置及机车制动问题上发生了分歧。②

第二次施工准备会谈在勘测设计工作结束后不久到来。1970年7月12日,中、坦、赞三国政府代表在北京进行了第四次正式会谈,会谈就中国为援建坦赞铁路所提供的贷款金额与偿还办法、施工问题以及《勘测设计报告》等内容进行了友好磋商。三国共同签署了《关于坦赞铁路施工问题的会谈纪要》,其中特别指出:“三国政府代表一致同意,1969年11月14日在卢萨卡签订的《关于坦赞铁路施工准备工作会谈纪要》,在施工阶段继续有效。如上述纪要中的规定与本纪要有抵触时,以本纪要为准。”③

在贷款数额方面,中国政府同意在1968年1月1日至1977年

---

①George T. Yu, *Working on the Railroad: China and the Tanzania - Zambia Railway*, Asian Survey, Nov.1, 1971, pp.1110~1112.

②据2008年5月访谈笔记,靳辉、陆大同、王瑜本等口述。

③《中华人民共和国政府和坦桑尼亚联合共和国政府、赞比亚共和国政府关于坦赞铁路施工问题的会谈纪要》,《中国和坦桑尼亚、赞比亚关于修建坦赞铁路协议汇编》,第61~63页。

12月31日的10年内，给予坦赞两国政府无息的[①]和不附带任何条件的贷款，金额为人民币9.88亿元。其中，坦桑尼亚4.94亿元，赞比亚4.94亿元。偿还办法规定，自1983年1月1日至2012年12月31日的30年[②]内，坦赞两国政府分期以它们可能提供的和中国政府可能接受的坦桑尼亚和赞比亚出口货物或可自由兑换的货币偿还。每年偿还各自所接受贷款的三十分之一。[③] 在同日签订的另外一项协议中，三国政府代表商定，“如变更贷款的使用期限或偿还期，本细则的贷款使用期或偿还期亦作相应变更”。[④] 将1983年作为坦赞两国的还款起始时间，是因为中国提供贷款的还款宽限期为15年，还款时间以1967年9月《关于修建坦桑尼亚—赞比亚铁路的协定》的签订日期开始计算。

会谈中，三国政府代表商谈了开工时间、地点以及施工方式等内容。坦赞铁路的开工时间定于1970年10月，开工典礼的具体日期和地点另行商定。施工方式方面，三国商定坦赞铁路由中国铁路工作组组织施工，坦赞铁路局负责组织修建坦赞铁路所需的当

---

①Andrew Sardanis认为中国援建坦赞铁路的贷款年利息为1%，该说法错误。参见Andrew Sardanis, *Africa: Another Side of the Coin- Northern Rhodesia's Final Years and Zambia's Nationhood*, p.249.

②于子桥认为还款期为25年，该说法有误，参见George T. Yu, *China and Tanzania: A Study in Cooperative Interaction*, p.57.

③《中华人民共和国政府和坦桑尼亚联合共和国政府、赞比亚共和国政府关于修建坦赞铁路贷款金额和偿还办法的议定书》，《中国和坦桑尼亚、赞比亚关于修建坦赞铁路协议汇编》，第56~58页。

④《中国人民银行和坦桑尼亚银行、赞比亚银行为执行中华人民共和国政府和坦桑尼亚联合共和国政府、赞比亚共和国政府“关于修建坦桑尼亚—赞比亚铁路贷款金额和偿还办法的议定书”的账务处理细则》，《中国和坦桑尼亚、赞比亚关于修建坦赞铁路协议汇编》，第65页。

地工人,并协同中国方面进行施工。①

在《坦赞铁路勘测设计报告》问题上,三国政府代表审查和褒扬了该报告,一致同意将其作为坦赞铁路进一步设计和修建的依据,并商定报告的内容可根据修建坦赞铁路的实际需要进行必要的变更。鉴于赞比亚既有铁路的列车制动系统为真空制动,三国政府同意,坦赞铁路的机车、车辆有一些可同时设置空气和真空两种制动装置,具体事宜由坦赞两国政府指定的机构同中国政府指定的机构商定。②

布克、靳辉等人回国参加了坦赞铁路第四次会谈,并向外经部、交通部领导汇报了援建坦赞铁路的国外工作情况。

在北京会谈期间,坦赞两国政府代表受到毛泽东、周恩来的接见。会谈中,毛泽东发出了"这条铁路一定要修起来"的号召,周恩来提出了"计划6年,希望能够缩短"的工期要求。③ 1970年7月9日,周恩来在会见前来参加坦赞铁路第四次会谈的坦赞两国政府代表团时说道:

> 中国人民一向很热爱非洲人民。我们过去都是被压迫民族,现在都在争取维护和巩固民族独立,我们是战友。

---

①《中华人民共和国政府和坦桑尼亚联合共和国政府、赞比亚共和国政府关于坦赞铁路施工问题的会谈纪要》,《中国和坦桑尼亚、赞比亚关于修建坦赞铁路协议汇编》,第61~63页;张书舫、赵桂常:《中国土木工程集团公司大事记:铁道部援外办公室前期》,第42页。

②《中华人民共和国政府和坦桑尼亚联合共和国政府、赞比亚共和国政府关于坦赞铁路勘测设计报告的议定书》,《中国和坦桑尼亚、赞比亚关于修建坦赞铁路协议汇编》,1970年7月12日,第59页。

③据2008年5月19日访谈笔记,靳辉口述。

在万里之外承担这样大的项目我们还是第一次。当然在友邻国家如越南、朝鲜,我们帮助修建过。在越南是修一条新的,朝鲜是帮助维修和修补朝鲜战争中遭到破坏的铁路。但在这么远的地方修新的铁路,对我们这样新的国家来说还是第一次承担这个任务。我们感到很光荣,很高兴,这是我们对非洲朋友、对民族独立国家应尽的义务。

我们可以向你们声明:不论有政治干扰、战争干扰也好,技术失败也好,责任我们负。如中途停止了再修我们也不提新的要求,既然签了字,就负责到底。一定按你们两国的要求修,只许更好,不许差。时间我们争取比现在订的早一点,但也准备有干扰,要推迟。不论早还是迟,签了字就负责到底。除非你们不要我们修。你们是主权国家,有权这样做。

在政治上,我们相信你们二位总统会做出决定。但有些问题既不是你们也不是我们能够决定的。例如,如果战争扩大了,不论在亚洲或其他地方,海上运输就会受到阻挠。

在技术上,我们尽量克服一切困难。但我同我们的同志们说了,不要把问题看得那么容易。毛主席一贯教导我们说,帮助友好国家的建设项目——铁路算是一个大项目——不仅要完成,而且一定要使受援国的人民掌握和使用,使他们学会和掌握全套技术和经营管理,训练好技术人员和工人,使我们的技术人员和工人能够尽快离去,完成了的项目交给受援国使用。这才算是完全做到了援助,而且器材还要不断补充供应。

这样一次工程对我们也是一个很好的考验,看我们完成得好,还是不好。这当中是会有波折的,我们应该有这个精神准备。比如,地质上可能遇到没有设想到的问题,在现场可以修改设计,或者施工机械不够,这都要事先考虑到,不致停工待料。还要考虑如何帮助你们的工人使用我们的机械设备,并且用得好。开始时我们去的人可能多一点,而你们开始时人员可能少一点,因为你们技术不熟练。但你们的人员逐渐能够熟练了,以后就要增加,而我们的人员也就相应地逐渐减少。这样使你们逐渐掌握施工技术。这样不仅你们的人在修建过程中逐渐学习,我们的人也学习,互相学习。因为首先你们那里的气候和生活,这些你们的人熟悉,而我们的人不熟悉,所以我们要向你们学习。

现在,你们讨论的一个问题就是真空制动还是空气制动的问题。我们怎么来帮助赞比亚既能够使用现有的机车、车辆,又能够逐步学习用新的空气制动车头和车辆,又可以使赞比亚车辆运货到坦桑尼亚境内不致卸货而一直运到达累斯萨拉姆港口?这对我们来说也是一个新的课题。我要求我们的铁道部不要拒绝这个问题,而应该很好地回答这一问题,满足你们的要求。能够满足这一要求,才能说是及格。我要求我们的铁道部将来供应你们的柴油机车头,既能拖带新式的空气制动列车,又能拖带真空制动列车。我们的工人阶级是一定可以做得到的。好在我们把铁路修到赞比亚总还得几年吧,不能今年就修到吧。你给我们两年时间,如果我不死的话，我一定帮助你们解决这个问题。[①]

7月11日下午，在周恩来、李先念等人的陪同下，毛泽东会见了坦桑尼亚财政部长贾玛勒、赞比亚发展与财政部长穆登达等人，主要交谈内容如下：

毛泽东：（对周恩来）他们的问题都解决了没有？

贾玛勒：现在没有任何问题了。

毛泽东：靠不住，总有问题的。

贾玛勒：但问题解决了以后就不再是问题了。

周恩来：新的问题来了。

贾玛勒：是的。

穆登达：我向阁下转达我们两国总统，即尼雷尔和卡翁达总统的问候和良好的祝愿！

毛泽东：谢谢。问他们两位总统好！

贾玛勒、穆登达：非常感谢。

毛泽东：我们这些人，帝国主义都是不高兴的。无论是你们的两位总统也好，还是我们这些人也好，都不大中他们的意。那有什么办法呢？你们到北京来也没有通知英国、美国吧？（众笑）

贾玛勒：确实没有通知。

穆登达：幸好没有。

---

①《周恩来会见坦桑尼亚政府代表团、赞比亚政府代表团谈话记录》（节录），《党的文献》，2012年第3期，第12~13页；外交部政策规划司：《中非关系史上的丰碑：援建坦赞铁路亲历者的讲述》，第19~21页。

毛泽东：他们过去不肯修这条铁路，现在又想要修。后头又搞了个方案，说是没有这个必要吧？可能将来修个三分之一或者一半之后，他们就比较好了，帮助你们了。那些人讲话，他们的早晚市价不同。（众笑）

周恩来：他们已经看了一些地方。明天还在北京呆一天，后天再出去看一下。

毛泽东：中国的确是被帝国主义等一些大国看不起的，技术落后，穷得很。所以，我们现在都是一些穷朋友。互相帮助嘛。其实修一条铁路算什么数啊？统统才一亿多英镑。（对周恩来）准备修几年啊？

周恩来：计划六年，希望能够缩短。问题是他们的劳动力需要逐步学习技术。

毛泽东：我们这个国家也有一些事情办得好。就是说修铁路吧，听说成昆铁路有一个什么电影，你们就不放给他们看吗？

李先念：看过了。

毛泽东：要快也可以快，也可以慢。在“文化大革命”以前，有许多工程用钱很多，收效很少。现在要改一些吧？

李先念：要发动群众，比如说煤炭工业。

毛泽东：如果这条铁路修起来了，会带动你们国家许多产业。一定要修起来！

周恩来：他们地上、地下的资源很丰富，有许多有色金属。

毛泽东：我看了简图上赞比亚的都城卢萨卡，靠近南罗得西亚。

穆登达：比较近，距离边界大约三百英里。给我们造成许多问题。

毛泽东：就是。应该注意一点。你们不是争得要死吗？（对周恩来）什么技术问题啊？

周恩来：就是火车是用真空制动还是空气制动。空气制动是比较先进的，但是赞比亚还是用真空制动的。

毛泽东：我也知道，一窍不通。（众笑）还是我们总理比较通。

周恩来：我也不通，是跟他们（指外宾）学的。这个问题工人完全可以解决，铁路工人一定可以解决这个问题！现在技术已经发展了。我们过去也有真空制动的，后来都改了。他们的困难是如果改用空气制动，南面的交通就完全断了，通往南罗、南非、莫三鼻给、刚果和安哥拉的几条线就都断了。另外一个保留真空制动的原因是，如果改变的话，许多真空制动的列车就过到坦桑尼亚。现在把火车头改为两用的，到这边来用这套，到那边用那套。这样就不发生问题了。

毛泽东：晓得行不行啊？

周恩来：这就是教给技术工人。用这套时就把那套完全关死。后来郭鲁①也承认了，可以解决的，原因就是思想保守。

毛泽东：所以，有些中国人的话不要听。（对周恩来）这个郭鲁有没有到他们那里去过？

周恩来：去过。别的问题都解决了。赞比亚部长很高兴

①郭鲁（1917—1989），山东省武城县人，时任铁道部副部长。建国后，历任铁道部办公厅副主任、主任、工厂管理总局局长，铁道部副部长、党组成员等职，曾当选第四届全国人大代表。

解决了问题。他说这是一个政治问题。说得对。

毛泽东:就是。我们铁道部它就不考虑政治。

周恩来:现在把纪要都改了。(对外宾)你们看到了没有?

贾玛勒、穆登达:看到了

毛泽东:还是找外行比较好,比如我们总理,他就是外行,他好讲话。(众笑)你找那些专家,吵不清楚。

米纳尔:很正确。

周恩来:也有照顾双方的问题。坦桑是赞成用空气制动的,因为他们北面用的是空气制动。只照顾一方不行,两方都要照顾,我们送去的机车两边都能用。

毛泽东:(对外宾)抽点烟。(贾表示不抽烟,其他外宾也不抽烟)都不抽烟? 哎呀,你们都讲卫生啊。(对中国同志)要抽你们自己抽,讲点自由主义哟。(众笑)

贾玛勒:我们非常感谢中国帮助我们修建这条铁路,中国这样及时的支持对我们是具有非常巨大的意义。因为帝国主义过去把非洲分割开,像分割巴尔干半岛一样,所以要实现统一,就必须发展我们的交通事业。中华人民共和国帮助我们发展这些事业,首先对我们同帝国主义遗留下来的后果作斗争是很有意义的。①

---

①外交部政策规划司:《中非关系史上的丰碑:援建坦赞铁路亲历者的讲述》第28~31页;叶如根:《方毅传》,第411~418页;张铁珊:《友谊之路:援建坦赞铁路纪实》,第130~134页;《毛泽东与外国首脑及记者会谈录》编辑组:《毛泽东与外国首脑及记者会谈录》,第237~238页。

二、选派援外人员，设置管理机构

中国政府选派出国援建坦赞铁路工程技术人员的标准十分严苛。据有关资料，选拔援外人员时"必须高举毛泽东思想伟大红旗，突出无产阶级政治，切实认真做好援外出国人员的审查选派工作，选拔人员时，要选政治思想好，立场坚定，历史清楚，无复杂的社会、海外关系，工作有干劲，技术过硬，身体健康的。凡不符合这些条件的……一律不能选派出国。审查出国人员，要认真贯彻群众路线。要把出身、成分、政治历史和本人的现实表现结合起来，把审查档案材料和活材料结合起来。需要查证落实的问题，一定要查证清楚"。[①] 对于领导干部的选拔要求更高，"各单位在组织援外队伍之前，一定要首先搞好领导班子的人选。特别是第一、二把手，一定要选拔政治上强的、有革命斗争经验和熟悉业务的同志担任"[②]。对医务人员的要求是"必须高举毛泽东思想伟大红旗，突出无产阶级政治，有革命干劲，政治历史清楚、可靠，思想作风正派，有独立工作能力，身体健康"[③]。总之，政治、技术与身体"三过硬"是中国政府选拔援外人员时坚持的主要标准。被选拔人员主要是自愿申请参加的，但也有例外，"1970 年前后，中国在以阶级斗争为纲的年代里，各级对出国人员的审查极为严格，干部要送交国务院

---

①《布置 1970 年援建坦赞铁路人员派遣计划》，铁三局档案馆档案，1970 年 3 月 3 日，第 2~3 页。

②《布置 1970 年援建坦赞铁路人员派遣计划》，铁三局档案馆档案，1970 年 3 月 3 日，第 3 页。

③《抽调 120 名医务人员援建坦赞铁路》，铁三局档案馆档案档案，1970 年 1 月 12 日。

副总理签字批准。抽调援外战士首先本人申请,仅仅是一种形式,申请了也不一定能审查通过,不申请点到你了不去也不行”①。

1972年3月以后,选派坦赞铁路援外人员的标准有所降低。据《关于改进援外出国人员选派审查工作的意见》文件资料,当时我国选派出国的大多数援外人员是好的,基本上保证了援外工作的进行,但是,在援外出国人员的选派审查工作上还存在一些问题,主要是:在政治审查中,有的对出国人员的家庭、社会、海外关系问题,不作具体分析,不加区别地一概不派;有的只重视档案材料的审查,而对现实表现注意不够,有些人在国外政治表现不好……对出国人员的技术条件注意不够,派出的人员不能胜任。有的专家组长,选派不当,政策和业务水平太低,影响对内对外工作的开展。有些援外人员在国内就患有严重疾病,出国后长期住院治疗,不能工作。此外,有的地方审批层次过多,时间过长,审查一名人员,要经过七八道“关”,要花半年时间。这些问题,同目前我国国际关系不断发展,对外援助日益扩大的新形势很不适应。有的则在一定程度上影响了对外协议的履行,有损于我国的国际声誉。②

其改进意见为:一、按照1970年2月中共中央《关于加强对援外出国人员的审查和政治思想工作的通知》的精神,选派既有革命朝气,又有业务专长,又红又专、身体健康的人员,去担负援外任务。援外人员出国前,一定要进行对外政策和外事纪律教育。二、援外出国人员必须进行认真的政治审查,不能降低政治标准。在政治审查中,要认真落实党的干部政策和知识分子政策。对历史

---

①李本深、黄金如:《在坦赞铁路修建的日子里》(续),第47页。

②《关于改进援外出国人员选派审查工作的意见》,铁三局档案馆档案,1972年10月27日,第1~2页。

清楚、确有专长的干部、技术人员和工人，其家庭、社会、海外关系问题，要根据党的“有成分论，不唯成分论，重在政治表现”的原则，作具体分析，区别对待。如直系亲属或主要社会关系，系没有改造好的地、富、反、坏、右分子或政治嫌疑分子，本人立场不坚定，划不清界限的，不得派遣出国；但经过考验，本人立场坚定，能划清界限，一贯表现好的，可派遣出国。直系亲属或主要社会关系在外国或在香港、澳门、台湾从事反革命活动的，本人受其影响较深，划不清界限的，不得派遣出国；从事一般社会职业，或职业性质虽不明，但未发现政治上有可疑情节的，本人一贯表现好，政治上可以信任的，可以派遣出国。

对出国人员的政治审查，既要重视档案材料，更要重视现实表现。对党的路线、方针、政策有严重抵触不满情绪，对社会主义制度怀疑动摇的，有严重资产阶级个人主义，如犯过一般性的错误，经过教育，确有认识，已经改正，表现好的，可以派遣出国。援外人员出国前，要进行体格检查，身体不好的不要派遣出国。要充分挖掘现有外语翻译人员的潜力，对于那些政治条件、外语基础都比较好的，要注意对他们的管理、培养、提高。同时要大力提倡援外人员学习外语。审批程序要在保证质量的前提下，力求减少层次，缩短时间。①

选定的援外人员被分批送往北京，参加交通部援外办公室举办的学习班，进行一周左右的培训，“主要是学习国际主义、外事纪律、受援国风俗习惯及坦赞铁路设计、施工准备情况”②。对于专

①《关于改进援外出国人员选派审查工作的意见》，铁三局档案馆档案，1972年10月27日，第1~2页。

②李本深、黄金如：《在坦赞铁路修建的日子里》（续），第47~48页。

家组长和领导班子成员，还具体地向他们交代任务，介绍工作经验和注意事项，要求他们以身作则，带好队伍。有些承担技术较复杂工作的人员，出国前还需集中一段时间参加项目的筹建工作，或到同类型工厂熟悉、掌握有关设备和工艺技术。① 学习完后要进行体检并打预防针、统一制装，"每人的制装费为人民币 400 元，除了一套礼服是量身定做的，其他物品均在出国人员商场选购。援外人员的礼服是一套深蓝色的毛料中山装，在出国乘机和一些公共场合里穿着"②。坦赞铁路著名摄影师王瑜本的说法略有不同，"每人在出国前都有 350 元的置装费，在国外工作期间，每人每月可领到 40 元生活费，而在当地仅仅购买一条香烟就需要 20 元。好在出国人员早有准备，因为知道此行两年一轮休，所以出发前都准备了两年的衣物及一些日用品。这样就可以把 40 元钱节省下来，到回国时，他们就能买上一块手表或者一台收音机"③。

被选定的援外人员享有轮换和休假权利，采取轮流回国休假的办法。普通技术工人一般二至三年工作期满回国；干部原则上不轮换，但有下述特殊情况的可以轮换：年纪大；多病；家庭确有困难；发现问题，不宜在国外工作。工人原则上尽量减少轮换数量。凡在三年以内可以完成任务的，原则上不轮换或休假，等完成任务后回国；凡在国外工作需要三年以上的，一般应在二年或二年多一点的时间回国休假或轮换。轮换和休假的时间，应考虑施工的季节和工程的阶段。轮换和休假的比例，在不影响施工的情况下，由

①《当代中国》丛书编辑委员会：《当代中国的对外经济合作》，第 271 页。

②广东省交通厅：《广东交通援外专家回忆录》，第 120 页。

③《亲历者讲述中国援非铁路纪实》，中华人民共和国驻坦桑尼亚联合共和国大使馆（http://tz.china-embassy.org/chn/ztgx/ztwl/t1144235.htm）。

工作组提出计划,然后报国内批准。有些专家组领导或技术骨干具有比较丰富的援外工作经验,为了保持专家组领导骨干力量的相对稳定和工作的连续性,两年期满安排他们回国休息后,再继续派出。因此,有不少坦赞铁路援外人员接连几次出国,表现出了崇高的国际主义精神。①

培训结束后,援外人员先乘火车抵达广州,然后"从广州乘船经太平洋、印度洋的万里航程赴坦"②。据李本深、黄金如的说法,"为了运输援外工程技术人员,国家除了动用飞机之外,交通部还抽调了明华、建华、耀华 3 条巨型客轮,不停地往返于中国广州和东非达累斯萨拉姆港之间。明华轮最大,建华轮最老,耀华轮最豪华"③。据有关资料,1969 年初,铁道部研究决定由位于太原市的铁道部第三工程局(简称"铁三局")负责坦赞铁路的首段工程的施工任务,人员选拔工作随即进行。铁三局"抽调优秀技工的近二分之一,迅速组织了一支 5,200 多人的队伍","首批人员于 1969 年 8 月到达了坦桑尼亚首都达累斯萨拉姆"。④

在国内,1968 年 10 月,交通部在北京设立了"铁道部援外办公室"⑤。铁道部援外办公室是交通部的一个职能部门,是铁道部援外工作的归口单位,主要工作是协助铁道部领导管理铁路、公路、水工等援外成套项目和部领导交予的任务。铁道部援外办公室下

①《当代中国》丛书编辑委员会:《当代中国的对外经济合作》,第 270~271 页。

②《铁道部第三工程局志》史志编审委员会编:《铁道部第三工程局志》,第 285 页。

③李本深、黄金如:《在坦赞铁路修建的日子里》,第 258 页。

④《铁道部第三工程局志》史志编审委员会编:《铁道部第三工程局志》,第 285 页。

⑤即现在的中国土工工程集团公司。

设办事组、工程组、政工组、物资组、财务组。1969 年，周恩来特命李轩[1]为铁道部援外办公室主任，以负责包括坦赞铁路在内的全面建设工作。为支援坦赞铁路的建设工作，各地方铁道部门于 1969 年也纷纷设立了援外办公室。[2] 后来，为布置坦赞铁路的物资供应工作，铁道部军管会专此发文，主要内容有：此项工作统一由铁道部援外办公室归口管理，建立下属专门机构，负责执行援外物资的订货、采购、仓储等工作；在沈阳、天津、上海物资办事处和广州、湛江援外材料厂设立港口接运组，负责经由各自港口出口的援外物资发运工作。详见下表。[3]

"国外一条线，国内一大片"，为援建坦赞铁路，铁道部援外办公室在国内动员了几乎所有省市的力量参与了坦赞铁路的建设工作。

中国援建坦赞铁路工作组施工及辅助单位

序号	名称	派出单位	序号	名称	派出单位
1	设计队（坦）	第三设计院	27	汽车二队	不详
2	设计队（赞）	第三设计院	28	达市材料厂	广州援外材料厂
3	一机队	第三工程局	29	姆比卡材料厂	不详

①李轩（1921—2004），河北深泽人。1939 年加入中国共产党，历任冀中八分区武工队政委、津南支队支队长，解放军第六十三军团长、团政委。建国后，历任汉口铁路分局政治部主任，郑州铁路局 副局长，铁道部第四勘测设计院党委书记兼院长，铁道部基建总局副局长。1969 年，任铁道部援外办公室主任，负责坦赞铁路建设的全面工作，1979 年 6 月，任中国土木工程公司副董事长兼总经理，1981 年 7 月，任铁道部党组成员，1982 年 5 月任铁道部副部长。

②据 2008 年 5 月 19 访谈笔记，靳辉口述。

③张书舫、赵桂常：《中国土木工程集团公司大事记：铁道部援外办公室前期》，第 26 页。

（续表）

序号	名称	派出单位	序号	名称	派出单位
4	二机队	第二工程局	30	康格洛采石场	沈阳铁路局
5	三机队	第二工程局	31	卡沙玛采石场	不详
6	四机队	第二工程局	32	姆奴加采石场	不详
7	五机队	第二工程局	33	达市机辆厂	四方机车车辆厂
8	六机队	第四工程局	34	姆比卡机辆厂	沈阳、大连机车车辆厂
9	七机队	桥梁工程队改编	35	达市训练学校	北方交通大学等
10	八机队	第三工程局	36	曼古拉培训班	北方交通大学等
11	桥工队	第三工程局	37	达市医院	北京铁路总医院等
12	隧道队	第二工程局	38	姆贝亚医院	北京铁路总医院等
13	铺架一队	第一、二工程局	39	姆比卡医院	不详
14	铺架二队	不详	40	达市供应站	不详
15	建筑一队	建厂工程局	41	姆比卡供应分站	不详
16	建筑二队	建厂工程局	42	达市接待站	不详
17	电务一队	电务工程总队	43	摩洛哥洛接待站	不详
18	电务二队	电气化工程处	44	米库米接待站	不详
19	电力队	第二工程局	45	伊林加接待站	不详
20	临管一队	北京铁路局	46	马坎巴科接待站	不详
21	临管二队	沈阳铁路局	47	姆贝亚接待站	不详
22	曼古拉机修厂	武汉、宝鸡工程机械厂	48	通杜马接待站	不详

（续表）

序号	名称	派出单位	序号	名称	派出单位
23	曼古拉成品厂	丰台桥梁厂	49	青山里接待站	不详
24	曼古拉木材厂	不详	50	姆比卡接待站	不详
25	姆贝亚汽修厂	不详	51	新卡接待站	不详
26	汽车一队	不详	52	卢萨卡接待站	不详

资料来源：张书舫、赵桂常：《中国土木工程集团公司大事记：铁道部援外办公室前期》，第 252~254 页。

举例而言，在 1969—1977 年间，为援建坦赞铁路，沈阳桥梁工厂不仅承担了新建混凝土厂所需要的混凝土轨枕的全套机械设备、制造混凝土电杆设备和线路所需用的液压捣固机、液压轨缝调整器、扳道器等的研制工作，还提供了几乎全部的轨枕扣件。该厂提供的产品情况如下。①

沈阳桥梁工厂历年援建坦赞铁路产品统计表

产品名称＼时间	1969	1970	1971	1972	1973	1974	1975	1976	1977
混凝土轨枕非标准设备	1 项								
非标准设备		20 项							
铺轨龙门架		2 台							
液压捣固机		2 台	58 台	30 套	30 套	10 套	15 套		
驾车机		1 组	1 组				2 套		

①除上述物资供应外，该厂还先后选派牛焕章、魏令财、伦密赓、刘振远、赵恩尼、于龙里等人赴非洲参与坦赞铁路建设。参见《沈阳桥梁工厂志》编纂委员会：《铁道部沈阳桥梁厂志》（1937—1985），内部资料，第 111~112 页。

（续表）

产品名称＼时间	1969	1970	1971	1972	1973	1974	1975	1976	1977
粗筋夹具盒		2800 套	1000 套						
夹片		8600 片	3000 片						
扳道器					144 台				
混凝土轨枕用螺栓道钉及螺母		12 万个	170 万个	467 万个	346 万个	25 万个			
木枕用螺栓道钉及螺母		20 万个		31 万个	124 万个	11 万个			
平垫圈		12 万个	190 万个	498 万个	335 万个	60 万个			
中间弹片		108.8 万块	170 万个	446 万块	299 万块	45 万个			
混凝土轨枕用接头原片		12.8 万块	19.2 万块	48.5 万块	35 万块	5 万块			
木枕用接头原片		1 万块		3.5 万块	11 万块	0.6 万块			
凹型拖车		4 辆	126 辆	60 辆	60 辆	20 辆	30 辆		
轨缝调整器				15 台	10 台	5 台	10 台		4 台
管桩离心机					2 台				
接轨器						35 个			
曝气器						3 台			

资料来源：《沈阳桥梁工厂志》编纂委员会：《铁道部沈阳桥梁厂志》（1937—1985），内部资料，第 113~114 页。

又如，河南省洛阳市、郑州市经由铁道部援外办公室派遣了多名医务人员支援坦赞铁路建设。1970 年至 1975 年，洛阳铁路医院“分批派出医务人员参加坦赞铁路医疗队，每期二年。出国的卫生技术人员有：1970 年李福昌；1971 年胡培基；1973 年李良安；1975 年黄中科、马万茹共 5 人”①。郑州铁路局中心医院“1973 年以来，参加援建坦赞铁路医疗卫生人员，分期分批出国，每期两年。出国人员有姜杭芝、杨清莲、罗银根、周爱珍、刘占文、刘英俊、赵思琏、杨厚伟、张玉安、华文汉、由美香、李秀琴、顾明达、郑宝焕、乔国兰、王文秀、张宪政、徐好信、郝振玉、邹玉良、杨继敏等同志”②。

再如，为解决电缆防白蚁问题，我国铁道部指定铁道科学研究院，会同上海昆虫研究所、广州电器科学研究所、上海电缆研究所与沈阳电缆厂等单位，反复论证了防白蚁电缆的生产方案。后来克服种种困难，经多次实验，沈阳电缆厂终于试制成功并生产出了防白蚁电缆，满足了坦赞铁路的需要。③

在国外，1969 年 7 月，铁道部组成了以布克④为组长的“中国援建坦赞铁路工作组”（简称“坦赞铁路工作组”或“工作组”），赴

①洛阳铁路医院志编写办公室编：《洛阳铁路医院志》（1915—1985），内部资料，1987 年，第 40 页。

②郑州铁路局中心医院编：《郑州铁路局中心医院院志》（1915—2000），内部资料，2002 年，第 97 页。

③张书舫、赵桂常：《中国土木工程集团公司大事记：铁道部援外办公室前期》，第 33 页。

④布克（1915—2007），山东临朐人。1938 年参加八路军。曾任八路军一一五师武装工作队队长，第二野战军第五兵团政治部组织部部长。建国后，1952 年 10 月，布克调入铁路部门工作。历任铁道部西南设计分局局长，铁道部设计总局副局长，基建总局副局长，铁道部科学研究院党委书记、第一副院长。1969 年，任援建坦赞铁路工作组组长、书记。1976 年 9 月，任铁道部办公厅主任。1978 年 8 月，任铁道部党组成员、副部长。

坦桑尼亚开展工作。坦赞铁路工作组是在中国政府有关部门和中国驻坦赞两国使馆的领导下,在国外全面负责坦赞铁路工程实施的组织指挥机构,也是中国援建坦赞铁路在国外的最高指挥机关。它直接领导指挥下属数十个施工和辅助单位①。工作组有组长 1 人,副组长 8 人,常年维持的成员人数约 70 名,下设办事组、政工组、后勤组、生产组与运输组。根据分工,办事组负责行政、翻译、外事等;政工组除负责思想政治工作外,主要是负责干部管理;后勤组负责财务、物资;生产组负责施工组织、计划、调度、统计、机械、安全、质量、征地拆迁等;运输组负责车辆及交通运输。坦赞铁路工作组在 1970 年暂时设在达累斯萨拉姆市市区的肯尼多尼旅馆,不久即迁到该市郊区的库拉西尼。坦赞铁路工作组所在的基地设有医院和援外人员接待站。②

中国援建坦赞铁路工作组领导名单(1969.7—1976.7)

姓　名	职　务	姓　名	职　务
布　克	组长	张锡九	副组长
耿振林	副组长	姚佐周	总工程师
张德顺	副组长	王学杰	副总工程师
王惠民	副组长	陆大同	副总工程师
靳　辉	副组长	徐宽福	副总工程师
李金榜	副组长	顾常仁	副总工程师
李　参	副组长	李文毅	副总工程师
刘　岭	副组长		

①例如,1971 年时直接领导的单位有 25 个,分别是:机械筑路队 5 个,桥工队 3 个,隧道队 1 个,铺轨队 1 个,建筑队 1 个,电务队 1 个,电力安装队 1 个,汽车运输队 1 个,临管运输队 1 个,采石场 3 个,混凝土成品厂 1 个,工程机械修理厂 1 个,材料厂 1 个,木材加工厂 1 个,机车车辆修理工厂 1 个,工地医院 1 个,设计队 1 个。

②李本深、黄金如:《在坦赞铁路修建的日子里》,第 260 页。

资料来源：张书舫、赵桂常：《中国土木工程集团公司大事记：铁道部援外办公室前期》，第 248 页。

为满足坦赞铁路援外人员的运输需要，坦赞铁路沿线地区还设立 10 余个接待站。中国援建坦赞铁路工作组经研究决定，在坦赞铁路施工沿线建立若干接待站，以承担过往车辆、人员的食宿、加油、维修、救援等任务。接待站一般建在离城镇较近、交通方便的地方，每两个接待站之间相距 200～250 千米。接待站备有厨房、餐厅、宿舍、加油站、汽车修理、浴室等设施，有的还配备了医务人员。各个站都有较大的停车场，可同时停放数十辆汽车。此外，每个站还设有菜地、养鸡场等。接待站因工作需要，经常向当地政府求助，也尽量帮助当地政府与居民解决力所能及的问题，如帮其打井、提供医疗服务等。接待站被我国援外人员亲切地誉为“援外战士之家”。他们往往在行进过程中或外出执行任务前就事先告知要在哪个站用餐，一到接待站即可洗上热水澡，吃上可口的饭菜，如遇汽车故障或交通事故发生，接待站还能够起到急救的作用。接待站的设立，不但解决了许多实际问题，而且也成为工作组联系当地政府和人民的重要纽带和桥梁。①

总之，援建铁路工人的认真选拔与及时派遣，各地援外办公室与中国援建坦赞铁路工作组的成立，保障了坦赞铁路筑路工作的顺利开展。

①高延春：《援建坦赞铁路纪实》，《文史资料选辑》（第 20 辑），2003 年，第 136～137 页。

三、制定施工部署

中国援建坦赞铁路的施工部署是由铁道部、外经部两个主管部门,根据三国政府签订的有关协议,按照周恩来的指示,在充分考虑了坦赞铁路项目的特点后,经过实地调查与反复修改而制定出来的。[①] 1970 年 8 月 20 日,交通部在北京召开第二次铁路援外工作会议。交通部部长杨杰、副部长郭鲁到会讲话。铁道部援外办公室主任李轩对坦赞铁路的施工计划做了说明,坦赞铁路工作组组长布克介绍了国外工作情况。会议通过了《关于坦赞铁路的施工部署》(草稿)。其要点是: 1970 年 10 月开工,1975 年底完成。总工期 5 年至 5 年半。分施工准备（1969—1970 年底）、全面施工(1971—1974 年底)和收尾配套(1975 年初至年底)三个阶段进行。8 月 25 日,铁道部援外办公室主任李轩、对外经委吕学俭以及有关人员,听取坦赞铁路工作组副总工程师王学杰等关于坦赞铁路进展情况及存在问题的汇报。是月 31 日,铁道部援外办公室召开会议,对王学杰等汇报的问题进行研讨。9 月 10 日,根据交通部第二次铁路援外工作会议通过的坦赞铁路施工部署,坦赞铁路工作组提出经使馆党委审议通过的坦赞铁路全线施工方案。归纳而言,中国援建坦赞铁路的施工部署有下述几方面内容。[②]

首先,规划了坦赞铁路施工队伍的数量和组成。考虑到远洋运输的条件和对方可能接受的程度,我出国人员不宜过多,出国时

①据 2008 年 5 月 19 访谈笔记,靳辉口述。

②张书舫、赵桂常:《中国土木工程集团公司大事记:铁道部援外办公室前期》,第 44~45 页。

间也不能太集中。坦赞两国人口少,工业又较落后,技术工人提供困难,因此,需要适当安排我出国人员与当地工人的比例,并恰当安排施工队伍的出国时间。初步设想,国内劳动力与当地劳动力的比例在开始两年约为2:1,以后达到1:1,或者使当地劳力的比重更大,以为受援国培养技术力量并尽量减少我出国人员。

施工队伍原则上采用派遣轮换制。在国内期间属原单位建制,出国后由国外工地指挥部统一领导。队伍的派出单位,初步意见是:全线土石方及桥隧工程由铁道部第二、三工程局承担,其中,二局出四个机筑队,两个桥工队,一个隧道队;(铁)三局出两个机筑队,一个桥工队,一个砂石采集队。铺轨队、建筑队、电务队分别由铁一局、建厂局、电总派出。其他专业队伍拟由各单位抽调组成。① 另一份资料则更为详尽。据记载,铁道部经研究确定了43个在国外施工的机构,派出人员的最高年度编制拟为1.8万②人。主要施工队伍将由国内有关单位分段负责组建,初步安排是:达姆段由铁道部第三工程局负责组建,需派出两个机械筑路队(一、二机队)和1个桥梁工程队(后改为七机队);姆马段由铁道部第二工程局负责组建,需派出3个机组队(三、四、五机队)和1个隧道队(后改为八机队);马通段与赞比亚境内的施工队伍,将由从达姆段和姆马段转移的6个机队组成;铁道部第一工程局组建铺轨架桥工程队(铺轨队),负责全线的铺轨架桥任务;由建厂局组建第一建筑队(一建队)及第二建筑队(二建队)负责坦赞两国的房建任务;由电化局组建第一电务队(一电队)及第二电务队(二电队),负责

①《施工设想》,郑州铁路局档案馆档案(案卷号:335),1969年4月1日,第1~2页。

②实际高峰时为1.6万余人。

坦赞两国的通信信号的施工任务；由铁二局组建电力安装队（电安队）负责全线电力工程施工任务。[①] 据资料记载，早在1970年初，铁道部援外办公室主任李轩在会见时任铁道部第三工程局副局长张德顺时即已提出有关要求：要搞两个摸索性施工，一是参加第一区段施工的第一机械筑路队要提前开展施工，摸摸经验、趟趟路子，为参加该区段施工的其他单位提供经验，让他们少走弯路、少犯错误；二是参加第一区段施工的各单位，要通过实践总结经验教训，使参加后几个区段施工的单位得以借鉴。[②]

其次，制定了坦赞铁路总的施工要求与工程进度。坦赞铁路总的施工要求是：1970年10月开工，1974年底全线铺轨通车，1975年配套，当年底达到移交程度。各段线路以及房建、电务等各专业的进度安排分别为：达姆段（达累斯萨拉姆—姆林巴），1970年10月开工，1972年6月铺轨通车；马求段（马坎巴科—通杜马—求仔），1971年7月开工，1973年末铺轨通车；求姆段（求仔—卡沙玛—姆比卡），1972年6月开工，1974年10月铺轨通车；姆卡段（姆比卡—卡比里姆博希），1972年6月开工，1974年末铺轨通车。达累斯萨拉姆地区房建工程，1973年6月完成；坦桑尼亚境内的沿线房建和给水工程，1974年10月完成；赞比亚境内的沿线房建和给水工程1975年10月完成。达累斯萨拉姆机车车辆厂，1972年底建成；姆比卡机车车辆厂，1973年底建成。坦桑尼亚境内的信号和通信工程，1974年10月和年底完成；赞比亚境内的通信和信号工

①《援建坦赞铁路工作报告总结》，中土公司档案馆档案，1976年11月25日，第5~7页。

②张书舫、赵桂常：《中国土木工程集团公司大事记：铁道部援外办公室前期》，第32~33页。

程,1975 年 10 月完成。①

再次,确定了在施工顺序上先修坦境铁路再修赞境铁路。这种部署的考虑是,赞比亚是内陆国家,其邻国除坦桑尼亚外均为西方所控制,建路所需大量物资只能由达累斯萨拉姆港口运入,因此,坦赞铁路的施工宜从坦桑尼亚一头施工。在整个施工组织的安排上,除姆林巴至马坎巴科的控制工程外,最主要的环节是铺轨工程。② 鉴于坦赞铁路线路过长,在自坦桑尼亚首都达累斯萨拉姆海港至赞比亚卡比里姆博希全长 1,860 余千米的线路上,整条铁路将被分为五个施工区段顺次完成。坦桑尼亚境内分为三个区段,分别是:达累斯萨拉姆至姆林巴(简称达姆段),线路长 502 千米;姆林巴至马坎巴科(简称姆马段),线路长 155 千米;马坎巴科至通杜马(简称马通段),线路长 319 千米。③ 赞比亚境内分为两段完工,分别是:通杜马至谦比西(简称通谦段),长 338 千米;谦比西至卡皮立姆博希(简称谦卡段),长 546.6 千米。④ 坦赞铁路是一项巨大的建设工程,需要大量的人力、物资和设备,因此,物资和设备的运输条件,是考虑施工部署的一项重要因素。中国方面提供的物资和设备,都需要经由远洋运输,在达累斯萨拉姆港起岸后再转运至工地。在当时,沿线的公路交通条件,以达累斯萨拉姆至马坎巴

---

①张书舫、赵桂常:《中国土木工程集团公司大事记:铁道部援外办公室前期》,第 44~46 页。

②《施工设想》,郑州铁路局档案馆档案(案卷号:335),1969 年 4 月 1 日,第 1~2 页。

③《坦桑尼亚设计基础资料汇编》编委会编:《援外成套项目设计基础资料汇编:坦桑尼亚》(第三篇下),第 100 页。

④《赞比亚设计基础资料汇编》编委会编:《援外成套项目设计基础资料汇编:赞比亚》(第三篇下),第 252 页。

科最差，过马坎巴科后交通条件有所改善，但是达累斯萨拉姆至马坎巴科间的大北公路部分地段标准较低，施工用的大量物资和工程机械的运输比较困难。因此坦赞铁路的施工先从坦桑尼亚境内的东段开始为宜。线路工程由东向西逐步展开，铺轨工程也相应自东向西逐步跟进。在前一段铺轨已完成，下一段铺轨尚未开始的空出里，则安排轨料的集运和设备的检修，以保证铺轨进度能高速度地持续前进。铁路的配套工程，即房屋建筑、通信信号、电力安装等，也都按紧跟线路工程的施工进展相应部署，对一些重点工程，如设在达累斯萨拉姆和姆比卡的两个机车车辆修理厂，由于工程规模较大，工期较紧，则安排与线路施工同时进行。①

值得一提的是，除了上述总的施工部署外，在具体修建坦赞铁路各区段的过程中，坦赞铁路工作组还事先制订了年度、季度甚至日施工计划。

上述施工部署，都在周恩来的亲自过问下最终确定下来。在施工安排上，周恩来主张由东向西，先坦后赞，充分利用坦赞铁路自身的能力，运送国内提供的大量物资，以大量减少费用。周恩来要求尽量提高机械化程度，“施工机械增加，施工人员必须大大减少”②；所需施工机械基本上由本国生产，国内一时无法生产的，可向国外采购。铁道部和对外经委根据周恩来的意见，把全线分为五大区段，分段施工；把施工高峰期的出国人数由原计划的 2 万至 2.5 万人压缩到 1.6 万人；向国外采购的机械设备也大幅减少，但确

---

①《援建坦赞铁路工作报告总结》，中土公司档案馆档案，1976 年 11 月 25 日，第 8 页。

②《当代中国》丛书编辑委员会：《当代中国的铁道事业》（下），第 427 页。

属必需的，则尽力给予保证。[①] 工期上，坦赞两国政府迫切希望尽快建成坦赞铁路，多次提出 4 年建成的建议。我国铁道部则提出了 6 年、8 年、10 年 3 个方案。周恩来反复考虑后，认为应在确保工程质量的前提下，尽可能缩短工期，提出了“计划 6 年，希望能够缩短”的工期目标。[②]

第二节　坦赞铁路的工程建设

一、坦赞铁路的开工典礼

1970 年 10 月 26 日和 28 日，赞比亚总统卡翁达与坦桑尼亚总统尼雷尔分别在达累斯萨拉姆和卡比里姆博希主持进行了隆重的坦赞铁路开工典礼仪式。方毅、郭鲁率中国政府代表团参加了仪式。据记载，周恩来对即将出国参加坦赞铁路开工典礼的中国政府代表团团长、外经部部长方毅说：到了国外，首先要检查有没有“强加于人”的东西，各级干部要引导援外职工不去追求那些表面的、形式主义的宣传。第二，要使全体援外职工充分认识到，大家是响应毛主席的号召，为了支援非洲人民的独立事业和解放斗争，才来到非洲援建坦赞铁路的，这本身就是一项政治任务。因此，出色地完成本职工作，就等于出色地完成一件政治任务。方毅团长

①周伯萍：《非常时期的外交生涯》，第 136~137 页。
②周伯萍：《非常时期的外交生涯》，第 137 页。

及时向坦赞铁路工作组党委传达了周恩来的指示。①

26日上午，坦赞铁路开工典礼率先在坦桑尼亚扬博站举行。坦桑尼亚政府官员，各国驻坦外交使节，坦赞两国国内外新闻媒体记者等近6,000人参加了庆典活动。卡翁达、方毅先后发言。卡翁达先是感谢中国政府为赞比亚独立六周年献上了一份厚礼，接着便列举了坦赞铁路开工为坦赞两国人民带来了欢欣鼓舞的理由，卡翁达说：

> 首先，多年来，我们等待着实现早在独立以前就有的一个理想。我们费了这么多的时间和精力。为了我们更美好的未来，尽管我们坦盟党和独立党以及两国政府的团结受到这条铁路的敌人的威胁，我们还是贡献出了最大的团结和力量。
>
> 第二，我们今天为之举行开工典礼的铁路也许是世界上最遭人反对的工程之一。虽然今天的开工典礼不一定使反对修建这条铁路的威胁停止，但是，它却最终地消除了一切疑虑。
>
> 第三，这条铁路建成后，对把赞比亚建成一个强大的、繁荣昌盛的和真正独立的国家，对坦桑尼亚和赞比亚的经济，对发展东非兄弟邻邦之间日益增进的兄弟关系，以及对我们生活这一地区的人民和中国人民之间的友好关系，都将具有十分重大的意义。②

---

①张书舫、赵桂常：《中国土木工程集团公司大事记：铁道部援外办公室前期》，第47页。

②《参考消息》，1970年10月28日，第1版。

方毅在会上发言说：

> 今天，尼雷尔总统阁下和卡翁达总统阁下亲自主持坦赞铁路开工典礼，并为这条铁路奠基，这是坦赞两国政府和人民的大喜事。我代表中国政府和人民，向坦桑尼亚政府和人民，向赞比亚政府和人民，表示热烈的祝贺。……在毛主席和尼雷尔总统、卡翁达总统的亲切关怀下，中、坦、赞三国政府于1967年签订了修建坦赞铁路的协定。三年来，我们三国政府和人民共同努力，克服了种种困难和障碍，胜利地完成了选线考察、勘测设计和施工准备等工作，为迅速建成这条铁路创造了良好的开端。坦赞铁路的前景已经展现在我们面前。[①]

10月28日，坦赞铁路第二个开工典礼在赞比亚卡比里姆伯希举行，各国驻赞比亚外交使节、新闻媒体记者等约5,000人参加了庆祝活动。尼雷尔总统在赞比亚举行的坦赞铁路开工奠典礼上发表了热情洋溢的讲话：

> 1967年9月，三国政府签订了第一个协定。根据这个协定，中华人民共和国承担这条铁路的勘测、设计和施工。这个协定执行得非常迅速。虽然到1968年4月才正式开始，但是早在1967年12月就动手干起来了。勘测工作在1970年上半年已经完成；从那以后，一直在进行施工准备工作。事实上，

---

①叶如根：《方毅传》，第411~418页；《原对外经济联络部部长方毅与坦赞铁路》，《中非关系史上的丰碑：援建坦赞铁路亲历者的讲述》，第40~41页。

虽然我们到今天才举行正式开工典礼，而且到1970年7月才签订无息贷款协定，但是从1970年4月以来就一直在进行施工准备工作了。中国人民和我们自己实行的口号是：基本原则确定以后，“先干后说”。

坦桑尼亚和赞比亚都曾希望能同时从达累斯萨拉姆和卡比里姆博希两头开始铺轨。但不巧的是技术上不可能这样做。因此，施工先从达累斯萨拉姆开始了。根据计划，铁路施工所需要的重型设备材料至少应该通过铁路本身运输一段里程，所以，坦桑尼亚境内已经在三个点分别开始施工了。这样就可以使达累斯萨拉姆至马坎巴科段尽快建成。马坎巴科以远地势比较平缓，重型设备材料就可以通过公路运输。到那时候，赞比亚境内也将开工。这样，在从马坎巴科往南挺进的同时，也将从卡比里姆博希往北施工。

……如果没有毛泽东主席领导的中华人民共和国政府和人民给予我们热情的、大力的合作，我们两国无论怎样努力工作，也不至于能举行这个典礼。中国不是富国。中国同我们一样，是一个发展中国家。毫无疑问，正在提供给我们的设备和技术满可以为了中国人民的进步留在中国国内使用。我们懂得，他们是真正牺牲了自己的急需来帮助我们的。懂得了这一点，我们对给予我们的慷慨援助就更加感激。这种援助是如此慷慨，而且绝不附带政治条件。部长先生，我希望你向毛泽东主席，向贵国政府和中华人民共和国全体公民，转达我们非常热烈的感激。我们接受他们的援助，这种援助显示了世界上穷国和次穷国之间、中国和非洲之间国际团结的精神。

希望您回国后转达。语言无法恰当地表达我们对贵国援助的感激。①

坦赞铁路开工典礼的隆重召开,向世人宣告坦赞铁路建设工作的正式开始,起到了表达坦赞两国领导人修建坦赞铁路的决心和鼓舞中、坦、赞三国工人齐心协力共建铁路的作用。

二、五个区段的工程建设

在坚持总的施工部署的原则下,各区段的施工单位又根据所负责区段的实际情况,进行了灵活安排。现根据有关资料,将各区段及其附属工程的实施情况简述如下。

(一)达姆段。该段从达累斯萨拉姆港口直至姆林巴,是全线正式施工的首个区段,也是全线五个区段中最长的一个区段。因其总长为502.3千米,中国援外人员据此将"达姆段"工程称为"502工程"。达姆段线路自首都达累斯萨拉姆起,向西南方向走行,经姆真加,基沙基,跨大鲁阿哈河,过姆绍勒瓦至伊法卡腊,出伊法卡腊向西走行,跨鲁伊帕河,经乞塔,跨基汉西河至姆林巴。本段工程的特点是,线路较长,桥涵集中,大部分地段地势比较低洼,沿线地区缺少砂石料,不少地方需要远距离运土换填,除部分地段的地形起伏较大外,其余大多数地段相对平坦、顺直。②

①尼雷尔:《坦桑尼亚—赞比亚铁路》,《中国非洲研究评论2012》,第293~296页;《尼雷尔文选:自由与发展》(第3卷),第174~180页。

②《坦桑尼亚设计基础资料汇编》编委会编:《援外成套项目设计基础资料汇编:坦桑尼亚》(第三篇下),第100页。

达姆段的施工方案,采取的是“中间突破、先西后东、逐步展开”的做法。这种施工方案大致同《坦赞铁路勘测设计报告》建议的方案“应首先从基沙瓦沙瓦向姆林巴方向施工,接着从达累斯萨拉姆与基沙瓦沙瓦两端对向施工”相吻合。① 本段的修筑工期,原计划为两年多的时间,“这段工程于今年(1970)正式开工,预计于1972 年末铺轨通车”②。但是,“由于施工准备和早期重点开工的进度加快,对依靠东非铁路运输不够有把握”,加之,达姆段的提前建成通车“既自力更生地运输支援姆林巴,又将在世界上取得较好的政治影响”③,坦赞铁路工作组决定用一年多的时间,即到 1971 年年底,提前半年修通达姆段。

新制定的“502 工程”的施工计划,最初是对外保密的,后来提前完工的消息不胫而走。对此,一种说法是:“尼雷尔对 500 余公里的铁路建设任务能否在一年左右的时间里完成表示担忧,尼雷尔问布克:我们的铁路怎么样?布克同志说很好。尼雷尔说 10 月 4 日要带上歌舞团视察铁路,这显然变成政治问题。”“在一次坦桑政府举办的招待会上,问到我们第一年计划修多长时,我们援建工作组谈到计划‘502’,第二天坦桑报纸公开发表向世界宣传。”④另一种说法认为,为确保坦赞铁路按期建成,坦赞铁路工作组提出改变原施工安排,提前半年于 1971 年底修通达累斯萨拉姆至姆林巴段,以建立自己掌握的运输线的建议。建议获正在参加开工典礼

---

①《坦桑尼亚—赞比亚铁路勘察设计报告》(下册),中土公司档案馆档案,第 88 页。

②《1970 年施工生产部署》,铁三局档案馆档案,1970 年 5 月 24 日,第 1~2 页。

③李本深、黄金如:《在坦赞铁路修建的日子里》(续),第 58 页。

④李秋宝:《在援建坦赞铁路的岁月里》,第 236~237 页。

的我政府代表团首肯。方毅团长并就此正式向尼雷尔总统表示："如果不发生意外的事情，1971年末铁路铺轨将到达姆林巴。"[1]如此一来，"502工程"能否按时建成，便成为"关系到全面落实伟大领袖毛主席关于修建坦赞铁路的指示；关系到伟大社会主义祖国对外的声誉；关系到胜利实现全线的施工部署"的政治工作。[2]

一年修通502千米的铁路线，这种速度是少有的，国内最快的焦枝线，一年也才完成了400千米。[3] 面对各种压力，思想动员工作也随之开展。时任交通部部长的杨杰亲自出马，指出一年内修通"502工程"，意义十分重大，概括而言有四个方面：第一，可以考验、锻炼我们自己。我们在国外修这么长的铁路还是第一次。我们帮助过越南修铁路，抗美援朝时帮助朝鲜修铁路，都是邻国，数量也不大，像坦赞铁路这样距离祖国这么远，又这么大的项目，还是第一次。应该说，我们缺乏经验。修路所需的物资是很多的，大到机车车辆，小到擀面杖、螺丝钉都需要远距离运输。在这种缺乏经验、工程任务艰巨、物资多、运输路线长、气候条件不同于国内的情况下，修建这条铁路，确实是一件不容易的事。第二，有利于提高黑人朋友的信心，增强他们对我们的信任，是对帝国主义的一次打击；第三，可以进一步增强中、坦、赞三国人民的友谊，因为事实胜于雄辩；第四，"502工程"的修通，可以为今后的工作提供经验、

①张书舫、赵桂常：《中国土木工程集团公司大事记：铁道部援外办公室前期》，第48~49页。

②《铁路工作组党委常委蒙古拉会议纪要》，中土公司档案馆档案，1971年5月4日，第2页。

③据2008年10月19日访谈笔记，张德顺、宋贵生、于琛口述。

创造条件。[①] 竣工期限的大幅提前,打乱了先前的施工计划,带来了一系列问题:(1)石碴生产问题;(2)土石方问题;(3)铺轨用机车的生产问题;(4)轨距挡板的生产问题;(5)运输问题。

时任达姆段二机队副队长的宋贵生在回忆修建“502 工程”时感慨地说:“我 21 岁就到了铁三局,而且在退休之前在好几条线上,像商阜线、新菏线、新太焦线,这几条线我都当过指挥长,工期再紧也没有像 502 这一仗打得那么艰苦。”[②]部署的改变,使得施工人员及机械设备普遍匮乏,“目前国外后勤系统材料厂、木材厂的人员均感不足,不能适应任务的要求,必须迅速配齐”[③]。

“502 工程”的施工力量,“几乎全部是铁三局的队伍,共三个机队:一机队、二机队、三机队和一桥队”[④]。从分工上来说,三个机队分段负责路基和小桥、涵洞的施工任务;一桥队则负责承担全段大、中桥的修建和架设任务。事实上,铁二局也参与了本段工程建设,“全段摆了 3 个机队,西段为三局组建的一机队、中段为二局组建的三机队、东段为三局组建的二机队”[⑤]。

1970 年 10 月坦赞铁路正式开工后,大批施工人员从达姆段的西段、中段与东段分 3 路开进工地。抵达目的地后,三个机队首先开始施工便道的修筑工作,它们对既有的土路、桥梁进行整修或加

---

①《交通部杨杰部长在铁路工作组干部会议上的讲话》,中土公司档案馆档案,1972 年 1 月 18 日,第 1~3 页。

②据 2008 年 10 月 19 日访谈笔记,宋贵生口述。

③《关于国外后勤人员问题》,铁三局档案馆档案,1971 年 2 月 7 日,第 1~5 页。

④据 2008 年 10 月 19 日访谈笔记,宋贵生口述;据宋贵生告知,一桥队在达姆段竣工后改编为七机队。

⑤铁道部第二工程局局史编辑研究室编:《铁二局史志:援建坦赞铁路资料专集》,第 8 页。

固,在有些地段新修了多条便道。这样,在达姆段的沿线地区,迅速出现了一片片临时工棚,沉寂的原野不断响起机器的轰隆声,500 多千米的线路上,呈现出一片沸腾的景象。①

当施工进行到姆绍勒瓦地区时,曾经阻挡过中国勘测设计人员的原始森林,再次成为工程进展的巨大障碍。根据施工要求,施工人员要从原始森林中打开一条 40 米宽的通道,但是在原始森林施工要克服许多困难。首先,树木清除工作不易。推土机清除树木时,较大的树一台推土机推不动,只得用两台合推,仍推不倒的,只好在树根处打眼,用炸药炸。其次,有一种叫姆努卡的树,这种树的刺尖含有毒汁,身体一旦触碰到它们,顿时就会肿胀起来。再次,森林中有一种叫“乌普普”的野生豆角,外壳金黄,表面上有层纤细的茸毛,身体只要一接触这些散落的茸毛,便会觉得奇痒无比。此外,森林中特有的小咬、毒蜂和能传染睡眠病的萃萃蝇,也经常袭击筑路工人。② 在中、坦、赞三国筑路工人的努力下,姆绍勒瓦地区得以顺利通过。

正当达姆段全段施工逐步展开,施工任务顺利进行的时候,坦桑尼亚的雨季(11 月至次年 5 月)到来了。晴朗的天空霎时乌云密布,雷声震耳欲聋,倾盆大雨裹挟着大风猛泼下来,干涸的河床顿时开始喧闹起来,浑浊的河流汹涌翻滚,线路低洼处一片汪洋。许多施工便道,经不起暴雨地冲刷,有的扭曲变形,有的发生断裂。③结果导致“达姆段十个质量不好的工程局部推倒重建,这引起了很

---

①新辉:《当代中国铁路对外经济技术援助》,第 72 页。

②张铁珊:《在非洲密林中》,第 273~293 页。

③新辉:《当代中国铁路对外经济技术援助》,第 78 页。

大震动”①。

1971年的雨季不但严重阻碍了施工的进展，而且还威胁着施工人员的安全。对于“502工程”而言，这年年底能否修通达姆段，全体施工人员都心存疑虑。时任中国驻坦桑尼亚使馆大使的仲曦东也寝食难安。面对严峻的形势，中国交通部、外经部报请国务院批准转口施工机械配件外汇94.3万美元并于同年4月22日获得李先念副总理批示。② 坦赞铁路工作组在雨季结束后提出了“大战100天，确保502”③的口号。口号提出后，各个工地迅速掀起了争时间、抢速度的施工热潮。坦赞铁路工作组的各级干部和坦赞铁路局的驻队官员都纷纷深入施工第一线，施工进度明显加快。

在大战“502工程”的热潮中，各施工单位按照新的施工部署，对自己的任务重新做了安排。一机队负责施工达姆段两端，集中力量保证路基工程以满足铺轨要求；筑路的基本工序是：前面由铲运机推铲路堤，后面是平地机加人工整修路面，紧接着是上沙带和摊铺石渣工作，铺轨机一步不落地在后面追赶。

基汉西河谷是达姆段最低洼的地方，雨季时那里一片汪洋。为了争取时间，一机队在雨季结束不久就在基汉西河谷开挖了许多条深且宽的排水沟，以利地下水的迅速排出，为加速地面水的蒸发速度，一机队还需要把覆盖在地面上高且密的蒿草割除。经过一番努力，施工机械不久就可以开进该地区，进行正常的施工作业。基汉西河谷路堤施工一结束，一机队施工队伍就立刻转移到

①李本深、黄金如：《在坦赞铁路修建的日子里》（续），第59页。

②张书舫、赵桂常：《中国土木工程集团公司大事记：铁道部援外办公室前期》，第55页。

③据2008年10月19日访谈笔记，张德顺、宋贵生、于琛口述。

姆林巴车站工地,该工地是达姆段的终点,也是达姆段最后一段路基和站场工程。这里是一片低矮的灌木林,间有许多高大的乔木,长满了一人多高的茅草。按照工程要求,在这里不但要开拓出一条路基,而且要将地面植物清除干净,平整出大片场地,以修建车站股道和站房。经过紧张地劳作,姆林巴站40万立方米的土方在9月胜利完成。在姆林巴站口以东的路基上,矗立着一块木牌,上面写着“502”,用以告诉人们,这里就是坦赞铁路第一段达姆段的终点,1971年修通达姆段的胜利时刻即将到来。①

担负达姆段东段204千米施工任务的二机队,在雨季后也调整了施工安排。雨季中,他们在靠近达累斯萨拉姆的高地做路基工作,至1971年上半年,路基已由东向西逐步成形,为6月份向西南铺轨创造了有利条件。②

在二机队负责的达姆段东段的姆瓦那至马坎加地区,有长达23千米的黑土地。这种土地的土壤在烈日的烤晒下龟裂严重,既坚且硬,但到了雨季又是另外一番模样,变得极易松软、膨胀。在这样的土壤上修筑路基是不行的。原设计需将黑土全部挖走,从远处运来好土进行填充,但这样一来,运输量就会大增,根据当时所能提供的运输车辆和紧迫的工期来说,是难以完成的任务。设计和施工人员经过仔细研究与多次试验,最后决定利用原有的黑土填筑起宽大的拱形基底,碾压密实,然后在路拱顶部用好的沙质黏土按路基宽度铺填半米以上,再碾压密实,做成路基,这样处理,既保证了工期又保证了工程质量,经过多次雨季的实际考验,证明

①据2008年5月19访谈笔记,靳辉口述。

②《二机队工作简况》,铁三局档案馆档案,1971年7月25日,第1页。

是成功的。二机队这段施工还遇到了缺水的困难。在长度为100多千米的沿线范围内没有水源，施工用水是靠汽车从很远的鲁伏河运来，由于运力有限，施工和生活用水都受到很大的限制，为解决这段小桥涵的施工用水问题，修改设计，采用拼装化施工，在鲁伏河边修建了混凝土预制厂，预制小桥涵构件，在现场砌筑，加快了施工进度。

雨季过后，达姆段桥梁工地也掀起了施工高潮，施工队设在达姆段西段基贝雷格的桥工队，担负着全段大中桥的施工任务。在502千米的线路上分布了71座大、中桥，线长、点多、分散，桥工队根据总的工程部署，提出了“保西段、抓东段、促中段”，采取了集中力量打歼灭战的方针。①

西段跨越河流较多，桥梁工程比较集中，根据地质条件，基础多采用沉井施工，在几座桥的沉井基础施工中，常遇到石头、流沙等，由于工点多，中国领工员一个人要负责几座桥的施工，困难重重。

大鲁阿哈河桥全长212米，为3孔48米下承钢梁和2孔24米上承钢板梁结构。它是达姆段铺轨到乞塔后，掉头东进的门户。1971年6月，开始了拼装和架设钢梁的各项准备工作。6月25日，开始组装第一孔梁，7月31日，3孔组装完毕。经过各项技术的检查、观测和试验，并对拖拉设备进行严格细致的检验，于8月15日开始拖拉架设，仅6小时就拖拉就位，顺利地将3孔48米钢板桥和2孔24米钢板桥梁，稳稳地架设在了桥梁墩台上。②

①《七机队工作简况》，铁三局档案馆档案，1971年8月24日，第1页。

②靳辉：《当代中国铁路对外经济技术援助》，第76页；王瑜本、俞乐观：《坦赞铁路在建设中》（电影台本），第15页。

随着路基工程的节节胜利，铺轨进度也迅速跟进，铺轨速度不断提高，轨排生产经过技术革新，也由原来的日产3千米提高到日产10千米，担负钢筋混凝土轨枕生产的成品厂，随着铺轨速度的加快，调整了生产班次，改进了操作方法，加快了模具循环，使轨枕日产量由3,200根上升到5,200根，保证了达姆段以及全线的铺轨需要。

达姆段铺轨工作中，曼谷拉机械大修厂突击生产轨距挡板的事迹，也是值得称赞的。轨距挡板是稳固轨排不可或缺的配件，每根轨枕要用4个，按此计算，仅达姆段就需要近3,000万个。这些挡板都是由中国国内生产供应的，要坐等挡板运输到位，铺轨计划将会落空。勇于承担额外任务的工程机械大修厂发扬协作精神，接受了生产轨距挡板的任务，他们从市场上买来废钢铁，比照实物做模型。很快就试制成功，投入了生产。全厂在完成工程机械修理任务的同时，抽调力量，日夜三班，突击加工，日产量最高时可达12,500个，解决了铺轨工程的燃眉之急。

随着铺轨前进的是上砟工作，达姆段的道砟生产，由于远离石场，因而遇到了困难，石砟供不应求，铺轨开始时不得不用沙砾代替。为了生产石砟，工人们不得不穿着长筒胶靴作业，不断地往鞋里灌水降温，两只脚长时间浸泡在水里，许多人的脚都泡肿了，但仍然咬紧牙关坚持生产。① 到"502工程"胜利完工时，几乎所有类型的土方机械都出现了问题。

1971年11月10日，达姆段东、西两路铺轨大军在瓜塔车胜利会合了。当合拢的轨排安装就位后，第一列满载施工机械的列车

---

①据2008年10月19日访谈笔记，张德顺、宋贵生、于琛口述。

由东而来，穿过接轨点向西行驶时，人们欢呼雀跃起来，热烈地拥抱着，列车西行，象征着达姆段工程的胜利和姆马段工程的开始。乞塔到姆林巴最后 30 千米，也于 11 月 27 日完成。至此，长达 502 千米的达姆段，经过一年多的艰苦奋斗，终于铺通了，“比原计划提前了五十天”①。这一计划的胜利实现，不但增强了信心，鼓舞了士气，而且对进入工程最艰巨的姆马段的施工也具有重要意义。事后，时任中国驻坦大使的仲曦东对胜利完成“502 工程”的原因进行了总结与分析，他回顾说：“7 月还认为难办到，8 月还是力争，国内发狠指示一定要完成。最后完成了是皆大欢喜，如果完不成，坦桑庆祝十周年就很难过，中、坦、赞三国关系就会遇到新的问题，你第一年就完不成，由此可结论以后任务很难说了。完成了，要感谢同志们，国内发电报祝贺，我们也写了慰问信。”仲曦东认为取得胜利的原因有四条：“第一条是政治挂帅，胸中有全局。想到的是政治任务，想到毛主席的战略部署，想到我们在全局下的地位。劲头就足了嘛，几个月不休息，不洗衣服，不洗脸，出现了可歌可泣的英雄事迹。第二条是大搞群众运动。想想当时困难有多少啊！一会儿没有钢轨了；一会儿挡板挡道；一会儿桂林号遇险。比诸葛亮唱空城计还紧张。机车、铺轨机也紧张，处处都紧张。当时还考虑作第二手准备，真的完不成怎么办；向国内发电报我说坚决不能发，一定要通。话这样说，也是心虚的，紧张的睡不着。第三是集中兵力打歼灭战。谁不集中我就反对。当时我要向国内发报把姆林巴一段停下来，把这头接通也算通了嘛，到 9 月末二铺队走上了正轨才放下心来。第四是后勤，外经部交通部都是全力支持的。这是

①王瑜本、俞乐观：《坦赞铁路在建设中》（电影台本），第 31 页。

前提。我们对国内要千个感谢万个感谢，认识了这一条再提意见就心平气和了。国内也是紧张的，都要花点代价，就要互相支持。”①

（二）姆马段。在达姆段攻坚犹酣之际，姆马段已经基本上完成了施工前的准备工作，达姆段甫一修通，姆马段就进入了正式施工状态。该段无论是在考察时期还是在勘测设计时期，都是被重点关注的地段。它纵横于被称为“地球伤疤”的东非大裂谷，从姆林巴至马坎巴科正线全长约 158 千米②，线路不长却是全线施工最困难的路段。线路过姆林巴后进入山区，跨基姆贝河、姆潘加河，经乌琴迪累，跨鲁瓦哈河至马坎巴科。线路海拔高度由姆林巴的 330 米攀升到马坎巴科的 1,670 米，高度落差达 1,340 米。由于海拔落差较大，姆马段大部分地区处于沟谷与丘陵相间地段，相对高度差 50—200 米，沟谷坡度陡峭，谷底多为冲积而成的沼泽、湿地。沿线地区茅草、野竹、灌木丛生，山坡变形严重，极不稳固，间有坍塌、滑坡和错落等现象。③

特殊的地质、地貌，使得姆马段成为坦赞铁路整条线路路段中隧道、桥梁最多的区段之一。在全线 22 座隧道中，姆马段的隧道数为 18 座，从隧道的长度来看，全线隧道的总长为 8,898 米，姆马段隧道的总长达 7,971 米，约占全线隧道总长的九成。姆马段境内的伊朗基 25 号大桥，是坦赞铁路全线最高的一座桥梁，这条 149.37

①《驻坦桑使馆仲曦东大使在铁路工作组干部会议上的讲话》，铁三局档案馆档案，1972 年 1 月 18 日，第 1~3 页。

②另有 155 千米之说，参见《坦桑尼亚设计基础资料汇编》编委会编：《援外成套项目设计基础资料汇编：坦桑尼亚》（第三篇下），第 100 页。

③《坦桑尼亚设计基础资料汇编》编委会编：《援外成套项目设计基础资料汇编：坦桑尼亚》（第三篇下），第 100 页。

米长的大桥，最高桥墩高达53.7米，桥墩直径达5.3米。①

隧道、桥梁及路基工程的过分集中，给姆马段的施工带来了困难。在姆林巴至大鲁阿哈河桥这不足86千米的地区，集中了修建姆马段铁路的绝大多数工程量。从具体数字来看，这段地区有大、中桥有29座，占姆马段大、中桥总数的88%；涵洞249座，占姆马段的70%；隧道18座，占姆马段全部隧道的100%。② 除了因地形起伏、沟谷纵横而造成的桥隧相连，工程集中外，这段地区的特殊地质也给施工带来了很大麻烦。这段地区属于高原、丘陵地带，它没有明显的水系，常年雨季倾泻的泥水淤积谷底，年复一年便形成了厚厚的呈饱和状态的腐殖黏土层，俗称"烂泥塘"。根据靳辉的说法，"烂泥塘"是"臭泥水，积了多少年了，100年、200年，不知道多少年了，每年长草，长草积水，这样一年反复一年，都烂了，水都是臭的。机械无论如何是进不去的"③该段线路要经过100多处"烂泥塘"，给施工造成了极大的困难。④ 这里的交通条件十分困难，要进行大规模的机械化施工，必须在全段先修施工便道。

根据以上情况，全段的施工力量主要是铁二局的队伍，这是一支刚从成昆铁路线上凯旋而来的精锐部队，由时任铁道部第二工程局副局长的王惠民负责指挥施工。⑤ 施工力量也是四个机队：三

---

①《中铁二局集团有限公司史志》编纂委员会编：《铁道部第二工程局志》（1950—1995），第211页；《坦桑尼亚设计基础资料汇编》编委会编：《援外成套项目设计基础资料汇编：坦桑尼亚》（第三篇下），第149~150页。

②靳辉：《当代中国铁路对外经济技术援助》，第78页。

③据2008年5月19访谈笔记，靳辉口述。

④靳辉：《当代中国铁路对外经济技术援助》，第79页。

⑤张书舫、赵桂常：《中国土木工程集团公司大事记：铁道部援外办公室前期》，第39页。

个机筑队和一个隧道队。工人总人数(含坦赞两国工人)高峰时逾2万人。本段的施工部署是:分段施工,重点先放在东端前80千米,抓住软基处理、隧道施工和东端石方工程几个关键,集中力量打歼灭战,先开展“战三烂”(烂路基、烂桥基、烂隧道)工作,同时采取桥涵、隧道先行的施工方法,计划用一年多的时间,到1972年底打通全段。由铁二局组建的3个机队的分工是:四机队设在基姆贝,担负姆林巴至姆潘加全部工程任务;三机队设在伊朗基,担负姆潘加至基太堤的路基、桥涵任务;五机队设在鲁盖马,担负基太堤至马坎巴科全部工程任务。全段隧道施工任务,统由隧道队承担,驻地也设在伊朗基。[①] 不仅如此,国内还秘密向坦赞铁路姆马段工地派遣了部级干部进行现场指挥,“(1971年)5月下旬由交通部、外经部派一工作组,赴坦、赞帮助检查铁路工作,该组由10名同志组成,交通部副部长彭敏[②]任组长,核心组成员张彭寿和援外办公室主任李轩任副组长。在外工作时间约两个月”[③]。

1970年开工伊始,工作组就明确提出了口号“1971年达姆段要通好,姆马段要上好,赞境要准备好”。姆马段的施工队伍,没有等便道全部打通就进入了工地。施工队伍在这人迹罕见的山区安家建点和作施工准备,较之在姆马段更为困难,这里要找一块平坦的地方都很不容易,有的施工点不得不建在倾斜的山坡上。

姆马段工程需要的沙石数量很大,需要石头50万立方米,沙

①铁道部第二工程局局史编辑研究室编:《铁二局史志:援建坦赞铁路资料专集》,第9页;张书舫、赵桂常:《中国土木工程集团公司大事记:铁道部援外办公室前期》,第72页。

②彭敏(1918—2000),江苏徐州人,时任交通部副部长。

③张书舫、赵桂常:《中国土木工程集团公司大事记:铁道部援外办公室前期》,第56~57页。

子25万立方米,靠集中开采,既无合适的料源,又无足够的运输力量,只能由各施工分队自己就地开采,就地使用。在短短的时间内,各个施工分队都办起了采石点,哪里有石头,就在哪里开钻采石。各个施工分队也在自己的管段找到了小沙场,施工用的部门木料,如脚手杆、涵洞基础模型板等,也就地解决。姆马段隧道工程集中,需用电力很大,分散发电很不经济,为此,工作组在伊朗基建造了一座临时发电站,把电送到各个隧道口。

为了争取时间,对控制工期的隧道工程首先动工,还在大雨未过的1971年5月,位于前端3座隧道就开始动工了。当时机具和材料都没有齐备,隧道队就用大锤、钢杆等工具破土,打炮眼等。洞内作业又闷又热,透不过气来,风枪打炮眼时,火星四射,当时又是在没有通风设备的条件下进洞的,有害气体燃烧在洞中,迟迟散不出去,有的工人昏倒了,送至洞外通通空气,然后继续进洞进行作业,隧道工人们就是在这些阴暗潮湿、狭窄低矮、氧气缺乏的洞内艰苦地工作着,在弥漫的硝烟之中完成了一座座宏伟坚固的隧道。

1971年旱季到来后,桥梁、涵洞工程也展开了全面施工,桥梁的基础工程是建桥过程中最为困难、工程量最大的部分。在灌注桩柱施工时,用人工挖凿桩孔,在直径一米多的范围内以人工挖至7、8米深,工人们在井下作业,工作面太狭窄,空气不流通,随时有坍塌的可能。在沉井基础的施工中,许多桥梁的墩台正是在烂泥塘里,由于淤泥承受力较小,沉井下沉时,不易保持正确的位置,往往发生位移,有的由于淤泥层的黏着力,沉井悬着下不去,这些都增加了施工的难度。

经过一个雨季和一个旱季的艰苦努力，姆马山区改变了面貌，各项工程都取得了很大进展。在此期间，尼雷尔、卡瓦瓦以及三国政府的有关部长，都曾亲临工地视察和慰问。

1972 年 8 月，由东向西出现了整齐美观的线路路基、桥梁和一座座穿山越岭的隧道，等待着铺轨的到来。原施工部署为两头铺轨，工程实施到 1971 年 8 月，根据达姆段铺轨的经验，改为由东向西一头铺轨。

姆马段全段的正式铺轨是由姆林巴以西的鲁姆威开始的，由于准备工作充分，铺轨一直顺利前进，1972 年 10 月 31 日胜利铺到马坎巴科，全线最困难的姆马段按原计划胜利铺轨通车了。

（三）马通段。1972 年，姆马段进入施工高潮的同时，马通段已完成了建点准备，并部署了正线施工。从马坎巴科至通杜马全长 316.9 千米，是坦赞铁路在坦桑尼亚境内的最后一段。该段线路行进在东非高原上，较河谷平原的达姆段和高原丘陵的姆马段，自然条件大不相同。从马坎巴科到伊朗古 130 多千米的地方地形起伏不大，工程较易；伊朗古以西经马兰巴至乌约来，近 50 千米，地势骤然上升，其间多高山深谷，线路必须以高桥、隧道方能通过，并作长距离的迂回展线；乌约来以西到通杜马 130 多千米，地势间有起伏，工程比较密集；全段形成“东低西高中间突起”的地形特征。①

根据全段的工程情况和工期要求，工作组决定在 1972 年将马坎巴科至鲁杰瓦 54 千米路基主体工程提前做完，铺轨队到马坎巴科后继续向前延伸至鲁杰瓦，以争取时间，实现 1973 年的铺轨

①《坦桑尼亚设计基础资料汇编》编委会编：《援外成套项目设计基础资料汇编：坦桑尼亚》（第三篇上册），第 30 页。

需要。

经过达姆段、姆马段的艰苦工作，马通段在建设之初面临施工人员缺乏以及机器设备吃紧等问题，共投入一机队、二机队、七机队（原桥工队）三个机队的力量。

一机队一边建点一边施工，有一段路基要通过风化的岩层，就采用爆破的方式，提高了铲运机作业效率，他们经过几个月的施工，圆满完成了路基施工任务。之后，一机队将施工力量集中到西段，先后展开了以桥涵工程和低洼地段路基工程为主的施工。

从马兰巴至坦桑西部重镇姆贝亚省城是七机队的施工地段，这个机队的主要成员是鏖战达姆段时担负大、中桥梁工作的桥工队。七机队为了适应马通段工程的需要，改编为既修桥又修路基的综合施工队。七机队在这段工程施工中遇到的最突出的问题是土石方施工机械缺乏，原因是达姆段施工下来的机械正在大修，姆马段正在鏖战中，机械周转不了。在这种情况下，他们就用镐、铁锹开山破土，用手推车运土，有的地方先铺上短钢轨，再用倾卸小车运土，遇到巨大的石块需要先把它们敲碎。他们就是用这种方法完成了全管段四成的土石方工程量，为整段工程的完成争取了时间。

在乌约来至姆贝亚之间，有一段长达 12 千米地段，土质属于火山灰质，地表分布着颗粒状的火山凝灰类物质，空隙大，比重小，可以漂浮在水面上；在这些漂浮的石头下面是湿陷性土壤，按设计，此段需换土 3.6 万立方米还要多。在运距长、车辆少、任务重的情况下，七机队的许多司机早出车，晚收车，中午不休息，经过 40 天的努力奋斗，终于提前完成了换填任务。

在桥涵施工中，七机队遇到了石料缺乏的问题，所用石料需要从50千米以外的康哥洛石场供应。该石场不仅产量小，而且运力不足，供应不敷使用。坦桑尼亚驻队官员就组织当地群众在松尾河上捡石头、砸石渣，满足了工程的需要。①

二机队负责姆巴里仔至乞考拉地区的线路施工。从姆巴里仔到季加到散盖里这段线路，沿线地形起伏不大，重点工程不多。从散盖里沿山坡上至乞考拉后，线路走行在起伏的丘陵地区，经过姆奔巴展现至通杜马。除了中间地形平缓外，两端河谷丘陵山涧，地形困难，土石方工程较大。该段是在1972年雨季展开施工的，为了争取时间，在建点期间就组织力量抢运土石方机械，主要的机械设备较原计划提前了一个月运到工地。1972年5月全段110多千米全面展开施工，到年底，16座石头山坡被轰开，所有的低洼地段路基全部完成。经过1973年又一个雨季的施工，同年4月底，土石方工程量完成了总量的八成以上，桥涵、明峒接近完工。

二机队工程用沙，原安排从100千米开外的康哥洛石场运来，汽车一天只能拉一趟，不能满足工程的迫切需要。这时候，姆贝亚省坦盟党执行书记来工地慰问，当他得知工程缺沙，立即亲自与二机队的一位副队长一起到铁路沿线走访，用了3天时间，走遍了从姆巴里仔至通杜马的几乎每个村落，发动广大村民去寻找。在当地群众的帮助下，终于在姆奔巴附近河床里找到了储量丰富，质量良好的沙源。但麻烦的是，机械无法在河里开采，姆包仔县坦盟执行书记就亲自动员村民到河里铲沙以供施工使用。但仍供不应求，在该队工作的赞比亚工人知道情况后，主动提供线索，很快就

①《近期各机队工作情况》，中土公司档案馆档案，1973年1月，第2页。

办妥了采沙手续，开辟了沙场，满足了施工需要。

1973 年 5 月 1 日，马通段的铺轨工程从鲁杰瓦开始了，为加强铺轨工作，铁路工作组在铺轨前方设立了临时指挥小组，统一调配运输力量。铺轨分队和在人力少任务重的条件下，克服重重困难，紧张劳动，机车不够，就采取在预留站临时岔线存放轨排的办法，增加运输轨排能力。

7 月 11 日，铺轨到达姆贝亚省城时，人们从四面八方涌向车站，姆贝亚省政府和省坦盟总部在姆贝亚车站举行了群众大会。姆贝亚省党政军负责人，6 个县的代表和 3,000 多名群众参加了庆祝活动。

7 月 20 日，铺轨到坦桑尼亚国境站通杜马，宣告坦赞铁路坦境段 970 余千米正线铺轨工程胜利完成。同年 7 月 27 日，坦赞两国在两国海关的广场上举行了庆祝坦赞铁路铺轨过境的群众大会。坦桑尼亚总统尼雷尔、赞比亚总统卡翁达，中国驻坦大使李跃文、驻赞大使李强奋以及扎伊尔总统蒙博托、博茨瓦纳总统赛雷茨·哈马等坦、赞邻国与友好国家的贵宾出席大会。坦、赞两国总统和中国的两位大使发表了热情友好的讲话。随后，坦赞两国领导人来到通杜马，由卡翁达总统剪彩，铺轨机铺下进入赞境的第一节轨排。①

（四）通谦段。通杜马至谦比西全长 338 千米，此段线路在纳康德（赞边境站，距离通杜马 3 千米）与大北公路分离，继续向西南偏西方向行进，至北方省会卡沙玛向南折至姆比卡，再与大北公路相会，全段属高原低丘区，线路行走于谦比西河流域和班韦乌卢湖

---

①张书舫、赵桂常：《中国土木工程集团公司大事记：铁道部援外办公室前期》，第 95 页。

东部汇水区被沟谷切割的残丘斜坡上，地形起伏不大，谷底平坦开阔，地质条件较好。①

1971 年 7 月，在赞比亚的姆比卡设立了铁路工作组，揭开了赞比亚分组领导赞境施工的序幕。通谦段前 168 千米由六机队负责施工，后 170 千米由原隧道队改编的八机队负责施工，尽管该段的施工准备工作遇到很多困难，但在 1971 年 8 月，依然全面展开了施工。首先，抓紧桥梁、涵洞和重点土石方的施工，到 1972 年底就完成了全段工程总量的一半左右。

1973 年初，卡翁达来到铁路工地视察，在六机队工地看到工人们自己仿制成功的除根机，解决了铲运机在硬土地段作业铲不进、装不满的难题，赞扬说："这应该叫求仔号除根机。"卡翁达首次到赞比亚工地视察，大大鼓舞了赞比亚全体筑路人员。②

铁路工作组从赞比亚境内工程一开始就十分注意加强施工的管理。施工准备、正式施工和收尾配套各个阶段的衔接都比较紧密，施工秩序较好。桥梁、涵洞的主体工程一结束，就紧接着桥头和涵洞填土，随即修砌护基，铺砌洞口河床，清理下游河道。路基主体工程一结束，就整修出平整的路面和平顺的边坡，接着就是植草皮、铺石砟，各项附属工程也都陆续展开。

按照总的施工计划，通杜马至谦比西段要在 1973 年年底完成，并保证铺轨到卡沙玛，六、八两个机队分别根据自己承担任务的情况组织了多次施工突击，各项重点工程优先安排，争取时间，相继竣工。

横跨谦比西河主流的谦比西大桥，是坦赞铁路长桥之一，全长

---

①《赞比亚设计基础资料汇编》编委会编：《援外成套项目设计基础资料汇编：赞比亚》（第三篇），第 252 页。

②《涉外工作简报》（第 1 期），中土公司档案馆档案，1973 年 1 月 29 日，第 1 页。

267 米，为 5 孔 48 米下承钢。早在 1972 年 6 月，六机队就在这里摆了一个施工分队开始施工，经过近 4 个月的施工，1972 年 9 月 29 日墩台主体工程全部竣工，1973 年 7 月 25 日开始进行钢梁的拼装和托架架设的准备工作，10 月下旬拼装完毕，11 月 19 日拖拉就位。①

在谦比西大桥开始进行架设准备的时候，其他桥涵路基主体工程均告结束，卡沙玛以东地段的上渣工作，已于 9 月提前完成。

铺轨队进入赞比亚境内后，进展速度越来越快，1973 年 10 月 29 日，创造了日铺 7 千米的好成绩，11 月创造了月铺 110 千米的新纪录。1973 年 12 月 4 日，铺轨顺利到达赞比亚北方省省会卡沙玛。

（五）谦卡段。坦赞铁路跨过谦比西大桥，途径姆比卡，在赞比亚中央省的卡比里姆博希与赞比亚既有铁路接轨。卡比里姆博希即是大北公路的终点也是坦赞铁路的终点，由谦比西至卡比里姆博希全长 546.6 千米，是全线施工部署最长的施工区段，也是施工的最后一段。

该段线路从谦比西南下，逐渐离开了班韦乌卢湖和谦比西河流域的汇水区，到卡隆杰后就行进在班韦乌卢湖与鲁安瓦河两水系的分水岭上。整个地段的地形比较平坦，沿途灌木密布，沼泽和水草地较多，该区段与大北公路交叉较多，在铁路终点又有与赞比亚既有铁路相连接和公路干线交叉的问题，都给施工带来了困难。②

①《通谦段桥梁施工情况》，中土公司档案馆档案，1973 年 11 月 25 日，第 2 页。

②《赞比亚设计基础资料汇编》编委会编：《援外成套项目设计基础资料汇编：赞比亚》（第三篇），第 252 页。

承担此段施工任务的是两支完成坦桑尼亚境内施工任务后转移过来的队伍，负责前 259 千米的是四机队，负责后 287.6 千米的是三机队。这两支队伍从 1973 年下半年起，开始陆续展开施工。

四机队管段工程要求 1974 年 3 季度路基、桥涵全部竣工，以满足铺轨的需要；三机队管段工程也要满足铺轨工程的需要，整个工程工期只有 1 年多时间。

四机队施工地段沿线没有可供大规模开采的石源，他们就在沿线开了许多小的采石点，积少成多，不仅解决了工程用石料，还生产了部分道砟。四机队施工中另一个困难是机械状况不好，推铲机械经过连续几年的施工，磨耗严重，由于工期紧，转来的机械有一部分未进行大修，增加了机队的检修工作量。到 1973 年 11 月，姆比卡以东地段工程基本结束。1974 年 7 月 23 日，四机队承担的路基，桥涵工程胜利完成。

三机队按照“先两头、后中间”，“先低洼、后高地”的原则组织施工，克服了人员和机械不足等困难，到 1973 年年底，完成了赛伦杰以东的路基、桥涵工程，到 1974 年 3 季度末，除鲁西瓦西湖前后 8 千米路基工程外，三机队完成了所承担地段的全部工程。①

鲁西瓦西湖线路工程是三机队管段内的终点工程，于 1975 年 3 月下旬竣工，建成的这段路基犹如一座拦洪水的大坝，矗立在宽阔的鲁西瓦西湖畔。②

1974 年 11 月，全线最后一段谦卡段的下部主体工程胜利完

①《援建坦赞铁路三机队工作情况简报》，中土公司档案馆档案，1975 年 4 月 29 日，第 5 页。

②《援建坦赞铁路三机队工作情况简报》，中土公司档案馆档案，1975 年 4 月 29 日，第 7~8 页。

成,与此同时,坦赞铁路的终点站——新卡比里姆博希车站已经展现在宽阔平坦的广场上,机车检修库,站房和成片的住宅房屋已经建立起来。

同年7月1日开始铺轨,8月2日铺轨到达姆比卡,10月17日到达赛伦杰,提前两个月完成了1974年的铺轨计划。

7月15日至19日,卡翁达总统率领赞比亚联合民族独立党的中央委员和政府内阁等40余人,视察了谦比西大桥至鲁西瓦湖的部分工程,并在姆比卡地区参加劳动。总统和党、政高级官员扛着工具,和中赞两国筑路人员一起上道砟、种草皮,并在姆比卡机辆厂内植树以作纪念。

1975年4月14日,从赛伦杰开始向卡比里姆博希方向铺轨,4月24日,日铺轨11.2千米,创造了坦赞铁路日铺轨的最高纪录。1975年6月7日,铺轨机在凯歌声中到达新卡比里姆博希,顺利地完成了坦赞铁路全线铺轨任务。

同年10月23日,在新卡比里姆博希车站隆重举行了坦赞铁路与赞比亚铁路接轨通车和开始试办运营的庆祝仪式。赞比亚政府把这一庆祝仪式作为独立11周年庆祝活动的一个重要组成部分。卡翁达在坦赞铁路铺轨结束的庆祝会上说:“如果没有中国的合作与支持,我们不可能完成维护非洲人利益的国际主义义务。”①

当天,新卡比里姆博希车站人山人海,彩旗飘扬,鼓乐喧天,人们怀着无比兴奋和激动的心情,从全国各地前来庆祝。赞比亚总统卡翁达,坦桑尼亚副总统卡瓦瓦和中国政府代表李耀文分别在

①The Times, Oct. 24, 1975, p.6.

庆祝仪式上发言。[1] 会后，一列满载着赞比亚出口物资的列车向东飞驰而去，坦赞铁路经过5年8个月的艰苦奋战，克服了重重困难，全线终于胜利建成通车。

铁路的各项配套工程，紧跟铺轨前进，到1976年6月，两个机辆厂和所有站段通信信号、给水排水、电力、房建等工程全部竣工。

在坦赞铁路竣工典礼大会上，坦赞两国总统高度评价了中国政府。尼雷尔在发言时说："坦赞铁路是对非洲人民的伟大贡献"，"历史上外国人在非洲修建铁路，都是为掠夺非洲的财富。而中国人相反，是为了帮助我们发展民族经济"。卡翁达也说："患难知真友，当我们面临最困难的时刻，是中国援助了我们。"[2]

第三节　施工建设的经验与教训

尽管困难重重，坦赞铁路还是在六年不到的时间里便顺利建成，这是一件很了不起的工程成就，在国际上也产生了巨大影响。然而就铁路项目的自身建设而言，其中既有成功的经验也有失败的教训，现根据有关资料总结如下。

一、因地制宜，合理组织施工

坦赞铁路能够在保质保量的前提下按期完工，首先是和坦赞

①New York Times, Oct.24, 1975, p.4.

②石林：《当代中国的对外经济合作》，第60~61页。

铁路工作组因地制宜地开展工作,合理组织工程施工有较大关系。坦赞铁路地处非洲热带地区,那里一年之内没有四季之分,只有雨季和旱季之别,两季相继并各占全年时间的一半。在这样的异域环境下施工,是对中国援外工程技术人员的巨大挑战。在坦赞铁路开始施工时,由于对热带地区气候的规律性缺乏认识,在实践中曾遭遇过挫折。例如,1971 年上半年,达姆段基沙基以西地段在雨季作业时,受大雨围困,工作受阻,局面一度十分被动。后来,各施工单位吸取教训,逐渐掌握了在坦赞两国"战旱斗雨"的经验:旱季攻低洼,雨季战高坎。即是说,对那些雨季施工难度较大的泥沼、低洼地段和桥涵基础工程,尽量安排在旱季作业;对那些施工条件较好,能在雨季施工的工程,则尽量安排在雨季作业。①

坦赞两国的雨季持续时间虽然偏长,但是多数情况下暴雨过后随即放晴。认识和掌握这一特点后,工作组将雨季施工的经验总结为:战雨季因势利导,做计划巧作安排,用力量灵活机动;大雨抓时机,小雨种草皮,阵雨搞突击。坦赞两国的雨季有大小之分,小雨季时适宜铺种草皮,大雨季里则可以趁机对机器设备进行保养。

姆马段旱季战"三烂"的做法十分成功,这在上文已有述及。旱季时,要抢修抢干,为雨季施工做好物资储备,须认真做好"建三库"(粮库、砂库、石库)、"备三料"(水泥、油料、粮食)工作。②

坦赞铁路的组织施工较为合理,重点抓了三个方面的工作。第一,全面部署、统一指挥。坦赞铁路线路长、工程量大,门类繁多,能在 6 年内全面建成是与其全面部署与明确的规划目标分不

①靳辉:《当代中国铁路对外经济技术援助》,第 74~75 页。

②铁道部第二工程局局史编辑研究室:《铁二局史志:援建坦赞铁路资料专集》,第 20 页。

开的。计划哪年通车,则无论如何都要通车,这对所有人既是压力也是动力,现在仍然需要这种倒逼机制。[①] 总的说来,全线的整个施工部署、措施是正确的,但在具体的执行过程中也出现了若干问题:有的衔接不够好,如隧道队在姆马段提前完成任务后,由于安排的不好,一千多名职工两个多月基本上没有发挥作用;将隧道队改编为八机队后调入赞境施工也不够允当,因为他们应做的附属工程尚没有做完;达姆段一年修通后,用了好几年时间进行收尾;姆马段出现了一些病害工程,仅圬工一项即增加了 10 多万立方米。但总体情况完成良好,这是应该肯定的。

统一指挥施工是坦赞铁路得以顺利建成的又一重要原因。坦赞铁路的施工组织,在国内由铁道部统一归口,在国外由中国援建坦赞铁路工作组统一指挥,按局分段负责组建队伍。这样的安排适应线路施工部署和工期要求,有利于善始善终、负责到底。如前所述,达姆段主要由铁三局负责,共派出了两个机队,一个桥队,调整部署后,又增调了一个机队的力量,保证了一年内修通达姆段的任务,打响了第一炮。姆马段是全线的重点工程,国内确定由在山地施工较有经验的铁二局承担。铁二局是坦赞铁路建设的主力军,该局从 1970 年起在北京设立援外工作组,共组建了 8 个大队,40 个分队。大队包括二、三桥队、三、四、五机队、隧道队、铺轨队和汽车大修厂。除上述大队的下属分队外,还另行组建了电力安装队、汽车运输分队、建筑分队、给水分队及电务分队等,外加一部分医护人员。共先后选派出国职工 8,115 人,其中党团员占 66.9%。

---

①马宛根:《援建坦赞铁路的难忘岁月》,《中非关系史上的丰碑:援建坦赞铁路亲历者的讲述》,第 186 页。

二次出国人数为3,201人,三次出国人数20人,共出国11,326人次(不含四次出国的人员),占全部出国人次的近四分之一,为施工人员总数的50%以上。① 铁二局一年修通了姆马段,打了一场漂亮的攻坚战。马通段与赞境的施工,队伍是从达姆、姆马段成建制调转的,因此,队伍转移的快,衔接的好,争取了时间。为了确保工期,国内还由铁四局派出了六机队承担赞境任务。各工程队共同奋战,协作配合,取得了最后的胜利。

第二,合理安排施工顺序。铁路工程门类繁多,施工顺序必须科学、合理。达姆段施工初期,由于开工很急,战线过长,诸事并举,加之对高密度的机械化施工缺乏经验,结果导致施工工序未能很好地衔接。例如,桥涵要进行施工,砂石料却还未能备足;路基土方已经开工了,桥涵却尚没有做好。后来,各机队吸取了教训,采取了先长涵后短涵,先桥台后桥墩等措施,不断改善桥涵落后于路基土石方施工的被动局面。姆马段根据工程情况,一开始就"战三烂",为机械施工创造了条件,接着突击石方,抢修隧道桥涵,随后大战路基土石方,组织桥梁预架,最后顺利地进行铺轨,各种机械的作用都得到充分发挥。马通段和赞境的施工也吸取了前两段的经验,根据工程的不同特点,科学合理地安排施工,基本上做到了桥涵先行,底砟预铺,顺利保证了线路铺轨。②

第三,重视施工机械的使用、配套和保养。坦赞铁路由于受国外施工劳动力的限制和工期要求,必须实行机械化施工。为此,中国政府为坦赞铁路施工提供了数以万计的机械设备,并不惜以大

①《中铁二局集团有限公司史志》编纂委员会编:《铁道部第二工程局志》(1950—1995),第432~433页。

②新辉:《当代中国铁路对外经济技术援助》,第70~71页。

量外汇从日本、法国等国购买机器设备。机械化施工为加速建设坦赞铁路创造了有利条件。应该说,我国所提供的机械设备,是国内当时最好的,但因材质和工艺等方面的原因,与国外机器设备相比确实存有一定差距。①

实行机械化施工必须配套,才能充分发挥机械效能,提高工效,保证质量。坦赞铁路装备的机械不少,如果配套更好一些,就会工效更高,质量更好,用的劳动力会更少。由于机械化施工配套不够,就辅之以大量人工劳动,如挖水沟、刷边坡、清淤泥、整修路面、夯实路基和开挖基坑等,大多是用人力施工,既影响了施工的有机配合,又占用了大量劳动力,增添了工程成本。此外,坦赞铁路装备的施工机械机型复杂,给管理工作、配件供应、修理等方面都带来许多不便。

机械的维护、修理,是保证机械正常运转和延长机械使用寿命的重要条件。坦赞铁路在施工开始时,有的单位认为机械都是新的,可以大胆使用一阵,而忽视了保养维修,损伤了机械的"元气";有的单位由于管理不严,纪律松弛,不断发生事故,造成机械的严重损坏。后来,中国铁路工作组加强了机械管理工作,建立了岗位负责制,做到定人、定机,定期保养,定期修理,严格执行交接班等制度:一是,在日常施工中,经常教育驾驶人员爱护机械,正确处理使用和修理的关系;二是,正确对待新机械的使用,处理好进厂修理和日常保养的关系,以日常保养为主;三是,教育使用人员加强对机械的日常保养和维修,做到勤检查,勤注油,勤保养;四是,带非洲朋友使用机械特别要重视带作风,改变他们只用不修的不良

①据 2008 年 10 月 19 日访谈笔记,张德顺、宋贵生、于琛口述。

习惯,使他们树立爱护机械的思想,经常保持机械的良好状态。①但也留有遗憾,修理机械,必不可少的物资条件是配件。近6年的施工实践证明,必须努力做到及时按品种规格、数量保证配件供应,才能更好地发挥机械的作用,但是这个问题始终没有解决好。国外的机械修理总是处在“等米下锅”的停机待修的紧张状态。由于机械种类复杂,需由国内运出大量品种复杂的原材料,有时供应不及时,国外修复和制造的配件质量又不高,仍会造成人员窝工、停工待料、停机待修的现象,机械效能得不到充分的发挥。总之,在施工机械的使用、配套和保养方面,坦赞铁路工作组虽存有遗憾,但成绩是主流。

二、精选人员,带好朋友队伍

坦赞铁路的施工建设实践证明,援外人员的选派要坚持少而精原则,要选派政治思想好,技术好,身体健康的人员出国。援建坦赞铁路的队伍,从数量上看,1972年施工高峰时最多为16,084人。从1970年开工到1976年移交,每年平均近万人分布在近2,000千米铁路线上施工,其效率是高的,速度是快的。从政治面貌上看,党团员占队伍的七成左右,绝大多数援外人员能够贯彻落实我国对外八项原则和各项政策,遵守坦赞两国政府的政策法令和当地人民的风俗习惯;能以身作则,“一不怕苦,二不怕死”,发扬全心全意为坦赞人民服务的优良作风。从技术上看,基本上能适应铁

①《援建坦赞铁路工作报告总结》,中土公司档案馆档案,1976年11月25日,第10页。

路建设要求，并在援外实践中学到了在国外施工的一些新的经验。人员构成上也存在以下一些问题：指导现场施工的技术人员偏少，对施工指导检查不力，由此也发生过问题，影响过施工的进展；技术工人中低级工多，技术较高的老工人少；实际操作能力适应需要，但技术理论知识不够高，带领当地工人进行机械化施工，传授技术与技术指导存在困难；还有一部分普通工和技术不对口工种也派出来了，增大了队伍的编制，少数援外人员人不能胜任本职工作。

在坦赞铁路建设过程中，有几万名坦赞两国人民积极响应他们政府的号召，抱着建设自己国家的愿望，从广大农村和一些城镇投入铁路建设的行列。他们是建设这条铁路的主力军，也是管理和使用这条铁路的主人。当地工人在铁路建设中主力军作用的发挥，主要是出于他们建设自己国家的强烈愿望，但是，也与中国援外人员在共同劳动中传思想、带作风、教技术、问生活、管安全等的积极工作不无关系。

中国援外人员在带领坦赞两国工人修建铁路、传授技术方面十分成功，主要经验教训如下。

第一，以身作则，言传身教。身教胜于言教，中国援外人员处处起模范作用，事事为非洲朋友作出榜样。例如，六机队的唐明富、二机队的徐周化等人每天上班来得早，走得迟；遇到困难抢在前，有了危险冲在前；耐心传授技术，热情关心非洲朋友的生活，上下班坐汽车让非洲朋友坐在驾驶室内，自己站在敞车上。他们的这种好思想、好作风对朋友的触动很大。许多非洲朋友学习他们的榜样，做出了很好的成绩，受到了三国政府和驻队官员的赞扬。

我国的各级干部深入实际，参加劳动，联系群众的好作风，都给当地工人和驻队官员留下深刻印象。

国外的培训工作，采取了以现场在职培养为主并辅以技校培训的方式。现场在职培训大体上经历了三个阶段，即开始是带个人，而后是带组织，最后是教独立操作。现场培训最普遍、最有效的方法是干中学、学中干，结合操作教理论。施工生产单位多以师傅带徒弟的方法包教包学；集中起来开办业余技术学习班，由技术人员或老工人任教，给予理论上提高，或定期搞技术表演，示范教学。临管部门除实际带教外，还从上到下建立了教学、考试和评定制度，当非洲朋友基本学会独立作业以后，中国援外人员给予指导与帮助，有计划、有步骤地把工作交给他们去做。①

技校培训工作方面，施工期间主要是根据现场需要，在靠近工地的中心地区开办技术训练班，抽调施工和临管单位的一些非洲朋友进行短期的技术培训，学员学成后再回到原单位，把学到的技术理论同实际工作结合起来加以应用。实践证明，技校办训练班快速为坦赞两国培训了一批现场技术骨干力量，是十分成功的。另外，学校还开办了二十期的长期班，培训了一千多名技术人员，为坦赞铁路的建设和运营贡献了力量。

第二，正确对待非洲朋友，热情关心非洲朋友。由于坦赞两国过去长期遭受帝国主义和殖民主义的统治和压迫，因而在有些当地人民身上沾染了一些不良习气。因此之故，有些人对非洲朋友工作存在着“四嫌”：嫌有味，嫌懒，嫌笨，嫌麻烦；四怕：怕语言不通

---

①《援建坦赞铁路工作报告总结》，中土公司档案馆档案，1976年11月25日，第12页。

完不成培养任务；怕影响工作；怕说错话在涉外问题上犯错误；怕得传染病。[①] 但是绝大多数援外职工能够牢记国际主义教导，把当地工人视为阶级兄弟，政治上不歧视，思想上不嫌弃，和朋友同开一台车，共饮一壶水；雨天雨衣让给朋友穿，热天草帽让给朋友戴；重活脏活抢在前，手把手地教技术；还给朋友理发、补衣服、钉鞋、存款；朋友生病，带上食品去探望，问寒问暖，端水送药；转移工地时，帮助朋友搬家盖房子；有的单位为朋友修球场、协助朋友办食堂，从各方面热情关心朋友，充分发挥了朋友的劳动热情，使其以当家做主人的态度参加国家建设。很多朋友在铁路建设中早出晚归，节假日照常干活，在劳动紧张阶段，不少朋友推迟婚期和休假，带病、带伤坚持工作。经过几年的共同劳动与生活，中、坦、赞三国人民之间建立起深厚的友谊，这将在下文详述。

第三，依靠骨干，做好工作。参加坦赞铁路建设的坦赞两国工人有几万人，在一个施工生产单位朋友少则数百，多则上千人。这样庞大的当地工人队伍，仅仅靠中国援外人员去带，靠少数当地官员管理是困难的。因此，必须组织起来才能形成力量。经和当地官员协商，中国铁路工作组把当地工人队伍按任务的需要组成施工生产班组，并注意从劳动中发现和培养一批骨干，征得两国官员同意，经当地工人推选担任工班长、领工员和工管员，由他们再去组织和发动群众。中国援外人员经常同朋友骨干研究、商量问题，向他们传授组织劳动的方法，并在工作中给予信任、支持和帮助，令其在广大朋友队伍中树立他们的威信，使他们在工作中有职有

①《关于带好朋友传授技术的一点情况》（一机队），铁三局档案馆档案，1970 年 4 月 17 日，第 3 页。

权,坚定他们工作的信心,提高他们工作的能力,充分发挥了他们的骨干作用。

三、注重思想教育,关心职工生活

首先,关注援外人员的思想变化。在国外和国内工作有很大的不同,中国援外人员在异国他乡工作,思想易于波动,如不及时掌握解决,就会影响队伍的战斗力。坦赞铁路的实践证明,易于引起援外人员思想波动的主要因素有以下一些方面:(1)国际形势发生重大变化,特别是驻在国或邻国出现政局波动、边境冲突时,有些人怕政变,怕打仗,怕回不了国;(2)国内开展重大政治运动,有些人思想产生顾虑,滋长自由主义,传播小道消息;(3)信使到来前后,思想波动较大,收到信的高兴,没收到信的扫兴;来信报喜的思想上高兴,报忧的思想上沉重;(4)国外有人生病或发生伤亡事故,容易引起恐惧心理;(5)工地转移时,容易发生浪费,有的挑拣工作,怕苦怕累;(6)零星分散或经常出差人员容易产生纪律松弛、违反纪律现象;(7)靠近城镇施工,易受资产阶级思想影响;常在山区施工,又易放松思想警惕;(8)节假日容易思乡念亲,感到生活单调,心情苦闷;快到期时容易产生凑合思想;(9)有人犯某种错误遣送回国或受批判处分,容易产生畏难情绪,认为国外工作危险;(10)国内单位人员变动,提拔调动,或家庭困难、子女工作解决不了,容易产生援外吃亏思想,等等。①

---

①《援建坦赞铁路工作报告总结》,中土公司档案馆档案,1976 年 11 月 25 日,第 10~13 页。

对以上思想动向要及时进行了解，对症下药，方能做好深入细致的思想政治工作。中国铁路工作组在思想政治教育方面较为成功，主要做法是：一是提高广大援外职工国际主义觉悟，发扬其无产阶级国际主义精神，强调援建坦赞铁路是同支援世界革命联系起来的，是在为支援世界革命贡献力量，是我们应尽的国际义务。二是“政治挂帅”，将援外工作看成是贯彻落实毛泽东主席、周恩来总理的指示。强调坦赞铁路是毛泽东亲自决策的援建项目，始终受到党中央、国务院领导的亲切关怀。工作组各级党组织在执行任务中，坚持及时地、反复地贯彻落实毛泽东主席的教导和周恩来总理的指示，不断给予广大援外职工鼓舞和力量。

其次，加强安全教育。坦赞铁路建设的前两年，行车事故和伤亡事故较为严重。1971 年，“事故 1,000 起，死伤 870，相当于一个小团。过去是行车事故，现在是工伤、铁路运输事故。一年伤亡 800 多加上对方的可能近 1,000 人，一年一千，六年六千，这不仅是人员伤亡，机器损失，更重要的是有损祖国荣誉”①。其中，坦赞铁路第一起重大伤亡事故便发生于这一时期，“（1971 年）4 月 15 日，坦赞铁路工作组隧道队队长李景普和 3 名司机在伊林加至马坎巴科间因车祸遇难”②。1972 年，共发生事故 1,806 起，伤亡 1,703 人，其中死亡 67 人（职工 13 人），重伤 180 人（职工 68 人），较 1971 年伤亡人数上升一倍，造成死亡的主要原因是行车事故。全年汽车行车事故 237 起，死亡 36 人，占死亡总数的 63.7%，事故的性质

---

①《交通部杨杰部长在铁路工作组干部会议上的讲话》，铁三局档案馆档案，1972 年 1 月 18 日，第 1~3 页。

②张书舫、赵桂常：《中国土木工程集团公司大事记：铁道部援外办公室前期》，第 55 页。

也是严重的，继1971年发生隧道队队长李景普等人严重撞车事故牺牲后，72年又发生撞死五机队副队长魏连臣等人的严重车祸。由于行车事故轧死当地人，在当地人民群众中影响极坏，损伤了祖国声誉。① 下表中可以看出，在坦赞铁路建设前期，铁二局有不少援外人员正是因车祸而牺牲的。

后来，在中国铁路工作组、中国驻坦赞两国使馆的共同努力下，各种事故发生率明显好转，并曾创下过百日无事故的工作记录。据记载，截至1975年，在坦赞铁路施工建设中，共发生汽车、火车和工伤事故近6,000起，职工死亡48人，重伤221人，朋友死亡157人，重伤299人。② 数据中的伤亡人数虽然总数上仍不少，但重大伤亡事故所占比例在逐步下降，说明安全教育尤其是行车安全教育取得了一定成效。

铁二局援建坦赞铁路殉职人员名录

序号	姓名	籍贯	国内单位	国内职务	国外单位	殉职时间	死亡原因	出生年月	备注
1	李景普	河北丰润	二处	处长	隧道队	1971.4.15	国外因车祸牺牲	1927	爱人张楚英住北京
2	傅邦成	四川重庆	九处	汽车司机	隧道队	1971.4.15	国外因车祸牺牲	1945.1	爱人叶定明住重庆
3	陈学智	四川大足	九处	汽车司机	隧道队	1971.4.15	国外因车祸牺牲	1939.6	爱人方和珍住大足农村

①《1972年工作基本总结和1973年工作安排》，铁三局档案馆档案，1973年2月，第1~2页。

②《援建坦赞铁路工作报告总结》，中土公司档案馆档案，1976年11月25日，第8~10页。

（续表）

序号	姓名	籍贯	国内单位	国内职务	国外单位	殉职时间	死亡原因	出生年月	备注
4	毛义德	四川荣昌	九处	汽车司机	隧道队	1971.4.15	国外因车祸牺牲	1939.1	爱人邹天琼住荣昌农村
5	王兴国	江苏泰兴	七处	开挖工	隧道队	1971.6.18	国外伊朗基隧道洞内塌方牺牲	1936.3	爱人张云华住泰兴农村
6	刘继明	四川璧山			三机队二分队	1971.9.9	国外因轮胎爆炸钢圈崩砸牺牲	1944	爱人王书英住璧山农村
7	刘光福	四川五通桥	九处	开挖工	隧道队一分队	1971.11.30	国外因姆林巴隧道出口飞石牺牲	1946.6	爱人黄文兴住五通桥农村
8	陈树荣	四川五通桥	九处	开挖工	隧道队一分队	1971.12.23	国外因鲁姆威隧道斗车撞伤牺牲	1944.2	爱人杨淑华住五通桥
9	严光禄	四川遂宁	一处	电工	四机队五分队	1972.2.2	国外因拆除排架触电牺牲	1933.7	爱人曾青芳住隧宁农村
10	王乱章	河北曲阳	十二处	开挖工	隧道队二分队	1972.6.30	国外因基太提隧道八字墙塌方牺牲	1939.6	爱人王俊桃住曲阳农村
11	周书成	四川郫县	九处	内燃司机	隧道队一分队	1972.8.24	国外因飞石击伤牺牲	1943.10	爱人陈淑英住郫县农村
12	郭福生	山西屯留	建筑处	段长	五机队	1972.9.3	国外因车祸牺牲	1928.8	爱人刘桂英住成都
13	魏连成	河北通化	桥工大队	队长	五机队	1972.9.3	国外因车祸牺牲	1930.4	爱人郭翠莲住成都

（续表）

序号	姓名	籍贯	国内单位	国内职务	国外单位	殉职时间	死亡原因	出生年月	备注
14	刘忆岳	河北沧县	六处	工程师	五机队	1972.9.3	国外因车祸牺牲	1931.2	爱人沈仪文住武汉
15	张福顺	辽宁锦县	十三处	开挖工	隧道队五分队	1974.1.29	国外因车祸牺牲	1937.8	爱人王素华住沟帮子农村
16	万洪明	四川广汉	二处		三机队三分队	1974.3.20	国外因起吊水箱发生事故牺牲	1944.5	爱人李由凤住广汉农村
17	向永举	四川南部	八处	内燃钳工		1975.4	国外因车祸牺牲	1944.4	爱人余润珍住南部农村
18	陈明金	四川营山	新管处	起重工	谱架队	1975.5.22	国外因整修桥梁溜车牺牲	1946	爱人冉茂华住营山农村
19	高学仁	四川武胜	一处	白铁工	姆努加石场	1975.8.7	国外因车祸牺牲	1945.1	爱人李乾秀住武胜农村
20	张昭贵			汽车司机		1976.1.23	国外因车祸牺牲		
21	龚兴朝	贵州仁怀	八处	内燃司机		1976.1.23	国外因车祸牺牲	1944.10	爱人周仕芬住仁怀农村
22	罗毓升	山西祁县	一机厂	磨铣工	姆贝亚汽修厂	1977.2.1	国外因车祸牺牲	1944.1	爱人丁香住成都
23	张荣兴	四川金堂	一机厂	技师	姆贝亚汽修厂	1977.2.1	国外因车祸牺牲	1929.10	爱人唐仪轩住成都

（续表）

序号	姓名	籍贯	国内单位	国内职务	国外单位	殉职时间	死亡原因	出生年月	备注
24	李荣安	四川资阳	五处	普工	三机队五分队	1970.11.26	国外因肝癌病故	1933.2	爱人肖素超住资阳农村
25	徐友法	浙江常山	汽车二队	技术员	汽车四分队	1971.1.21	国外因脑溢血病故	1935.1	爱人严凤英住苏州
26	马志仁	山西榆社	机筑处	汽车司机	三机队	1971.5.31	国外因糖尿病病故	1935.10	爱人张春花住榆社农村
27	崔文应	四川射洪	十处	木工	三机队	1971.6.13	因食道癌回国在京住院病故	1921.2	爱人陈德华住桐梓
28	戴先利	四川江津	一机厂	内燃钳工	姆贝亚汽修厂	1971.6.26	国外因肺炎病故	1945.10	爱人陈和林住江津农村
29	陈守金	浙江建德	汽车二队	政工干事	汽车四分队	1971.6.20	因恶性肿瘤回国在沪住院病故	1929	爱人叶美凤
30	萧大金	四川德阳	五处	开挖工	四机队六分队	1972.2.21	国外因食道癌病故	1933.4	爱人王玉华住德阳农村
31	申德荣	四川合川	一处	石工	四机队五分队	1972.4.13	因鼻炎癌回国在蓉住院病故	1936.2	爱人周世珍住合川农村
32	陈攸福	四川简阳	十处	线路工	三机队四分队	1972.5.10	因食道癌回国在蓉住院病故	1923.8	爱人钟淑亮住简阳农村
33	孙照临	四川内江	一机厂	内燃钳工	姆贝亚汽修厂	1972.11.3	因肝癌回国在京住院病故	1932.1	爱人邹淑芬住内江

（续表）

序号	姓名	籍贯	国内单位	国内职务	国外单位	殉职时间	死亡原因	出生年月	备注
34	李福其	四川江津	桥工大队		四机队七分队	1973.1.13	国外因病病故	1944.12	爱人刘其芳住江津农村
35	冯天喜	四川云阳	二处		隧道队四分队	1973.4.13	国外因脑溢血病故	1943.4	爱人苏启梅住云阳农村
36	彭明亮	四川苍溪	十二处	开挖工	隧道队二分队	1973.5.19	国外因恶性疟疾病故	1933.12	爱人侯贵芳住苍溪农村
37	王友泽	辽宁营口	汽车四队	汽车司机		1973.5.23	因肝癌回国在沪住院病故	1929.10	爱人刘玉珍住营口农村
38	谢家高	四川安岳	机筑处	领工员	三机队二分队	1973.11.13	因急性肝炎回国在蓉住院病故	1934.9	爱人刘庚华住水城
39	陈洪金	四川江津	机筑处	推土司机	三机队二分队	1974.11.8	因肝癌回国在蓉住院病故	1936.6	爱人官国先住江津农村
40	陈申厚	四川合川	建筑处		二建队四分队	1975.11	回国休假中病故	1946.8	爱人兰安维住合川农村

资料来源：铁道部第二工程局局史编辑研究室：《铁二局史志：援建坦赞铁路资料专集》，1995 年，第 31~32 页。

再次，改善职工生活，提供医药保障。坦赞铁路建设过程中，中国援外专家遵照毛泽东提出的“自己动手，丰衣足食”教导，发扬南泥湾大生产精神，开荒种菜，养猪喂鸡，逐步实现了蔬菜、肉类、蛋品的部分自给。1972 年年初时，“全线计有三百多亩地，几千只鸡，两千多头猪”。①

坦赞两国的实践证明，在国外搞好副业，不但可以改善职工的生活，而且可以产生积极的社会影响。其一，中国援外人员数量大，副食用量很大，坦赞两国的市场小，并且控制在资本家手中，每当需要时，不是对方供不应求便是冲击对方市场，容易抬高当地物价。其二，在国外资产阶级生活方式比较普遍的情况下，中国援外人员发扬自力更生的光荣传统，可以有效抵制资产阶级思想侵蚀。其三，社会影响好，坦赞两国当地政府人员和驻队官员，两国工人和过路行人，经常到中国援外人员驻地的菜地、猪圈、鸡舍参观，总是赞不绝口。坦赞两国政府也号召当地人民学习这种精神，当地老百姓种菜、养鸡的越来越多了，有些当地工人也一面工作，一面开荒种地，学习中国人走上自力更生的道路，产生了良好的影响。②

坦赞铁路援外人员远离祖国，在非洲热带地区履行国际主义义务，对所在地方的气候多不适应；有些地区多发病和流行性疾病十分普遍，加之劳动强度大，因此，加强医疗卫生工作，保证援外人员的身心健康，对顺利完成援建任务，起到了较大作用。

在近 6 年的时间里，国内派出了相当数量的医务人员，供应了充足的药品。中国铁路工作组根据施工生产任务的进展情况，建立了医疗卫生系统，在施工生产单位适中地区设工地医院，各单位设有卫生所或医务室，加强了医疗卫生工作的领导，贯彻了预防为主的医疗方针，医务人员研究了地方性多发病的规律，采取措施，如对疟疾，发预防药加

①《交通部杨杰部长在铁路工作组干部会议上的讲话》中土公司档案馆档案，1972 年 1 月 18 日，第 1~2 页。

②《援建坦赞铁路工作报告总结》，中土公司档案馆档案，1976 年 11 月 25 日，第 8~10 页。

以预防。对流行性传染疾病(如痢疾、肝炎等),发动群众搞好饮食环境卫生,预防传染。各单位的医务人员,经常背起药箱到施工现场同职工一起劳动,发生病伤及时包扎治疗,对重伤病员及时抢救或护送医院处理。各工地医院除正常门诊住院治疗外,还经常派出医务人员奔赴工地现场进行巡回医疗。特别是在组织会战期间,医务人员同广大干部职工一起吃在工地、住在现场,一边参加劳动,一边防伤治病,为保障施工任务的完成起了重要作用。

四、加强联系,保障物资供应

修建坦赞铁路的各项工作基本上是同时进行的,在物资方面需要的数量很大、品种繁多,供应时间又很集中。这些物资大部分靠国内远洋运来,少部分是在当地市场采购的。中国铁路工作组在国内物质供应方面的主要经验与教训如下。

一是编好物资申请计划,加强国内外的联系和配合。国内外相距遥远,一种物资、一项材料由国内生产交货,加上海陆运输,最快要三个月才能运到国外。因此,加强国内外联系,特别是及时准确地编好国外的物资申请计划,防止国内供应与国外施工生产需要脱节,是保证施工生产顺利进行的一个非常重要的问题。施工初期,由于没有经验,也出现过相互脱节的现象。因为计划不周该要的来不了,不该要的来多了;有的临时追补计划,造成国内供应忙乱;有的急用东西来不了而影响施工生产。此后,按照施工部署,加强了物资工作的计划性,工作组每年编制年度申请计划,半年编制调整计划,施工生产单位都做年度、季度和月份的申请计划,力求准确、及时。既保证需要,留有余地,又打紧打实,防止冒领多要,造成积压浪费。国外工作组还经常检查执行情况掌握消耗,随施工情况的变化,及时与国内联系以保证物资供应。

物资到达国外后,坦赞铁路工作组抓紧了港口接运和工地运输工作,保证了工程的需要。几年来,由于国内千方百计尽快把物资提单送到国外,国外工作组加强与有关部门联系,争取对方大力支持和配合,缩短了提货时间,施工初期有些物资利用了东非铁路转运到工地,国外工作组还掌握了库存情况,每季进行一次物资平衡分配,坚持节约精神,挖掘潜力,调剂余缺,互通有无,尽量做到物尽其用。

二是做好物资储备,保证施工生产不间断地进行。鉴于国外进料周期很长。加之当地雨季漫长,道路中断,运输困难,搞好物资储备是保证施工生产不间断进行的重要措施,国外物资储备主要采取了三种形式:(1)集中储备。工作组编制申请计划时,对一些经常性消耗和不受保管期限的物资,多考虑半年的需用量。在当地采购的水泥、油类等,一般多储备一个月左右的需用,以备临时需要及时提供;(2)正常储备。主要是大队、厂一级单位,对于经常性消耗物资,原则上储备一个月左右的用量,以便于机动使用;(3)非常储备。主要是保证雨季需要的物资储备。如在雨季前建“三库”、“三料”,及以预备每年的防洪抢险物资等。①

①铁道部第二工程局局史编辑研究室:《铁二局史志:援建坦赞铁路资料专集》,第18页。

第四节 施工中结下的深情厚谊

“劳动同开一台车,休息同饮一壶水”[①],坦赞两国工人和中国援外人员在坦赞铁路建设过程中结下了深厚的友谊。张志民曾在《友谊暖在心窝里》一诗中这样写道:“日落星出回驻地,我和焦尼坐一起,焦尼给我拔蜂刺,我给焦尼补衬衣。”[②]援建坦赞铁路的中国工人在6年左右的时间里,诸如此类的互帮互助的故事是数不胜数的,这也是坦赞铁路之所以被称为“友谊之路”的主要原因之一。

客观而言,参与坦赞铁路援建的近6万人次的中国工程技术人员,他们与坦赞两国居民接触的机会并不多。他们中的绝大多数都是乘远洋客轮,经过10—20余日的海上漂泊来到达累斯萨拉姆这一港口城市,在达累斯萨拉姆接待站稍作休息后再辗转抵达坦桑尼亚或赞比亚施工驻地。由于铁路驻地绝大多数位于远离乡村与城镇的偏僻之地,加之极其严格的外出制度,中国援外人员除了汽车司机与医务人员外实际上与坦赞两国当地居民接触机会并不多,“因涉外纪律的约束,个人是严格不能随意外出离开工作地点的,很少到外地,有时外出也是集体活动,坐上解放汽车欣赏一下沿途自然风光。据机队的一位援外人员讲,他到坦桑后拉到工地一干就是两年,从未离开过工地。”[③]铁路建设期间,坦赞两国参与坦赞铁路建设的工人有10万余人,这些工人九

①王瑜本、俞乐观:《坦赞铁路在建设中》(电影台本),第23页。
②《友谊的彩虹》编辑小组编:《友谊的彩虹:坦赞铁路工地诗歌选》,第98页。
③李秋宝:《在援建坦赞铁路的岁月里》,《百年锤声》,第233页。

成以上没有修建铁路的技术,因此,在修建坦赞铁路的过程中,中国绝大多数工人和技术人员不仅和坦赞两国工人进行了广泛接触,而且充当了"老师"的角色。不单在技术方面,在生活方面,中国援外人员也多是值得学习的楷模。中国援外人员利用业余时间在驻地附近种菜、喂猪、养鸡、钓鱼,不仅丰富了生活,还改善了伙食。

不少坦、赞工人跟着中国人生活工作一段时间后,也学会了勤俭持家。一盒烟钱可买一千克烟叶,一千克烟叶加工后可抽一年。用白纸卷烟丝抽谓之"吹喇叭",中国职工吹,坦、赞工人也吹。在咖啡店喝一杯咖啡的钱可买一斤咖啡,自己冲着喝,可喝一个月,"黑人朋友对中国师傅非常尊敬、信任,有的将自己的工资存放在师傅处,在师傅指导帮助下,安排好家庭生活。"①中国专家业余时间钓鱼,日久天长,黑人朋友也学会钓鱼,在大桥附近经常可见中国师傅带着黑人朋友一起去钓鱼的温馨感人场面。②

在语言与体育活动方面,坦、赞工人常常又成了中国工人的"老师"。1972年,姆马段施工高峰时,中、坦、赞三国职工人数达到3万余人。在如此多的人员长时间的交往活动中,翻译的配备远远满足不了需要。1972年3月,援建坦赞铁路工作组开设了斯瓦希里语培训班,号召中国援外人员学习斯瓦希里语,"他们上课认真听,认真记,下课自觉学,反复练。一有机会就和当地朋友交谈,虚心向他们请教,边学边练,把课堂和宿舍全部变成了学斯语的课堂"③。

在周末闲暇的时间里,三国工人有时会在中国工人帮忙推铲出的足球、篮球运动场上上演球类比赛,"不少地方中方施工单位为黑人朋

①李秋宝:《在援建坦赞铁路的岁月里》,第262页。
②广东省交通厅编:《广东交通援外专家回忆录》,第66页。
③据2008年5月19日访谈笔记,靳辉口述。

友推出了足球场，在朋友中成了大事，星期天连礼拜也不做了，组织球赛。有时与援外职工对阵，我方往往败阵”①。

在长期的并肩战斗中，中国援外人员和黑人朋友建立了深厚的友谊，留下了许多友谊佳话。兹略举几例。

坦赞铁路破土开工不久，在坦赞铁路温泉山工地，中国援外工人杨国珍受上级委托正带领一支机械修路小分队赴前沿工地维修筑路机械。到达目的地后，这支临时机修队就进行了紧张的抢修工作。当杨国珍正在调试一台刚刚修复的推土机时，突然，从正要被推倒的大树上飞起一群毒蜂，蜂群像一股黑色的旋风向推土机袭来。在这危急时刻，一位坦桑尼亚青年飞步跑来，他边跑边脱下身上的绿色工作服，迅速跳上推土机，将衣服蒙在杨国珍头上，接着，他又跳下车，捡起树枝，点起火把，与毒蜂搏斗起来。毒蜂最终被驱散了，杨国珍脱离了危险，这位叫阿布萨里的坦桑尼亚青年却被毒蜂蜇伤了，脸肿得十分厉害。杨国珍感激地捧着绿色工作服坚持要带阿布萨里去工地医院，阿布萨里开始拒绝继而同意了。两人后来成为亦师亦友的关系。杨国珍用“三话”（中国话，坦桑尼亚话和“比划”）教阿布萨里维修机器，阿布萨里则教杨国珍如何说斯瓦希里语。不到半年，阿布萨里已能独立维修机械设备了。②

1971 年 11 月，在姆马段卢姆韦二号隧道施工现场，中国工程技术人员杨永富在工作中不慎掉进“漏斗”里去了，石渣顺着杨永富的身体一起下涌，顿时便把杨永富齐胸埋在漏斗里。姆辛加闻讯后立即前来营救，他跑到下开挖道，迅速而又小心地用铁锹把石渣从漏斗中往下

---

①李本深、黄金如：《在坦赞铁路修建的日子里》（续），第 49 页。

②杨国珍、辛汝忠：《友谊之歌》，《来自坦赞铁路的报告》，第 289~290 页。

掏。在其他人员的帮助下，大部分石渣被掏出了漏斗，这时已经处于半昏迷状态的杨永富全身露了出来，但是大家的心却绷得更紧了，原来杨永富正倒在两块卡着的大石头空隙之间。战友们清楚：如果石头一动，杨永富就会有生命危险。在此千钧一发之际，姆辛加不顾自身安危，伸出双臂，挡住两块上百斤的大石头，让其他战友乘机掏出漏斗中剩余的石渣，以便把杨永富顺畅地漏下去。在苦撑石块期间，姆辛加手臂被下落的尖石划破，但他毫不在意，一动也不动，死死地撑住那两块石头，直至杨永富被解救出来。①

同年 12 月，在姆潘加河畔一号隧道工地上，中国老工人严万国带领战友们在修整边墙，由于施工中遇到了坚硬的沙石地段，于是，他决定用炸药爆破施工。当炸药导火索点燃后，坦桑尼亚混凝土工人纳乌连西突然从洞内走了出来，严万国大声喝止纳乌连西停下，但由于语言不通加之机器声音嘈杂，纳乌连西还是径直走了出来。严万国看到情况十分危急，便奋不顾身地奔向纳乌连西，一个猛扑，将纳乌连西压倒在地，炸药在严万国与纳乌连西倒地不久就发生爆炸。纳乌连西立即明白了事情的真相，激动地握着严万国的手向其道谢。②

在 1972 年的一次抗洪抢险中，两位黑人朋友不幸遇难。一天夜晚，咆哮的山洪卷着岩石与树木冲进中国援外职工与当地工人的驻地，人们不顾一天的疲劳，趟着过膝的洪水奋力抢救工具、行李与物资。当地工人知道中国援外职工的人员不多，纷纷赶到援外职工驻地帮忙抢运物品。水势涨势凶猛，集体食堂的粮食尚未完全抢运出来，洪水齐腰深时，驻队官员命令工人赶紧撤离，老工人安诺齐切和青年工人安东奎

①《他们是真正的朋友：记修建坦赞铁路的坦中两国工人互救互助的事迹》，《我们的朋友遍天下》，北京：人民文学出版社，1972 年，第 129~131 页。

②《人民日报》，1972 年 7 月 18 日，第 2 版。

希再次冲进食堂,希望再多运出一些东西。不妙的是,一个3米多高的洪峰轰然而下,房屋被冲垮了,汽车被冲跑了,便桥也被冲毁。安诺齐切和安东奎希机智地爬上一棵树。不幸的是,大树也最终被洪峰冲倒,他们俩被凶猛的洪水吞噬,光荣地献出了宝贵的生命。①

令人欣慰的是,中、坦、赞三国工人之间的情谊,并没有因坦赞铁路的竣工而终止。20世纪80年代,中国援建赞比亚赛曼公路的职工对此有着亲身的体会,“我们和黑人朋友建立了深厚的友谊,大家互相尊重、互相信赖,有外国老板用高薪聘请他们,他们也不为所动,黑人朋友技工说:‘外国人歧视我们还打人骂人,中国人尊重我们,待我们当兄弟。’有不少赞比亚技工,从修建坦赞铁路起到现在就一直跟着我们中国人。”②黄华林这样写道:“有的是中国援坦铁路组培养出来的,铁路建成后,他们又自愿转到援赞公路组工作,有的干了十多年,虽然在这里工资相对较低,但在这里工作心情舒畅,外面工资再高也不愿去。有一位平地机驾驶,叫马江碧,是在中国援坦赞铁路组学的技术,工作认真负责,技术一流,许多白人的工程单位都看上他,有的出高薪聘请他,他却一一拒绝了,他说:‘别处工资再高我也不去’,问他为什么?他说:‘舍不得离开中国人。’”③

第五节　试办运营与项目移交

根据三国政府1975年9月签订的《坦赞铁路第七次会谈纪要》,中

①《怀念两位黑人朋友》,中土公司档案馆档案,1973年5月22日,第2页。
②广东省交通厅编:《广东交通援外专家回忆录》,第65页。
③广东省交通厅编:《广东交通援外专家回忆录》,第91~92页。

国援建坦赞铁路工作组与坦赞铁路局密切配合，积极筹备，于 1975 年 10 月 22 日开始了试办运营业务。①

在试办运营期间，中国援建坦赞铁路工作组一方面集中力量抓紧全线的设备配套、工程收尾、检查验收和工程移交等大量工作；另一方面，为适应试办运营的需要和为移交后正式运营管理作准备，在中国援建坦赞铁路工作组内部设立了运管组，调配了铁路运营管理的各类人员，积极开展了试办运营业务。

在试办运营开始之前的工程施工阶段，根据赞比亚政府的要求，于 1974 年 4 月和 1975 年 8 月至 10 月间，已铺轨通车的路段就为赞比亚政府紧急抢运了小麦、焦炭、钢材、铜等各种进出口物资 72,961 吨，其中 1974 年 4 月 41,041 吨，解决了赞比亚当时的燃眉之急。②

在 1975 年 10 月 22 日至 1976 年 7 月 13 日这段试办运营期间，共为坦赞两国运送物资 36 万多吨（其中为赞比亚运输铜 15 万吨），输送旅客 25 万人次。

旅客列车的开行，备受坦赞两国人民的欢迎。当客车第一次运行在坦赞铁路线上时，沿线附近的各地人民群众自动聚集在各车站，载歌载舞欢庆旅客列车的开行，省会所在地的较大车站还举行了庆祝活动，乘坐列车的旅客反应较好，称赞列车上卫生条件好、乘坐舒服，没有摇晃的感觉，票价也便宜。火车运营初期，赞比亚报纸上刊登了一篇文章，说出了乘车的感受“要不是车站喇叭播放的非洲旋律的歌曲的提醒，你真会觉得你现在是否在非洲呢！”③旅客人数迅速增加，客车超员严重，为此，从第六列客车起适当加增了硬席车，以满足旅客乘车的

①广东省交通厅编：《广东交通援外专家回忆录》，第 2 页。

②《试办运营工作的成绩与不足》，中土公司档案馆档案，1976 年 8 月 12 日，第 1 页。

③The Times, Jul. 26, 1976, p.5.

需要。

在试办运营期间,运管组和两个临管组主动与坦赞铁路局、分局建立业务联系,积极开展了运营管理工作,为加强双方协调合作、相互配合、及时解决运营中的问题,双方商定建立了运输、车辆、通讯等一系列规章制度。

经过8个月的试办运营,不仅为坦赞两国,尤其是为赞比亚运输了大量急需物资,输送了大批旅客,更重要的是检验了坦赞铁路的工程和设备,培养了坦赞两国运营管理人员,促进了坦赞铁路局运营管理机制的形成,从而为正式向坦赞两国政府移交铁路创造了条件。

布克在回顾当时工程移交时,不无感慨地说:"在国内修铁路,施工部门只要将线路工程及上部工程建好,具备了客货运输能力就可以移交给铁路局了。可我们移交给坦赞两国政府的这条铁路,不仅要具备承担客货运输的能力,而且还要提供完成客货运输任务的各种设施,以及为管理这条铁路的人们提供办公所需的各种设备……这些设施大的大到机车车辆修理工厂,小的小到旅客进站检票时用剪票夹。移交时,光是交给坦赞铁路局的中、英文本的技术文件,就达26套(每套13,000多张图纸)342册。这样齐全的设施,不仅在国内铁路建设史上没有过,恐怕在国际铁路建设史上也是绝无仅有的!"①

根据三国政府1975年9月签订的《坦赞铁路第七次会谈纪要》中"关于坦赞铁路竣工后的交接问题"的规定,坦赞铁路的检查验收工作从1975年第四季度开始准备。1976年3月2日,由三国政府委派的官员,同中国援建坦赞铁路工作组和坦赞铁路局派出的官员、技术人员,

①《布克组长在善后工作组会议上的发言稿》,中土公司档案馆档案,1978年10月20日,第2页。

就坦赞铁路工程设备的检查验收工作举行了会议，会议决定组成“坦赞铁路工程设备检查验收组”，并讨论通过了《坦赞铁路交接准备工作办法》。检查验收工作由各自委派的代表和技术人员分别组成工务、房建、通信信号、机械、运输、物资6个专业组联合进行。为便于全面检查验收，以铁路分局直属的站、段、厂、所等为单位，划分为64个基层检查验收单位，中国援建坦赞铁路工作组和坦赞铁路局分别指派基层单位各自的负责人参与其管辖范围内的检查验收工作。①

各专业组和基层单位对工程、设备、备件，除按清单进行全面清点外，还对所做工程进行了大量的实地丈量、测试，对各种机械设备进行了操作运转试验，其主要内容如下。

在线路方面，检查了路基和排水设施；检查了铁道上部建筑各部位，包括道砟、轨枕的质量和数量，钢轨和扣件的状况；测量直线和曲线的轨距及曲线正矢值；测量道岔各部位尺寸；检查了桥涵结构的各部位和墩台冲刷情况；检查了隧道、明洞、道口和各类线路标志的使用情况；对通信站、增音站、大站电器集中和小站通信信号以及通信电线路等通信信号设施进行了各种测试；对各种生产、办公房屋和生活房屋以及站台、雨棚、道路、给水排水等工程进行了全面检查。

在客货运输设备方面，对机车车辆修理厂和沿线机务，车辆段、所，以及工务、电务、运输、材料厂等方面所配备的机械设备状况及其加工修理能力、使用性能和效果等，分别进行了检查或操作运用试验；对机车、车辆除进行外观检查和清点外，还对机车的柴油机、液力传动装置、冷藏车及客货车辆进行了测试。

---

①《认真做好坦赞铁路检查验收工作》，中土公司档案馆档案，1976年4月24日，第2页。

在机械设备方面，在姆林巴至新卡比里姆博希分别随机进行了机车牵引试验及性能检查。各专业组和基层单位的检查验收工作于1976年3月25日相继开始。根据已商定的办法和要求，对其管内的工程设备、备件进行了全面检查验收，并作出书面检查验收记录，各专业在重点检查验收和审查基层单位检查验收记录的基础上，进行了总结、写出了专业检查验收报告。各专业组和基层单位的检查验收工作，于1976年6月8日圆满结束。

鉴于坦赞铁路工程浩大，门类繁多，为了尽早发挥铁路在坦赞两国国民经济中的作用，检查验收工作是在铁路最后一些收尾工作正在进行和试办客货运营期间进行的。为此，在检查验收中，对于一些需要修缮或补配的问题，经过友好协商，在取得一致意见的基础上进行了妥善处理，并分别签署了《坦赞铁路检查验收修缮项目单》《待配设备清单》和《待配设备配件清单》，对上述问题，中国方面在验收后尽快进行了修缮、补配了设备和配件。①

检查验收工作量虽然很大、内容十分复杂，但由于中方做了细致的准备工作，以及各方代表的友好合作，使得工作进展十分顺利。在坦赞铁路移交前，中方重点抓了两个方面的工作：设备配套与工程技术文件。

为使坦赞铁路在移交时达到配套齐全，行程能力符合三国政府签订的有关协议要求，1973年3月29日，交通部派出了设备配套小组赴坦赞两国，负责落实坦赞铁路的设备和配套问题。设备配套小组会同铁路工作组，召开了会议，研究确定了设备配套的原则和工作部署，并深入现场，具体落实设备情况，经过4个多月的工作，编制出了全线运

①《待配设备清单和配件》，中土公司档案馆档案，1977年1月18日，第1页。

营的主要设备配备表，明确了国内外分工，并确定了以下分配原则：1.为便于受援国管理和使用，运营设备应尽量采用标准设备，减少非标准设备；2.必须使用的非标准设备应力求规格统一；3.为充分发挥国外已有施工设备的作用，运营所需要设备应尽量从施工设备中留用；4.凡是在国外能制造的非标准设备不再由国内制造，以减少运输过程。①

坦赞铁路全线共有126个运营单位，不包括两个机辆厂，其中，坦桑70个，赞比亚56个，共需配备运营主要设备396种15,833台件，其中坦桑364种8,129台件；赞比亚277种5,889台件，占37.2%；备用1,815台，占11.5%。②

工程收尾工作中，编制工程技术文件也是一件繁重的任务，它包括全年各项工程单项的和综合的图纸、资料、表格与文字说明，并需译成英文、形成中英文本。

检查验收举行了多次会议，听取和审查了专业检查验收报告和基层单位检查验收记录，一致认为，坦赞铁路各项工程和设备的数量与质量，符合三国政府审定的《坦赞铁路勘测设计报告》，一致通过了向三国政府提交的《坦赞铁路工程设备检查验收报告》。

赞比亚、坦桑尼亚和中国三国政府关于坦赞铁路的第八次会谈，于1976年7月5日至8日在卢萨卡举行。参加会谈的有：以动力、运输和交通部长马波马为团长的赞比亚政府代表团，以交通和运输部长坦道为团长的坦桑尼亚政府代表团，以外经部长方毅为团长、铁道部副部长苏杰为副团长的中国政府代表团，以及中国铁路工作组组长布克和坦赞铁路局官员等。在这次会谈的开幕式上，三国政府代表团团长都强

①《转发关于做好坦赞铁路配套工作的指示》，中土公司档案馆档案，1973年3月25日，第1页。

②新辉：《当代中国铁路对外经济技术援助》，第94页。

调了坦赞铁路胜利建成的重大意义。三国政府代表团认为,坦赞铁路各项工程和设备的数量和质量是令人满意的,符合三国政府签订的协议和规定。8个月的试办运营表明,坦赞铁路已具备交接条件,三国政府商定1976年7月14日为坦赞铁路交接日期。自1976年7月14日起,坦赞铁路由坦赞两国政府负责经营管理。①

在这次会谈中,三国政府代表团讨论了有关坦赞铁路竣工、移交和移交后的技术合作等问题。7月8日,三国政府代表团团长签署了《关于坦赞铁路第八次会谈的会谈纪要》《坦桑尼亚联合共和国、赞比亚共和国和中华人民共和国关于坦赞铁路技术合作的议定书》以及其他三个议定书。赞比亚总经理穆登达和外交部长姆瓦勒出席了签字仪式。

在签字仪式上,坦桑尼亚政府代表团团长坦道发表讲话说:"坦赞铁路工程是一个罕见的复杂工程。它在当今世界的国际合作方面是无与伦比的。它象征着第三世界人民之间的团结。"他指出,在铁路修建过程中,中国、赞比亚和坦桑尼亚人民战胜了帝国主义的种种阴谋,保证了铁路的胜利建成。他强调说:"这条铁路不只是对赞比亚和坦桑尼亚具有无法估量的意义,而且对整个自由非洲具有重大意义。它是真正伟大的自由铁路。"

赞比亚政府代表团团长马波马在讲话中说:"刚刚结束的第八次会谈,胜利地显示了三国政府在建设坦赞铁路方面取得的伟大成绩。"他强调说:"我们决心确保这条铁路成功,以作为一个永远留在人们记忆中的持久的和相称的纪念碑。"马波马在讲话中还向在修筑坦赞铁路中牺牲的坦桑尼亚、赞比亚、中国的工人和技术人员表示敬意。

中国政府代表团团长方毅在讲话中说:"坦赞铁路现已伸展在坦

①《三国会谈纪要简报》,中土公司档案馆档案,1976年7月30日,第4页。

桑尼亚和赞比亚美丽富饶的土地上。像一条美丽的友谊纽带，把你们两个友好国家紧密地联结在一起。这一生动的事实，无情地驳斥了敌人的无耻谎言。”他说：“我深信，勤劳智慧的坦桑尼亚和赞比亚人民，不仅能胜利建成坦赞铁路，而且也能很好地管理和使用它，使它在发展民族经济，捍卫民族独立，支持非洲人民反对帝国主义、殖民主义和霸权主义的斗争方面，发挥积极的作用。”①

1976年7月14日，三国政府代表在赞比亚签订了《坦赞铁路交接证书》，其主要内容是：“1976年3月25日至6月8日，三国各自委派的代表会同坦赞铁路工作组和坦赞铁路局，对坦赞铁路各项工程、设备进行了全面检查验收，一致认为数量和质量等符合三国签订的有关协议、规定，自1976年7月14日起，中国政府将坦赞铁路正式移交给坦、赞政府。”②当天，在坦赞铁路终点站新卡比里姆博希举行了隆重的交接仪式。赞比亚总统卡翁达，坦桑尼亚总统尼雷尔，刚果总统蒙博托，博茨瓦纳总统卡马，赞比亚联合民族独立党总书记祖卢和总理穆登大，以及坦、刚、博政府代表团的全体成员，参加了交接仪式。中国政府代表团团长，国务院副总理孙健和代表团全体成员参加了仪式。参加仪式的还有：赞比亚驻华大使马西耶，坦桑尼亚驻华大使卢辛德，中国驻赞比亚大使李强奋，中国驻坦桑尼亚大使刘春和中国铁路工作组组长布克，参加修建铁路的赞比亚、坦桑尼亚和中国三国的工人与技术人员、坦赞铁路局官员和赞比亚各阶层人民，以及各国驻赞比亚外交使节和非洲自由战士。

当天，新卡比里姆博希车站洋溢着中、坦、赞三国人民友谊的热烈

①《人民日报》，1976年7月15日，第2版。

②张书舫、赵桂常：《中国土木工程集团公司大事记：铁道部援外办公室前期》，第163页。

气氛。卡翁达总统、尼雷尔总统和毛泽东主席的巨幅画像悬挂在车站的建筑物上。车站建筑物上还挂着巨大的红色横幅,上面用中文和英文写着:“赞比亚、坦桑尼亚和中国人民之间的友谊万岁。”车站上,赞比亚、坦桑尼亚、中国、刚果和博茨瓦纳五国的国旗以及许多彩旗迎风飘扬。

交接仪式在中国、坦桑尼亚、刚果、博茨瓦纳和赞比亚五国的国歌声中开始。卡翁达总统、尼雷尔总统和孙健副总理先后发表了讲话。

卡翁达说,在中华人民共和国援助下建设的,把我们坦、赞两个国家联结起来的钢铁轨道,是牢不可破的。他庄严宣布,由坦桑尼亚人民和赞比亚人民同毛泽东主席领导下的伟大的中国人民一起胜利地联结起来的这条铁路,“不能让任何人,任何国家把它拆开”。他说:“这是坦桑尼亚人民和赞比亚人民所决不允许的。这也是博茨瓦纳、刚果和包括莫桑比克在内的其他兄弟的前线国家所决不允许的,这些国家把团结看作非洲解放和非洲统一的基石,它们为实现这一地区的统一和整个非洲的人民的崇高愿望而完全承担了义务”,“为了共同的事业,赞比亚保证把它的精力和资源献给这一斗争”。

尼雷尔说:“这条铁路,我们的铁路,已经建成了。坦桑尼亚和赞比亚已被这条铁路联结起来了。”他说,“这条铁路将对非洲和第三世界的发展”作出“重要贡献”。他指出:“这条铁路通过赞比亚的东北部地区为它提供了一个最重要的出海口,这条铁路已把包括整个鲁菲吉盆地在内的坦桑尼亚的重要但不发达的地区,同达累斯萨拉姆港和坦桑尼亚的其余部分联结起来。”“这条铁路将大大促进我们两国之间的贸易,并且总的来说,终将促进东部非洲和南部非洲之间的贸易。因此,这条铁路将加强促进第三世界国家间的贸易,从而使我们进一步摆脱新殖民主义剥削。这条铁路将帮助非洲这一部分的各国人民在争取非洲解放的斗争中发挥他们的作用。因为这条铁路将加强我们两国的力量，而坦桑尼亚和赞比亚都完全承担义务，来使用它们的力量，支持我们大陆的彻底解放。”尼雷尔还说：“我们必须用我们的生命，用我们艰苦的、专心致志的和有纪律的工作来保卫这条铁路。”尼雷尔总统还对中国人民作了友好的讲话，并对中国援建坦赞铁路表示谢意。

孙健说：“坦赞铁路自 1970 年开工以来，在尼雷尔总统、卡翁达总统和毛泽东主席的亲切关怀下，经过坦、赞、中三国工人和工程技术人员同心协力，艰苦奋战，只用五年多的时间就提前完成了。它的胜利建成，是坦、赞人民坚持独立自主地发展民族经济的伟大胜利。它大长坦桑尼亚、赞比亚和伟大非洲人民的志气，大灭帝国主义、殖民主义和大国霸权主义的威风。它无情地宣告了帝国主义者对修建这条铁路所制造的各种谰言的彻底破产。它用铁的事实证明：已经站起来了的伟大非洲人民，完全能够用自己的双手把自己国家建设起来。我们相信，坦赞铁路的建成和投入运营，必将对进一步发展坦赞两国的民族经济，密切两国人民的兄弟友谊……在修建坦赞铁路的过程中，坦、赞、中三国工人和工程技术人员并肩战斗，同甘共苦，互相关心，互相学习，为第三世界人民的团结合作树立了一个范例。他们中有的已经为这条友谊之路献出了自己的生命，用鲜血浇灌了坦、赞、中三国友谊之花，我们将永志不忘。在庆祝坦赞铁路胜利建成的今天，我们可以自豪地说，这条铁路是一条钢铁的友谊纽带，它把坦、赞、中三国人民的心更加紧密地连在一起了。中国人民十分珍惜同坦赞两国人民在反帝反殖共同斗争岁月中结下的深厚友谊和战斗团结，并且决心让它世世代代地传下去。”

最后，中、坦、赞三国领导人互赠礼品，三国领导人和群众热情地握手、拥抱，共同庆祝坦赞铁路的胜利竣工。①

坦赞铁路移交后，中国援建坦赞铁路工作组立即撤销。为了妥善处理坦赞铁路的善后工作，1976 年 7 月成立了善后工作组。

此外，按三国政府规定及移交记录，在铁路移交时尚未及时配齐的设备、配件和技术资料，由善后工作组负责陆续将之补配给坦赞铁路局。1978 年，善后工作全部完成。

中国工程技术人员乘远洋客轮前往坦赞两国参加坦赞铁路建设

①《人民日报》，1976 年 7 月 16 日，第 1 版。

铺轨机在铁路与公路立交桥下铺轨

1973 年 7 月，坦赞铁路铺轨过境庆祝仪式在坦赞两国边界举行

布克组长向尼雷尔、卡翁达汇报工作情况

1973 年 7 月，坦桑尼亚姆贝亚省的群众举行集会，热烈欢呼坦赞铁路铺轨到该省

1973 年 7 月，赞比亚人民观看谦比河大桥的架梁工程

1974 年，中赞两国工人并肩战斗，在赞比亚境内的沼泽地里修筑铁路路基

1974 年 2 月，毛泽东、周恩来接见卡翁达夫妇后合影

1974 年 3 月，坦桑尼亚总统尼雷尔访华时周恩来、叶剑英、李先念、邓小平等在机场迎接

1974 年 3 月，毛泽东主席接见尼雷尔总统

达姆段铺轨完成后，满载着铁路建设物资的列车向姆马段工地转移

1975 年 5 月，卡翁达总统、尼雷尔总统在下火车后向坦桑尼亚境内欢迎他们的人群招手致意

1975 年，坦赞铁路试运营期间赞比亚境内的姆比卡站铁路立交

坦赞铁路全线建成通车后,列车驰骋在非洲大地上

第六章　中国参与坦赞铁路技术合作的历程

为使坦赞两国尽快独立运营坦赞铁路，早在坦赞铁路建设期间，中国既已注重加大对两国有关人员进行专业培训：在北方交大（今北京交通大学）为坦赞两国各培养 100 名留学生，其中 179 名学成毕业；在达累斯萨拉姆专设一个中国专家组，对部分坦赞铁路上层人员进行培训并对铁路规章制度及定员进行编制；协助两国从铁路施工队伍及社会上择优选聘中、基层经营管理人员；在姆皮卡技术学校及沿线开设临时技校进行培训，为坦赞铁路移交后坦赞人员逐步独立经营管理打下了坚实基础。① 可见，中国在坦赞铁路移交前便已经参与了坦赞铁路的经营管理工作。坦赞铁路投入运营 40 余年来，为了保障铁路的顺利运转，中国政府先后向坦赞两国派出了 16 期的铁路专家组，提供了累计近 3,000 人次的技术指导与数十亿元人民币的各项贷款，并帮助两国建立了一整套铁路运营规章制度，培训了大批铁路运营管理人才。有关中国参与

---

①《当代中国》丛书编辑委员会：《当代中国的铁道事业》（下），第 432~433 页；张铁珊：《友谊之路：援建坦赞铁路纪实》，第 378~379 页。

坦赞铁路技术合作方面的情况，前人已有论述。[①] 在参阅既有研究成果的基础上，本章将根据有关资料，对坦赞铁路移交以来我国参与坦赞铁路技术合作方面的情况进行粗略梳理与探究。

第一节　参与坦赞铁路技术合作简况

一、技术合作的概念与简况

在我国，技术合作是“对外经济技术合作”的简称，其概念“简言之，就是在坚持独立自主、自力更生的基础上，本着和平友好、平等互利的原则，同世界各国开展多形式、多层次、多渠道的经济技术交流”[②]。根据前副总理陈慕华的说法，我国的技术合作事业始于“对外提供经济技术援助”，后来略有变化，“由过去单纯对外提供援助，发展为有出有进、有给有取多种形式的互利合作”[③]。陈慕华所说的变化，实际上强调的是我国开展技术合作时所坚持的原则的变化，即由周恩来提出的“援外八项原则”逐步向赵紫阳提出的“四项原则”转变。1983 年 1 月，赵紫阳总理在访问坦桑尼亚时宣布了中国同第三世界国家开展经济技术合作的四项原则，即“平

---

①张铁珊、靳辉、罗维一分别在坦赞铁路运营 10 周年、15 周年、20 周年之际撰文记述了中国参与技术合作的情况。详见张铁珊：《友谊之路：援建坦赞铁路纪实》，第 376~385 页；靳辉：《当代中国铁路对外经济技术援助》，第 110~116 页；罗维一：《坦赞铁路运营管理》，第 161~188 页。

②《当代中国》丛书编辑委员会：《当代中国的对外经济合作》，第 2 页。

③《当代中国》丛书编辑委员会：《当代中国的对外经济合作》，第 1~2 页。

等互利、讲求实效、形式多样、共同发展”。其具体内容是:一、遵循团结友好、平等互利的原则,尊重对方的主权,不干涉对方的内政,不附带任何政治条件,不要求任何特权。二、从双方的实际需要和可能条件出发,发挥各自的长处和潜力,力求投资少,工期短,收效快,俾能取得良好的经济效益;三、方式可以多种多样,因地制宜,包括提供技术服务、培训技术和管理人员、进行科学技术交流、承建工程、合作生产、合资经营等等。中国方面对所承担的合作项目负责守约、保质、重义。中国方面派出的专家和技术人员不要求特殊的待遇。四、上述合作之目的在于取长补短,互相帮助,以利于增强双方自力更生的能力和促进各自民族经济的发展。① 可见,“四项原则”在条款内容上虽然比“援外八项原则”少了一半,但是在内涵及导向上却有了新的变化。中国参与坦赞铁路的技术合作,在不同历史时期里都体现出了上述原则。

我国参与坦赞铁路技术合作的主要原因有二:一是,根据“援外八项原则”第7条内容,我国政府在对外提供任何一种技术援助的时候,“保证做到使受援国的人员充分掌握这种技术”。我国第一代领导人毛泽东、周恩来等曾多次口头承诺教会坦赞铁路的各方面技术,“搞铁路的也应该主要是教会你们勘察、各种建设、修路、桥梁。各种技术人员都这样,将来我们一走,你们就完全可以自己管理了。如果不教,那就不好哩”②。铁路运营是一项十分复杂的系统工程,它不仅要求较高的运输、财务、劳资统筹能力,还要求较好的机车、车辆、工务、电务等方面的管理能力。由于坦赞铁

①《当代中国》丛书编辑委员会:《当代中国的对外经济合作》,第7页。

②《毛泽东与外国首脑及记者会谈录》编辑组:《毛泽东与外国首脑及记者会谈录》,第288页。

路横跨两个国家，运输线路长，停靠点多，沿线地区地形复杂，因此，虽然我国政府在坦赞铁路建设期间就重视为坦赞两国培训铁路人才，如：从坦赞两国选派学员赴中国的北方交通大学留学；在赞比亚设立姆比卡铁路技术学校以培训人才；通过“传帮带”的形式，在施工中手把手地教坦赞两国工人进行操作等，但是，坦赞两国的工人和技术人员在短期内难以胜任坦赞铁路的运营与管理工作，因而迫切需要我国专家继续提供技术指导。

二是，坦赞两国出于多方面考虑，在本国工人已掌握铁路运营与管理的基本技术后仍积极争取中国参与坦赞铁路的技术合作，并以不定期磋商和签订协议的方式将中方参与坦赞铁路技术合作的事宜确定下来。1976 年 7 月 14 日，中国政府向坦赞两国政府正式移交了坦赞铁路，同时撤销了中国援建坦赞铁路工作组。当日，中、坦、赞三国政府代表在卢萨卡签订了《中华人民共和国政府和坦桑尼亚联合共和国政府、赞比亚共和国政府关于坦赞铁路技术合作的议定书》（以下简称《议定书》），方毅、坦道以及马波马分别代表各自政府在《议定书》上签字。《议定书》共有 8 条内容，涉及中国参与坦赞铁路技术合作的人员数量、工作时段、薪资待遇、休假制度等多方面内容。[①] 详见附录四。根据《议定书》的规定，第一期技术合作时，中国政府将派遣 1,000 名左右的工程技术人员，组成“中国铁路专家组”，自 1976 年 7 月 15 日开始对坦赞铁路的运营和管理工作提供技术指导。该《议定书》为以后各期的技术合作议定书的签订提供了样板、奠定了基调。目前，中国政府已先后同坦

①《中华人民共和国政府和坦桑尼亚联合共和国政府、赞比亚共和国政府关于坦赞铁路技术合作的议定书》，《中华人民共和国条约集》（第 23 集），北京：世界知识出版社，1982 年，第 130～132 页。

赞两国政府签订了 15 期[①]技术合作议定书，提供了数十亿元人民币的无息贷款。截至 2013 年 11 月，中国政府共投入技术合作援助资金 15.8133 亿元，派出专家 2,846 人。[②]

中国参与坦赞铁路技术合作的各期时间及人员派遣情况详见下表。

中国参与坦赞铁路技术合作(1—15)期概况

期数	起止时间	期限	定员人数	实派人数	组长	副组长	办公室主任	坦分组组长	赞分组组长	合作方式（主要工作）
一	1976.07.15 1978.07.14	二年	1000	986	吴冶山 蔺志安	顾常仁 王文成	王泰恒 张志斌	王英本	刘长甫	技术指导
二	1978.07.15 1980.07.14	二年	750	750	顾常仁 李金榜	徐世福 张恩林	李广亮 张永福	朱明忠	徐国录	技术指导并培训各级技术管理人员
三	1980.07.15 1982.07.15 1983.08.09	三年	150	160	李金榜 赵　康	刘永康	张海君 王景洲	于文水	高震寰 路有麟	技术指导
四	1983.08.10 1986.08.09	三年	250	269	赵　康 靳　辉	王宏楷 张志英	王景洲 张永福	卢永昌 刘常仁	路有麟	技术指导并参与管理

①据中土公司坦赞铁路项目振兴办公室主任晏志华告知，坦赞铁路第 16 期技术合作时间已确定为 2015.1.1—2017.12.31，但政府间议定书尚未签订。

②《李旭航代办、孙友红二秘应邀出席坦赞铁路第十四期技术合作六台机车交付仪式》，中华人民共和国驻坦桑尼亚经商代表处（http://tz.mofcom.gov.cn/article/todayheader/201311/20131100391673.shtml）

（续表）

期数	起止时间	期限	定员人数	实派人数	组长	副组长	办公室主任	坦分组组长	赞分组组长	合作方式（主要工作）
五	1986.08.10 1989.08.09	三年	170	227	张志英 醴长春	周明远	杨春生	刘万录	何达兴 郝宝金	技术指导并参与管理
六	1989.08.10 1992.08.09 1992.12.09	三年四个月	200	200	醴长春	_	李成亭 田智民 周金城	索振庆 夏恩沛	马金星 徐蔚润	提供技术援助并参与运营管理
七	1992.12.10 1995.12.09	三年	122	122	刘兆民	_	吕印堂	朗国平 李宝印	张百炼 卢永成	技术援助并参与运营管理
八	1995.12.10 1997.12.09	二年	35	35	杨德瑞	_	李　湘	_	刘锡臣	管理咨询和技术指导
九	1997.12.10 1999.12.31	二年	21	22	曾宗标	_	朱文英	_	童希夷	管理咨询和技术指导
十	2000.01.01 2001.12.31	二年	28	28	杜　坚	_	杨　毅	_	袁锦德 童希夷	管理咨询和技术指导
十一	2002.01.01 2004.12.31	三年	15	15	杜　坚	_	杨　毅	_	孙文华	管理咨询和技术指导

（续表）

期数	起止时间	期限	定员人数	实派人数	组长	副组长	办公室主任	坦分组组长	赞分组组长	合作方式（主要工作）
十二	2005.01.01 2006.12.31	二年	10	10	杜　坚	_	杨　毅	_	孙文华	协调贷款项目并提供咨询
十三	2007.01.01 2008.12.31	二年	6	6	苗忠	_	张健男	_	已撤销	协调贷款项目并提供咨询
十四	2009.1.1 2011.12.31	三年	8	8	苗忠				已撤销	协调贷款项目并提供咨询
十五	2012.1.1 2014.12.31	三年	8	8					已撤销	协调贷款项目并提供咨询

资料来源：刘海方、孟洁梅：《铁路时间：中国专家与坦赞铁路的技术转让》，《中国非洲研究评论》（2012），第 197 页；罗维一：《坦赞铁路运营与管理》，第 170 页；张铁珊：《友谊之路：援建坦赞铁路纪实》，第 390 页；《坦赞铁路历届技术合作中国专家组人员名单》，中华人民共和国驻坦桑尼亚经商代表处（http://tz.china-embassy.org/chn/jblm/ztgx/wsyzyfx/tztlzjmd/t417750.htm）

第二节　参与技术合作的四个阶段与主要工作

自 1976 年建成移交以来，中、坦、赞三国政府在坦赞铁路项目上一直进行着技术合作，目前进行的是第十六期技术合作。中国参与坦赞铁路 40 余年的技术合作，大致可分为四个阶段：第一阶段即前三期技术合作，合作方式为中国专家在铁路运营和管理中提供技术指导；第二阶段为第四至七期技术合作，合作方式改为中国专家进行技术指导并全面参与管理，参与管理为本阶段技术合作特色；第三阶段为第八至十期，合作方式为提供管理咨询和技术指导；第四阶段从第十一期开始至今，合作方式为中国专家对中国贷款项下各项目的实施进行协调和提供咨询，协调服务是本阶段技术合作特点。

一、第一阶段技术合作（第一至三期）

1976 年 7 月 15 至 1983 年 8 月 9 日，中国铁路专家组完成了坦赞铁路技术合作“3 期 7 年”的工作任务。从上表可见，在前三期技术合作期间，我国铁路专家组的人数，从第一期的拟派 1,000 人，第二期的拟派 750 人，递减到第三期的拟派 150 人。这是因为，我国政府本计划在坦赞铁路移交后进行“3 期 6 年”的技术合作，然后撤出中国专家，完全交由坦赞两国独立经营管理。这样做的目的是希望坦赞两国能够早日独立经营管理这条铁路，“使坦、赞人员尽早学会和掌握铁路的技术和管理”。然而在实际工作中，前三期的中国铁路专家非但不能抽身而出，反而时常处于被动的顶替包干境地。

在铁路移交后进行的为期两年的坦赞铁路第一期技术合作期间，中国政府派出了近 1,000 名专家，对坦赞铁路的运营管理进行技术指导。中国专家以高度的热情与责任感对坦赞铁路职工进行了全方位的理论与实践培训，并且帮助他们编制了用于铁路运营管理的整套规章制度。在这两年中，中国专家虽然不担任实职，也没有参与管理，但在很多关键岗位上起着主导作用。中国铁路专家组“从实际出发，采取了不同的做法：对方缺员的岗位，中国专家顶岗干；对方人员还不能独立作业的岗位，中国专家带着干；对方人员基本上能独立干但不熟练的岗位，中国专家帮着干。其中，运输指挥、机车操纵、机车车辆维修、电务、物质等工作，基本上以中国专家为主。”①本期技术合作，为坦赞铁路职工独立经营管理这条铁路奠定了坚实的基础，并已初步建立起铁路运输组织和指挥系统；客货量不断增加，运输效率逐步提高。两年共发送货物 240.7 万吨，输送旅客 196 万人次。②

在此后的为期两年的第二期技术合作期间，中方专家定员缩减为 750 人，其任务仍然是对坦赞铁路运营管理进行技术指导。由于坦赞两国职工们已基本掌握了铁路经营管理的知识和技能，中国专家在继续深化培训工作的同时，进一步放手让两国职工独立操作管理。第二期技术合作时，“基本还像第一期技术合作时那样，对对方还不能独立作业的岗位，中国专家带着干，对对方人员尚不熟练的岗位，中国专家帮着干。”③

经过前两期技术合作，坦赞两国工人已基本具备了独立经营管理铁路的能力，但在这两年期间，坦赞铁路经历了严重的天灾人祸：1979 年 4 月至 5 月间，坦境姆马段遭受了特大洪水灾害，致使

①靳辉：《当代中国铁路对外经济技术援助》，第 110~111 页。

②张铁珊：《友谊之路：援建坦赞铁路纪实》，第 380~381 页。

③靳辉：《当代中国铁路对外经济技术援助》，第 111~112 页；张铁珊：《友谊之路：援建坦赞铁路纪实》，第 380~382 页。

多处线路路基损坏，中断行车一个月；1979 年 10 月至 11 月间，赞境谦比西大桥与隆森费瓦大桥分别被敌人炸毁，中断运输 119 天。此外，我国提供的东方红机车逐渐出现质量问题。客货量虽有所减少，但仍运送了货物 171 万余吨和旅客 271 万人次。

鉴于第一、二期技术合作的状况，中、坦、赞三国政府决定继续进行第三期技术合作。第三期技术合作的期限原定两年，后延长至第三年的 1983 年 8 月，中国共派出专家 150 名，仅对机务、车辆、工务、电务、和物资工作进行技术指导。[①] 在本期技术合作期间，我国援助的机车质量状况进一步恶化，机车使用、保养不善，配件缺乏，完好率下降。坦赞铁路在管理方面也出现了许多问题。由于运能下降、管理不善，坦赞铁路运量进一步下降。这三年共运送旅客 257.6 万人次，发送货物 237.4 万吨，平均年货运量不足 80 万吨。

中国参与坦赞铁路前三期的技术合作，主要取得了以下成果：第一，为坦赞铁路培养了大批技术人才。中国铁路专家通过对黑人朋友进行在职培训、传帮带、培训班等方式，培训了大批工人，例如，仅在第二期技术合作期间，就对车务、机务、工务、电务、车辆部门的现场工人及财务、统计人员进行了 13,400 多人次的培训。在坦赞铁路技校，我国派出的教师、翻译员 291 人次，培养、训练了铁路各种专业学生 1,257 人。第二，编制了各种规章制度，使坦赞铁路有了一套适合自己特点的管理办法。在前三期技术合作期间，中国铁路专家为坦赞两国编制全局性的各种规章制度 18 种，各项管理办法 14 种，基层站、段、厂的作业细则近百种。第三，积极指导，帮助两国完成运输生产任务。坦赞铁路的设计能力，每年可为

①《当代中国》丛书编辑委员会：《当代中国的铁道事业》(下)，第 431 页。

坦赞两国发送货物200万吨，虽然几年来的运量都没有达到设计能力，但是，中国铁路专家始终千方百计地指导和帮助他们尽力完成每个年度的运输计划。

为加强铁路管理、扭转不良运营状况，中、坦、赞三国政府共同商定，从第四期技术合作开始，中国专家将全面参与坦赞铁路管理，但不担任实职，每一期的合作期限由原来的两年延长至三年。

二、第二阶段技术合作(第四至七期)

第四、五、六、七期技术合作是坦赞铁路技术合作的第二阶段，各期中国专家组定员分别为250人、170人、200人以及122人。本阶段中国专家的任务是对铁路运营管理进行技术指导并参与管理。在这四期12年的参与管理期间，中国政府先后向坦赞铁路局的9个部门(运输、机车、车辆、工务、电务、物资、财务、人劳、计统)及工厂派出了专家。专家们除了提供日常管理咨询与技术指导外，还经常参加坦赞铁路局、分局、工厂与地区的办公会议，专家组组长还应邀参加坦赞铁路局董事会会议。本阶段技术合作期间，经过坦赞两国多方寻求帮助，旨在改善坦赞铁路动力状况的努力逐渐显现，11个西方国家与组织为坦赞铁路提供了包括机车和改造东方红机车柴油机等援助，为改变坦赞铁路的动力状况乃至整个运营状况起到了积极作用。

应该说，中国专家参与管理在一定程度上改善了坦赞铁路的经营管理状况，为坦赞铁路经营出现阶段性运量上升与账面盈利起到了积极作用，但也必须看到，中国专家参与管理并非实质性参与管理，未能也不可能从根本上解决坦赞铁路的经营管理问题。

在这四期共12年的“参与管理”期间，中国政府向坦赞铁路局的九个部门及工厂派出了专家。专家们除了日常提供管理咨询与技术指导外，还参加路局、分局、工厂与地区的办公会议，专家组组长还应邀参加坦赞铁路局董事会会议。中国专家“参与管理”在一定程度上改善了坦赞铁路经营管理状况，为坦赞铁路经营出现阶段性运量上升与账面赢利起到了积极作用。但必须指出的是，由于历史原因，中国专家当年“参与管理”而不任实职，未能而且也不可能从根本上解决坦赞铁路的体制、管理、理念和经营等诸多方面的复杂的深层次的问题。现将各期技术合作的有关情况简述如下。

1983年8月10日，中、坦、赞三国政府代表在达累斯萨拉姆签订了《关于坦赞铁路第四期技术合作的议定书》，陈慕华、马莱赛拉、钦库利分别代表各自政府在《议定书》上签字。

《议定书》共有9条内容，主要有：根据坦赞两国的要求，中国政府同意派遣中国铁路专家组，对坦赞铁路的计划、运输、财务、劳资、机车、车辆、工务、电务和物资工作进行技术指导并参与管理。中国专家人数为250名，其中包括必要的翻译、司机和厨师。中国专家工作的期限为3年，自1983年8月10日至1986年8月9日。为进一步管理好坦赞铁路，坦桑尼亚政府和赞比亚政府同意：(1)坦赞铁路部长理事会确定坦赞铁路的经营方针后，赋予坦赞铁路局全权处理管理工作中的一切重要问题。(2)鉴于两国和邻近地区尚有运量潜力，坦赞铁路局需要达到其收入指标，坦桑尼亚联合共和国政府和赞比亚共和国政府将在两国总的经济状况允许和坦赞铁路局有能力承担运输的情况下，尽力每年分别分配给坦赞铁路局三十万吨和八十万吨的货运量。(3)在财政上给予扶持。拨给坦赞铁路局必要数额的外汇,使其有能力进口设备、材料、油料等;对路局及时合理地调整运价、催收运费给予支持。(4)坦桑政府采取措施,提高达累斯萨拉姆港口的装卸能力,并对坦赞铁路货物的顺利有效运输提供方便;赞比亚政府采取措施确保赞比亚铁路局同坦赞铁路局的有效合作。①

中、坦、赞三国政府同意坦赞铁路的合作方式为:(1)建立坦赞铁路局总局和分局两级办公会议制度对坦赞铁路进行管理。凡属坦赞铁路管理方面的重要问题,如计划、运营、财务、劳资和物资等均由办公会议充分讨论后决定,由总经理、经理发布命令执行。坦赞铁路局总局办公会议由坦赞铁路局正、副总经理、各部门经理和中国专家组正、副组长以及与铁路各部门经理对口的中国专家出席。坦赞铁路局各分局办公会议由分局经理、分局各部门的主要官员,以及与分局经理和主要官员对口的中国专家出席。(2)坦赞铁路局的坦、赞雇员同与他们对口的中国专家将共同编制和审定运输计划、财务预决算、劳动定额、人员调配、物资计划与分配方案等;中国专家对行车指挥、财务业务、机车、车辆、设备、工务、电务的维修和物资采购等工作进行技术指导。(3)在日常管理工作中,中国专家将主动向总经理、副总经理、对口官员提出建议,坦赞铁路局和各部门官员在处理重要问题时,将事先征求与其对口的中国专家的意见。(4)中国铁路专家组正、副组长将出席坦赞铁路董事会的全部会议并在必要时应部长理事会主席邀请出席部长理事

①《中华人民共和国政府和坦桑尼亚联合共和国政府、赞比亚共和国政府关于坦赞铁路第四期技术合作的议定书》,《中华人民共和国条约集》(第30集),北京:世界知识出版社,1990年,第176~177页。

会会议。

在这种新的工作方式中,中、坦、赞三国技术人员要相互适应、相互配合、相互支援、相互谅解,友好合作,以便有效地管理坦赞铁路。

中国专家前往坦桑尼亚和赞比亚的国际旅费,由中国政府承担;从坦桑尼亚和赞比亚返回中国的国际旅费由坦桑尼亚政府和赞比亚政府承担并直接支付。中国专家在坦桑尼亚和赞比亚工作期间的生活费、医疗费、办公费、交通费、出差费、住宿费,由坦桑尼亚政府和赞比亚政府承担并直接支付。其费用标准按中、坦和中赞两国政府的有关换文办理。中国政府为专家组配备的厨师的费用,由中国政府承担。[①] 当日,中、坦、赞三国政府代表在达累斯萨拉姆还签订了《关于坦赞铁路零配件专项贷款的协定》,陈慕华、马莱赛拉、钦库利分别代表各自政府在《协定》上签字。《协定》共有5条内容,主要有:根据坦赞两国的要求,中国政府同意在1983年10月1日至1986年9月30日的3年内,向坦桑尼亚和赞比亚两国政府提供无息贷款3,000万元人民币。其中坦桑尼亚政府1,500万元人民币,赞比亚政府1,500万元人民币。有关贷款将用于从中国获得坦赞铁路所需的零配件。贷款由坦桑尼亚政府和赞比亚政府分别于1989年10月1日至1994年9月30日的5年内,分期以坦赞两国政府可能提供的和中国政府可能接受的坦桑尼亚和赞比亚出

---

①《中华人民共和国政府和坦桑尼亚联合共和国政府、赞比亚共和国政府关于坦赞铁路第四期技术合作的议定书》,《中华人民共和国条约集》(第30集),北京:世界知识出版社,1990年,第176~177页。

口货物或可兑换的货币偿还。每年偿还各自所接受的贷款的1/5。①

1983—1984财政年度，坦赞铁路超额8.1%完成了货运量计划，达到97万吨，是1979年以来的最高水平；客运量增加一倍多，达118万人次。特别令人欣喜的是，坦赞铁路首次实现了扭亏为盈，全年财政收入比上一年增加了26.6%，总共盈利9,000万坦桑先令（约合470万美元）。如果同两国原有的"赞比亚铁路"和"坦中央铁路"相比其经济效益和运营水平就更加令人瞩目。②

1985—1986年度上半年总体完成情况也较好，各项工作均有进一步提高，其中，货运完成56.7万吨，占年度计划的51.4%。在克瓦查贬值的情况下，获得净利润2,543.3万先令。这两年多出现了较好的局面，主要原因是：（1）坦赞两国政府比以往积极地解决了坦赞铁路的一些问题。诸如分配运量上做了努力；支持运价较及时合理地调升；针对克瓦查贬值，确定了如果有任何一国的货币贬值，即应根据货币贬值对坦赞铁路运营的影响进行运价调整，对第三国货物（如马拉维、扎伊尔货物）的运价，以中立货币（美元）计价；运费由后付改为现付，并分别在坦、赞两境以两国货币支付；赞采用拍卖外汇方式后，授予了路局在赞比亚调整运价的权力；增加了某些项目的免税；支持购进了14台三千马力西德机车和58台柴油机，以改造东方红机车，使动力有了增强。（2）路局管委会对管理工作有加强。如加强了运输组织工作；加强了同达累斯萨拉姆

①《中华人民共和国政府和坦桑尼亚联合共和国政府、赞比亚共和国政府关于坦赞铁路零配件专项贷款的协定》，《中华人民共和国条约集》（第30集），北京：世界知识出版社，1990年，第176页。

②董成彬：《得益于同采访对象交朋友：采访坦赞铁路的体会》，《当代"老新闻"》，北京：中国广播电视出版社，1994年，第418页。

港务局、赞比亚铁路公司及主要货主的协作，多装快运；坚持了不做年度亏损预算，尽量有计划利润；采取措施控制开支，颁发了控制工人加班的办法；抓紧了债权的清理和及时收回欠款；加紧了机车、车辆改造和工、电设备的检修；进行了工作量调查，重新核定了定员，解决了人员“对等”的矛盾，抓紧了官员招聘；修订了统计规章，加强了各项经济技术指标的统计工作；重视了安全工作，对事故的防止及分析处理及时了；修改、健全了技术规章；物资供应有改进；需要董事会、理事会决策的问题，提供建议也比较及时和切合实际了。(3)坦赞铁路局借鉴了印度技术经济服务公司、加拿大太平洋咨询公司、坦桑工业考察和咨询公司、欧洲共同体、南部非洲运输协调委员会、中坦赞三国专家组成的成本削减委员会的报告，及铁路局代表团赴中国考察，我方向其提供了书面材料，使官员们增长了管理知识，加深了对存在问题的认识，采纳了部分建议，管理工作有所改善。(4)中国政府提供三千万零配件贷款，并及时供应零配件和各项物资，对改善机车、车辆及其他设备状况，起了重大作用。(5)中国专家在部和使馆的领导下，认真履行《议定书》，在进行技术指导并参与管理工作中，坚持了解放思想，实事求是，积极实施，创造性工作的方针，做了大量的实际工作。坚持参加董事会、办公会，对讨论的议题积极讲情况、提建议；主动调查货源，紧抓运输组织和安全工作；努力参加机车、车辆的改造与检修和线桥、通讯的检查与维修；进行了规章、细则的补充和修改；帮助改进了财务工作；采用不同方式进行培训等，发挥了积极作用。①

①刘国新、贺耀敏、刘晓等编：《中华人民共和国史长编·第4卷(1978—1991)》，第305页。

第五期沿用了第四期“参与管理并技术指导”的合作方式，经过双方的共同努力，进一步改善了经营管理，而且运量不断增加，财政有盈余，经济效益显著提高。

为了进一步改善坦赞铁路的经营管理，提高经济效益，1986年8月14日，中、坦、赞三国政府代表在卢萨卡签订了《关于坦赞铁路第五期技术合作的议定书》，吕学俭、涅扬阿尼、邱拉分别代表本国政府在《议定书》上签字。《议定书》共有9条内容，主要包括：根据坦赞两国的要求，中国政府同意向坦赞两国派遣中国铁路专家组，就坦赞铁路的计划、运输、财务、劳资、机车、车辆、工务、电务和物资工作向坦赞铁路局提供技术指导并参与铁路的管理。中国专家人数为170名，其中包括必要的翻译、医生、司机和厨师。中国专家工作的期限为3年，自1986年8月10日至1989年8月9日。坦赞两国政府同意：(1)将在两国总的经济状况允许和坦赞铁路局有能力承担运输的情况下，尽力每年分别分配给坦赞铁路局90万吨和40万吨的货运量。(2)将继续在财政上给予扶持，拨给坦赞铁路局必要数额的外汇，使其有能力进口设备、材料、油料等；及时由赞境向坦境调拨资金，以保证其正常运营的需要；对坦赞铁路局及时合理地调整运价、催收运费给予支持。(3)赞比亚政府继续实施并改进现有措施，确保赞比亚铁路局同坦赞铁路局的有效合作；坦桑尼亚政府继续实施并改进现有措施，提高达累斯萨拉姆港口的装卸能力，并对坦赞铁路货物的顺利有效运输提供方便。

中、坦、赞三国政府同意坦赞铁路的合作方式为：(1)继续执行坦赞铁路局总局和分局两级办公会议制：凡属坦赞铁路管理方面的重要问题，如计划、运营、财务、劳资和物资等均由办公会议充分讨论后决定,由总经理、经理发布命令执行;坦赞铁路局总局办公会议由坦赞铁路局正、副总经理、各部门经理和中国专家组正、副组长以及与铁路各部门经理对口的中国专家出席;坦赞铁路局各分局办公会议由分局经理、分局各部门的主要官员,以及与分局经理和主要官员对口的中国专家出席。(2)坦赞铁路局的坦、赞雇员同与他们对口的中国专家,共同编制和审定运输计划、财务预决算、劳动定额、人员调配、物资计划与分配方案等。中国专家对下述领域进行技术指导:组织运营、财务业务;机车、车辆、设备、工务和电务设施等的使用和维护以及物资采购工作。(3)同意在第五期技术合作期间进一步加强对人员的在职培训。为此,中国铁路专家将协助其对口官员制订并实施培训计划,以提高坦赞铁路局有关在职人员的管理能力和专业技术水平。(4)在日常管理工作中,中国专家将主动向总经理、副总经理、对口官员提出建议;坦赞铁路局和各部门官员在处理重要问题时,将事先征求与其对口的中国专家的意见。(5)中国铁路专家组正、副组长将出席坦赞铁路董事会的全部会议,并在必要时应部长理事会主席邀请出席部长理事会会议。中国人员的费用将按下述规定负担:(1)所有中国人员前往赞比亚或坦桑尼亚的国际旅费,由中国政府负担;从赞比亚或坦桑尼亚返回中国的国际旅费,由赞比亚政府或坦桑尼亚政府负担。(2)在赞比亚或坦桑尼亚工作期间,150 名中国专家的生活费、医疗费、办公费、交通费、出差费和住宿费由赞比亚政府或坦桑尼亚政府负担。生活费标准,在赞比亚为每人每月 800 克瓦查,在坦桑尼亚为每人每月 7,000 先令,并在本议定书签订一年后,每年对生活费标准进行回顾,如必要,每年调整一次。(3)为中国铁路专家组配备的20名医生和厨师的生活费和其他费用，由中国政府负担。中国专家在坦赞两国工作期间，分别享受中赞或中坦两国政府规定的假日。①

1989年7月28日，中、坦、赞三国政府代表在达累斯萨拉姆签订了第六期技术合作议定书。其中规定，中国政府同意向坦桑尼亚和赞比亚派遣中国铁路专家组，就坦赞铁路的计划、运输、财务、劳资、机车、车辆、工务、电务、安全和物资工作向坦赞铁路局提供技术援助并参与铁路运营管理。中国专家人数为200名，其中包括机车大修人员和必要的翻译、医生、司机和厨师。中国专家工作的期限为三年，自1989年8月10日至1992年8月9日。在中国专家参与技术合作具体内容方面，三方约定中国专家：(1)参与坦赞铁路局总局和分局两级办公会议；(2)参与编制和审定运输计划、财务预决算、劳动定额、人员调配、物资计划与分配方案等事宜；(3)进一步加强对坦赞两国人员的在职培训。②

关于第七期技术合作如何参与其商业化问题，中国专家认为应在对方组织下，参与其商业化方案的研究，并在为第七期技术合作的专家选派中，配备铁路运输经营管理的专门人员并充实所配专业技术人员的经营意识和知识，在工作中密切结合坦赞铁路及坦赞两国的实际采取探讨、建议、介绍经验的各种灵活方式逐步推动实施。

---

①《中华人民共和国政府和赞比亚共和国政府、坦桑尼亚联合共和国政府关于坦赞铁路第五期技术合作的议定书》，《中华人民共和国条约集》(第33集)，北京：世界知识出版社，1992年，第248~252页。

②《中华人民共和国政府和赞比亚共和国政府、坦桑尼亚联合共和国政府关于坦赞铁路第六期技术合作的议定书》，《中华人民共和国条约集》(第36集)，北京：世界知识出版社，1995年，第530页。

前7期技术合作中国政府提供坦赞铁路贷款一览表①

序号	项目	贷款金额（万元）	议定还款期	协议时间	协议地点	备注
1	轨枕20万根，电杆3000根	318.00	1984—1994	1976.07	卢萨卡	
2	12台机车	1116.00	1980—1985 1987—1996	1979.08 1983.08	卢萨卡 达市	
3	1976—1979供应零配件	9191.85	1986—1990	1983.08	达市	归还6592.02万元
4	修复谦比西大桥	274.55	1984—1990	1981.05	达市	赞境，1979年10月11日被炸坏
5	三期零配件（1980—1981）	2042.78	1984—1994	1980.08	卢萨卡	贷款2000万元
6	三期零配件（1982—1983）	1012.83	1984—1994	1982.03	达市	贷款1000万元
7	四期零配件（1984—1986）	3065.07	1989—1994	1983.08	达市	贷款3000万元
8	五期零配件（1987—1989）	1610.70	1992—1997	1986.08	卢萨卡	原协议额度1000万，后补充协议额度710万
9	六期零配件（1990—1992）	4997.27	1996—2000	1989.08	达市	含5000吨钢轨及95台22马力轨道车，贷款5000万元

①根据罗维一提供的数据表略作修改，参见罗维一：《坦赞铁路运营管理》，第171页。

（续表）

序号	项目	贷款金额（万元）	议定还款期	协议时间	协议地点	备注
10	七期贷款（1993—1995）	7400.00	2000—2005	1992.12	卢萨卡	原客车30辆，1500万后增至5900万，零配件1500万贷款6000万元
11	合计	31029.05				

资料来源：罗维一：《坦赞铁路运营管理》，中国铁道出版社2010年版，第171页。

三、第三阶段技术合作（第八至十期）

根据当时实际状况，三国政府决定从第八期技术合作起，将合作方式从由中国专家“对运营与管理进行技术指导并参与管理”改为“向坦赞铁路局提供管理咨询和技术指导”，专家组定员大大减少。第八、九、十期共6年的技术合作期间，中国专家在不同层次的会议上，如：董事会会议、路局与分局办公会、工厂与培训中心办公会等，向坦赞铁路局提出了很多重要的管理咨询意见，帮助坦赞铁路局朋友解决了一些技术难题并在有关项目的实施方面发挥了积极的协调作用。

但是，中国专家“参与管理”不可能从根本上解决坦赞铁路的经营问题。“一条铁路，两国共管”的模式暴露出两国政府及其员工之间的诸多矛盾，在很大程度上影响着铁路的正常管理与运营。而且，坦赞两国政府对坦赞铁路只“管理”而不投入，致使铁路设备严重失修。多年来，坦赞铁路所能获得的资金援助仅仅是中国政府提供的贷款。从管理体制上看，坦赞铁路采取的是西方制度。

对管理的核心部门——人事与财务以及敏感领域——劳资关系等深层次的问题,中国专家不便介入。

1991 年 5 月,李鹏总理访问坦桑尼亚和赞比亚期间,中国政府向坦赞两国政府提供了亿元人民币无息贷款(坦、赞各半),用于进行该铁路第九期技术合作我专家费用及提供铁路继续设备和零配件。① 对于议定书所定的 8 台东方红 I 型调车大修,提供 80 辆 22 马力轻型机车、赞境内微波通讯和提供 2 套钢梁喷砂除锈设备等项目。

1991 年 8 月 27 日,中、坦、赞三国政府关于坦赞铁路第九期技术合作议定书正式签订。② 中国继续向坦赞铁路派出专家组。专家组的主要任务是进行联络,对我向坦赞铁路援助的项目与铁路局进行协调,及对坦赞铁路运营管理进行技术指导(内部还承担了解信息、掌握动向的调研),不参与日常管理,专家组只同坦赞铁路局进行对口工作,坦桑尼亚分局和赞比亚分局不再派驻专家。

第十期技术合作期间,除议定书中规定的任务外,我专家组还承担两项任务:协调贷款项目以及了解坦赞铁路私有化进程。1995 年朱镕基总理访问坦桑尼亚,这几乎颠覆了整个改变过程——正如 1983 年赵紫阳总理访问坦桑尼亚时的作用一样。中国决定给坦赞铁路提供更多的援助,实现铁路的复兴,即向坦赞铁路

---

①《中华人民共和国政府和坦桑尼亚联合共和国政府、赞比亚共和国政府关于关于中国政府向坦赞铁路提供专项贷款的协定》,《中华人民共和国条约集》(第 44 集),北京:世界知识出版社,1997 年,第 872 页。

②《中华人民共和国政府和坦桑尼亚联合共和国政府、赞比亚共和国政府关于坦赞铁路技术合作的议定书》,《中华人民共和国条约集》(第 44 集),北京:世界知识出版社,1997 年,第 872 页。

提供一笔数量巨大的无息贷款，修复坦赞铁路的基础设施和机车设备。①

四、第四阶段技术合作（第十一期以来）

鉴于坦赞铁路经营管理及当时中国专家组技术合作的状况，2001年7月19日举行的中、坦、赞三国会谈决定，坦赞铁路第十一期技术合作的方式改为："由中国专家对中国贷款项下各项目的实施进行协调和提供咨询，并对达市与姆皮卡两个机辆厂提供技术指导。"会谈时，中国政府经贸代表团团长、对外贸易经济合作部部长助理何晓卫，坦桑尼亚交通运输部长姆万多斯亚和赞比亚通讯、交通部长姆瓦佩分别代表本国政府在协定和议定书上签字。根据这两个文件，中国政府向坦赞两国政府各提供了一笔专项无息贷款，用于坦赞铁路局从第三国购买铁路零配件及机车燃油与润滑油等急需物资以及其他用途。中国政府还派遣了由15人组成的中国专家组，从2002年1月开始参与为期3年的技术合作。本期中国专家组主要负责对中国贷款项下各项目的实施进行协调，提供咨询和技术指导，培训管理和技术人员。组长出席坦赞铁路董事会会议，并在必要时出席坦赞铁路局管委会会议，就铁路的运营管理等重大事宜提出建议。② 第十一期技术合作于2002年1月1日正式开始。专家组定员15人。分布在坦赞铁路总、分局机关和

①刘海方、孟洁梅：《铁路时间：中国专家与坦赞铁路的技术转让》，《中国非洲研究评论》（2012），北京：社会科学文献出版社，2013年，第198页。

②《中坦赞三国签署有关坦赞铁路的两个文件》，新华网，网址：http://news.sina.com.cn/w/2001-07-20/307228.html.

两个机车厂。本期合作其间，中国援助的各类设备和物资为维持坦赞铁路的运营发挥了一定作用。我国政府不仅提供了 600 万美元帮助他们购买燃油和零配件，还修理了 6 台机车，如雪中送炭，解决了坦赞铁路局的燃眉之急。

2004 年 11 月 4 日举行的中、坦、赞三国会谈决定，坦赞铁路第十二期技术合作的合作方式进一步改为："由中国专家对中国贷款项下各项目的实施进行协调和提供咨询。"并商定不再对达累斯萨拉姆与姆皮卡两个机辆厂提供技术指导。这种技术合作方式一直延续至今。11 月 5 日，三国政府关于坦赞铁路第十二期经济技术合作议定书及中国政府向坦赞铁路提供专项贷款协定在卢萨卡签字。中国商务部副部长魏建国、坦桑尼亚交通部部长姆万多西亚和赞比亚财政部部长马冈德、赞比亚交通部部长纳姆杨巴分别代表各自政府签署了上述协议。① 据杜坚回忆，"2000—2006 年的 7 年，我担任坦赞铁路第十、十一、十二期中国专家组组长。这一期间，坦赞铁路经营状况连年下滑，债台高筑。为了摆脱日益加重的困境，坦赞两国政府提出了对坦赞铁路进行私有化改造。中国专家组的任务，除了进行正常的技术合作外，还要积极探讨坦赞铁路进行私有化改造的可行性"②。

第十三期技术合作中国专家组共 6 人，包括机车车辆专家、运输经济专家、电务专家等。从本期技术合作开始，中国专家组撤销

①《中国、坦桑尼亚和赞比亚三国签署坦赞铁路第 12 期经济技术合作议定书》，中华人民共和国商务部，网址：http://www.mofcom.gov.cn/aarticle/i/jyjl/k/200411/20041100301648.html.

②《杜坚：我和坦赞铁路》，中华人民共和国商务部，网址：http://jjhzj.mofcom.gov.cn/article/ywfc/201108/20110807681501.shtml.

赞比亚分组，工作地点只在达累斯萨拉姆。本期专家组的主要工作是加强技术合作项目的协调和落实、开展技术合作和专项调研。为了解坦赞铁路局时运营生产情况，专家们坚持参加每周的生产交班会，并对总局、分局、基层站的运输生产、市场营销、机车车辆运用和检修、基础设施和安全诸部门进行专项调研，然后根据专项调研所得的数据和资料，进行分析、整理，最后再与路局主要负责人和各个专业主管进行专题座谈，交换有关事项的看法和建议。尤值一提的是，本期技术合作中国向两国共提供专项贷款 1 亿元人民币。

第十四期技术合作时限为 2009 年 1 月 1 日至 2011 年 12 月 31 日，计三年时间，中国承诺向坦赞铁路注资贷款 2.7 亿元人民币。[①] 价含中国向坦赞铁路局提供的 6 台机车。[②] 2009 年 12 月，基于坦赞铁路在经营中存在的困难，在坦赞铁路第十四期技术合作部长级会议期间，中国商务部陈德铭部长宣布中国将免除援建坦赞铁路 50%的债务，即 49,400 万元人民币债务。两年后，2011 年 1 月 19 日，在赞访问的中国商务部副部长钟山和坦赞两国政府代表分别代表各自政府签署了免债议定书。[③]

第十五期技术合作的时限为 2012 年 1 月 1 日至 2014 年 12 月 31 日，中国派出专家协调组 8 人，分别负责机辆、运输、电务、物资、

---

①《驻赞比亚使馆举办“援建坦赞铁路实物展”》，中华人民共和国驻赞比亚共和国大使馆，网址 http://zm.chineseembassy.org/chn/sgzxdthxx/t832254.htm.

②《李旭航代办、孙友红二秘应邀出席坦赞铁路第十四期技术合作六台机车交付仪式》，中华人民共和国驻坦桑尼亚经商代表处，网址：http://tz.mofcom.gov.cn/article/todayheader/201311/20131100391673.shtml.

③《中国免除援建坦赞铁路 50%债务称源于传统友谊》，人民网，网址：http://finance.people.com.cn/GB/13772089.html.

企划、项目协调员、翻译和厨师工作，工作期限 3 年，并提供专项贷款。经过磋商，本期将技术合作项下的大修 42 辆客车变更为提供 18 辆新客车。

第十六期技术合作，目前正在进行中。2015 年 12 月，本期技术合作项下 18 辆客车和 4 台干线机车的交接仪式在达累斯萨拉姆火车站隆重举行，坦桑尼亚交通部常秘、赞比亚驻坦高级专员、坦赞铁路局总局长、中国驻坦经济商务代表林治勇及中土公司代表等出席仪式并发表讲话。①

综上，中国参与坦赞铁路的技术合作已历经 40 多个春秋。累计 16 期的专家组以及中国提供的贷款对维持坦赞铁路的运营起到了十分关键的作用。没有中国政府的支持，坦赞铁路不可能坚持到今天。尽管面临诸多难题，中国专家组的成员们在非洲大地上贡献了自己的智慧和力量。中方参与坦赞铁路所取得的成绩是有目共睹的，表现在：为坦赞铁路的运营和管理提供了宝贵的技术指导和咨询意见；由中国政府提供贷款对机车进行修理，很大程度上缓解了坦赞铁路机车动力不足的现状；贷款下提供的货车车辆，提升了车辆的周转能力，部分缓解了坦赞铁路车辆不足的缺陷；技术合作项下的轨枕厂生产的轨枕对坦赞铁路的线路维修起到了积极作用；人员培训为坦赞铁路的长足发展提供了人力保障和支持。

---

①《中国援助的坦赞铁路机车和客车隆重交接》，中华人民共和国驻坦桑尼亚联合共和国经济商务代表处，网址：http://tz. mofcom. gov. cn/article/c/201512/20151201201049.shtml.

第三节 参与技术合作面临的问题

中国参与坦赞铁路的技术合作虽然取得了一定成绩,但是坦赞铁路在运营、管理、维护等软硬件方面确实出现了不少问题。根据原新华社记者李新烽在 2004 年的调研,坦赞铁路主要面临“二老五不”七个方面的问题:设备老化、人员老化和通信不畅、资金不够、运量不足、支持不力和管理不善等。① 2013 年前后,陈晓晨在实地调研后认为坦赞铁路主要面临十个方面的问题:运输能力差,难以满足客户需求;车速慢,晚点严重;安全状况堪忧,事故频发;缺车,尤其缺机车,车况差;线路基础设施损坏严重;通信设施落后;信号系统瘫痪;人员素质差,受过中国培训的老一代职工已经退休或邻近退休,大部分人并未得到重用;劳资关系紧张;机构人员繁冗,效率低下。② 2015 年,毕淑敏也通过实地旅行指出了坦赞铁路面临的火车晚点、管理不力、站台破旧、事故频发等问题。③ 这些问题的存在不仅影响了中国参与坦赞铁路技术合作的声誉,为国内外诋毁坦赞铁路制造了口实④,还严重影响了坦赞两国的经济与社会发展。

---

①李新烽:《非洲踏寻郑和路》,北京:中国社会科学出版社,2013 年,第 267~271 页。

②陈晓晨:《寻路非洲:铁轨上的中国记忆》,杭州:浙江大学出版社,2014 年,第 36~37 页。

③毕淑敏:《非洲三万里》,长沙:湖南文艺出版社,2016 年,第 257~261 页。

④2011 年英国广播公司(BBC)曾对坦赞铁路近况进行了不甚友好的报道,参见 BBC:African Railway(http://www.verycd.com/topics/2896088/).

一、运量不足，亏损严重

坦赞铁路自运营以来从未达到其设计运输能力 200 万吨的要求，历史上运营最好的 1977—1978 年度也只有 127 万吨的运输总吨数，中期较好的年份是 1992—1993 年度运输了 107.9 万吨。[①] 近年来运量持续下滑，货物年发送量一直在 60 万吨左右。在客运方面，从最初的每年近百万人次，到 20 世纪 80 年代的年均约 80 万人次，再到近年来的年均不足 40 万人次。目前仅在每周二、五从坦桑尼亚的达累斯萨拉姆和赞比亚的新卡比黑姆博希各对开一趟客车。造成客货运日趋萎缩的原因是多方面的，坦方政府认为：一是出口货物量连年下降，主要是赞比亚铜产量的减少；二是进口货物不确定的因素增多，通过坦赞铁路进口的化肥、燃油、机电产品、机械设备和粮食等数量不定；三是本地货物运输份额的减少，由于铁路自身运输能力的不足及车辆运输周转时间的限制，坦桑尼亚本地货物的份额也在逐年减少。[②] 赞方政府则认为：其一，南非近来的政治变化导致了南部非洲开发共同体成员国之间贸易方式的变化，以及对南非贸易制裁时关闭的贸易通道的开启；其二，坦赞铁路运量的持续下降，阻碍了经济，主要是坦赞两国经济的发展，其直接影响即造成进口额的下降。两国采用基于自由市场政策的经济政策使许多公共部门的公司措手不及，其普遍的影响是生产的下降，因此导致了出口运量的减少；其三，两国政府改善和恢复公

---

①《驻赞比亚使馆举办“援建坦赞铁路实物展”》，中华人民共和国驻赞比亚共和国大使馆（http://zm.chineseembassy.org/chn/sgzxdthxx/t832254.htm）。

②罗维一：《坦赞铁路运营与管理》，第 193 页。

路基础设施的努力已见积极成效,它与贸易自由化政策相结合促进了汽车运输业能力的大幅增加,这又增开了一条与铁路竞争的渠道。[①] 需要指出的是,赞比亚铜产品出口的减少有其自身的原因,由于赞比亚国内经济的不振,对铜矿缺少必要的投资,全国铜矿年产量也在不断下降。与此同时,国际上铜产品价格的下跌也造成了赞比亚铜产品出口的减少。

笔者认为,运输通道的增加,区域经济的变化和公路及铁路自身的竞争是这些亏损的直接原因。坦赞铁路自身管理的低水平、运营的低效率、内部的高福利制度以及坦赞铁路长期积累的深层次的复杂问题也是削弱自身竞争力的主要原因。从社会经济大环境来看,坦赞两国及周边国家经济不甚景气,周边国家刚果(金)又爆发持久内战,也造成货运量和人员流动的减少。此外,坦赞铁路始终未能在高福利待遇和养老金政策方面作出有效改善,这种局面也直接导致了坦赞铁路运输生产的恶性循环。

运量不足自然会致使铁路营运亏本。1995 年以后,坦赞铁路几乎连年亏损。由于亏损严重,坦赞两国没有财力投入到坦赞铁路上,运转几乎全部依靠中国政府每年提供的经济技术合作。坦赞铁路不但无力支付运营所需要的日常费用,而且已债台高筑。坦赞铁路局拖欠的债务主要包括坦赞两国政府的各类法定税款与养老保险基金以及电力、通信、港口等公共服务部门与各类商务机构的债务。1995 年坦赞两国取消了坦赞铁路有关免税的规定,结果导致亏损进一步加剧。坦赞铁路从此需缴纳房产税、城市管理税、燃油税、销售税、增值税等,甚至还需缴纳公路建设税。

---

①罗维一:《坦赞铁路运营与管理》,第 197~202 页。

长期以来,这些债务不仅得不到偿还,反而持续增长,这引起了两国政府有关部门和债主的强烈不满,坦赞铁路总局局长经常受到起诉,坦赞铁路局在社会民众中的形象不断受损。此外,由于长期欠款,运营坦赞铁路所必需的电力供应、机车燃油供应与电话服务等经常被中断,结果自然会严重影响铁路运营。

导致铁路亏损的另一主要原因是坦赞铁路的人工费用过高。据有关资料,截至2012年,坦赞铁路局职工在册人数为2,771人,其中路局机关99人、坦分局机关86人,赞分局机关105人,占到运输主业人员的十分之一左右。即是说,在工作条件和环境舒适的地区、部门,人员超编严重;而一些生产一线基层单位的技术部门和较艰苦地区的单位人员仍有缺员现象,主要生产部门技术人员的数量不足。

根据坦赞两国政府共同签订的《劳资协议》规定,坦赞铁路局于1999年7月1日开始执行当地通行的等级工资制。工资等级分为14档,每档分为15级,按劳资协议为基准每人每年基本工资递增一级,职工收入和绩效脱钩,各工种没有具体的考核标准。这种等级工资制导致了严重的"大锅饭"现象。随着基本工资的递增,由此引起的有关人工费用如福利费及各项津贴的补助标准就会随之上涨,使得人工成本不断攀高。《劳资协议》明文规定,坦赞铁路人工费用包括雇员的基本工资、各种津贴及各项福利待遇。坦赞铁路局员工福利待遇名目繁多,各项津贴项目多达48种,包括住房补贴、住房水电津贴、丧葬费、带薪休假、长期服务奖等。目前,铁路的人员费用已占铁路局总收入的60%以上,远高于燃油和维修支出费用。

坦赞铁路的物资管理也存在一定的问题。储备无标准，消耗无定额，领料无计划，物资部门与生产单位时有脱节的现象，到港物资不能及时提出，滞港费用不断增加。另外，坦赞铁路的客运管理和货运管理都比较混乱，职工收入和绩效脱钩，各工种没有具体的考核标准。苏文林曾这样写道："我个人感觉铁路局的管理制度存在严重问题，这与他们执行的高津贴制很有关系。比如，普通官员月薪 15 万 K[①]，合 150 美元，低些的工人只是 7.5 万 K 左右，临时工才 2.5 万 K 左右，分别合 75 和 25 美元左右。可是如果出差在外，则每天补贴平均约 75 美元，也就是说普通官员出两天差就相当于他一个月的工资收入。这就造成了越是关键人物越是经常出差的状况。所以平时班达和手下的关键人物常不见人影，一年里有 1/3 的时间出差在外，这么一来，下属心态不平衡是必然的，生产抓不上去也成了久治不愈的顽症。工厂也是这一套，厂长同样'日理万机'，总在出差，实际上是那两个津贴使他永远坐不在那把椅子里。"[②]不少人持有类似苏文林的观点。

总之，运输通道的增加、区域经济的变化等外部环境制约着坦赞铁路的发展；管理体制不顺、不活，运营的低收益、内部的高福利制度等内部因素削弱了自身竞争力，导致坦赞铁路运营长期处于亏损状态，而且没有复苏的迹象。目前坦赞铁路完全靠中国提供的贷款来维持运营，铁路发展举步维艰。

①赞比亚货币单位"克瓦查"。

②苏文林：《文林中短篇选》，呼和浩特：远方出版社，2005 年，第 20 页。

二、管理不善，运能不佳

坦赞铁路建成后即全面移交给对方，对坦赞两国独立经营、管理铁路的能力估计偏高，对如何搞好铁路经营管理中的技术合作缺乏经验，因此，在技术合作协议中规定我专家组仅提供技术指导，基本的方法是"提建议、传技术、教管理、带作风"。中国专家组在工作中无职无权却又要负责任，专家组提的建议，对方不接受也无任何约束。在实际工作中，专家组发挥不了应有的作用，有劲使不上，工作被动，处境困难。对方在许多重大事情的决定上，该同我专家组商议而不商议，事后也不及时通报，如请白人公司做财务决算，修改我方帮助对方编制的财务规章等。

目前坦赞铁路体制不顺，机制不活是它的一个主要问题。坦赞铁路的基本管理模式是坦赞两国政府联合垂直管理，分为三个层次：部长理事会—董事会—坦赞铁路局。在上述管理机构中，坦赞两国人数各占一半，共同管理一条铁路。坦赞铁路线长点多，横跨两国，这种"两国共管"的特定管理模式导致了盲目追求利益对等、资源配置浪费、资金难以融通、材料难以调剂、工资福利相互攀比等问题。机制不活加重了经营管理的难度，这样既重复投资又制约坦赞铁路运输整体协调和可持续发展。

除交通事故频发外，坦赞铁路的管理不善还表现在以下几个方面：一是目前坦赞铁路的职工队伍人员老化问题严重，很多部门和单位因没有接续人员的储备，不得已返聘已退休专业技术人员和熟练老工人上岗工作。二是坦赞铁路路局、分局和基层单位专业技术人员的配置不尽合理。例如达累斯萨拉姆地区工务段只有一名代理段长负责日常工作,段内根本没有主管技术的工程师和技术员,与此同时路局和分局却有若干个高级工程师和高级技术员进行着重复的日常管理工作。三是各单位普遍存在设备陈旧,缺少维持正常生产所必备的零部件问题。例如,在杨博列检所的检修车间,基本上没有新的风管和卡子,检修工人只能用尚能使用的旧配件进行修理试风后装配车辆使用。四是铁路运输中最关键的通信信号指挥系统形同虚设。目前坦赞铁路全线使用三种通信方式维持全线通信,即无线、微波和光缆。各个车站间没有正常信号闭塞装置,通过无线电使用人工手动闭塞,很难保证正常的列车运行。①

坦赞铁路自身的运能问题也是运营不佳的重要内因。具体而言,在铁路线路方面,坦赞铁路的线路条件基本情况尚可,能够满足运输要求。但在坦桑尼亚境内多处区段有特别的问题,如黑棉土、滑坡和地基灾害等,这些问题一直没有得到根本解决。由于没有足够的运营收入,加之经常出现事故和日常基础维修不及时,使得坦赞铁路全线仍有 12 处限速和多处病害地段的存在。桥梁目前整体基本良好,但需要日常防锈及维修处理,隧道情况也基本良好,但需要部分维修和个别处理。线路养护目前质量有所下降,主要是资金短缺和材料不足。

在通信信号方面坦赞铁路全线的信号设备已远远超过大修期,设备老化、锈蚀严重,电气特性达不到标准要求,有些设备已被

①罗维一:《坦赞铁路运营与管理》,第 193 页。

废弃。由于全线架空明线被盗破坏严重①,半自动闭塞设备已全部停用。长期以来,通信信号设备损坏后无备品备件更换,加上设备维护人员责任意识淡薄,技术水平较差,发生设备问题往往不能及时处理,致使通信信号设备问题积累至今。目前,全线机车未配备车载通信电台,机车在线路上行驶时,司机无法与车站值班员联系,这不但会影响运输效率,而且也是行车安全上的可怕隐患。

在机车、车辆方面,机车动力不足是目前坦赞铁路主要的运能"瓶颈"。机器破损和临时维修缺乏是造成机车运用完好率较低的主要原因。另外,机车大中修计划兑现率较低,机车乘务员不注意保养等也是影响机车动力的主要因素。由于线路的特殊性及牵引定数的要求在不同区段还要使用双机牵引,坦赞铁路没有足够的资金购置新的干线机车和对现有机车进行必要的大修。2015 年,由中国援助的 4 台柴油电传机车和 18 辆客车已抵达坦桑尼亚,总价值 2,240 万美元。这批设备将使铁路局每日机车可用台数从 12 台增加至 16 台,并将无故障运行距离从 6,015 千米提升至 7,098 千米。2000 年前后,该铁路每周开行 6 趟列车,年发送旅客超过 90 万人次。由于机车车辆不足,目前每周列车数量下跌至 4 趟,年运送量为 45.5 万人次,而且晚点和故障停车已成常态。由于多年来后续投资不足,坦赞铁路运力严重受限。尽管每年有大量的进出口货物等运输货源,坦赞铁路的运营仍难以为继。② 车辆情况虽然

---

①2016 年 4 月姆贝亚地区坦赞铁路四座桥的加固部件被偷。参见《坦赞铁路遭人为破坏》,中华人民共和国驻坦桑尼亚经商代表处,网址:http://tz.mofcom.gov.cn/article/jmxw/201604/20160401296281.shtml。

②《坦媒体关注坦赞铁路修复改造项目》,中华人民共和国驻坦桑尼亚经商代表处,网址:http://tz.mofcom.gov.cn/article/jmxw/201511/20151101195682.shtml.

比机车情况略好,但同样存在数量不足的问题,车辆周转时间不合理,车辆的完好率较低。由于资金等问题,车辆的大修和整备也很不规范,以致造成车辆失修问题较为严重、轴承故障问题较多、部件过度磨损等得不到及时修复。另外,关于车辆运行统计数据及统计管理仍不完善。运输部门和车辆部门之间协调不畅,数据矛盾,很难准确反映车辆的实际情况。

三、私有化改造困难重重

由于面临上述诸多问题,中、坦、赞三国政府均认识到,倘若要彻底解决坦赞铁路现有的一些问题,仅靠中国参与技术合作的方式比较困难,非进行一番改革不可,其中,私有化改造(也称"商业化改造")或许是一种有益尝试。然而,中国政府虽然在"合资经营"、"特许经营"、"修复振兴"等私有化改造方面具有优先权,并为此做出了若干努力,但是收效甚微,坦赞铁路的私有化改造前途未卜,仍面临诸多难题。

1998 年前后,坦赞两国政府开始探讨坦赞铁路私有化的可能性问题。1999 年 12 月,在北京举行的坦赞铁路经济技术合作三国会议期间,坦赞两国政府代表团正式提出同意优先请中国政府与其合资经营坦赞铁路。我国政府代表团团长吴仪副总理当即表示将进行可行性考察。会谈结束后,中国铁道部指定让上海铁路局进行合资合作经营坦赞铁路可行性考察。2000 年 7 月至 9 月,上海铁路局对坦赞铁路进行了为期 45 天的考察。考察结论是:全面合资经营方案不可行,目前我国尚不具备参与坦赞铁路合资经营或承包经营条件。

2003 年中非论坛在北京举行后，中国商务部提出了探讨性策略，即探讨中国企业参与坦赞铁路私有化改造的可行性。中国政府在多种场合表达了将鼓励中国企业参与坦赞铁路私有化的态度。2004 年 5 月，中国有色建筑集团公司考察组对坦赞铁路技术改造和合资合作经营的可行性进行了再次考察。考察结果认为：第一，参与进行股份制合资经营，如由本公司独立投资经营，其财务评价将不可行；第二，中国有色建筑集团公司缺乏铁路管理经验，无法承担坦赞铁路的合资经营。①

两次私有化改造考察的结论都不乐观，一致认为中国政府或企业参与坦赞铁路合资经营的风险大、可行性小。坦赞两国政府在收到中方的两次考察结论后，也开始探讨坦赞铁路私有化改造的其他途径，如特许经营等。

2005 年 6 月至 2006 年 11 月，中国土木建筑工程集团先后对坦赞铁路的现状和中国企业参与坦赞铁路特许经营的可行性进行了考察。考察结论认为，坦赞铁路在基础设施的保养、维修方面确实存有不少问题，但与坦赞两国及其邻国的铁路相比，总体状况还算不错。中方参与特许经营的风险较高，财务方面不可行。

2007 年 10—11 月，坦赞两国政府还专门派代表团来华，向中方通报坦赞铁路理事会关于启动坦赞铁路私有化决议，请求我国政府支持中国财团、私营或国有企业以特许经营方式，参与坦赞铁路私有化改造进程，并愿意给予中方企业各类可能的优惠政策。

---

①《中国推动坦赞铁路重启在即》，中国日报网，网址：http://www.chinadaily.com.cn/hqcj/2014—01/02/content_17210405.htm.

2009年5月，中国国家主席胡锦涛在访问坦桑尼亚期间签署了中坦联合公报，两国就坦赞铁路特许经营所涉及的各个方面拿出具体意见，并派团与中方高层进行实质性谈判，寻求长久解决坦赞铁路局面临问题的办法。

2011年和2012年，受铁道部、商务部委派，铁道部原总工程师华茂崑先后两次作为“铁道部坦赞铁路考察团”团长，深入到坦赞铁路一线进行考察。考察报告分析认为，坦赞两国推进私有化尚且困难，坦赞铁路由于两国共管，更存在难度大、涉及利益多、制约瓶颈多、需要修改《坦赞铁路法》等问题，仍需要深入研究和论证。与此同时，中国政府明确表示：在坦赞铁路特许经营条件成熟之前，为帮助坦赞铁路继续运营，政府愿继续提供一定资金援助和部分物资设备，加强技术合作，并加大对坦赞两国有关技术人员的培训力度。① “特许经营”逐渐让位于对坦赞铁路的“修复改造”。

2012年3月22至29日，中国商务部李金早副部长率中国政府经贸代表团访问坦桑尼亚和赞比亚，签署了3项三边协议，以促进坦赞铁路修复改造工程的实施，以及加强有关坦赞铁路的经济技术合作。此外，商务部还提出坦赞铁路西延等创新性途径，希望盘活坦赞铁路。

2013年3月24日，中国国家主席习近平在达累斯萨拉姆与坦桑尼亚总统基奎特会谈时表示，中方一直关注坦赞铁路发展，愿积极参与坦赞铁路改造和运营。2014年10月，基奎特总统在庆祝中坦两国建交五十周年之际访华。习近平主席同意了基奎特总统提

①《心随朗月高，志与秋霜洁：中华铁道建设新技术促进会会长华茂崑访谈录》，中华铁道网，网址：http://www.chnrailway.com/html/20140116/339366_8.shtml.

出的复兴坦赞铁路的请求。李克强总理在接见基奎特时表示，中国、坦桑尼亚、赞比亚三国应携手努力，创新思维，发挥市场主导作用，优先激活坦赞铁路，让这条三国“友谊之路”焕发出新的活力，成为新时期非洲铁路运营管理的示范性项目。①

根据最新报道，2016 年 5 月 9 日至 12 日，中国商务部副司长刘俊峰率领的中方代表团与坦赞两国政府代表团在达累斯萨拉姆举行了三方会谈，共达成了 11 项共识。报道称，中方不仅有意向坦赞铁路注入资金，还希望发挥更大的作用，即提供战略性管理和更好的技术运营，“中、坦、赞三方均认为目前的管理和运营模式需要改变，并将通过商业化运营来实现坦赞铁路的激活和可持续发展”。坦赞两国向中国承诺的举措包括：缩减臃肿的坦赞铁路局员工；坦赞两国需要审视本国法律，为坦赞铁路的运营提供优惠政策，以吸引更多的私营企业；坦赞两国需清理坦赞铁路所有未偿债务，包括法定扣款和供应商欠款；两国政府还需要解聘部分员工以满足新的组织架构的需要。报道最后指出，三方下一次的重要会谈将于数月后在中国举行，届时，在签署协议后，中国将接手坦赞铁路的管理和运营，坦赞两国最早于今年 9 月份把坦赞铁路移交给中国铁路总公司。② 让我们共同期待着坦赞铁路的明天会更好。

---

①《李克强会见坦桑尼亚总统基奎特》，人民网，网址：http://world.people.com.cn/n/2014/1025/c1002-25906311.html.

②《中方新计划接手坦赞铁路》，中华人民共和国驻坦桑尼亚联合共和国经济商务代表处，网址：http://tz. mofcom. gov. cn/article/jmxw/201605/20160501326650.shtml.

余论　中国援建坦赞铁路的历史评价

坦赞铁路至今仍横亘非洲那片广袤无垠的大地上，它虽是特定历史时期的产物，却并没有像许多非洲铁路那样停止了运营，仅仅作为象征性的物质存在。不少人认为坦赞铁路的过去与未来均掌握在中国政府手中，这种看法是十分偏颇的。中国政府虽然是坦赞铁路的缔造者，但是坦赞两国人民才是这条铁路的真正主人；坦赞铁路如果真的有生命力，它就一定会存活下去，与中国政府帮助的力度或许无关。此外，有关中国援建坦赞铁路的各种争论，笔者认为我们不应该问它当时有什么问题，毕竟那是特殊历史时期里的正常经援活动，而应该看它现在有无价值和社会意义，笔者相信历史最终会作出公正裁决。

下面，笔者将结合正文内容谈谈自己对中国援建坦赞铁路的几点粗浅认识。

一、如何看待中国援建坦赞铁路之决策

1965 年 2 月至 1967 年 9 月是中国政府援建坦赞铁路的决策阶段。这一阶段的起止时间虽然和坦赞两国总统的相继访华时间

大体一致，但是，若据此认为尼雷尔与卡翁达是为坦赞铁路而访华是十分武断的。事实上，越来越多的资料表明，中国政府对坦赞铁路是积极争取援建的。在援建决策过程中，毛泽东和周恩来的态度起到了十分重要的作用。在极短的时间里，周恩来就主持做出了援建坦赞铁路的初步决策。中国政府对坦赞铁路的积极援建，是为当时的外交政策服务的，坦赞铁路的巨额开支是中国外交策略的战略支出。

20 世纪六七十年代，追求民族独立与解放是非洲许多国家的迫切要求，中国政府对坦赞铁路的援建符合当时的历史潮流，此举不但能迫使美、苏等国增大对非洲的援助规模，而且还顺应了非洲诸多国家支持南部非洲民族解放运动的强烈愿望，推动了中、坦、赞三国双边与多边关系的发展。中国政府当时的外交目的是为了寻求政治上的认同与影响，而非为了促进中、坦、赞三国双边或多边关系的贸易发展，当然更不是为了掠夺财富。中国政府在援建坦赞铁路的积极态度应该被看作我国援外“八项原则”的具体实践和发展。

然而，中国政府在做出援建决策时，并没有完全忽视坦赞铁路的经济意义。这一点可以从坦赞铁路的勘测设计等方面看出。无论是从站台的设置还是从线路的选择来看，中国政府都十分重视坦赞铁路对坦赞两国经济发展的巨大带动作用。因此，那种认为中国政府完全忽视铁路的经济价值的观点不符合历史事实。虽然援建坦赞铁路确实令当时的中国承担了过重的经济负担，但坦赞铁路促进了坦赞两国的经济发展、方便了两国人民的生活。近 10 亿元人民币的贷款对于中国这个发展中国家来说是相当巨大的。

但从总体上看,援建坦赞铁路是在平等互利的基础上进行的援助活动,是双赢的。它不但可以改善受援国人民的生活水平,推动坦赞两国民族经济的发展,也有利于中国自身的发展,有助于中国开拓国际市场,提高工程技术水平。从结果来看,中国援建坦赞铁路虽然耗资巨大,但是得到了相应的政治、经济方面的回报,并不像社会上流传的那样,得不偿失。我们对中国援建坦赞铁路应秉持正确的态度。

二、坦赞铁路推动了中坦、中赞双边关系发展

坦赞铁路在推动中国同坦赞两国的双边关系以及中非多边关系方面所起的巨大作用是有目共睹的。回顾中坦、中赞关系的发展历程,我们大致可以按照坦赞铁路的从无到有、从建设到管理为参照,将之划分为三个不同发展阶段。就中坦关系而言,可以分为建交初期(1961 年 10 月—1965 年 2 月)、坦赞铁路建设时期(1965 年 3 月—1976 年 8 月)以及技术合作时期(1976 年 9 月至今)。中赞关系的发展时期,与此类似,大致可分为建交初期(1964 年 10 月—1967 年 6 月)、坦赞铁路建设时期(1967 年 7 月—1976 年 8 月)以及技术合作时期(1976 年 9 月至今)。上述划分,虽然从时间段上来说不太对称,但是它准确反映出了中坦、中赞双边关系的发展轨迹。

1965 年 2 月,尼雷尔总统首次访华,并在会谈中同中国领导人达成了修建坦赞铁路坦境段的“原则协定”。尼雷尔访华前后,他对中国政府的态度发生了较大变化。在他来访时的一次发言中,

尼雷尔警告似地说："在我们东非有一句谚语，当大象相互争斗的时候，倒霉的往往是地上的草坪。有鉴于此，我们决定在与我们不相干的国际冲突中采取'不结盟'的外交政策。"，"我们希望同所有国家友好相处，我们绝不答应让我们的朋友来给我们选择敌人。"①尼雷尔承认访华前他对中国知之甚少，当毛泽东说："对非洲我们没知识，不了解。你们恐怕对我们也是不很了解。"尼雷尔回答道："是的。我们对中国本来了解得很少，但是听了些歪曲的报道。"②

然而，当尼雷尔带着包括"原则协定"在内的收获回到坦桑尼亚后，他对中国的态度明显改变，屡次谈及他对中国的良好印象。③访华回国后，尼雷尔除了在记者招待会上公开介绍和赞扬中国外，还在执政党年会、地区专员会议上及对外场合赞扬中国。尼雷尔不断宣传中国取得的成就及建设经验，并号召坦桑尼亚人向中国学习，"赞扬我领导人的革命精神是当代无人可与之比拟的；赞扬我援助真诚、无私和表示要继续加强和发展与我的合作关系，并在若干非洲独立国家中为我做了些工作。姬副部长来坦桑视察工作也受到对方破格的接待和礼遇。敌人伪造的《非洲革命》小册子出现后，坦桑主要领导人能立即识破敌人阴谋并指示官方舆论进行反击，所有这些都说明对我信任的增加。对帝国主义的认识有所

---

①Nyerere, *Freedom and Unity*, Oxford University Press, New York, 1966, p.323.

②《毛泽东主席会见坦桑尼亚总统尼雷尔谈话记录》，外交部档案馆档案（档号：108-01389-02），1965年2月19日，第2页。

③尼雷尔在1965年4月26日（坦桑尼亚国庆日）、6月（两次）、1966年7月，多次夸赞中国的节约与自力更生的政策。参见Nyerere, *Freedom and Unity*, p.333.；《坦桑尼亚总统尼雷尔等同我驻坦大使何英谈中坦关系、派坦代表团访华事》，外交部档案馆档案（档号：204-01421-04），1966年7月4日，第2~3页。

提高;反帝反殖态度更为坚决;在某些重大国家问题上的态度向我靠拢。”①

中赞关系也因为中国允诺援建坦赞铁路而有较大发展。在1967年6月卡翁达访华前,中赞关系一直处于一种不冷不热状态。秦力真大使曾这样评价卡翁达“一日三变、朝秦暮楚,他绝不会长期反下去。因此在支撑其反帝反南罗斗争的同时,应随时注意其动摇性和妥协性。”②中国虽然早在1965年5月就派出了驻赞大使,但是赞比亚政府迟迟不肯派遣驻华大使。1967年6月,当卡翁达总统带着中国政府援建坦赞铁路的许诺回国后,卡翁达不久便在广播中发表了热情洋溢的访华感言,称中国是赞比亚“可信赖的全天候朋友”。③

无论是在坦赞铁路的考察、勘测设计阶段还是在施工时期,坦赞两国总统都热情款待中国考察组、勘测设计队以及工程技术人员,多次亲临现场进行慰问,并妥善处理他们遇到的有关难题。

在坦赞铁路建设时期,坦赞两国总统不仅为坦赞铁路多次举行隆重的庆典活动,还屡次带领非洲各国的来访朋友参观坦赞铁路施工现场。在1970年10月的开工典礼大会上,尼雷尔与卡翁达都发表了热情洋溢的讲话。尼雷尔说:“历史上外国人在非洲修铁路,都是为了掠夺非洲的财富,而中国人相反,是为了帮助我们发展民族经济。”卡翁达总统说:“患难知真友,在我们困难的时候,中

---

①《坦桑尼亚方面对坦总统尼雷尔访问中国的反应》,外交部档案馆档案(档号:108-01095-07),1965年4月3日,第1~2页。

②《卡曼加副总统率领的赞比亚政府代表团成员情况、驻赞使馆对赞情况、中赞关系的看法等》,外交部档案馆档案(档号:204-01155-02),1966年8月7日,第38页。

③New York Times, Jun. 20, 1967, p.2.

国援助了我们。”①1976 年 7 月 14 日，在新卡比里姆博希召开的坦赞铁路移交仪式大会上，坦赞两国还特意邀请博茨瓦纳总统卡马和扎伊尔总统蒙博托参加了交接仪式。在大会发言中，尼雷尔总统表示：“我们必须用我们的生命，用我们艰苦的、专心致志的和有纪律的工作来保卫这条铁路。”②卡翁达总统宣称：“由坦桑尼亚人民和赞比亚人民同毛泽东主席领导下的伟大的中国人民一起胜利地连接起来的这条铁路，不能让任何人、任何国家把它拆开。”③

在坦赞铁路施工期间，曾在驻坦使馆工作过的黄权衡回忆说：“中国还通过坦桑结识了许多其他非洲朋友，也通过坦桑有力地支持了非洲的民族解放运动。每个非洲国家元首访问坦桑，都要安排到中国援建的项目去参观，处处显示中坦之间的真诚友谊，中国才是非洲真正的朋友。”④前副总理陈慕华也对两国总统的做法表示感谢，当回忆尼雷尔总统在推动中非关系发展方面的作用时，陈慕华感慨说道：“坦桑尼亚总统尼雷尔曾亲自向不少当时尚未同我国建交的非洲国家领导人介绍中国的援外八项原则，还亲自安排或陪同他们去中国援建项目工地参观，使他们增进了对中国的了解，改变了对华政策，纷纷同我国建交。”⑤例如，1971 年 12 月 13 日，在尼雷尔总统陪同下，索马里、布隆迪和博茨瓦纳领导人参观了坦赞铁路的施工现场。⑥

在坦赞铁路竣工前后，尼雷尔与卡翁达也都再次对中国进行

---

①《当代中国》丛书编辑委员会：《当代中国的对外经济合作》，第 48 页。
②《人民日报》，1976 年 7 月 15 日，第 5 版。
③《人民日报》，1976 年 7 月 16 日，第 4 版。
④郑言：《外交纪实》（四），第 23 页。
⑤《回忆方毅》编辑委员会：《回忆方毅》，第 3 页。
⑥《人民日报》，1971 年 12 月 13 日，第 5 版。

友好访问、表达感激。1974 年 2 月，当来访的卡翁达赞扬我援赞工程人员时，毛泽东说，我们是共产党啊，应该好一点！我们的人也犯了一些错误呢。要教育。共产党内也有大国沙文主义。有些人看不起第三世界一些国家的人民，所以应该教育。我委托你教育中国的工程技术人员，还有尼雷尔总统，也应该这样做。在你们那里工作的，世界上的人做了坏事，不管哪个国家的都应该教育，处分或者把他们赶回来。不然那些人就把尾巴翘到天上。帮助你们修了铁路，了不起呀。①

1974 年 3 月 24—31 日，尼雷尔总统第三次访华。在与毛泽东的会谈中，尼雷尔说，中国现在对非洲的帮助很多。毛泽东说，帮助很小。毛泽东说，听说我们的人在你们那里做了些坏事。并问：给你们赔偿没有啊？有些犯错误的也撤回来了吧。人多了我们教育又不严，势必将来也还要出一些问题。你们发现有什么错误，就告诉我们的大使。尼雷尔称赞中国人员在坦桑对他们不好时和极端困难的条件下工作从不发牢骚。毛泽东说，不能怪你们，这个不能发牢骚，发牢骚是错误的。尼雷尔说起他的母亲，向我人员送活羊和鸡蛋时，毛泽东说，收人家礼物不太好吧，以后成为风气不太好。②

1981 年 3 月，尼雷尔在访华欢迎宴会上说："有人说，在政治上或在国家之间没有感激可言。但你们可以相信，我们确实感激中

---

①《毛泽东与外国首脑及记者会谈录》编辑组：《毛泽东与外国首脑及记者会谈录》，第 260 页。

②《毛泽东与外国首脑及记者会谈录》编辑组：《毛泽东与外国首脑及记者会谈录》，第 288~289 页。

国人民，因为你们为建成这条铁路做出了牺牲。"①

中国政府对坦赞铁路的无私援助，不但向世人证明了援外"八项原则"的可信度，而且显示了中国政府在反帝、反殖、反种族主义方面的决心和诚意，因而逐渐赢得非洲各国的认同与赞誉。援外"八项原则"在坦赞两国的成功实践，对外援助的政治效应日渐显现出来。我国的国际声望进一步提高，同我国建交的第三世界国家日渐增多，要求恢复我国在联合国席位的呼声日益高涨。

1971 年 10 月在联合国大会上，中国成功通过了阿尔巴尼亚、阿尔及利亚、坦桑尼亚、赞比亚等 23 个国家提出的要求恢复中华人民共和国在联合国的一切合法权利的提案。这 23 个提案国全都是第三世界国家，其中 22 个是接受中国经济援助的国家。② 据闻，提案通过后，坦桑尼亚政府代表萨利姆（Salim）当众起舞，以示庆贺。③ 萨利姆后来曾任坦桑尼亚总理一职，他于 2013 年回忆说，"1970 年，我从驻华大使任上转任常驻联合国代表。我们这些支持中国的国家开始行动。""我们小组的成员包括坦桑尼亚、赞比亚、刚果（布）、巴基斯坦、叙利亚、阿尔巴尼亚、罗马尼亚等国。"面对美国及其盟国的压力，萨利姆说，"因此我们必须加把劲，到表决当天，上午我们开了个会，分配了每个人的工作。""当时要做两件事。第一件事是根据联合国宪章决定恢复的合法席位是不是重要问题……第二件事是应对突发事件。按照表决前的分工，突发事件由我负责应对，因为大家认为我熟悉规则。当时还真发生一起突

①《外国领导人访华讲话选集》（英汉对照），英帆编译，北洋：中国对外翻译出版公司，1988 年，第 77～78 页。

②《人民日报》，1971 年 6 月 20 日，第 5 版。

③宗道一编：《周南口述：遥想当年羽扇纶巾》，第 210 页。

发事件。"①

中国成功恢复了在联合国的合法席位后,坦桑尼亚政府在贺信里说:"我们特别高兴看到中华人民共和国恢复了她在这个组织中的合法地位,因为我们相信,联合国把这个国家看成一个支持各国人民的自决与独立权利,反对形形色色的压迫和不公正的十分可贵的成员国。"赞比亚政府也祝贺说:"中华人民共和国代表团的入席是一个具有伟大的政治和历史意义的时刻……它标志着过去旧的、过时的政治的结束,标志着一个新的现实主义和充满希望的时代的开始。"②

中国成功加入联合国也证实了周恩来的判断:"这条铁路不只是我们给坦赞两国修建的,它还是我们为整个非洲大陆和全体非洲兄弟修建的,它成为紧密联结中非人民友谊的纽带。"③

坦赞铁路建成通车后,它作为中、坦、赞三国关系以及中非关系的"纽带"作用是如何体现的呢? 笔者以为主要有以下两个方面:首先,在技术合作方面,这在前文已有论及。其次,坦赞铁路已成为中非政治、经济友好关系的一种见证。

自改革开放后,中国在对外政治、经济与文化政策上都进行了一系列调整,因此强调传统友好对于巩固友谊、消解某些国家的疑虑,就显得尤为重要,坦赞铁路无疑是宣传我国对外政策的良好窗口。中、坦、赞三国新一代领导人都十分珍视坦赞铁路这份来之不

---

①《访谈坦桑尼亚前总理萨利姆》,《中非关系史上的丰碑:援建坦赞铁路亲历者的讲述》,第 229~230 页。

②熊向晖:《毛泽东没有想到的胜利:回忆我国恢复在联合国席位的过程》,《亲历者记忆》(下),上海:上海辞书出版社,2005 年,第 442 页。

③宗道一:《周南口述:遥想当年羽扇纶巾》,第 162 页。

易的厚礼。以中赞关系为例，20 世纪 80 年代，前总理赵紫阳与前副总理陈慕华在访问赞比亚时，与赞比亚政府领导商谈的主要内容便是坦赞铁路问题。

1983 年 1 月 9 日，赵紫阳总理在赴赞比亚机场途中向卡翁达表示，“坦赞铁路除了设备更新、技术服务、零配件，以及总统谈到的需增加货运量的问题，还有一个管理问题。如何管理好铁路使它发挥经济效益，是一个很大的问题。中国的管理水平也不高，但冒昧说一句，在管理铁路方面还是有些经验的。如果尼雷尔总统和卡翁达总统认为有需要的话，中国可以参加坦赞铁路的管理和提供技术服务。”①卡翁达表示赞成。后经磋商，在接下来的四期技术合作（从第四期开始）中，中国派遣的技术专家向坦赞铁路局提供技术援助并参与运营管理，运营效果明显好转。②

时任国务委员的陈慕华在赞比亚访问期间，于 1986 年 8 月 12 日参加了坦赞铁路运营十周年的庆祝活动，为坦赞铁路运营十周年纪念碑揭幕。在同卡翁达就加强中赞双边关系交换意见后，陈慕华代表中国政府向卡翁达总统转交了一张 200 万克瓦查（约 37 万美元）的支票。③

自 1995 年以来，中赞两国关系发展迅速，双方国家领导人进行

①《当代中国的对外经济合作》，第 7 页。

②靳辉、赵康为第四期技术合作组组长。据 2008 年 5 月 19 日访谈笔记，靳辉口述。

③中华人民共和国外交部外交史编辑室：《中国外交概览》，第 213 页。

了多次互访活动,中赞两国在会谈中都十分重视坦赞铁路问题。① 兹举两例。

2003 年 11 月,赞比亚来华总统姆瓦纳瓦萨在同胡锦涛主席会谈时说:"赞比亚和中国是好朋友,好伙伴。我们永远不会忘记,当年轻的赞比亚刚刚获得独立,面临诸多严峻困难之际,是中国人民伸出了无私的友谊之手。中国援建的坦赞铁路始终是中赞、中非人民深厚友谊的象征。"②

2007 年 2 月,胡锦涛在出访赞比亚期间,会见了赞比亚前总统卡翁达。卡翁达回顾了非中、赞中关系的发展历程,高度评价中国在赞比亚争取国家独立和民族解放斗争中和在国家建设进程中向赞比亚提供的重要支持和帮助。他还深情地回忆起中国援助修建坦赞铁路的情景。他说,中国的支持对赞比亚民族发展事业具有战略意义,中国是非洲和赞比亚全天候朋友。卡翁达祝愿中国人民在国家建设的道路上取得更大成就。③

在中坦关系中,坦赞铁路所起到的纽带作用更毋庸讳言。中国国家领导人李长春、温家宝、胡锦涛、习近平都曾先后赴达累斯

---

①据不完全统计,中方访赞的领导人有:朱镕基副总理(1995 年)、罗干国务委员兼国务院秘书长(1996 年)、李鹏总理(1997 年)、全国政协陈慕华副主席(1998 年)、唐家璇外长(1999 年)、全国政协李瑞环主席(2003 年)、全国人大吴邦国委员长(2004 年)、胡锦涛主席(2007 年)。赞方来华的领导人有:总统奇卢巴(1993 年、2000 年)、副总统米扬达(1995 年)、外长瓦卢比塔(1998 年)、国防部长桑帕(1998 年)、总检察长穆塔勒(2001 年)、总统姆瓦纳瓦萨(2003 年、2006 年)、副总统姆瓦佩(2005 年)、议长姆瓦纳姆万布瓦(2005 年)、总统特使、外交部长希卡普瓦沙(2005 年)、国防部长瓦穆里约克拉(2005 年)、总统夫人莫琳(2005 年 、2006 年)等。

②中华人民共和国外交部网站,网址:http://www.fmprc.gov.cn/chn/wjb/zzjg/fzs/xwlb/t40310.htm.

③中华人民共和国外交部网站,网址:http://www.fmprc.gov.cn/chn/wjdt/wshd/t294764.htm.

萨拉姆市郊的中国援坦专家公墓凭吊，2008 年 4 月举世瞩目的奥运会圣火传递工作便是从达累斯萨拉姆火车站开始的，2013 年 3 月，习近平主席执政后访问非洲的第一站也是坦桑尼亚。

近十年中国部级以上领导访问坦桑尼亚情况表

姓名	时任职务	活动内容	时间
温家宝	总理	凭吊中国援坦专家公墓	2006 年 6 月 23 日
张德江	中共中央政治局委员、广东省委书记	参观坦赞铁路、凭吊中国援坦专家公墓	2007 年 6 月 10 日
高虎城	商务部副部长	赴坦赞铁路局及达累斯萨拉姆客站进行考察	2008 年 2 月 29 日
陈德铭	商务部部长	签署了两项经济技术合作协定和两项优惠贷款框架协议	2010 年 1 月 14—17 日
严隽琪	全国人大常委会副委员长	参观达累斯萨拉姆客运站	2010 年 4 月 21 日
蒋耀平	商务部副部长	参观考察坦赞铁路、达累斯萨拉姆港	2011 年 11 月 20—22 日
李金早	商务部副部长	考察了坦赞铁路和达累斯萨拉姆港口、凭吊中国援坦专家公墓	2012 年 3 月 22—25 日
马馼	中国监察部部长	视察坦赞铁路达累斯萨拉姆客运站	2012 年 7 月 10 日
回良玉	国务院副总理	参观坦赞铁路达累斯萨拉姆火车站、凭吊中国援坦专家公墓	2012 年 9 月 6 日
习近平	中国国家主席、中共中央总书记	凭吊中国援坦专家公墓	2013 年 3 月

（续表）

姓名	时任职务	活动内容	时间
李源潮 李金早	国家副主席 商务部副部长	共同为中国援坦赞铁路吊车和叉车等装卸设备举行剪彩仪式	2014年6月25日
苗圩	工信部部长	中坦加强国际产能合作 在纪念周恩来总理访问坦桑尼亚50周年大会的讲话	2015年6月5日

资料来源：笔者根据中国驻坦桑尼亚经商代表处网站资料整理而成，参见http://tz.mofcom.gov.cn

从中国对坦赞铁路的援建一事可以看出，中国历届政府十分重视发展同非洲各国的友谊，并愿意为这种友谊慷慨相助。“援助是相互的”，在国际事务中，包括坦赞两国在内的非洲国家，对中国的贡献也是不容置疑的，这表现在他们为推动恢复中国在联合国的合法席位中所作的贡献；为中国在联合国人权会上11次挫败反华提案提供有力支持；坚持一个中国原则，支持中国的统一大业，13次在联大总务委员会反对将所谓“台湾重返或参与联合国问题提案”列入联大议事日程，并多次抵制台湾挤入只有主权国家才能参与的国际机构的图谋；在中国申办2008年奥运会和2010年上海世博会等许多问题上给予了支持。可见，从国际关系的角度而言，坦赞铁路在推动中、坦、赞三国关系以及中非关系的发展方面意义深远。

坦赞铁路的动工兴建，还密切了中国同坦赞两国的经贸关系。虽然中坦两国的经贸关系可以追溯至遥远的古代，但是殖民统治阻碍了中坦两国的正常商贸往来。① 中国虽然在坦噶尼喀与桑给巴尔独立后不久就分别与之建立了外交关系，但是两者在独立初期的对外贸易中仍沿用独立前的做法，"直至一九六三年，坦噶尼喀政府取消从中国进口的限制，双方建立了直接贸易关系，中坦两国间的贸易才开始逐步发展"②。1965 年 2 月，坦桑尼亚商业和合作部长巴布率领政府贸易代表团访华，同中国外贸部副部长林海云，分别代表本国政府在北京签订了两国政府贸易协定和 1965 至 1966 年交换商品议定书，为中坦经贸关系的发展奠定了基础。中坦两国政府贸易协定计有 15 条内容，其中第十三条规定两国政府对于明确的货物"给予必需的进口或出口许可证"③。有关货物详单，见下表。巧合的是，正是巴布的此次访华才正式拉开了中国援建坦赞铁路的序幕。此后，1965 年 2 月中坦两国达成的《坦桑尼亚—赞比亚铁路原则协定》以及 1967 年 9 月中、坦、赞三国达成的《关于修建坦桑尼亚—赞比亚铁路的协定》不但促进了中坦两国的政治互信，而且推动了中坦两国贸易制度的确立与完善。中坦两国政府贸易协定④草签于 1965 年 2 月 10 日，巴布作为坦方代表在协议书上签字，也是在同一天巴布最早向中方透露尼雷尔访华时将可能向中国请求援建坦赞铁路。

---

①高梁：《中坦友谊源远流长》，《世界知识》，1965 年第 11 期。

②《当代中国》丛书编辑委员会：《当代中国对外贸易（上）》，北京：当代中国出版社 1992 年，第 367 页。

③《中华人民共和国政府和坦桑尼亚联合共和国政府贸易协定》，《中华人民共和国国务院公报》，1965 年第 15 号，第 265~266 页。

④该协定草签于 1965 年 2 月 10 日。我国政府于 1965 年 3 月 27 日核准，4 月 3 日通知坦方；坦桑尼亚联合共和国于 1965 年 7 月 31 日经总统批准，8 月 10 日通知我国。协定自 1965 年 8 月 10 日起生效。

中国向坦桑尼亚出口的货物

序号＼商品	
1	各种铜材、铁钉、铁丝、小五金等
2	动力机械、起重机械、纺织机械、印刷机械、农业机械、建筑和筑路机械
3	纺织厂、造纸厂、制糖厂和其他轻工业工厂
4	胶合板、玻璃、瓷砖、卫生洁具和其他建筑材料
5	染料、颜料、橡胶制品和轮胎、药品等
6	棉布、人造棉布、棉纱、绸缎和复制品、棉毛针织品等
7	瓷器、网绳、渔网、桌布和手工艺品
8	自行车、缝纫机、搪瓷器皿、玻璃器皿、热水瓶、冰瓶、电风扇等
9	纸张、各种办公用品、体育用品等
10	地毯、漆刷、皮鞋、皮革制品等
11	其他

资料来源:《中华人民共和国政府和坦桑尼亚联合共和国政府贸易协定》,《中华人民共和国国务院公报》,1965 年第 15 号,第 265 页。

坦桑尼亚向中国出口的货物

序号＼商品	
1—5	肉和肉制品;鲜鱼;玉米粉;腰果;蚕豆、豌豆、扁豆和其他豆类
6—10	木薯;木薯粉;咖啡;茶叶;辣椒
11—15	动物饲料;皮张和毛皮;花生;蓖麻籽;椰干
16—20	烟叶;芝麻;葵花籽;油籽、油料;木材
21—25	棉花;西沙尔麻;大米;除虫菊和除虫菊精;植物油

（续表）

序号＼商品	
26—30	蜂蜡；阿拉伯胶；大豆；杠树皮；拷皮和拷膏
31—35	木瓜精；木棉；云母；制磨料和高级耐火材料的透明金刚砂；装饰石头、美术石头等
36—40	宝石（钻石除外）；石膏；瓷土；煅烧和未煅烧的菱镁矿；盐
41—45	蛭石；碎钢铁；锡砂和锡锭；有色金属碎料；白银
46—50	象牙；地板木块和木条；椰子；丁香；柑橘
51—56	椰子纤维；椰子饼；海贝壳；海藻；椰油；丁香油
57	其他

资料来源：《中华人民共和国政府和坦桑尼亚联合共和国政府贸易协定》，《中华人民共和国国务院公报》，1965 年第 15 号，第 266 页。

在尼雷尔总统访华期间，中坦双方还签订了友好条约，发表了联合公报。《中坦友好条约》中这样写道：缔约双方同意，本着平等互利、友好合作的精神，发展两国间的经济和文化关系。①《联合公报》中也声称：双方十分满意地看到，近年来，两国在政治、经济、贸易和文化方面的友好合作关系获得迅速的发展。双方决心为进一步巩固和发展两国的友谊而共同努力。②

在周恩来访坦期间，双方还发表了《联合公报》并商谈了组建中坦联合海运公司事宜。周恩来向尼雷尔表示，希望中国和坦桑

①《中华人民共和国和坦桑尼亚联合共和国友好条约》，《中华人民共和国国务院公报》，1965 年第 15 号，第 259 页。

②《中华人民共和国和坦桑尼亚联合共和国联合声明》，《中华人民共和国国务院公报》，1965 年第 3 号，第 38 页。

尼亚海运公司能很快搞起来。周恩来说，大海航行必须先试航，中坦两国都是独立国家，有权在公海上航行，中坦两国的国旗必须受到承认和尊重。尼雷尔对周恩来的建议表示赞许。① 中坦《联合公报》声称：双方满意地看到，中国和坦桑尼亚两国的友好合作关系不断地取得了发展，特别是尼雷尔总统今年2月访问中国以来，两国在政治、经济和文化方面的友好合作关系获得了全面的发展。② 1967年6月，中坦联合海运公司在尼雷尔总统和周恩来总理亲自关怀下建立起来，双方各投资75万美元（坦方金额由中方的无息贷款支付），有船5艘，7.34万载重吨，主要经营中国至东非、红海、地中海各条航线，多是承运两国间的贸易物资③，“中坦公司在非洲人民反对帝国主义、新老殖民主义和争取民主独立的斗争中，在承运各国人民对非洲人民经援物资和发展民族海运事业上作出了巨大的贡献”④。

在1968—1976年这段时间里，伴随着中国对坦赞铁路的考察、勘测设计与施工，中坦经贸关系不断向前发展。这一时期，中国同坦桑尼亚贸易关系的特点是：以中国经援项目带动出口，同时积极开展正常贸易。20世纪60年代后半叶，中国向坦桑尼亚提供的经援贷款项下援建的坦赞铁路动工兴建，需要不少地方费用，经征得

---

①中华人民共和国外交部外交史研究室编：《周恩来外交活动大事记》，第460页。

②《中国和坦桑尼亚联合公报》，《中华人民共和国国务院公报》，1965年第8号，第127页。

③《当代中国的水运事业》编辑委员会编：《当代中国的水运事业》，当代中国出版社/香港祖国出版社，2009年，第173页；舒运国，刘伟才：《20世纪非洲经济史》，杭州：浙江人民出版社，2013年，第235页。

④中国远洋运输集团编：《辉煌的四十年：纪念中远成立四十周年文集》，北京：国际文化出版公司，2001年，第164页。

坦桑尼亚政府同意,由中国通过贸易出口商品,收取当地货币而解决,从而增加了中国的出口。同时,中国也根据协议规定,积极开展双边贸易。因此,20 世纪 60 年代中坦两国间的贸易不断增长,1969 年贸易额达 1,980 万美元,其中中国出口 642 万美元,进口 1,338 万美元。① 20 世纪 70 年代,中国在经援项下援建的坦赞铁路和其他工程项目都进入施工高峰期,需要更多的地方费用,经双方商定继续由中国通过贸易出口商品解决,因而使地方费用项下的贸易出口迅速增长。自 1966 至 1977 年,中国在贸易项下提供的地方费用共达 3.27 亿元人民币(合 1.58 亿美元)。在正常贸易项下,中国在积极发展出口的同时,继续进口适合需要的坦桑尼亚商品。因此,直至 20 世纪 70 年代中期,两国间贸易额持续增长。最高年份的 1974 年,贸易额高达 7,108 万美元。②

当时,我国因为外汇紧张,没有直接承担援建人员和当地专家在援建过程中产生的吃住行等当地费用,而是向坦赞两国无偿援助一些货物,由两国用出售这些货物得来的现金来支付上述开支。1968 年 4 月,中、坦、赞三国政府代表在达累斯萨拉姆达成了《关于修建坦桑尼亚—赞比亚铁路贷款的提供方式的议定书》,其中第二条规定,中国政府同意在上述协定规定的贷款项下,按照坦赞铁路项目实施的进度,分期分批提供一般商品,以其货款支付该铁路项目所需的当地费用。上述当地费用包括:(1)当地建筑材料的购置费、运杂费和工人工资;(2)中国技术人员在坦桑尼亚和赞比亚工作期间的生活费(包括伙食费和零用费)、住宿费、医疗费、办公费

①《当代中国》丛书编辑委员会:《当代中国对外贸易》(上),北京:当代中国出版社 1992 年,第 368 页。

②《当代中国》丛书编辑委员会:《当代中国对外贸易》(上),第 369 页。

和交通费。坦赞两国政府负责及时订购和销售上述用于支付该铁路项目所需的当地费用的一般商品,以利该铁路项目的顺利进行。鉴于该铁路项目投资巨大,所需当地费用较多,中、坦、赞三国政府将共同协商,采取措施,压缩[①]当地费用的开支。第六条规定:为便于中国方面组织施工,在中国政府提供当地费用的一般商品后,坦赞两国政府应按有关合同规定的时间,将中国政府所提供一般商品的人民币金额等值的当地货币,通过坦赞两国政府共同指定的机构,分别交予中国驻坦桑尼亚经济商务代表处和中国驻赞比亚大使馆,委托中国方面管理和使用。中国方面应定期向坦赞两国政府共同指定的机构提交当地费用的账目清单。[②] 在坦赞铁路勘测设计工作开展之前,中国专家估计坦赞铁路所需当地费用约为7,000万英镑,“人工工资比重很大,许多建筑材料又不得不在当地采购,所以当地费用将是很大的,粗略估算约需七千万镑,远非坦赞市场所能提供”[③]。

1969年12月,《坦桑尼亚—赞比亚铁路考察报告》中首次提出了修建坦赞铁路所需的资金数额,“根据现有资料,坦赞铁路的投资总额总数估算为人民币九亿至十亿元”[④]。1970年6月,《坦桑尼亚—赞比亚铁路勘察设计报告》中明确指出,“修建坦赞铁路总

---

①中、坦、赞三国经过磋商采取了两大压缩方法:一是,中国技术人员前往坦赞两国和返回中国的国际旅行费用,改由中国政府负担;二是,坦赞铁路各项工程建设的土地征用,青苗和树木补偿,房屋、坟墓、公路及其他建筑物的拆迁,由坦赞两国政府负责办理并负担其费用,均不列入当地费用。

②《关于修建坦桑尼亚—赞比亚铁路贷款的提供方式的议定书》,《坦桑尼亚—赞比亚文件汇编》,第1~3页。

③《坦赞铁路会谈报告》,《坦桑尼亚—赞比亚文件汇编》,第6页。

④《坦桑尼亚—赞比亚铁路考察报告》,《坦桑尼亚—赞比亚文件汇编》,第17页。

概算为人民币九亿八千八百三十七万元。其中,所需的当地费用约为五亿元”①。

不难想见,在那特殊的历史时期里,中国通过出口物资来换取当地费用的做法绝非易事,“当时坦方市场被西方公司和商品垄断,坦民众对来自东方特别是中国的产品存在一些偏见。比如,那些坦民众习惯用高露洁牌牙膏,对中国产的牙膏就有偏见”②。但是,坦赞铁路当地费用促进了中国货物在坦赞两国的出口则是一种事实。

1976年7月,坦赞铁路全线建成、移交,中国参与坦赞铁路技术合作也随之启动,中坦经贸关系经过曲折的发展,最终向纵深推进。坦赞铁路投入运营40年来,为了维持铁路的顺利运转,中国政府先后向坦赞两国派出了15期的铁路专家组,提供了累计近3,000人次的技术指导与数十亿元人民币的各项贷款。

由于坦赞铁路已经建成移交给坦桑尼亚政府,不再需要地方费用,加之,中国从坦桑尼亚的进口也有所减少,两国间的贸易额不断下降,1979年降至1,824万美元,比1969年下降7.9%,其中中国出口1,639万美元,进口185万美元。1980年代,由于自1979年以来,坦桑尼亚未能按期偿付中国对其出口的贸易货款,同时,适合中国需要的坦桑尼亚经济作物产量近几年来又大幅度下降,出口大大减少,加以中国进口商品结构发生变化,从而影响了两国间

①《坦桑尼亚—赞比亚铁路勘察设计报告》,《坦桑尼亚—赞比亚文件汇编》,第6页。

②外交部政策规划司:《中非关系史上的丰碑:援建坦赞铁路亲历者的讲述》,第219页。

贸易的正常发展。① 1984 年中坦两国虽然签订了政府间贸易协议，但是执行贸易额却不断下降，1988 年降为 848 万美元，而且只是中国单方面出口。②

1990 年以后，中国同坦桑经济合作关系逐步从原先的单一援助模式向以贸易、援助、投资、互利合作、技术援助等多元合作方式转变。两国贸易近年增长较快，中国对坦桑尼亚主要出口有纺织品、鞋、轻工业产品、建材、卡车及其底盘、摩托车、医药、轮胎、工农具、家电、机械设备及钢材等。从坦桑尼亚进口原木、棉花、剑麻纤维、粗铜、海产品、皮革等。2005 年，中坦贸易总额达 4.74 亿美元，其中，中国向坦桑尼亚出口 3.04 亿美元，从坦桑尼亚进口 1.7 亿美元。进出口贸易比前一年增长了 150.07%。在劳务承包工程上，我国有 40 多家公司在坦桑尼亚开展业务。③

2012 年开始的坦赞铁路修复改造计划，为中坦经贸关系的进一步发展注入了活力。2012 年 1 月，商务部会同外交部、铁道部、财政部向国务院呈报了关于启动坦赞铁路修复改造项目工程可行性研究的工作方案。铁道第三勘察设计院集团有限公司派出多达 360 名中国专家分批次赴坦赞考察，经过一年的努力，2013 年初完成了《坦赞铁路修复改造工程可行性研究任务工作》。2013 年 3 月 24 日，中国国家主席习近平在达累斯萨拉姆与坦桑尼亚总统基奎特会谈时表示，中方一直关注坦赞铁路发展，愿积极参与坦赞铁路改造和运营。2014 年 10 月，坦桑尼亚总统基奎特访华，与中国国

①《当代中国》丛书编辑委员会：《当代中国对外贸易》(上)，第 368~369 页。

②《当代中国》丛书编辑委员会：《当代中国对外贸易》(上)，第 368~369 页。

③《世界经济年鉴》编辑部：《世界经济年鉴 2006~2007》，北京：中国华侨出版社，2007 年，第 163 页。

家领导人商谈激活坦赞铁路问题。2016年5月,中、坦、赞三国政府代表在坦赞铁路工作组会议上,对修复改造坦赞铁路、使之发挥更大效益表达出了决心和信心。① 近年来,在坦赞铁路改造、中坦高层互访等诸多因素的作用下,中坦经贸关系发展势头迅猛。中国已经成为坦桑尼亚最大的贸易伙伴。2013年,中坦贸易额达37亿美元,和2003年的2.191亿美元相比,增长了近17倍。除了双边贸易外,中坦双方在投资领域的合作也不断深入。中国政府为鼓励和支持中国企业到非洲投资,于2006年设立了中非发展基金。目前,中国在坦投资企业有500多家,已跃升为坦桑尼亚的第二大外来投资国。②

中赞经贸关系也因中国对坦赞铁路等项目的援建不断向前发展。1967年以来,中国承担了坦赞铁路、公路、玉米面厂、纺织厂、打井供水等共70余个项目,其中,坦赞铁路是中国援赞最大的援外成套项目。后来,在中非合作论坛框架内,我方为赞方援建了体育场、医院、学校、农技示范中心、疟疾防治中心、小水电站、太阳能、打井等多个项目。

1986年,中赞两国成立了经贸混委会。1996年,两国签署相互促进和保护投资协定。2010年,两国签署避免双重征税协定。目前,在赞中资企业超过570家,累计投资额超过31亿美元,涉及矿业、农业、建筑等多个领域。2007年2月揭牌成立了中国在非洲的第一个经贸合作区——赞比亚中国经贸合作区。该合作区分为谦

①驻坦桑尼亚经商代表处:《中坦赞三方就坦赞铁路修复改造表达了决心和信心》,网址:http://tz.mofcom.gov.cn/article/c/201605/20160501320801.shtml.

②国际在线:《高层互访推动中坦两国经贸合作升级》,网址:http://gb.cri.cn/42071/2014/10/22/5931s4736160.htm.

比希园区和卢萨卡园区，总规划面积17.28平方千米，其中，谦比希园区11.58平方千米，卢萨卡园区5.7平方千米，由赞比亚中国经济贸易合作区发展有限公司负责开发运营。目前，已有48家企业入驻园区，吸引投资近15.5亿美元，为赞比亚当地提供就业岗位近8,000个。

2005年1月1日起，中方对赞部分出口中国产品给予免关税待遇。2007年7月1日起，中方将赞方享受零关税待遇范围输华商品的税目增至466个。2010年5月，中赞两国签署了中方向赞方提供60%输华商品免关税待遇的换文。2014年12月，双方就中国将向赞比亚输华商品免关税待遇范围扩大到97%完成换文。2015年1—11月两国贸易额为21.54亿美元，同比下降38.6%，其中我国出口5.13亿美元，进口16.41亿美元。中国主要从赞比亚进口铜产品，向赞比亚出口机电、钢铁制品等，处于入超地位。①

三、坦赞铁路促进了坦赞两国的经济与社会发展

援建坦赞铁路的主要决策者毛泽东、周恩来，一直重视铁路在带动国民经济与社会发展中的作用。② 坦赞两国领导人尼雷尔与卡翁达决心要替罗得斯“圆梦”的原因，也包含着发展两国经济方面的考虑。众所周知，与公路与航空运输相比，铁路运输具有运量大、运距长、运价低的显著优势。铁路运输系统的特点，决定了铁

---

①《中国同赞比亚的关系》，外交部网站，网址：http://www.fmprc.gov.cn/web/gjhdq_676201/gj_676203/fz_677316/1206_678698/sbgx_678702/t6717.shtml

②雷风行、才铁军：《伟人与中国铁路》，北京：中国铁道出版社，2001年，第30~90页。

路火车站①必然会成为人口聚居中心，带动站台附近建筑、餐饮、娱乐等行业的发展。不仅如此，铁路还是任何一个国家进行基础设施建设不可或缺的重要内容。同其他所有铁路一样，坦赞铁路在促进所在国的经济与社会发展等方面功不可没。

1981年，尼雷尔总统对坦赞铁路做出了下述评价："'自由铁路'于1976年正式通车，几年来，这条铁路在坦桑尼亚与赞比亚之间不停地运送货物，它还使我们能够去开发我国原来未经开发的地区。我们不像过去同我们在一起工作的中国专家那么善于管理这条铁路，但是我们正在努力改进。这条铁路对我国和整个南部非洲继续起着重要作用，我希望任何人都不要低估这一作用。"②

坦赞铁路对推动坦赞两国经济与社会发展方面的作用，主要表现在以下几个方面。

首先，坦赞铁路促进了坦赞两国农业与商业的发展。先看一下坦桑尼亚方面的情况。坦桑尼亚的经济以农牧业为主，"超过9成的居民在国家独立之初务农"③。20世纪六七十年代，坦桑尼亚政府将农业发展放在第一位，动员全国逐步建立"乌贾马村"，以发

①坦赞铁路共修车站93个，还预留了55个车站的发展位置。坦桑尼亚境内共有车站51个，其中编组站1个、客运站1个、港前站1个、区段站2个、中间站27个、会让站19个，预留车站27个。赞比亚境内纳康德至新卡比里姆博希段，修建了42个车站，预留了28个车站位置。参见《赞比亚设计基础资料汇编》编委会编：《援外成套项目设计基础资料汇编：赞比亚》(第三篇)，第282页。

②英帆：《外国领导人访华讲话》，北京：中国对外翻译出版公司，1988年，第50页。

③Ukandi G. Damachi, *Development Paths in Africa and China*, The Macmilan Press, London, 1976, p.24.

展农业生产。[①] “乌贾马村”运动自1967年开始后,经过1971年以后的大发展,到1975年6月,坦桑尼亚已组织起6,944村落,大约910万人口,占全国农村总人口的65%。[②]

坦赞铁路的修建,为坦桑尼亚政府实行“乌贾马村”运动提供了条件。1973年底,当坦桑尼亚境内的坦赞铁路尚未全部完工时,坦桑尼亚政府便以发展农业、保护铁路为由动员居民前往坦赞铁路沿线地区居住,建立“乌贾马村”。在响应号召的居民中,不少人是当初参与坦赞铁路修建的工人,因为当坦桑尼亚境内的铁路竣工后,有三分之二左右的工人将不再继续参与赞比亚境内的铁路建设,他们中有不少人出于工作需要或其他原因而自愿选择在火车站台附近居住。

对于大多数坦桑尼亚人而言,他们是在1973—1976年被坦桑尼亚政府强迫搬迁过来的。这些被强迫搬迁的居民多来自姆贝亚、伊瑞加、莫洛戈罗以及海岸四个省份。[③] 许多人在短暂的居住之后,又悄悄地溜回了原居住地,但也有少数人由于在铁路附近的糖厂等单位找到了工作,因而选择留了下来。随着铁路沿线地区的发展,越来越多的人开始主动向坦赞铁路站台附近及铁路沿线适合农牧经营的地区移居。[④]

---

①其他三个方面的措施是:调整农业生产布局、重视国营农业的建设以及发展灌溉农业。参见《坦桑尼亚设计基础资料汇编》编委会编:《援外成套项目设计基础资料汇编:坦桑尼亚》(第三篇上),第12~13页。

②《坦桑尼亚设计基础资料汇编》编委会编:《援外成套项目设计基础资料汇编:坦桑尼亚》(第三篇上),第12页。

③Jamie Monson, *Tanzania: Africa's Freedom Railway-How a Chinese Development Project Changed Lives and Livelihoods in Tanzania*, p.72.

④Jamie Monson, *Tanzania: Africa's Freedom Railway-How a Chinese Development Project Changed Lives and Livelihoods in Tanzania*, p.127.

选择移居坦赞铁路沿线地区的人们，有各种各样的考虑。有的人想获得土地，经营农业，然后组建家庭、生儿育女。对于工薪人员而言，他们在工作之余经营农业既能补贴家计，也在为他们退休后有事可做做准备；商人们投资铁路沿线地区的农场，则是因为农田既能为他们提供场地又能给他们提供经济而又稳定的货源；对刚毕业的学生而言，土地既象征着财富又能给他们带来归宿感。①

在坦赞铁路附近获得土地的条件也特别具有非洲特色。当新来者希望从某个村委员会获得土地时，他们需要预先申请，然后再等待审批一段时间。在此期间，新来者需要接受村委会的考验，他们被允许在村落待上一段时间，以观察他们的性格，看他们是否适合从事耕作。②

坦赞铁路便利了坦桑尼亚境内粮食的运输，越来越多的人开始在铁路沿线地区经营农牧业。通过对20世纪90年代末卫星拍摄的图片研究发现，在坦赞铁路建成后的25年的时间里，铁路沿线地区的地貌发生了显著变化，先前的草地与森林逐渐让位于小型农场。变化最为显著的地区当属姆林巴地区，该地区在坦赞铁路建设前，几乎没有人烟，但在90年代末，姆林巴火车站周围的农田耕作面积，已由先前的49平方千米，增加到212平方千米，移民数量大增。③

①Jamie Monson, *Tanzania: Africa's Freedom Railway-How a Chinese Development Project Changed Lives and Livelihoods in Tanzania*, p.128.

②Jamie Monson, *Tanzania: Africa's Freedom Railway-How a Chinese Development Project Changed Lives and Livelihoods in Tanzania*, p.134.

③Jamie Monson, *Tanzania: Africa's Freedom Railway-How a Chinese Development Project Changed Lives and Livelihoods in Tanzania*, p.126.

根据卫星拍摄的图片，坦赞铁路沿线地区有两个方面的变化比较明显：一是坦赞铁路的东部沿线，要比铁路西北地区沿线地区土地利用率大；二是农场主要位于两个中心区以及铁路站台地区，距离铁路线越远，农场越少。人口在分布上有向铁路附近地区移居的倾向。1988—2002 年间，坦桑尼亚的人口平均年增长率为 2.8%，但是在坦赞铁路经过的姆宾古区，人口年增长率超过 8.41%，相比之下，一河之隔的乌朗加区人口增长率要低得多。①

20 世纪 90 年代末，许多坦桑尼亚人移居乞力马扎罗山谷地的目的多半是为了经营农场（占 45%）而非寻找工作（占 25%）。到 2000 年时，坦赞铁路沿线地区一些肥沃的土地，出现了供不应求的情况，使得不少家庭不得不在距火车站台较远的地方经营农场。②例如，在蒙古拉的莫鲁勒（Mhelule），有四分之一左右的人属于无地户口。③

坦赞铁路的建成大大方便了物资的运输，商业也因此活跃起来。坦桑尼亚的水果很多，但是在坦赞铁路没有修建以前，许多水果因为没有运输渠道而坏掉。坦赞铁路建成后，不少人专门做起了贩运生意。据孟洁梅教授的采访，有个 20 世纪 90 年代移居姆林巴车站的女商贩，她主要依靠他人通过铁路来为她从马坎巴科贩运黄豆，女商贩在接受采访时说："坦赞铁路对我而言十分重要，没有铁路便没有生意，铁路停止运营的时候我们损失很大，因为那意

---

①Jamie Monson，*Tanzania：Africa's Freedom Railway-How a Chinese Development Project Changed Lives and Livelihoods in Tanzania*，pp.135~136.

②Jamie Monson，*Tanzania：Africa's Freedom Railway-How a Chinese Development Project Changed Lives and Livelihoods in Tanzania*，pp.129~130.

③Jamie Monson，*Tanzania：Africa's Freedom Railway-How a Chinese Development Project Changed Lives and Livelihoods in Tanzania*，p.139.

味着我们没有东西出售。”①

与坦桑尼亚的情况相似,坦赞铁路也促进了赞比亚农业与商业的发展。赞比亚的经济发展虽然严重依赖单一的铜矿资源,但是农业人口在赞比亚仍然占有相当大的比重。在20世纪70年代中期,赞比亚的农业人口约占全国总人口的60%②,进入21世纪以后,仍有约50%的赞比亚人从事农业生产。③ 在赞比亚从事农业生产有许多有利条件。第一,土地资源丰富。赞比亚国土面积7,500万公顷(75万平方千米),其中4,320万公顷为可耕地,且大多数宜耕地区人烟稀少,适合大面积机械化耕种。第二,适合种植多种农作物。赞比亚干、湿两季分明,雨水丰沛,日照充足,降雨量从南向北递增,西北省、铜带省、北方省等年降雨量在1,000毫米以上,适宜种植多种农作物。第三,赞比亚政府一直采取鼓励发展农业生产的政策。赞比亚政府不仅将租赁土地的最高租期提高到99年,而且还对不少农作物、经济作物的种植采取补贴的政策。④

在坦赞铁路建成之初的1976年,赞比亚可耕地面积约占全国总面积的2%,进入21世纪以后,赞比亚可耕地面积已占全国总面积的5%-6%。⑤ 新增加的可耕地面积,有相当一部分比重是在坦赞铁路沿线地区。例如,2006年时,赞比亚政府就开放了两块种植区,供外国投资者大规模开发利用:一块是位于中央省北部的姆库

①Jamie Monson, *Tanzania: Africa's Freedom Railway-How a Chinese Development Project Changed Lives and Livelihoods in Tanzania*, p.113.

②William Evans Smith, *Zambia: A Country Study*, p.163.

③Jan-Bart Gewald, Marja Hinfelaar, *One Zambia, Many History: Towards a History of Post-cononial Zambia*, *Koninklijke Brill NV*, *Leiden*, 2008, p.101.

④滕藤:《世界各国商务指南》,北京:中国社会科学出版社,1996年,第584页。

⑤William Evans Smith, *Zambia: A Country Study*, p.165.

希种植区，该区 20 万公顷的面积中有 11 万公顷为可耕地；另一块是坦赞铁路走廊，从姆库希到纳孔德沿线 810 千米铁路两侧各 30-40 千米的范围，土地总面积约为 450 万公顷，其中 100 万公顷是可耕地。这两块种植区都位于坦赞铁路沿线，土地肥沃，自然条件良好，比较适合商业化农场的发展。①

坦赞铁路在运输铜产品方面所起的巨大作用是毋庸置疑的了。赞比亚的铜产品是坦赞铁路由赞向坦方向运输的主要货物之一。在津巴布韦诞生（1980）以前，赞比亚的铜产品运输量平均占坦赞铁路总货运量的 20%左右，在高峰时期，曾占总货运量的 3 成以上。坦赞铁路在赞比亚干鱼、木材、玉米等商品的出口方面，也起到了重要作用。

坦赞铁路不仅使坦赞两国受益，而且还惠及南部、中部以及东南非洲的国家。坦赞铁路的影响力已延伸至赞比亚北方的布隆迪和卢旺达。这两个国家利用该铁路经赞比亚北部的卢萨卡进口产品，再从那里用卡车转运到坦噶尼喀湖边的姆普隆古港，然后运往大湖地区国家。总之，坦赞铁路已经成为联结东非、中非和南部非洲的运输大动脉，促进了坦赞两国和中、东南部非洲的经济和社会发展。②

其次，坦赞铁路便利了坦赞两国铁路沿线地区人民的生活。以坦桑尼亚为例。在坦桑尼亚的米可勒可（Mikoleko）村，八成左右的村民为了生计，都曾去临近的农场做过短工，他们通常从蒙古拉

---

①张小瑜：《赞比亚经济与坦赞铁路的未来发展》，《国际经济合作》，2006 年第 3 期，第 55 页。

②汪勤梅：《中非共享坦赞铁路发展成果》，《中国经济时报》，2006 年 7 月 6 日，第 3 版。

乘火车去姆林巴，收割完庄稼后再乘火车原路返回。[①]

坦赞铁路为生活在铁路沿线地区的人带来了诸多恩惠。有些地势低洼的地区，铁路路基便成了坦桑尼亚人穿越洪水区的绝佳路径。姆马段的铁路隧道，为当地人提供了便捷通道，他们再也不愿翻山越岭、爬上爬下了。

对于暂时无家可归的人来说，铁路站成了他们很好的遮阳避雨、立身就寝的理想场所。根据孟洁梅教授的采访，一个叫雷禾玛(Rehema)的妇女与孩子们首次去姆林巴时，因为没钱，便在姆林巴车站度过了三个月。[②] 铁路站台的供水设施不仅为坦桑尼亚人提供了生活用水，而且还为他们提供了“淋浴”之便。“当车站工作人员阻止人们大量提取车站供水时，人们争辩说‘水是中国人提供的，当地政府无权过问，任何人都有权利使用它’。”[③]

同坦桑尼亚一样，乘坐火车出行已成为赞比亚人民重要的出行方式之一。

再次，中国政府对坦赞铁路的援建为坦赞两国培养了大批的工程技术人员。中国援外人员在修建坦赞铁路的过程中毫无保留地传授技术，为坦赞两国培养了一大批社会精英。为了实现“保证做到使受援国的人员充分掌握这种技术”的承诺，参与援建坦赞铁路的中国工程技术人员，不但要干好自己的本职工作，而且还要向坦赞两国工人传授技术。

---

①Jamie Monson, *Tanzania: Africa's Freedom Railway-How a Chinese Development Project Changed Lives and Livelihoods in Tanzania*, p.120.

②Jamie Monson, *Tanzania: Africa's Freedom Railway-How a Chinese Development Project Changed Lives and Livelihoods in Tanzania*, p.120.

③Jamie Monson, *Tanzania: Africa's Freedom Railway-How a Chinese Development Project Changed Lives and Livelihoods in Tanzania*, p.85.

早在坦赞铁路正式动工以前,中国工程技术人员就摸索出一些向坦赞两国工人传授技术的经验。“三定、四教、一课、二保证”是其中的一种方法。该方法所说的“三定”是指:定人、定工种、定计划。“四教”是指:教操作、教原理、教画图与教计算。“一课”指:每周上一次业余技术课,自愿加入。“二保证”指:保证教会自己所带坦桑朋友技术,保证带出好的思想作风。①

为了就地培训急需的技术和管理人员,中国政府派出了教学工作组到坦赞两国进行教学工作。自1971年开始到坦赞铁路技术学校建成(1975)以前,他们先后在坦桑尼亚的曼谷拉、达累斯萨拉姆和姆贝亚三地开办了专业训练班进行技术培训。1972年时,中国工程技术人员还专门成立了传授技术的学习小组,“组织他们成立了技术业务学习小组,由技术员或老工人备课,由翻译人员进行讲解。如机械班已组织了车工、电工两个学习小组,每个星期六组织当地朋友学习,很受他们欢迎。普遍采用的方法还是坚持岗位练兵,干中学,学中干,提高很快”②。1975年,中国帮助坦赞两国建成了一所坦赞铁路技术学校。该校位于赞比亚的姆比卡,占地14.21公顷,建筑面积8,407平方米,试验设备和教具6,000件,该校的培训对象主要是初中级官员和生产技术工人。③

坦赞铁路技术学校建成后,中国教学工作组迁入该校,与校方合作,继续进行人员培训。中国政府先后选派教师、翻译和其他有关人员291人次在该校工作。中国教师为该校编写和提供了21门

①据2008年5月19日访谈笔记,靳辉口述。

②据2008年5月19日访谈笔记,靳辉口述。

③《援建坦赞铁路工作报告总结》,中土公司档案馆档案,1976年11月25日,第30页。

课程的中英文教材。

据统计，自1971年7月至1981年7月10年中，中国为坦赞铁路培训各种专业人员1,257人，占全路人员近六分之一。其中运输专业527人，机车车辆专业311人，通信信号专业139人，线路桥梁专业214人，财务会计专业66人，这批人员中的大多数已成为坦赞铁路基层的骨干力量。①

从1972年开始，中国接受坦赞两国选派的留学生来华进行铁路知识方面的培训。1972年6月，坦赞两国派遣了200名留学生来华深造，他们在北方交通大学学习内燃机车、铁路车辆、铁路通信信号等专业。“除了中途退学21人外，其余的179人中，坦桑尼亚留学生95人，赞比亚留学生84人于1975年9月毕业回国。根据1985年了解，回国的179名留学生中，尚有120人在坦赞铁路服务，其中的绝大部分在铁路局、分局、工厂或主要站段担任技术工作，是坦赞铁路一支重要的技术力量。”②

此外，中国政府为援建坦赞铁路所建设的机械修理厂、采石场、预制品厂等，至今仍在坦赞两国使用着，它们对推动坦赞两国的经济与社会发展方面仍然发挥着重要作用。

---

①《当代中国》丛书编辑委员会：《当代中国的铁道事业》（下），第432-433页。
②《当代中国》丛书编辑委员会：《当代中国的铁道事业》（下），第432页。

四、坦赞铁路为中国铁路“走出去”创造了条件

(一)提高了机械设备的质量与科技水平

周恩来比较看重对外援助在推动国内经济技术发展方面所具有的积极作用,他提出的“抓援外,促国内”①是这种思想的体现。从实际情况来看,对坦赞铁路这一巨型海外工程的援建,在某些方面也确实起到了提高国内机械设备的质量和技术水平的作用。主要表现在下述几个方面。

1.机车。机车是铁路运营的牵引动力,是铁路运输的关键机械。1965年6月,周恩来总理访问坦桑尼亚对坦桑尼亚境内铁路进行现场考察时,曾提出“坦赞铁路的技术标准应当高于既有铁路的标准”。② 当时,坦赞两国的运输机车多是较为陈旧的蒸汽机车,但也拥有少量的内燃机车。中国政府遂做出了向坦赞两国提供内燃机车的决定。青岛的四方机辆厂与辽宁的大连机辆厂主要担负生产坦赞铁路所需客、货内燃机车的任务。

当时,中国国内绝大多数机车都是蒸汽机车,缺乏成批生产内燃机车的经验。加之,坦赞两国的气候条件与中国差异较大,铁路轨距也与中国不同,这一切增加了两个机辆厂完成任务的难度。

以四方机辆厂为例,四方机辆厂及有关协作单位的工程技术人员,在试制和生产坦赞铁路所需内燃机车的过程中,克服了种种

---

①《回忆方毅》编辑委员会:《回忆方毅》,第5页。

②据2008年5月访谈笔记,靳辉、王瑜本、张铁珊等口述。

困难，解决了机车的主要部件问题。

两个机辆厂为坦赞铁路设计和生产的东方红液力传动机车在坦赞铁路施工期间和试办运营期间，经受了炎热气候条件和持续长大坡道区段运行的考验，从整体上说，该型号机车的质量是好的，就当时的条件和技术水平来说，中国已尽了最大努力。内燃机与机车的改进工作锻炼了一批机车设计能手，在各种困难的磨炼下，中国的机车的总体制造水平也得以不断提高。

2.车辆。为向坦赞铁路提供质量良好的各种铁路车辆，铁道部组织铁路工业系统所属工厂和单位，重新设计和生产了轨距为1,067毫米和适合在非洲大陆气候条件下行驶的各种不同用途的客、货车辆。

旅客车辆全部由四方机辆厂设计和生产，车体采用全钢整体承载结构，外表采用优质钢板，内部挡板、间壁采用塑料贴面，设有顶挂式摇头扇及自然通风器，转向架采用铸钢一体构架和两系圆弹簧，轴箱内装有滚动轴承，每辆客车配备5千瓦48伏感应式交流发电机一台，车厢内设有有线广播，硬卧和软卧车均为包间式，餐车内设有餐室和小卖部，炉燃料采用液化石油气。①

各种货车车辆是由齐齐哈尔、武昌、株洲、哈尔滨车辆厂和大连机辆厂等单位设计和生产的，车体采用全钢结构，全部的杆件一般为薄板压制，具有较大的承载力和较小自重。除了石砟车和90吨凹底平车外，机车全部装有空气和真空两种制动装置。

机车制动装置的发明、改进问题尤值一提。1970年7月，在三

①《四方机车车辆厂志》编纂委员会编：《四方机车车辆厂志》(1900—1993)，第55页。

国政府代表四次正式会谈中，坦赞两国代表团之间在车辆制动方面发生分歧。双方争执的焦点问题是坦赞铁路修成后火车将采取何种方式制动，也即是刹车问题。坦方代表希望采取较为先进的空气制动方式，而赞方代表则坚持采用自己比较熟悉的真空制动方式。两种制动方式只不过在刹车前的预留距离和制定性能方面略有差别而已。要兼顾双方提出的问题，办法只有一个，即在车辆上同时安装两种可以自由切换的制动装置。同时安装两种制动装置在车辆建造史上是没有先例的。此事惊动了周恩来总理，在周恩来的鼓励下，北京二七机车车辆厂最终攻克了这项技术。①

3.钢轨。修建坦赞铁路所需要的钢轨几乎全部由武汉钢铁公司（简称“武钢”）生产、供应的，供应总量约为 20 万吨。② 在武钢接手坦赞铁路的钢轨供应任务以前，中国国内的铁路普遍采用的是 38 千克/米的轨道。1968 年 4 月，三国政府代表提出坦赞铁路的轨道钢轨最好能采用 90 磅/码（约 44.6 千克/米）的重型钢轨。1969 年初，武钢承担了坦赞铁路钢轨的试制和生产任务。为了保证中国提供的钢轨能够符合坦赞两国的要求，武钢工作人员“‘实行三班倒’夜以继日地不断试验，终于在凌晨四点钟试轧成功”③。试轧成功的钢轨为 45 千克/米，高于坦赞两国要求的标准。经多次调查、试验，与普通 38 千克/米的钢轨相比，武钢研制成功的新型钢轨“耐磨性提高 1~3 倍，耐大气的腐蚀性提高一倍左右”④。

---

①王俊彦：《大外交家周恩来》，第 125 页。

②武钢志编纂委员会：《武钢志》（下册），第 1504 页。

③武钢厂史办公室编：《武钢史话》（第三辑），北京：中国文联出版公司，1986 年，第 12~13 页。

④武钢厂史办公室编：《武钢史话》（第三辑），第 16 页。

4.轨枕。坦赞铁路全线采用的是钢筋混凝土轨枕,木枕只在少数地方使用。坦桑尼亚轨枕是在中国国内 1,435 毫米轨距混凝土轨枕的基础上重新设计出来的,新设计的轨枕采用的是电炉钢冶炼的高强热处理的钢筋。1969 年,铁道部进行了所需轨枕的试制和试铺,1970 年时试制成功。为便于施工和节约运输费用,铁道部决定在坦桑尼亚的曼谷拉地区筹建曼谷拉制品厂,进行钢筋混凝土轨枕的生产。

5.通信信号设备。为向坦赞铁路提供先进的通信信号,上海通信工厂等单位,在中国现有设备基础上进一步改进提高,设计生产供坦赞铁路使用的通信信号设备。通信设备中的 12 路载波机和增音机是由上海通信工厂试制和生产的,3 路载波机和增音机是由北京二七通信工厂试制和生产的,发往国外安装使用后,反映良好,只是个别部件还存在一些问题。两厂领导极为重视,组织工程技术人员认真研究,反复试验改进,取得了满意效果,并将已发往国外的 10 对 I 型更换为 II 型。

由于赞比亚境内的通信线路有 310 多千米受到附近平行高压电力线路感应,干扰严重,为保护通信设备人员安全,1972 年 1 月,交通部决定由铁科研负责,并会同铁三院、铁四局组成了“坦赞铁路通信电线受高压电线线路干扰的防护”专题组。经过几个月的调查研究和科学试验,选择了在钢筋混凝土电杆架空明线上装置放电管的防护方案,妥善解决了这一问题。

信号设备是由西安、天津和沈阳信号厂试制和生产的,在铁三院、铁科研和电务工程总队等单位地配合下,承担试制和生产任务的工厂,调集了精兵强将对信号机闭塞机等主要信号设备进行了改进和提高。为解决电缆白蚁问题,1970年初,铁道部就指定铁科研会同上海昆虫研究所、广州电器科学研究所,上海电缆研究所及沈阳电缆厂等单位共同对防白蚁电缆提出生产方案,并由沈阳电缆厂试制和生产。沈阳电缆厂克服多种困难,精心制造,及时试制和生产了防白蚁电缆。①

此外,为满足坦赞铁路的运营救援的需要,铁道部组织大连机辆厂并请洛阳重型机械厂协作试制生产了60吨轨道吊车。铁道部还组织铁三局、铁一局、山桥厂、铁专院和大连机辆厂等有关单位,研究了新型铺轨架桥机等。②

(二)培养了大批国际工程承包队伍

仔细梳理中国当年参与坦赞铁路援建工作的主要施工单位,我们会发现,它们几乎全部成为中国在国际市场上有较高知名度的公司或企业。这并不是一种巧合,而是源于“在长期的合作中,增进了彼此了解和信任,为发展多种形式的经济合作创造了有利条件”③。

如前所述,为了修建万里之遥的坦赞铁路,中国政府组织了绝大多数省市的力量参与了坦赞铁路的物资与设备的供应工作。为便于管理,1968年10月,铁道部成立了以李轩为主任的“铁道部援外办公室”,以负责包括坦赞铁路在内的铁路援外项目的组织和归口管理工作。应该说,无论是在人员选派、物资筹备方面,还是在

①张书舫、赵桂常:《中国土木工程集团公司大事记:铁道部援外办公室前期》,第33页。

②据2008年5月访谈笔记,靳辉、王瑜本、张铁珊等口述。

③《当代中国》丛书编辑委员会:《当代中国的对外经济合作》,第420页。

货物运输与施工部署等方面,“铁道部援外办公室”在援建坦赞铁路中的重要作用都是不言而喻的。

随着坦赞铁路的建成通车,以及铁道部援外任务的减少,“铁道部援外办公室”于1979年经国务院批准更名为“中国土木工程集团公司”(简称:中土公司)。中土公司成立不久,就于1979年10月进入伊拉克开展了第一笔业务。至1985年,仅在伊拉克一国中土公司就“签订承包劳务合同41项,总额为17,281万美元,共派遣劳务人员21,563人次”[①]。经过20余年的发展,至2007年,中土公司已发展为以铁路工程为特色,以承包工程、设计咨询、劳务合作为主业,房地产开发、进出口贸易、实业投资、酒店管理等多业并举的大型企业公司,连续多年入选全球最大225家国际承包商行列并位居前70名之内。在世界20多个国家(地区)设有常驻机构,经营业务遍及世界40多个国家和地区,拥有一大批熟练掌握国际商务、投标报价、施工管理的海外经营人才。

在坦赞铁路修筑时期,铁三局(今“中铁三局集团有限公司”)主要担负达姆段502千米以及马通段316千米的施工任务。为成功完成任务,铁三局“组建了三个综合性筑路队工程队、一个采石场、一个工程材料场共5个全建制单位”,先后派遣援外人员“5,200多人”[②]。

铁三局在20世纪80年代初期开始正式进入国际劳务合作市场,承包境外工程。2000年11月28日,铁三局改制为“中铁三局集团有限公司”后,公司队伍迅速发展。公司下设14个子公司,4

---

①《当代中国》丛书编辑委员会:《当代中国的对外经济合作》,第402页。

②《铁道部第三工程局志》史志编审委员会编:《铁道部第三工程局志》,第285页。

个分公司,16个办事(联络)处,共有员工2.8万余人,其中管理人员12,867人,专业技术人员10,902人,高级技术管理人才776人。截至2008年6月,公司共拥有各类先进机械设备5,742台(套),机械设备原值29.87亿元,净值21.78亿元,年最大生产能力200亿元以上。主要承担的国外项目有:埃塞俄比亚阿迪阿布阿杜瓦-阿迪哥拉特公路升级改造项目、尼日利亚帕帕兰托电厂土建项目、伊朗德黑兰北部高速公路项目、卡齐纳州州立大学项目等。①

铁二局(今"中铁二局集团公司")是坦赞铁路建设的主力军,铁二局主要担负了姆马段与通谦段的施工任务。为援建坦赞铁路,铁二局共派遣援外职工8,115人,其中3,201人两次出国,20人三次出国,共出国11,326人次,约占全体出国总人次的四分之一。② 铁二局于1980年改称"中铁二局集团公司"后,先后承担了承建博茨瓦纳铁路换轨、缅甸仰光—丁茵公路、尼泊尔国际会议中心、南也门亚丁环城公路、老挝13号公路以及安哥拉铁路等工程项目。1995年,通过激烈的国际竞争,承揽了合同额达5.28亿美元的尼日利亚铁路修复改造项目。四次荣登全球最大225家国际承包商排行榜。③

建厂工程局(今"中铁建工集团")主要负责坦赞铁路全线的房建工程,包括:坦赞铁路管理局、分局、站、段等房屋,医院、接待站、食堂以及办公、住宿等房屋,两个机车车辆工厂、材料厂、制成

①铁三局档案馆档案,《中铁三局集团有限公司简介》(2008),内部资料,第1~2页。

②中铁二局集团有限公司史志编纂委员会编:《铁道部第二工程局志》,第433页。

③中国交通年鉴社:《中国交通年鉴》(2000),北京:中国交通年鉴出版社,2000年,第131页。

品厂等。中铁建工集团现已成为一家集勘测设计、工程承包、房地产开发、工程监理等为一体的大型国有企业。具有国家房屋建筑施工总承包特级资质,拥有国家对外经营承包工程资质和多项一级总承包、专业工程承包资质。企业年营业规模超百亿元。中铁建工集团先后在坦桑尼亚、卢旺达、约旦、伊拉克、吉布提、利比亚、阿联酋、波兰、新加坡、哈萨克斯坦、赤道几内亚、阿尔及利亚等十几个国家和地区承担了工程总承包、劳务及经援合作项目 100 余项。仅在坦桑尼亚就先后承建了坦桑尼亚国家基金会高级公寓、坦桑尼亚马比波大学学生公寓、坦桑尼亚乞力马扎罗五星级宾馆等 7 项房建项目。①

其他一些参与坦赞铁路援建的单位也都曾有参与国际工程承包工作的经历,此不一一而足。由此可见,在锻炼中国的施工力量与展现中国的施工水平方面,坦赞铁路的作用功不可没。

(三)积累了宝贵的经验教训

从中国政府制定援建坦赞铁路的决策过程、坦赞铁路建设过程中各方面关系的处理以及坦赞铁路建成通车后的管理情况来看,我们可以总结出以下几个方面的援外经验与教训。

首先,制定援外成套项目决策时,既要注重该援外成套项目的所可能带来的政治影响,又要注重其经济效益。20 世纪 60 年代中期,援建坦赞铁路无疑会给中国带来有利的政治影响。这是因为:第一,在英、美、苏等国不愿意帮助的情况下予以援建,将会突显中国政府的援助诚意;第二,坦赞铁路的修筑有利于坦、赞两个“前线

①中铁建工集团主页,网址:http://www.crceg.com/cn/jpgc.aspx? ID=61

国家”无顾虑地支援反对殖民统治与白人政权统治的斗争，因此，对坦赞铁路的援建将不仅为中国赢得坦赞两国的友谊，而且还能赢得那些支持南部非洲民族解放运动的国家的友谊；第三，坦赞铁路的成功修筑将是中国经济和技术实力强大的证明，这种实力在中国经历“三年困难时期”（1959—1961）和苏联撤走援华专家的短短几年之后显现出来，具有澄清流言与彰显自强的特殊意义。正是由于上述几个方面的原因，周恩来才会说修建坦赞铁路所带来的政治影响将是其他中、小援助项目所无法比拟的。

从现有的资料来看，周恩来、毛泽东虽然都曾关注过坦赞铁路所可能发挥的经济效益，但是他们对此似乎并不太在意。1965 年 6 月访问坦桑尼亚时，周恩来曾向尼雷尔表示考察铁路路线时应同时考察沿线地区的煤、铁等矿藏。这在前文已有述及。1970 年 7 月，毛泽东在接见坦赞两国代表团时说：“这条铁路如果修起来了，会带动你们国家许多工业。一定要修起来！”①

坦赞铁路自 1976 年正式运营通车以来，除了 1976—1978 年以及 1983—1986 年这 5 年时间之外，几乎一直处于亏损状态。坦赞铁路的长期亏损，加重了坦赞两国的债务包袱，中国政府对坦赞铁路的长期资助，引起了国人的若干非议。援建坦赞铁路给我们的启示是，在考虑援建某一具体项目时，应该将获取政治影响与其发展前景综合起来进行考虑。

此外，中国援建坦赞铁路的实践还说明，通过援助所能获得的政治影响是有限的。这表现在下述几个方面：其一，在筹备进行第二次亚非会议和倡导另立联合国问题上，坦赞两国并不总是和中

①高延春：《援建坦赞铁路纪实》，第 125 页。

国的立场一致;其二,在中苏分歧方面,坦赞两国并没有因为中国对坦赞铁路的援建而偏袒中国;其三,在支援南部非洲的民族解放运动与发展同南部非洲各国的关系方面,中国政府很少能够对赞比亚施加有效压力;其四,坦赞铁路建成通车后,中国政府无论是在经营管理方面还是在协调坦赞两国经济合作方面,影响力都十分有限。

其次,要处理好国内经济发展与对外援助之间的关系。在考虑援建坦赞铁路之初,中国政府并没有忽视自身的经济实力。但是这种决策不久就开始"冒进":从拟援建坦桑尼亚境内的坦赞铁路到积极援建整条坦赞铁路;修建铁路的工期也由先前设想的6-10年变更为6年之内。而这些变更,是在"文革"这段"革命激情和自作自受的民族灾难两者混合的高峰"①的岁月里进行的,那时,中国国内经济的发展不是越来越好而是每况愈下。

中国为援建坦赞铁路所提供的长期无息贷款是9.88亿元,实际"达到10亿9,437万元,超出的1亿多万元为无偿赠送"②。10亿元人民币(约4亿美元)这一数额即使在今天都可谓是巨大一笔贷款,它约等于1956—1966年间中国对包括几内亚、马里、阿尔及利亚等12个非洲国家援助金额的总和。③ 在1971—1975年间,坦赞铁路连同中国援建的其他项目,所花费资金平均占国家财政总支出的比例为5.88%,其中1973年时所占的比例高达6.92%。④ 相

①费正清:《伟大的中国革命》,北京:世界知识出版社,1993年,第474页。

②周伯萍:《非常时期的外交生涯》,第129页。

③其中的11个国家为:几内亚、马里、阿尔及利亚、索马里、刚果、埃及、肯尼亚、乌干达、坦桑尼亚、赞比亚、毛里塔尼亚。中国在10年期间为12个非洲国家提供的总贷款金额为4.28亿美元,参见David E.Albright, *Commusm in Africa*, p.156.

④《当代中国》丛书编辑委员会:《当代中国的对外经济合作》,第68页。

比之下，美、苏两国对外援助所投资的数额只占其国内国民生产总值的 1%左右。①

在援建坦赞铁路的过程中，中国的机械、设备的制造水平以及物质供应能力受到了严峻考验。为了保证坦赞铁路的顺利修建，中国不得不动用外汇进口先进的机械、设备。② 中国政府虽然十分重视援建坦赞铁路机械设备的供应，但仍然无法满足施工的需要。坦赞铁路带给我们的教训是，进行对外经济技术援助时应充分考虑国家的财力、物力，做到量力而行。

第三，应重视援外项目的可行性研究与勘测设计工作。总的说来，中国政府十分重视对坦赞铁路的考察与勘测设计工作，所取得的成绩也是值得称道的，但其中也有不少教训。1965 年 8 月进行的第一次考察，虽然从技术上肯定了修建坦赞铁路的可行性，但是《考察报告》过于简单，缺乏必要的论证，因而造成了不好的影响。坦、赞两个勘测设计队虽然最终出色完成了勘测设计任务，但在勘测设计过程中都出现了一些问题。前者在勘测设计初期过分追求速度，结果反而是事倍功半。后者对赞比亚提出的使用木枕铺轨的情况，没有深入调查研究，结果造成了较大的经济损失。1969 年 11 月，三国政府举行第三次会谈时，赞方代表曾提出赞比亚境内采用木枕的意见。中方在没有认真调研的情况下便随即减少了钢筋混凝土轨枕和扣件的生产计划，增加了木枕所需扣件的生产计划，并修改了赞比亚境内路基的设计标高，但是，赞方并不

①Robert S. Walters, *American and Soviet Aid: A Comparatine Analysis*, p.100.

②进口汽车的品种就包括：卡玛斯（苏联）、玛斯（苏联）、依尔奇（波兰）、依发（德国）、菲亚特（意大利）、五十铃（日本）、依士兹（日本）、三菱（日本）等。参见肖峰：《二十二年援外物资工作回顾》，《广东交通援外专家回忆录》，第 134 页。

具备在短时间里大批生产木枕的条件，赞比亚后来重新要求使用混凝土轨枕。为此，中方不得不再次派遣援外人员赴赞工作。①

第四，重视对援建项目的管理与后续工作。为防止西方国家的造谣、中伤，中国工程技术人员在坦赞铁路移交后不久，便相继返回国内，仅留下少数人员参与第一期技术合作。第一次技术合作取得了较大成功，坦赞铁路在两年内共运送货物 240.7 万吨，输送旅客 196 万人次。② 首次合作取得成功的一个重要原因是，留守的中国专家人数虽少，却多是精兵强将，而且他们主要在运输指挥、机车操作、车辆维修等部门工作。随着中国技术合作专家的逐步减少，坦赞铁路的运营状况也逐年不断恶化。1983 年 1 月，经协商，三国政府共同决定将在坦赞铁路第四次技术合作时期增派铁路专家人数并允许他们全面参与铁路的管理工作。中国专家的参与管理取得了显著效果，“3 年共发送货物 305.9 万吨，输送旅客 349.8 万人次，获得运营利润 22 亿多坦桑尼亚先令”③。可见，有效的管理对坦赞铁路而言十分重要，对某些援外项目而言，我们不但要帮助他们建设好，而且要教会他们如何管理、经营好。

第五，要继承和发扬坦赞铁路精神。我国政府现在正大力提倡“工匠精神”与“坦赞铁路精神”，这两种精神在坦赞铁路建设过程中及其后的技术合作阶段均有体现。笔者认为，“坦赞铁路精神”主要表现为“国际主义精神”与“艰苦奋斗、不畏牺牲”精神。在坦赞铁路建设与营运过程中，中国政府不谋国家私利，信守承诺，不附加任何政治条件，认为“援助是相互的”，是自己的“国际主

①据 2008 年 5 月 19 日访谈笔记，靳辉口述。

②靳辉：《当代中国铁路对外经济技术援助》，第 60 页。

③张铁珊：《友谊之路：援建坦赞铁路纪实》，第 383 页。

义义务”；中国援外人员不惧各种困难，和坦赞两国工人一起吃苦耐劳、战天斗地、不畏牺牲。以铁二局为例，铁二局的援外人员在近6年的时间里，做到了没有道路自己修、没有房子自己盖、没有木料自己砍、没有砂石自己找、没有蔬菜自己种、没有肉吃自己养、语言不通就培训土翻译。[①] 各方面都体现出了中国援外人员“一不怕苦，二不怕死”的英雄气概和自力更生、艰苦奋斗的可贵品质。“坦赞铁路精神”还是一种乐观主义、顽强拼搏精神，它是中、坦、赞三国铁路建设人员留给后人的一笔宝贵精神财富。

①《中铁二局集团有限公司史志》编纂委员会编：《铁道部第二工程局志》(1950—1995)，第434页。

附录一　坦赞铁路沿线地区主要地名对照表

坦桑尼亚境内		赞比亚境内	
达累斯萨拉姆	Dar Es Salaam	纳孔德	Nakonde
基达杜	Kidatu	恩塔瓦	Ntawa
基沙瓦沙瓦	Kisawasawa	恩塔科	Nteko
基贝雷格	Kiberege	马卡沙	Makasa
伊法卡拉	Ifakara	恰提	Chati
鲁伊帕	Ruipa	卡沙玛	Kasama
乞塔	Chita	姆希帕希	Mushipashi
姆林巴	Mlimba	坎奇比耶	Kanchibya
求仔	Chiuzi	姆比卡	Mpika
伊林加	Iringa	卡隆基	Kalonje
马坎巴科	Makumbako	乞坦波	Chitambo
姆贝亚	Mbeya	赛伦杰	Serenje
姆巴里仔	Mbalizi	姆库希	Mkushi
姆包仔	Mbozi	恩多拉	Edola
乞科拉	Chikola	卡坦尼诺	Katannino
乌瓦瓦	Vwawa	康博约	Kampoyo
姆奔巴	Mpemba	卡比里姆博希	Kapirim Poshi
通杜马	Tunduma	新卡比里姆博希	New Kapirim Poshi

附录二　关于修建坦桑尼亚—赞比亚铁路的协定[①]

中华人民共和国政府和坦桑尼亚联合共和国政府、赞比亚共和国政府，从相互间的友好关系出发，本着在平等互利、互不干涉内政、互相尊重主权和民族尊严的基础上发展经济技术合作关系的共同愿望，签订本协定，条文如下：

第一条

根据坦桑尼亚联合共和国政府和赞比亚共和国政府发展独立自主的交通运输事业、促进民族经济的发展、加强坦赞两国间经济合作和友好往来的共同要求，中华人民共和国政府同意帮助坦赞两国政府修建自基达杜至康博约全程约一千六百公里的坦赞铁路。中华人民共和国政府同意在适当时候将考虑帮助坦桑尼亚联合共和国和赞比亚共和国修建从基达杜到达累斯萨拉姆铁路。

第二条

中华人民共和国政府同意向坦桑尼亚联合共和国政府和赞比

---

①该协定书全称是《中华人民共和国政府和坦桑尼亚联合共和国政府、赞比亚共和国政府关于修建坦桑尼亚—赞比亚铁路的协定》。

亚共和国政府提供修建上述铁路项目的无息的不附带任何条件的贷款。贷款的金额、提供方式、偿还办法和账务处理，将在中国方面对上述铁路工程进行勘测、设计之后，同坦桑尼亚联合共和国政府和赞比亚共和国政府商定。

第三条

修建上述铁路项目，分三大步骤进行：

（一）中国政府先后派出必要数量的专家赴坦桑尼亚和赞比亚，就铁路工程进行考察，其费用由中国负担。

（二）中国政府派出必要数量的专家和技术人员对铁路工程进行勘测。根据考察、勘测的结果由中国方面进行设计。

（三）根据设计结果，由中国政府派遣必要数量的专家和技术人员，帮助坦桑尼亚政府和赞比亚政府组织上述铁路工程的施工。

第四条

上述铁路的基本技术原则，将由坦赞双方根据中国专家考察后提出的报告，进行协商，取得一致，以便据以勘测、设计和施工。

第五条

中华人民共和国政府同意帮助坦桑尼亚联合共和国政府和赞比亚共和国政府为修建、管理、维修上述铁路培训必要数量的技术人员，具体事宜另行商定。

第六条

修建坦桑尼亚—赞比亚铁路的一切重大事宜，将由中华人民共和国、坦桑尼亚联合共和国和赞比亚共和国三国政府共同协商解决。

第七条

本协定自签字之日起生效,有效期至三国政府履行完毕本协定的一切有关义务之日止。

本协定于一九六七年九月五日在北京签订,共三份。每份都用中文和英文写成,两种文本具有同等效力。

中华人民共和国政府全权代表　坦桑尼亚联合共和国政府全权代表

李先念　贾玛勒

(签字)　(签字)

赞比亚共和国政府全权代表

索　科

(签字)

附录三　关于修建坦桑尼亚—赞比亚铁路的基本技术原则的议定书[①]

中华人民共和国政府和坦桑尼亚联合共和国政府、赞比亚共和国政府根据一九六七年九月五日在北京签订的关于修建坦桑尼亚—赞比亚铁路的协定，讨论了中国铁路考察组关于坦桑尼亚—赞比亚铁路的基本技术原则的建议，就修建坦桑尼亚—赞比亚铁路的基本技术原则，签订本议定书，内容如下：

一、线路基本走向：

本线起自坦桑尼亚的基达杜，经伊法卡拉、姆林巴、马坎巴科、姆贝亚至通杜马以西的坦赞国境。自赞、坦国境起，经赞比亚的恩塔科、卡沙玛、姆比卡以西、塞伦杰、姆库希至卡比里姆博希，与赞比亚现有铁路接轨。

二、输送能力：

本线线路输送能力，满足每年五百万吨（每个方向为二百五十万吨）运量的需要。本线通车时的运输设备能力，定为满足每年运量二百万吨（每个方向为一百万吨）的需要。

---

①本议定书全称是《中华人民共和国政府和坦桑尼亚联合共和国政府、赞比亚共和国政府关于修建坦桑尼亚—赞比亚铁路的基本技术原则的议定书》。

三、线路:

(一)正线数目:单线。

(二)轨距:全线采用一点零六七米。

(三)设计坡度:

基达杜至姆林巴,采用千分之十;姆林巴至马坎巴科,采用千分之二十;马坎巴科至坦、赞国境,自赞、坦国境至恩塔科,采用千分之十五;恩塔科至卡比里姆博希采用千分之十。

(四)最小曲线半径:全线除姆林巴至马坎巴科的地形比较困难地段采用二百米的曲线半径外,其余地段的曲线半径,不小于二百五十米。

四、机车类型:

(一)正线主要机车,采用在本线的最高点运行时不小于二千匹马力的液力传动内燃机车,能与赞比亚现有铁路的车辆联挂,在正式交接前,先在坦赞铁路上试运转。

(二)辅助机车,采用不大于一千匹马力的液力传动内燃机车,能与正线的机车联挂,在正式交接前,也先在坦赞铁路上试运转。

五、机车车辆修理厂的设置:

(一)在坦桑尼亚适当地点设置一个机车车辆修理厂,担负本线坦桑尼亚段的机车车辆修理工作。

(二)在赞比亚适当地点设置一个机车车辆修理厂,担负本线赞比亚段的机车车辆修理工作。

六、站场:

(一)到发线有效长度:按六百米股道有效长度预留站坪,初期股道有效长度为四百米。

（二）国境站：在坦、赞国境处各设一个国境站。

七、机车车辆限界、装载限界和建筑限界：

机车车辆限界、装载限界和建筑限界的设计，应考虑到赞比亚现有铁路的机车车辆和本线的机车、车辆互相通过。

八、桥梁载重等级：

按轴重不小于二十吨设计。

九、路基和线路上部建筑：

（一）路基宽度：正线的普通土质路堤和土质路堑为五米，正线的填石路堤和石质路堑为四点七米。

（二）轨枕：采用钢筋混凝土轨枕和木枕。

（三）道岔：正线和列车到发线的道岔，采用十二号；其他站线道岔，不小于八号。

十、通信和信号：

（一）通信：通信线路，采用架空明线；干线通话，采用三路载波。

（二）信号：区间闭塞，采用继电半自动；有电源的大站，采用继电式集中联锁；无电源小站，采用非集中臂板电锁器联锁。

十一、关于度量衡问题：

工程设计和一切设备全部采用米制。

十二、其他技术原则问题，将根据中国勘测设计队的建议，由中、坦、赞三国政府指派的代表，或中国政府指定的机构同坦桑尼亚、赞比亚政府共同指定的机构，协商解决。

十三、本议定书自签字之日起生效。

本议定书于一九六八年四月二十七日在达累斯萨拉姆签订，

共三份,每份都用中文和英文写成,两种文本具有同等效力。

中华人民共和国政府全权代表

周伯萍

(签字)

坦桑尼亚联合共和国政府全权代表

卢辛迪

(签字)

赞比亚共和国政府全权代表

卡鲁鲁

(签字)

附录四　关于坦赞铁路技术合作的议定书[①]

中华人民共和国政府和坦桑尼亚联合共和国政府、赞比亚共和国政府，经过友好协商，就坦赞铁路的技术合作问题，签订本议定书，条文如下：

第一条

根据坦桑尼亚联合共和国政府和赞比亚共和国政府的要求，中华人民共和国政府同意派遣一千名左右技术人员，组成中国铁路专家组，到坦桑尼亚和赞比亚，对坦赞铁路运营和管理工作进行技术指导。

第二条

中国铁路专家组人员在坦桑尼亚和赞比亚的工作期限定为两年，自一九七六年七月十五日至一九七八年七月十四日。期满如需延长，届时另行商定。

---

①本议定书全标是《中华人民共和国政府和坦桑尼亚联合共和国政府、赞比亚共和国政府关于坦赞铁路技术合作的议定书》。

第三条

中国铁路专家组人员前往坦桑尼亚和赞比亚以及返回中国的旅费,由中国政府负担。

第四条

中国铁路专家组人员在坦桑尼亚和赞比亚工作期间的生活费(包括伙食费和零用费)、住宿费、医疗费、办公费、交通费和差旅费,由坦桑尼亚政府和赞比亚政府负担。

上述生活费(包括伙食费和零用费)根据中国铁路专家组人员在坦桑尼亚和赞比亚工作的人数,按照每人每月六百五十坦桑尼亚先令或七十克瓦查计取,并由坦桑尼亚政府和赞比亚政府定期以本国货币分别拨交中国驻坦桑尼亚经济代表处和中国驻赞比亚使馆经济参赞处。如遇坦桑尼亚或赞比亚物价变动超过百分之十时,将由中、坦或中、赞协商,对该费用标准作相应调整。上述住宿费、医疗费、办公费、交通费和差旅费,由坦、赞方面直接支付。

第五条

中国铁路专家组人员在坦桑尼亚和赞比亚工作期间,分别享有中、坦两国政府或中、赞两国政府规定的假日。每工作满十一个月享有一个月的休假。休假期间的生活费按上述第四条的规定办理。如因工作需要,不能在当年休假的,可保留在下年度补休。

第六条

中国政府同坦桑尼亚政府和赞比亚政府协商后,可以召回或更换中国铁路专家组人员。坦桑尼亚政府和赞比亚政府同中国政府协商后,可以缩短或延长中国铁路专家组人员的工作期限。

第七条

中国铁路专家组人员在坦桑尼亚和赞比亚工作期间,应分别遵守坦桑尼亚政府或赞比亚政府的现行法令。坦桑尼亚政府和赞比亚政府应为他们的工作提供必需的便利条件,并负担他们应缴纳的直接捐税。

第八条

有关执行本议定书的具体事宜,由中国铁路专家组或中国政府指定的机构同坦赞铁路局或坦赞两国政府指定的机构商定。

本议定书于一九七六年七月十四日在卢萨卡签订,共三份,每份都用中文和英文写成,两种文本有同等效力。

中华人民共和国政府全权代表
方　毅
(签字)

赞比亚共和国政府全权代表
马波马
(签字)

坦桑尼亚联合共和国政府全权代表
坦　道
(签字)

附录五　坦赞铁路西南片区座谈会大会发言

李轩（原铁道部副部长）：从北京赶来，主要是看望大家。坦赞铁路完工后，一直没有这样的机会，多年没见了，人都老了。“莫道桑榆老，人间重晚情”。这次同大家见见面，很高兴。这次座谈会是继续去年的会议。对坦赞铁路，原来是有过设想，出1部电影、1部书、1部小说。但始终未落实。陈慕华、方毅都关心这件事，因此倡导这件事。要以纪实的体裁写。修建坦赞铁路，社会上说什么的都有，但干了这件事的，总觉得做得好做得对。

一是参与这件事是为人类作了件好事。东西非沟通，为非洲人民取得自由、发展经济提供条件，难道不是对人类历史作贡献！生活在地球上，应当把眼光放宽些，人在世上短短一生应在地球上留下一个痕迹，否则枉度一生。

二是为中国人民争光。历史上称中国人为“东亚病夫”，愚昧落后贫穷。在全球还找不到坦赞铁路这样的修建速度，仅5年零3个季度就配套移交，我们国内没有，世界上也没有。大秦线400千米，中央定的任务8年，尾巴还拉得长。而坦赞铁路的物资设备是从国内运去的，把新中国的形象树立了起来，起了很大作用。其他国家考察后认定姆马段不能修，这是你们二局承担的，因而说为中国人争了气。

这本书很有必要写出来，不管能否畅销，作为历史资料留下来也是好的。在座诸位都是参与者，在有生之年完成这项任务。在坦赞铁路抢工是你们，收尾也是你们，应当为这条铁路修建史实提供更多的资料。愿大家健康长寿！

布克（原铁道部副部长、坦赞铁路工作组组长）：这次有机会来主要是看望大家，很不容易。看老战友，有的已见不到了，心里不免有些难过，见到的虽然老了，精神面貌很好，很高兴。祝同志们健康长寿。

坦赞铁路已过去近20年了，任务还未完成，需要大家继续努力。我们对世界人民作了贡献，为中国人民争了光、争了气，留下一条铁路，还要留下一本历史资料，才算完成任务。现在看来写这本书更重要了。

援建坦赞铁路只有社会主义中国才能做到，现在社会主义处于低潮期，好像马列主义不大灵了，没什么优越性了。如果中国不进行社会主义革命，不可能完成坦赞铁路，而且完成得比较好。外国记者说世界第一。我们中国已表了态，建设中国特色的社会主义，我们坚信马列主义，社会主义不能因世界风云变幻而否定。酝酿写书已一年多了，现在已着手了，要坚持干好干完。现在看，抓紧办这件事很重要，完成得好也很重要。西南片区作了不少工作，成文材料有困难，活材料要靠大家，再拖下去，连活材料也困难。尽管人老了，脑子不太灵活，但终究是亲身的经历，座谈会互相提醒可以帮助回忆，认真收集资料，聚会一下很重要。

西南片区座谈会之重要，是承担了坦赞铁路最困难区段，直到最后收尾，你们抓得很紧，作了贡献。对这次座谈会，二局同志很支持，条件很好，说明你们很重视，通过开会更好地交流促进一下，对完成这本书也会作出贡献。预祝同志们对完成这本书作出突出贡献。

练日新（原铁道部基建总局副局长）：两位老部长作了很好的发言，语重心长，很受鼓舞。我不是发言，是共同回忆战斗情谊的这段历史。去年在北京开了座谈会，确定由二局牵头召开这次西南片区座谈会，我能参加这次会，心情很激动，不像一般生产会议，不能轻易放弃。大家都是援外战士，进一步回忆劲头就来了，座谈非常必要，这种心情很宝贵。对已去世的同志怀念更有必要，能搞个名册记录在案。

对这次会二局领导十分关心，非常重视支持，表示感谢。坦赞铁路建设的一段光荣历史，二局占50%以上，与局史结合起来，也是一页光荣史。可以说打出了国威，争得了荣誉，锻炼了队伍，取得了经验，作出了贡献。

提出一年打通五〇二，外国人开始观望，打下了五〇二，看法不同了。二局在东南亚一带对坦赞经验有所发挥。草皮防护国内也得以推广。

张洮（铁二局局长）：正如老部长讲的，回忆当年援建坦赞铁路这一重要工程的艰苦历程，一个美好的印象，留下宝贵的财富，二局能主持这次会议很光荣，我们在职的后继者向你们表示崇高的敬意。20年前二局担任了援建任务一半以上，不仅为国家争了光，也树立了国际主义、爱国主义思想。在国外顽强拼搏，不怕困难，人员精干，年富力强，说明人的因素是决定性的因素。那种吃苦打硬仗的精神，到今天对教育青年职工，仍有促进作用。现在，二局外经工作上，在铁道部、中土公司支持下，坦赞的经验还在起作用。

崔文舫（援尼泊尔技术组组长、局外经处副处长）：仍然沿着坦赞铁路走的路子在走，在尼泊尔，仍得到经贸部不少老坦赞同志的关照……

谢淮昌（原工作组生产组副组长、二局副总工程师）：坦赞铁路总的方面已说到了，可以作为史料的长编。在史料中要贯穿：一是国际主义精神；二是爱国主义精神；三是社会主义制度优越性，一心一意解放全人类；四是中国确实是无私援助，第一流的技术，派出第一流的人员。国内是军工第一、坦赞第二，每月到达累斯萨拉姆的物资20至30万吨，国外一条线，国内一大片，动员了全国力量。三机队发生一次大火，连肥皂都没丢一块。三机队赞境医院，政府官员坐车来扎针灸，走时反复道谢。一个欧洲小国的官员，把汽车停放在三机队院内，不去姆库希城里住，说在中国人住地安全。生动的事例很多，在座同志可以写篇回忆录充实它。

朱明月（原三机队副队长、四机队代队长）：出国前在关“牛棚”。从“牛棚”去非洲，是第一批去考察的12人之一（其中3人乘飞机去）。当时组织观念强，叫走就走没考虑过家庭。一到姆马段，没有司机、炊事员和翻译，困难重重。陈英去当地买鸡蛋，语言不通，学鸡叫作下蛋的样子。考察完后就不让走，李景普家里很困难，一声令下就出发。三机队先到了五〇二，是天然动物园无人区，遍地泥沼，陷车后找当地猎警帮忙，到达大阿鲁哈河已过11点，买牛肉回队已是晚上，又没有冰箱，放在案板上，第二天发现被吃掉三分之二，才看到狮子脚印。赶到米库米通过电话找猎警，晚上派人值班,鄢淑伟值班看到狮子,吹哨惊醒大家起来敲桶才吓走狮子,当时情景何等惊险。在旱季没有水,喝泥塘水、屋檐水,靠汽车队拉水,用装卸机挖坑垫上篷布作水池。雨季后生产马上上去了,说明准备工作是重要关键。

谢淮昌:在国外是冒着生命危险工作,要依靠黑人朋友,以心换心起了很大作用。用拉沙的汽车送他们回家,建立了友谊和感情,我们回国时,黑朋友都流着泪送行。

简富英(原四机队政委、二局副局长):当地人很勤劳,生活也很艰苦,与中国人相处久了很友好,朋友和中国人合作是同一心情,感到光荣。除了大粪便他们不挑以外,什么工作都干。国内职工对援外战士是羡慕的,出国人员政治上可靠,在当时的国内环境下,援外本身就是很高的荣誉。42 元生活补贴,结余的伙食尾子都要上缴。

王镇中(原姆贝亚大修厂副厂长):姆贝亚海拔 1,600 多米,大修厂自己动手砍树平地建厂,修房子安装机器,100 天就建成投产。每个月在国内修十一二台已不错了,在国外修 50 多台,一年 800 多台。艰苦奋斗,把旧活塞化成铝锭运回国。300 多人和 200 多朋友,一人学一样,不能全学。自力更生减轻负担,自己养猪种菜,也影响了当地朋友的习惯。

赵中来(原三机队副队长):在雨季施工,三机队三分队张俊奎、饶学德带队突击抢工期,月完圬工万立方米,四分队(辜清华任教导员)来协作,完成了任务。分队之间相互支援。援外战士"三过硬",与当地朋友以心换心,除了吃住分开,可以说亲如手足。与官员相处方面,为设点,官员陪同去说服农场主,做好工作。现在与改革开放不适应的是外语学习应当加强。

李化民(原姆贝亚大修厂政委):我和杨茂森、姚凤亭、张学尔等5人乘飞机于1971年12月16日晚到达坦桑尼亚首都达累斯萨拉姆。12月28日在工作组生产组靳林副组长办公室研究大修厂建厂问题。由张德顺副组长传达了领导的建厂要求,按照综合性汽车大修厂建,规模为大修各型汽车200台,土石方机械100台,年修300台。以修汽车为主,上半年建厂,下半年投产,并力争提前。接受任务后,于1972年元月初到达姆贝亚,暂住在七机队,察看建厂的厂址。在七机队协助下,经当地官员同意,选定了一块草地,于元月27日破土动工建厂。仅用了近4个月时间,基本完成了建厂任务,6月份就接受了生产任务。国内陆续到达了25人,根据工作组党委"增产节约、勤俭建厂"的要求,动员大家以增产节约,勤俭建厂,艰苦奋斗,抓住重点,全面施工为指导思想,明确分工负责,带领朋友(当地工人),奋战100天(2、3、4月),一鼓作气,完成任务。在大家努力下,建成了简易生产厂房6幢9,709平方米,生产房屋17幢3,480平方米,共13,189平方米,6月份投产后,月月超额完成任务,实现了工作组党委的要求。在筹建阶段成立了临时党支部,我任支部书记。随着人员陆续到达,工作组党委于1972年4月27日批准成立了党委,由李化民、王镇中、杨茂森、沈振华组成党委,后又补了张化民为委员,我任党委书记。下设3个支部,和1个团支部。我是1973年11月1日因患传染性肝炎回国治疗而离厂的。

大修厂的组织机构,我任政委,王镇中任厂长。后补提唐振海为副厂长。厂部设4组,政工组张化民、生产组唐振海、后勤组杨茂森、办事组唐志芳。有两个生产车间,即大修车间、加工制造车间,设车间主任、副主任,下设班。当时全厂 295 人(干部 29 人、生产工人 266 人),党员 168 人、团员 18 人。人员来自国内 5 个工程局、4 个管理局、6 个工厂及四川省地方等 16 个单位,先后分 18 批到达。自投产以来,为了保质保量完成任务,共进行了 284 次修造革新,主要有自制龙门吊两台、螺丝拆装机 1 台、螺栓滚压机 1 台、压钢板机 1 台、车内压条机 1 台、刹车片磨光机 1 台。改进了黄河车半轴加工工艺,延长了使用寿命。我们的人员来自祖国四面八方,带来了好的思想、作风、经验,这是完成建厂任务的主流,是提前投产的基础。但不利的因素是,互不了解,各持己见,极少数还有派性,有的纪律性差。用什么来统一他们呢?一是用毛泽东思想武装援外人员头脑,通过学习"老三篇",树立起是受毛主席、党中央的派遣和祖国人民的委托,为了援建坦赞铁路这一共同的目标而走到一起来的,就应当完全为着坦赞人民的利益彻底的工作。统一了认识,就团结一致,认真负责地完成任务。二是充分发挥了党支部的战斗堡垒作用,和党团员的先锋模范带头作用,吃苦在前,见困难先上,享受在后。三是有一大批技术骨干严格把关,带领第一线的同志保质保量完成任务。四是实行了党委领导下的厂长负责制和厂长领导下的具体分工负责制,做到认真负责,层层把关,发现问题,及时处理。五是规定了纪律,严格遵守国家外事纪律,遵守当地政策法令,严禁违反当地风俗习惯。严格组织生活,开展批评与自我批评。不准议论派性,不许有亲有疏,反对自由主义,互相学习,互相尊重,取长补短,发挥才干。归结为四言诗一首:自觉丹心壮,杞忧白发催。伏枥自奋蹄,余热尽发挥。

段明纲(原三机队副政委):坦赞铁路在非洲、在世界上影响都很大。主要是认真贯彻了毛主席的革命外交路线,在职工中进行了国际主义爱国主义教育,援外战士人人自觉遵守认真执行。在4年中,外国人说中国人不好的就没有,接触中友好得很。五〇二条件很艰苦,全部处于无人区,面对雨季中断水断电等困难情况没有一个同志有怨言。五一节没有过成,牛肉被狮子吃了。同官员、猎警、朋友关系都非常好,要求当地设粮店,立即就设了,配合很好。最感人的是,在我们最困难时,吃盐水、豆瓣、辣椒和馒头,官员带我们找野菜,打过天然动物园中的野牛,猎警还帮助四、五分队各打过1头野象。在拖拉桥时河马过来吃菜,也被猎警打死了。我们把朋友当人。二分队碾死1只鸡,立即停车赔钱,使他们很感动,当地朋友把中国人的行为看为中国伟大。四分队推倒了芒果树,开始朋友不满,后来送钱去赔偿,他们非常感动而到处宣传。我们的同志,在雨季中施工,雨来躲一下,雨停就干,停车不停人,从没有人计较过待遇。在施工高峰时,用当地朋友近千人,生产效率相当高,在五〇二,28台铲运机、16台D80推土机,第一个月完成60多万方,开始认为报多了,查看后还报少了。干部与工人、工人与朋友间关系都好,中国人只要回国探亲,朋友送行还送东西。到达伊朗基,烂泥塘相当多,没有周末休息,任务一再提前,真是一呼百应,协作精神相当好。从未发生违反外事纪律的情况出现,一次在土里挖出象牙,官员说拿去没有关系,但我们还是上缴了。

陈显盘(原隧道队总工程师,现株洲桥梁厂副厂长):我是第一批12人考察组成员之一,当时还有王惠民、谢淮昌、张明德、李景普、魏连成、陈英、张良柏、朱明月、秦仁礼、刘福、姜金良。在坦赞铁路修建过程中贯穿了艰苦奋斗、自力更生的精神，是毛泽东思想的胜利，是中、坦、赞三国人民的友谊结晶。我们以一个月时间，走遍了每个桥位和桩号，走遍姆马段，对蚂蚁、毛豆角、非洲豆和野蜂深有体会。搞过一次蚂蚁战，为了让它们搬家，露宿了一夜；挨了毛豆角刺痒钻心；有人挨了非洲豆，一次挑起了5个。特别值得怀念的是李景普同志，考察以后分在隧道队住伊朗基，得到黑朋友送信说乌干达政变，事态还在发展。李景普带了5个司机急忙去达市，途中在伊林加出车祸，一共牺牲5人。从伊朗基至马坎巴科仅58千米，竟走了12个小时，是冒着雨推车前进的，到马坎巴科已天亮，说明李是无私无畏。

应该说坦赞铁路是与我们20年铁路建设结合的产物。隧道是姆马段的关键，1971年彭敏去过两次，第一次去要求1972年底完成，第二次去要求国庆节完成，结果比国庆提前4个月完成。开始修隧道，除姆潘加隧道出口外，31个洞口都可以到达。采取了多开口少摆人，支撑木就地砍，设备材料未到仍尽可能上下导坑抢先进洞，洞口巩固后还是成昆线的漏斗棚架，中间都是石头，就以隧养隧，也给机队提供了条件，是成昆线经验在坦赞的运用。尼雷尔总统到姆马段伊朗基二号隧道，说隧道漏水，引起了重视，我也亲自参加了隧道治水，整得干干净净，最后解决还是采用了以排为主、排堵结合的成昆经验。先压浆集中水路，在边墙上凿槽排水，盖上铁皮，用水玻璃刷浆，效果很好。沿线老百姓见面都说：契那拉菲克萨瓦萨瓦（斯瓦西里语，中国朋友好）。朋友发工资后都把钱存在中国工人手上，有的达几千先令。他们对中国人不理解，不带家属，存的钱完整无缺，从不打人骂人。我们的食堂四通八达，黑朋友没有拿过食堂的东西。1971 年春节，工作组给了些烟酒，坦桑尼亚政府批准免税，周总理批示是大国沙文主义，如不改正与犹太商人没有区别。我们去缴税，地方不收，存了 50 万先令，最后买了辆汽车。

李盛霖（原姆贝亚大修厂政委）：我原在二局援外办工作，组建队伍、办学习班、迎来送往、慰问援外职工家属，以及生老病死，子女安排，这是党的光荣传统，也是与援外必须配套的工作。国外社会制度不同，思想意识不同。我们远渡重洋到异国他乡修路，使中国人的光辉形象，在国外有很大的影响。姆贝亚省官员万布拉，曾任坦桑驻华大使，他认为要学习中国人吃苦耐劳的精神，中国人教技术毫无保留，使当地朋友学到了真本事，表示很高兴。其他国家的人和车过海关都要检查，而中国人可以不经检查就通过。回忆当年的情景，很有触动，是种享受，有助于老年生活，健康长寿。

姚佐周（原铁路工作组总工程师）：谈点体会，在国家困难时期，铁路投资紧张，修建坦赞铁路，是经验还是教训？现在应当肯定是经验。改革开放后提倡实事求是、量力而行。最近体会特别深，搞外交要讲实力，而我们的实力终究差得远。无数国际主义义务对外是很大的贡献，今天的量力而行并不否定国际主义无私援助。中国说话算话，不毁约，援建坦赞铁路的影响，有相当大的功劳，要以历史唯物主义来看。提点建议，要用国际主义无私援助的精神写好这本书，把经验也交给坦赞人民。主观客观一致就会有成绩，而完全一致是很难的，不太一致是正常的。总结教训并不意味着不是经验，而更有感染力，实事求是才教育人。成绩经验要讲透，失误教训也要讲够。科学技术在不断发展，不能以今天的眼光去看坦赞铁路,也不能停留在过去的水平上去看。一是把量力而行与无私的国际主义结合起来看;二是是否花一个月时间派专家去国外实地调查研究,当时"一劳永逸,不留后患"的口号,不够确切;三是如何看待标准的高低?四是在施工方法上当时的水平条件是可以,而今天如以喷锚技术效果会更好;五是生产性建设与非生产性建设的标准议论很大,坦赞铁路站房标准很高,而排水标准很差。

张锡九(原铁路工作组副组长):这次会议是根据北京会议给二局的任务,参加会议很高兴。在建国20年时完成坦赞铁路影响很深远,通过我们的回忆,把当时的情景在书里反映出来非常必要。姆马段两山夹一沟,沟沟是泥沼,那样的自然环境下施工很不容易。首先保五〇二,除了三机队外,五机队、四机队各派了分队打援。张雨行曾说二局不及三局,先到的要啥给啥,后到的有啥给啥,最后去的要啥没啥,赞比亚工人来了一部分,还要做坦赞两国工人的团结工作,很困难。抢攻姆马段的历程,我们有责任把当时的工作情况、生活情况、艰苦奋斗情况都反映出来。1974年我陪同尼雷尔、卡翁达总统看工地,他们说达市火车站可以同英国的火车站媲美。为坦赞铁路我们付出的代价很大,仅二局牺牲两名处级干部。在书中还应当反映,在组队上花了大量组织工作,当时是军管会当家。后方工作,各地方对援外职工家属很关怀,也应有所反映。最困难的当时中国工人带朋友,最多的一人带76个朋友,都是带头示范,大队只有两名翻译,开始语言不通,能完成任务本事真大。职工的光荣感和国际主义精神值得大书特书,在国外没有什么文化生活,看一场电影乘车180千米去看,大家心情很舒畅,真不容易。生活上又靠自力更生，养猪种菜，尼雷尔总统就赞扬说，我没这本事，能把坦桑人送到中国学学精神就好了。后勤系统，国家真下了大力量，连扫地的扫把都是国内运去的。

姚佐周：第三世界都拥护我们，增强了我们的外交发言权，有助于建立国际新秩序，尼雷尔说：中国人走到哪里，哪里就安宁。在成绩方面要讲透，铺轨架桥有突出的贡献，一天最多铺轨 12 千米。建议全线的铺架要单独写，机械化、组织管理水平也是很高的。

简富英：会议紧凑，有的同志还要谈，可以用别的形式、场合再谈。老部长讲话，既是布置任务，也是总结。归结为一句话，有责任、也有信心为出这本书尽自己的义务。写不写得好？在于大家的积极参与，大家也是作者。

一、根据大家的发言，援建坦赞铁路正是我国的困难时期，也是坦赞两国处于困难的时候，困难时朋友见真心。这个项目是国内援外最大的项目，贷款时间也最长，参与人数也是最多的，不仅有了物质成果，也应该有历史的文字记载。是历史长河中的一个阶段，有一本书会有更多的回忆，书的意义不低于 9.88 亿的意义，它接触的人比铁路接触的范围更广。对中国人民勤劳勇敢的伟大精神、光荣传统，加以弘扬光大。我们在晚年，参与这本书的撰写不仅有责任，而且有义务，意义重大。有吃苦精神，认真负责精神，既有民族精神，又有国际主义精神。

二、援建坦赞铁路，集中贯彻发扬了国内的修路经验，反之，近几年涉外投标承包也从坦赞铁路吸取了经验。在南也门使用了索马里工人，现在与地方省、县建立了劳务关系，对我们现在的工作有重要指导意义。没有当年规模的援外,就没有现在的开拓。

三、综合起来,是有中国特色的东西。政治工作、党的领导,现在还是那个模式,政工干部不多,中国人的思想觉悟也是可靠的。在谦比西,三分队有四处工人杨平,一个人在深山老林,伴随他的是一条狗,顾不上种菜,生活上每个礼拜带点菜,带领一些黑朋友,完成十几千米任务,完成得很好。

四、参与的这项浩大工程,是世界公认的战功工程。尽管有这样那样的缺点,但伟大是绝对的主流。有责任写这段历史,建议同志们像老干部那样写点回忆录。对历史的回忆,不仅是乐趣,而且可以增进健康长寿,也是教育青少年的教材,对于个人也是一种享受。只有积极提供情况才对得起 8 千多职工。

会议服务不周,恳请各位包涵谅解,也表示歉意。

刘岭(原铁路工作组副组长、兼赞比亚分组组长):成都的两天活动,马上告一段落,时间虽短但会开得非常紧凑,是按预定的议程完成的。这次到会 31 位同志,除上级 3 位领导外,按单位分:应到 11 个单位,实到了 7 个(建厂局 1 人、隧道局 1 人、五局 4 人、专业设计院 1 人、西南交大 1 人、株洲桥梁厂 1 人、二局 19 人)。应到而未到的 5 人是:郑州局 2 人(李本深、翟新政)、上海局 1 人(侯伯爵)、四局 1 人(王惠民)、沈阳局 1 人(李长林)。原大队一级干部中有李满武、王春富、陈英、张明德、张良柏等 5 位同志已先后去世了。按地区分,应到 6 省 2 市,实到 3 省 1 市。四川 23 人、贵州 3 人、北京 1 人、湖南 1 人。应到未到的 3 省 1 市为河南 2 人、辽宁 1 人、浙江 1 人、天津 1 人。此外,北京写作班子 2 人也未到。通过座谈发言,谈以下看法:

二局在“文化大革命”期间，能抽出那样强的队伍和骨干，出国援建坦赞铁路，虽然仅仅6年，但这一页光辉历史，正如练日新同志昨天发言中归纳的，是打出了国威，争得了荣誉，锻炼了队伍，取得了经验，作出了贡献。两位老部长阐述了坦赞铁路的修建，是对人类历史作贡献，为祖国争光，为民族争气的重大意义。今天来看，坦赞铁路对支持非洲民族解放运动和对坦赞两国的国民经济发展，确实发挥了巨大作用。非洲当年只有41个独立国家，1975年以后独立了10个，现已增至53个国家。南部非洲原殖民地南罗得西亚和西南非洲，现在成为独立的津巴布韦和纳米比亚。当年援建坦赞铁路的精神，今天还在继续起作用。

在座的原二局同志，都是当年的参与者，都有着自己难忘的回忆。当年在国外见到中国人都倍感亲切，不论是什么专家组，大家都是援外战友，今天在国内遇到坦赞战友，感情上就贴近了一层。把援外的亲身经历都谈出来，作为素材既是宝贵的涉外史料，也是珍贵的精神财富。当年完成了国外的坦赞铁路建设任务，今天还有责任在有生之年继续完成载入史册的精神产品的任务，这次会议只是征集史料的开始，会后还有着继续提供素材为帮助完成出书作贡献的任务。

1991年9月10日

附：出席会议人员

李轩、布克、练日新、刘岭、张锡九、徐宽福、简富英、姚佐周、谢淮昌、陈显盘、尤万哲、宋起凤、丰印清、庄树考、李化民、宋卿、朱明月、李盛霖、任德贵、段明纲、赵中来、杨传松、陈杰、郭洪志、王镇中、赵启堂、罗发达。

列席会议人员:陶铭钟、张长立、崔文舫、奚福兴

工作人员:赖西宇、卜学良、杨惠才、陈万荣

(《坦赞铁路西南片区座谈会大会发言》,《铁二局史志:援建坦赞铁路资料专集》,1995年7月7日,第62~70页。有删节。)

参考文献

一、中文资料

(一)著作

1.艾周昌、陆庭恩:《非洲通史》(近代卷),上海:华东师范大学出版社,1995 年。

2.艾周昌、沐涛:《中非关系史》,上海:华东师范大学出版社,1996 年。

3.陈敦德:《探路在 1964:周恩来飞往非洲》,北京:解放军文艺出版社,1995 年。

4.陈晓晨:《寻路非洲:铁轨上的中国记忆》,杭州:浙江大学出版社,2014 年。

5.《当代中国》丛书编辑委员会编:《当代中国的对外经济合作》,北京:中国社会科学出版社,1989 年。

6.《当代中国》丛书编辑委员会编:《当代中国的铁道事业》,北京:中国社会科学出版社,1990 年。

7.高梁、王冶:《坦桑尼亚散记》,北京:世界知识出版社,1965 年。

8.靳辉:《当代中国铁路对外经济技术援助》,北京:中国铁道出版社,1996 年。

9.《来自坦赞铁路的报告》编写组编:《来自坦赞铁路的报告》,北京:人民文学出版社,1976 年。

10.李安山:《非洲华侨华人社会史料资料选辑》,香港:香港社会科学出版社有限公司,2006 年。

11.李安山:《世界现代化历程》(非洲卷),南京:江苏人民出版社,2013 年。

12.李新烽:《非洲踏寻郑和路》,昆明:晨光出版社,2005 年。

13.陆苗耕等编:《同心若金:中非友好关系的辉煌历程》,北京:世界知识出版社,2006 年。

14.刘鸿武:《新时期中非合作关系研究》,北京:经济科学出版社,2016 年。

15.刘鸿武、黄海波等:《中国对外援助与国际责任的战略研究》,北京:中国社会科学出版社,2013 年。

16.罗维一:《坦赞铁路运营管理》,北京:中国铁道出版社,2010 年。

17.陆庭恩、马锐敏:《中国与非洲》,北京:北京大学出版社,2000 年。

18.《毛泽东与外国首脑及记者会谈录》编辑组:《毛泽东与外国首脑及记者会谈录》,北京:台海出版社,2012 年。

19.沐涛:《南非对外关系研究》,上海:华东师范大学出版社,

2003 年。

20.舒运国、刘伟才:《20 世纪非洲经济史》,杭州:浙江人民出版社,2013 年。

21.外交部政策规划司:《中非关系史上的丰碑:援建坦赞铁路亲历者的讲述》,北京:世界知识出版社,2015 年。

22.吴兆契:《中国和非洲经济合作的理论与实践》,北京:经济科学出版社,1993 年。

23.杨明伟:《走出困境:周恩来在 1960—1965》,北京:中央文献出版社,2008 年。

24.叶如根:《方毅传》,北京:人民出版社,2008 年。

25.英帆:《外国领导人访华讲话》,北京:中国对外翻译出版公司,1988 年。

26.《友谊的彩虹》编辑组编:《友谊的彩虹:坦赞铁路工地诗歌选》,北京:人民文学出版社,1975 年。

27.张维义:《当代"老新闻"》,北京:中国广播电视出版社,1994 年。

28.张铁珊:《友谊之路:援建坦赞铁路纪实》,北京:中国对外贸易出版社,1999 年。

29.中华人民共和国外交部、中共中央文献研究室:《周恩来外交文选》,北京:中央文献出版社,1990 年。

30.中华人民共和国外交部外交史研究室:《周恩来外交活动大事记》(1949—1975),北京:世界知识出版社,1993 年。

31.中华人民共和国外交部、中共中央文献研究室:《毛泽东外交文选》,北京:中央文献出版社/世界知识出版社,1994 年。

32.中华人民共和国外交部、中共中央文献研究室:《建国以来毛泽东文稿》,北京:中央文献出版社,1998 年。

33.《周恩来与外国首脑及政要会谈录》编辑组:《周恩来与外国首脑及政要会谈录》,北京:台海出版社,2012 年。

34.[南非]本・武・姆恰利:《罗得西亚:冲突的背景》,史陵山译,北京:商务印书馆,1973 年。

35.[英]D. 海韦尔・戴维斯编:《赞比亚图志》,武汉大学外语系英语专业译,北京:商务印书馆,1976 年。

36.[赞]肯尼思・戴・卡翁达:《卡翁达自传:赞比亚必将获得自由》,伍群译,上海:上海人民出版社,1976 年。

37.[英]莱恩・贝里编:《坦桑尼亚图志》,南京大学地理系非洲地理组译,北京:商务印书馆,1975 年。

38.[英]理查德・霍尔:《赞比亚》,商务印书馆,北京:1973 年。

39.[美]罗伯特・沃尔特斯:《美苏援助对比分析》,陈原、范坝译,北京:商务印书馆,1974 年。

40.[美]孟洁梅:《非洲自由铁路:中国发展项目如何改变坦桑尼亚人民的生活和谋生之计》,北京:民主与建设出版社,2015 年。

41.[坦]尼雷尔:《尼雷尔文选》(全四册),沐涛、张忠详等译,上海:华东师范大学出版社,2015 年。

42.P.E.N・廷德尔:《中非史》,陆彤之译,上海:上海人民出版社,1976 年。

43.[英]威廉・埃杰特・史密斯:《尼雷尔》,上海:上海人民出版社,1975 年。

44.[坦]伊・基曼博、阿・特穆:《坦桑尼亚史》,钟丘译,北京:

商务印书馆,1973年。

（二）内部资料

1.大连热力机车研究所:《关于援助坦桑尼亚、赞比亚修建铁路的参考资料》(一),1968年。

2.对外经济联络部编印:《中国和坦桑尼亚、赞比亚关于修建坦赞铁路协议汇编》,1971年。

3.广东省交通厅编:《广东省交通援外专家回忆录》,2007年。

4.山东省卫生厅编:《中国医疗队在坦桑》,1993年。

5.坦桑尼亚《设计基础资料汇编》编委会编:《援外成套项目设计基础资料汇编:坦桑尼亚》(全四册),1976年。

6.铁道部第二设计院编:《成昆铁路勘测设计总结》,1976年。

7.铁道部第二工程局局史编辑研究室:《铁二局史志:援建坦赞铁路资料专集》,1995年。

8.铁道部第三勘测设计院编:《奋进的四十年:1953—1993》,1993年。

9.赞比亚《设计基础资料汇编》编委会编:《援外成套项目设计基础资料汇编:赞比亚》(全三册),1979年。

10.张书舫、赵桂常编:《中国土木工程集团公司大事记:铁道部援外办公室前期》,2006年。

（三）回忆录

1.何英:《对援建坦赞铁路决策的回顾》,中华人民共和国外交部外交史研究室:《新中国外交风云》(第三辑),北京:世界知识出版社,1994年。

2.黄华:《亲历与见闻:黄华回忆录》,北京:世界知识出版社,2007年。

3.《回忆方毅》编辑委员会:《回忆方毅》,北京:人民出版社,1999年。

4.李本深、黄金如:《在坦赞铁路修建的日子里》,郑州市政协文史资料委员会:《郑州文史资料》(第二十辑),郑州:日兴印务有限公司,1999年。

5.李本深、黄金如:《续在坦赞铁路修建的日子里》,郑州市政协文史资料委员会:《郑州文史资料》(第二十一辑),郑州:日兴印务有限公司,2000年。

6.吕正操:《吕正操将军自述》,沈阳:辽宁人民出版社,1997年。

7.吕正操:《我国援建坦赞铁路的背景》,《新中国外交大写意》,北京:中国文史出版社,2001年。

8.熊向晖:《我的情报与外交生涯》,北京:中共党史出版社,1999年。

9.赵文兴:《坦赞铁路片段追忆》,郑州市政协文史资料委员会:《郑州文史资料》(第二十辑),郑州:日兴印务有限公司,1999年。

10.郑言:《外交纪实》,北京:世界知识出版社,2007年。

11.中央文献研究室第二编辑部编:《知情者访谈录:话说周恩来》,北京:中央文献出版社,2000年。

12.周伯萍:《非常时期的外交生涯》,北京:世界知识出版社,

2004 年。

13.宗道一:《周南口述:遥想当年羽扇纶巾》,山东:齐鲁书社,2007 年。

(四)地方志、工程局志

1.《成都市志》编纂委员会编:《成都市志》(外事志),北京:世界知识出版社,1996 年。

2.《黑龙江省地方志》编纂委员会编:《黑龙江省志》(外事卷),黑龙江:黑龙江人民出版社,1993 年。

3.《青岛市志》办公室编:《青岛市志》(外事志/侨务志),北京:新华出版社,1995 年。

4.山西省史志研究院编:《山西通志》(铁路志),北京:中华书局,1997 年。

5.《上海铁路志》编纂委员会编:《上海铁路志》,上海:上海社会科学院出版社,1999 年。

6.《四方机车车辆厂志》编纂委员会编:《四方机车车辆厂志》(1900—1993),海口:南方出版社,1996 年。

7.《天津市地方志》编修委员会办公室编:《天津通志》(铁路志),天津:天津社会科学出版社,2006 年。

8.《铁道部第三工程局志》编写委员会编:《铁道部第三工程局志》(1952—1996),太原:北岳文艺出版社,2002 年。

9.《铁道部第三勘测设计院志》编写委员会编:《铁道部第三勘测设计院志》(1953—1993),内部发行,天津,1995 年。

10.《武钢志》编纂委员会编:《武钢志》(1952—1981),武汉:武汉出版社,1988 年。

11.《中铁二局集团有限公司史志》编纂委员会编:《铁道部第二工程局志》(1950—1995),西安:西安地图出版社,2000 年。

12.《中铁四局集团有限公司史志》编纂委员会编:《铁道部第四工程局志》(1950—1990),北京:中国铁道出版社,2001 年。

13.《中铁五局集团有限公司史志》编纂委员会编:《铁道部第五工程局志》(1950—1999),北京:中国铁道出版社,2002 年。

(五)论文

1.贲流:《坦赞铁路——赞比亚经济发展的生命线》,《国际经济合作》,1990 年第 8 期。

2.《关于中国政府援助修建非洲坦赞铁路的文献选载》,《党的文献》,2012 年第 3 期。

3.李安山:《论中国对非洲政策的调适与转变》,《西亚非洲》,2006 年第 8 期。

4.李安山:《浅析法国对非洲援助的历史与现状:兼谈对中国援助非洲工作的几点思考》,《西亚非洲》,2009 年第 11 期。

5.吕学俭:《探索多种形式巩固经援成果》,《国际经济合作》,1988 年第 12 期。

6.吕正操:《我国援建坦赞铁路的背景》,《纵横》,1998 年第 1 期。

7.舒运国:《中国对非援助:历史、理论和特点》,《上海师范大学学报》(哲学社会科学版),2010 年第 5 期。

8.孙永福:《参与援建坦赞铁路的经历与感受》(下),《世界知识》2015 年第 22 期。

9.汪勤梅:《毛泽东与中非关系》,《外交学院学报》,1996 年第 4 期。

10.武健华:《随周总理访非商建坦赞铁路》,《百年潮》,2008 年第 5 期。

11.薛琳:《周恩来推动援建坦赞铁路》,《党的文献》,2012 年第 3 期。

12.尹家民:《援建坦赞铁路内幕》,《党史博览》,1999 年第 12 期。

13.尹家民、张铁珊:《毛泽东、周恩来与坦赞铁路》,《中华儿女》,1994 年第 6 期。

14.于国玉:《援建坦赞铁路的岁月》,《文史精华》,2001 年第 11 期。

15.张小瑜:《赞比亚经济与坦赞铁路未来的发展》,《国际经济合作》,2006 年第 3 期。

16.张杨:《美国对中国援建坦赞铁路的阻挠》,《当代中国史研究》,2012 年第 3 期。

17.张勇:《对中国援助坦赞铁路的历史考察》,《聊城大学学报》(社会科学版),2007 年第 1 期。

18.张忠祥:《中非基础设施建设合作新特点》,《亚非纵横》,2009 年第 5 期。

19.周伯萍:《周恩来与坦赞铁路的援建》,《百年潮》,2000 年第 6 期。

20.周南:《我国援建坦赞铁路的决策背景》,《世界知识》,2015

年第19期。

(六)档案资料

1.外交部档案馆档案资料

2.中土公司(援外办公室)档案馆档案资料

3.铁道部第三工程局档案资料

4.铁道部档案馆档案资料

5.郑州铁路局档案资料

6.上海通志馆档案资料

(七)口述史料

1.靳辉(政委、坦赞铁路工作组副组长、援外办公室副主任)

2.晏志华(中国土木工程集团公司援外部总经理)

2.王瑜本(北京新闻电影制片厂党委副书记,坦赞铁路纪录片摄像师)

3.薛宏(商务部国际经济合作研究院发展援助研究部主任)

4.张铁珊(火车司机、坦赞铁路宣传队成员)

5.张德顺(铁三局局长、坦赞铁路工作组副组长)

6.于琛(二机队二分队队长、二机队生产组组长)

7.宋贵生(二机队副队长、办事组副组长)

8.杨伟民(技术合作时期赞比亚教员)

9.韩守先(援外工人)

10.李祝山(达累斯萨拉姆杨博机务段技术员)

11.张继学(援外工人)

12.寇鲁林(中国土木工程集团公司坦赞铁路项目办公室副主任)

13.叶志强(援外工人)

二、英文资料

(一)论著

1. Alaba Ogunsanwo, *China's Policy in Africa* 1958—1971, London: Cambridge University Press, 1974.

2. Alan Hutchison, *China's African Revolution*, London: Westview Press, 1975.

3. Amrit Wilson, *Us Foreign Policy and Revolution: The Creation of Tanzania*, London: Pluto Press, 1989.

4. Bernard J. Lecomte, *Project and Aid: Limitations and Alternatives*, Paris: OECD, 1981.

5. Bruce D. Larkin, *China and Africa* 1949—1970: *the Foreign Policy of the People's Republic of China*, Berkeley: University of California Press, 1971.

6. Dambisa Moyo, *Dead Aid: Why Aid Is Not Working and How There Is another Way for Africa*, *Allen Lane*, Allen Lane: The Penguin Press, 2009.

7. David Caute, *Under The Skin: The Death of White Rhodesia*, Evanston: Northwestern University Press, 1983.

David Parkin, *Town and Country in Central and Eastern Africa*, London: Oxford University Press, 1975.

8. Deborah Brautigam, *Chinese Aid and African Development: Exporting Green Revolution*, London: Macmillan Press, 1998.

9. Devendera Kaushik, *China and the Third World*, Safdarjang Enclave: Sterling Publishers Pvt. Ltd., 1975.

10. George T. Yu, *Sino – African Relations: A Survey*, *Asian Survey*, Vol.5, No.7, Jul., 1965.

11. George T. Yu, *China and Tanzania: A Study in Cooperative Interaction*, Berkeley: California University, 1970.

12. George T.Yu, *China's African Policy: A Study of Tanzania*, New York: Praeger Publishers, 1975.

13. Jan Pettman, *Zambia: Security and conflict*, London: Julian Friedmannn Publishers, 1974.

14. Jamie Monson, *Africa's Freedom Railway: How a Chinese Development Project Changed Lives and Livehoods in Tanzania*, Bloommington: Indiana University Press, 2009.

15. John Hatch, *Two African Statesmen: Kaunda of Zambia and Nyerere of Tanzania*, London: Secker&Warburg, 1976.

16. John Iliffe, *Tanganyika Under German Rule* 1905—1912, Nairobi: East African Publishing House, 1972.

17. John Iliffe, *Modern Tanzanians: A Volume of Biographies*, Nairobi: East African Publishing House, 1973.

18. Judith Hart, *Aid and Liberation: A Study of Aid Policies*,

London: Victor Gollancz, 1973.

19. Kasuka Mutukwa, *Politics of Tanzania - Zambia Railway*, Washington: University Press of America, 1977.

20. Kenneth Kaunda, *The Riddle of Violence*, San Francisco: Harper& Row Publishers, 1980.

21. Kwan S. Kim, *Papers on the Political Economy of Tanzania*, Nairobi: Heinemann Educational Books, 1979.

22. Leon Gordenker, *International Aid and National Decisions*, Princeton: Princeton University Press, 1976.

23. Martin Bailey, *Freedom Railway: China and the Tanzania-Zambia Link*, London: Rex Collings, 1976.

24. Nigla Mwase, *The Tanzania-Zambia Railway: The Chinese Loan and the Pre-Investment Analysis Revisited*, The Journal of Modern African Studies, Vol.21, No.3, Sep., 1983.

25. Nyerere, *Freedom and Unity*, New York: Oxford University Press, 1966.

26. Nyerere, *Freedom and Socialism: A Selection from Writings and Speeches*, 1965-1967, New York: Oxford University Press, 1968.

27. Nyerere, *Freedom and Development: A Selection from Writings and Speeches*, 1968-1973, New York: Oxford University Press, 1973.

28. Richard Hall and Hugh Peyman, *the Great Uhuru Railway: China's Showpiece in Africa*, London: Victor Gollancz LTD, 1976.

29. Robert H. Bates, *Unions, Parties, and Political Development: A Study of Mineworkers in Zambia*, New Haven and London: Yale

University Press, 1971.

30. Robert H. Donaldson, *The Soviet Union in the Third World*: *Successes and Failures*, London: Westview Press, 1981.

31. Robert S. Walters, *American and Soviet Aid*: *A Comparatine Analysis*, London: Unisersity of Pittsburgh Press, 1970.

32. Rodger Yeager, *Tanzania*: *An African Experiment*, Boulder: Westview Press, 1982.

33. Sebastian Edwards, *Toxic Aid*: *Economic Collapse and Recovery in Tanzania*, New York: Oxford University Press, 2014.

34. Shantayanan Devarajan, *Aid and Reform in Africa*: *Lessons from Ten Case Studies*, Washington: the World Bank, 2001.

35. Thomas W. Robinson & David Shambaugh, *Chinese Foreign Policy*: *Theory and Practice*, Oxford: Clarendon Press, 1994.

36. Tordoff, *Government and Politics in Tanzania*: *A Collection of Essays Covering the Period from Sepetember* 1960 *to July* 1966, Kenya: East African Publishing House, 1975.

37. Ukandi G. Damachi, *Development Paths in Africa and China*, London: The Macmilan Press, 1976.

38. Willam Edgett Smith, *Nyerere of Tanzania*, London: Victor Gllancz LTD, 1973.

39. Willam Redman Duggan, John R. Civille, *Tanzania and Nyerere*: *A Study of Ujamma and Nationhood*, New York: Orbis Books, 1976.

40. William Tordoff, *Politics in Zambia*, Manchester: Manchester

University Press, 1974.

（二）论文

1. George T. YU, *Working on The Railroad: China and the Tanzania-Zambia Rrailway*, Asian Survey, Vol.11, No.11 1971, pp. 1101~1117.

2. James D. Graham, *The Tan-Zam Railway: Consolidating the People' s Development and Building the Internal Economy*, Africa Today, Vol.21, No.3, Summer 1974, pp.27~42.

3. Jamie Monson, *Defending the People' s Railway in an Era of Liveralization: Tazara in Southern Tanzania*, Africa, Vol.76, No.1, 2006, pp.113~130.

4. John Briggs, *The Tanzania - Zambia Railway: Review and Prospects*, Geography, Vol.77, No.3, 1992, pp.264~265.

5. John F. Due, *Trends in Rail Transport in Zambia and Tanzania*, Utafiti, Vol.8, No.3, 1986, pp.43~58.

6. Kasuka Simwinji. Mutukwa, *Tanzania - Zambia Railway: Imperial Dream Becomes Pan-African Reality*, Africa Report, Vol.17, No.1, 1972, pp.10~15.

7. Martin Bailey, *Chinese Aid in Action: Building the Tanzania-Zambia Railway*, World Development, Vol.3, No.7~8, July-August 1975, pp.587~593.

8. Ngila Mwase, *The Development Impact of Tanzania-Zambia Railway*, The Zimbabwe Reviews, Vol.7, No.3, 1987, pp.191~206.

9. Rosalyn J. Rethman, *The Tan-Zam Rail Link: China's Loss-leader in Africa*, World Affairs, Vol.36, No.3, 1974, pp.232～258.

10. Thomas Land, *China's African Railway*, *Contemporary Review*, Vol.213, No.1230, July 1968, pp.24～27.

11. Tonderai Makoni, *The Economic Appraisal of the The Tanzania-Zambia Railway*, the African Review, Vol.2, No.4, 1972, pp.596～616.

（三）报纸

1. The Times.

2. New York Times.

三、网络资源

1. FRUS(Foreign Relations of United States，美国对外关系文件)

网址：http://state.gov/r/pa/ho/frus/

2. DDRS(Declassified Documents Reference System，美国解密档案参考系统)

网址：http://galenet.galegroup.com/servlet/DDRS? locID=ecnu

3. National Archives of Zambia(赞比亚国家档案馆档案)

网址：http://www.nationalarchiveszambia.org/

4.中华人民共和国外交部

网址：http://www.fmprc.gov.cn/web/

5.中华人民共和国商务部

网址:http://www.mofcom.gov.cn/

6.中华人民共和国驻坦桑尼亚联合共和国经济商务代表处

网址:http://tz.mofcom.gov.cn/

7.中华人民共和国驻坦桑尼亚联合共和国大使馆

网址:http://tz.china-embassy.org/chn/

8.中华人民共和国驻赞比亚共和国大使馆

网址:http://zm.chineseembassy.org/chn/

后　记

书稿即将付梓，心中不免欣喜，总算可以告一段落了。屈指一算，从准备华东师范大学博士学位论文《中国援建坦赞铁路：决策、实施与影响》计起，我学习和研究坦赞铁路已有整整九个年头了。在这段不算太短的时间里，我一直把学习、研究工作的重心置放在坦赞铁路的史料发掘、考证和整理方面，从而与不少坦赞铁路援外专家，与世界史、非洲史研究前辈们有着或长久或短暂、或直接或间接的接触和交往。这本《中国援建坦赞铁路研究》就是这些接触、交往和研究的部分记录，它虽然建立在我的博士论文及几篇学术论文之上，但是更多的则是吸取了既有研究成果的精华，受惠于坦赞铁路知情者与亲历者的教导与帮助。

我曾在博客日志中撰文回忆当初选择坦赞铁路作为研究对象的原因，“我收集了大量相关资料，其中就有一些于子桥教授用英文撰写的有关坦赞铁路的系列论著。在选题报告会召开前夕的一次讨论中，导师对我说，如果所列资料能够查找到，则建议我改写坦赞铁路”。真心感谢沐涛师！选题确定后，我先是在上海图书馆查阅资料，继而于 2008 年 5 月汶川大地震发生期间赴北京查阅资料，同年 10 月又利用参会的机会到太原铁三局查阅档案、拜访专家。

2009年6月,我顺利完成了博士论文的写作,并在不久后参加工作。在博士论文的后记中,我对许多曾给予我帮助的人表达了感激之情和敬意,其主要内容抄录如下:

借此机会,我要向下述单位和个人表示感谢。

感谢华东师大历史系的余伟民教授、郑寅达教授、沈志华教授、戴超武教授、王令瑜教授以及我的恩师沐涛教授、沈坚教授,感谢你们在论文的选题、行文与修改等方面的诸多指导与帮助,尤其感谢两位恩师,能有机会成为你们的学生实乃三生有幸!

感谢复旦大学的金重远教授,南开大学的张象教授,北京大学的李安山教授、李保平教授,郑州大学的许永璋教授,上海国际问题研究所的张忠祥教授,华东师大的傅聚文教授、上海师大的舒运国教授、叶书宗教授,中国社科院的李新烽副教授,美国伊利诺大学的 George T. Yu 教授,美国卡尔顿大学的 Jamie Monson 教授,坦桑尼亚达累斯萨拉姆大学的 Mwesiga Baregu 教授,感谢你们在会议期间与会议之外所给予的建议与厚爱。尤其要感谢李安山与 Jamie Monson 教授,李安山教授不仅向我提供所需资料、帮忙引荐外国学者,还在邮件中为我解疑释惑;Jamie Monson 教授不但将自己所写的坦赞铁路方面的论文、专著赠送于我,而且还让我分享了她在坦赞两国国家档案馆查阅的坦赞铁路方面的档案资料。

感谢靳辉、杜坚、陆大同、王瑜本、张铁珊、张德顺、于琛、宋贵生、杨志明，感谢你们让我分享了你们在非洲援建坦赞铁路的故事。86岁高龄的靳辉，精神矍铄地接受我逾4个小时的专访，还向我引见其他几位前辈。王瑜本不仅讲述了他在四年时间里拍摄坦赞铁路纪录片的各种见闻，还向我提供老照片、拍摄杂记以及电影台词等。张铁珊不仅逐一向我介绍自己编著的书籍，还热心解答我提出的各种问题。山西太原铁三局的张德顺、于琛、宋贵生不仅讲述了他们在非洲指挥修建坦赞铁路时的各种逸闻趣事，还将照片提供于我。

感谢中土公司援外部的晏志华总经理、彦艳秘书，商务部援助研究部的薛宏主任，铁道部第三工程局的孙主任、吴之科长以及储腊梅管理员，上海通志馆的周树安副主任，感谢你们在我查阅资料的过程中所给予的热情帮助。尤其要感谢晏志华总经理，感谢您派人送我到距离办公室楼数十千米外的档案馆查阅资料。

感谢华东师大历史系的陈波老师、徐峰博士、李云博士以及挚友江波、江皓、董家魁等，感谢你们在我收集资料期间与论文写作过程中所给予的各种帮助。

感谢网友纵马关山、坦桑迷梦、夏荷听雨、边关孤鸿、秋叶原等，感谢你们让我分享了你们自己或家人修建坦赞铁路的故事。

最后，感谢我的家人，我的女友孙黎丽以及所有关心过我、爱护过我的人。

重新援引上述文字，一方面是为了再次致谢和表达感激，另一方面也是出于叙述的需要和对过去的志念。时过境迁，数年后重读这段文字，内心经久不能平静，一幕幕又浮现眼前。上述师友中，有的已经离世，如北京大学的李保平教授、中土公司的靳辉爷爷、复旦大学的金重远教授；有的已经退休或变更了工作岗位，如沈坚教授、薛宏主任、晏志华总经理等；还有的则已成家，纷纷告别单身贵族的生活，成了人父人母。

自2009年9月在安徽师范大学历史与社会学院参加工作以来，我因各种因缘始终未能和坦赞铁路彻底“决裂”，这仿佛也是命中注定的。2009年10月，我选择以“坦赞铁路研究”为题，作为安徽师范大学博士科研启动项目；2010年，以“中国援建坦赞铁路决策、实施与影响”申请安徽师范大学学术出版基金项目，并获立项；2011年7月，又以“中国援建坦赞铁路研究”为选题，成功获批教育部人文社科青年基金项目。研究课题得到了教育部专家的认可，这是我未曾奢望过的，于是又重燃了我研究坦赞铁路的信心。当然，沐涛师的不断鼓励与鞭策也不容我心存旁骛。

于是，我一方面主动出击，利用互联网与即时通讯工具结识许多坦赞铁路援建者或其后人，另一方面，则是更为广泛地搜罗资料，购买有关报刊、书籍。2010年以来，我有幸在网上结识了张继学、向立山、赵金生、石松、马海洋以及网友早上的太阳、爱豆乐等人。其中，和张继学伯伯交流最多，受益最深。在坦赞铁路建设时期，张伯伯曾在赞比亚从事两年的扳道员工作，每每在电脑上为我解惑答疑。在我的“怂恿”下，张伯伯最终将所知道的坦赞铁路奇闻逸事付诸笔墨，有关文字在郭洁茹编辑的帮助下得以在《国际援助》期刊上连载，颇获好评。令人遗憾的是，张伯伯现在已永久地离开了我们，几天前还关心坦赞铁路并问我有何成果的老人几天后就撒手人寰，思之怎不感伤！

我在读博期间就染上了嗜书“恶习”，周末一到，总是和好友徐峰博士辗转到上海文庙淘书。工作后，大部分的课题费用还是用在了购书上，在坦赞铁路有关资料方面更是有见便收。除了先后购藏到张铁珊、靳辉、周伯萍、魏建国、孟洁梅等签名本图书外，还陆续购得《坦桑尼亚—赞比亚铁路考察报告》《关于援助坦桑尼亚、赞比亚修建铁路的参考资料》《坦赞铁路在建设中》（1—3 部电影台本）《铁二局史志：援建坦赞铁路资料专集》《坦桑尼亚—赞比亚铁路文件汇编》《援外成套项目设计基础资料汇编：坦桑尼亚》（全四册）《援外成套项目设计基础资料汇编：赞比亚》（全三册）《坦赞铁路工程影集》等图文资料。此外，收集坦赞铁路老照片也成为淘书生活的延伸，先后购买到新华社记者、援建坦赞铁路工作组拍摄的有关坦赞铁路老照片数百帧。

当然，与中土公司的资料相比，我上述购藏的资料自然显得太少而可怜了。2013 年 12 月至 2014 年 1 月，我有幸在中土公司坦赞铁路项目办公室领导寇鲁林、晏志华的邀请下，借调到该单位的坦赞铁路历史文献资料汇编研究项目办公室工作。再次看到堆积如山的资料，我兴奋了好几天。在京期间，寇鲁林主任不仅为我的吃住操劳，还慷慨应允我查看几乎所有想看的内容，并数次带领我们前往铁道部第一档案馆拍摄坦赞铁路资料。也是在寇鲁林主任的帮助下，我不但拜读到坦赞铁路副总工程师陆大同的日记及回忆录，而且还结识了商务部援外司原司长任诺、原中国援建坦赞铁路专家小组组长杜坚、坦赞铁路援外专家叶志强等。在此向他们致谢！

此外，我还利用参加会议的机会顺道去铁道部第三工程局、郑州铁路局查阅资料。在郑州铁路局得到了齐庚生主任、杨长山工程师的帮助，特此致谢。

需要感谢的人还有很多。若不是安徽大学历史系主任周晓光教授、安徽师大历史与社会学院徐彬院长、施兴和教授、傅新球教授的关爱，我恐将无法完成此书的写作；若不是安徽师大政治学院张燕华副教授、历史与社会学院孙华莹副教授、图书馆潘杏仙研究馆员及董家魁副研究馆员的偏爱，我恐将早已迷失自己；若不是华东师大沐涛教授、安徽师大出版社孙新文编辑的帮助与厚爱，本书纵使有幸出版，也不会以现有面貌示人。

再次感谢美国密西根州立大学的孟洁梅教授，北京大学的李安山教授、刘海方教授，华东师大的沈坚教授，上海师大的舒运国教授、张忠祥教授，湖南师大的陈晓红教授，谢谢你们一直以来的提携与帮助。感谢我的同门师弟陈金龙、卢平平、徐哲，谢谢你们与我分享坦桑尼亚方面的资料与见闻。

最后仍要感谢我的家人，他们替我分担了许多家务，我亏欠他们良多，犬子沈中坦在名字上即和坦赞铁路联系在了一起，谢谢你们的理解与支持。

需要说明的是，本书系 2011 年度教育部人文社科青年基金课题的最终研究成果，该课题虽然主要由我主持完成的，但是课题参与人员黎泽潮、汪勤梅、王延庆、杜英、孙黎丽在资料查阅、文字编辑等方面都做出了重要贡献，在此深表谢忱！本成果亦是 2016 年度国家社科基金项目的阶段性成果。本书采用的插图，大多来源于自己的购藏或翻拍于援外专家。我把这本习作视作我坦赞铁路研究的再出发,由于本人才疏学浅,谬误之处在所难免。“嘤其鸣矣,求其友声”,请海内外专家不吝批评指正。

沈喜彭

2016年7月22日于芜湖文津花园

2017年6月28日修改

2017年7月15日改定